BULLETIN

DE LA

SOCIÉTÉ DES SCIENCES

HISTORIQUES & NATURELLES

DE LA CORSE

XIIIᵉ ANNÉE

AVRIL-MAI-JUIN-JUILLET-AOUT-SEPTEMBRE-OCTOBRE 1893.
148ᵉ-149ᵉ-150ᵉ-151ᵉ-152ᵉ-153ᵉ & 154ᵉ FASCICULES.

BASTIA

IMPRIMERIE ET LIBRAIRIE OLLAGNIER

1893

SOMMAIRE

DES ARTICLES CONTENUS DANS LE PRÉSENT BULLETIN

Pages

Pièces et documents divers pour servir à l'Histoire de la Corse pendant les années 1737-1739, recueillis et publiés par M. l'Abbé Letteron . . xx-548

Pour paraître prochainement :

La Conspiration d'Oletta — 13-14 février 1769, par M. A. de Morati.
Théodore roi des Corses, traduction de l'allemand par M. Farinole, professeur au Collège de Corte.
Mémoires de Figarella, publiés par M. Titus de Caraffa.
Recherches et notes diverses sur l'histoire de l'Eglise en Corse, par Mgr de la Foata, évêque d'Ajaccio.

PIÈCES ET DOCUMENTS DIVERS

POUR SERVIR

A L'HISTOIRE DE LA CORSE

PENDANT

LES ANNÉES 1737-1739

SOCIÉTÉ DES SCIENCES HISTORIQUES ET NATURELLES
DE LA CORSE

PIÈCES ET DOCUMENTS DIVERS

POUR SERVIR

A L'HISTOIRE DE LA CORSE

PENDANT

LES ANNÉES 1737-1739

RECUEILLIS ET PUBLIÉS

par M. l'Abbé LETTERON

PROFESSEUR AU LYCÉE

BASTIA
IMPRIMERIE ET LIBRAIRIE OLLAGNIER

1893.

INTRODUCTION (*)

Ce n'est pas ici le lieu de rappeler par suite de quelles vexations les Corses, résolus d'en finir une bonne fois, reprirent en 1729 les armes contre les Génois et commencèrent cette guerre de quarante ans qui devait se terminer par l'annexion de leur île à la France. Les causes et les péripéties de ce soulèvement ont été exposées par Rostini, Guelfucci et bien d'autres ; on les trouvera résumées ici même dans la lettre des Gouverneurs au cardinal de Fleury (1), les requêtes des Corses (2), les remarques faites par les Corses aux *Concessioni graziose* (3), enfin et surtout dans la traduction des

---

(*) Nous avons jugé à propos de mettre en tête du présent volume une courte introduction, afin qu'elle puisse aider le lecteur à se retrouver plus facilement en parcourant ces documents détachés. Sans doute, bien des membres de notre Société n'avaient pas besoin d'être ainsi guidés ; nous avons pourtant la confiance que cette introduction ne sera pas inutile à ceux qui ont moins de loisirs ou simplement moins de patience.
(1) Pp. 6 à 15.
(2) Pp. 19 à 26.
(3) Pp. 34 à 38.

Griefs des Corses (1). Incapables de soumettre les rebelles avec leurs seules forces, les Génois durent implorer l'assistance de l'empereur Charles VI, qui leur envoya les secours nécessaires. Mais les officiers impériaux, et particulièrement Wachtendonck, tout en combattant pour les Génois, avaient été indignés des abus de leur gouvernement. Après l'arrestation des quatre chefs surtout, ils se montrèrent ouvertement hostiles à leurs anciens protégés et franchement amis des Corses, si l'on excepte le prince de Wirtemberg et le colonel Colmenero, qu'avaient corrompus les présents de la République, comme nous aurons occasion de le raconter plus tard. Les troupes impériales avaient à peine quitté l'île que les Génois, bravant l'opinion publique, violèrent la garantie de l'empereur et méconnurent leurs promesses les plus solennelles ; les attentats contre la vie des chefs de l'insurrection se multiplièrent. Un second soulèvement était devenu inévitable ; il eut lieu, et Hyacinthe Paoli fut proclamé chef de la nation.

Ce fut sur ces entrefaites que Théodore, baron de Neuhoff, aborda à la plage d'Aleria, sur un vaisseau anglais où il avait embarqué une quantité considérable d'armes et de munitions destinées aux insurgés. Les Corses, qui à ce moment, comme au temps de Sampiero, auraient mieux aimé avoir pour maîtres les Turcs que les Génois, n'hésitèrent pas à se donner à l'aventurier westphalien et en firent leur roi. Mais cette royauté devait être de courte durée ; le prestige de Théodore diminuait à mesure que s'épuisaient ses ressources ; quelques

---

(1) Pp. 225 à 260.

velléités de despotisme commencèrent à le rendre impopulaire ; bientôt Sa Majesté humiliée et appauvrie dut quitter presque furtivement la Corse, non pourtant sans promettre à ses sujets de leur amener à bref délai d'importants secours.

Cependant les Génois, qui ne s'étaient point expliqué comment Théodore avait pu se procurer une première fois tant d'argent et de munitions, craignaient qu'il n'eût l'appui de quelque Etat puissant et qu'il ne revînt bientôt avec des forces imposantes. D'un autre côté, les généraux corses bloquaient Bastia. La République demanda alors au roi de France un corps de troupes pour l'aider à soumettre de nouveau la Corse. Mais il fallait ménager la jalousie de l'empereur ; Charles VI pouvait craindre en effet que Louis XV n'eût l'intention de conquérir la Corse pour son propre compte et de l'incorporer ensuite à son royaume. Par la déclaration du 12 juillet 1737, Sa Majesté Impériale et Sa Majesté Très Chrétienne se promirent réciproquement « qu'elles ne souffriraient pas que l'Isle de Corse sortît de la domination génoise. » Dans une note remise à l'envoyé de Gênes, le 5 août 1737, Louis XV faisait connaître à la République quel nombre de troupes il se proposait d'envoyer en Corse et quel prix il mettait à sa protection.

Informés de l'intervention prochaine des Français dans les affaires de la Corse, « les chefs et les peuples » de l'île écrivirent au roi pour lui demander l'autorisation d'envoyer à sa cour deux députés et pour le mettre en garde contre la mauvaise foi des Génois. Dans une autre lettre, écrite quelques jours plus tard au cardinal de Fleury, ils lui exposèrent les vexations et la cruauté de la République à leur égard, la perfidie et l'effronterie dont elle avait fait preuve quelques années auparavant en se riant de ses promesses et de la garantie de l'empereur. Comme pièces à l'appui, ils joignirent à la lettre écrite au cardinal les requêtes qu'ils avaient présentées à l'empereur Charles VI, et les remarques par eux faites sur les prétendus privilèges qu'on leur avait accordés. Les suppliques envoyées par les Corses devaient être inutiles, aussi bien que celles qui furent envoyées de Livourne par Salvini, de Venise par Tommaso Boerio, de Naples par Domenico Rivarola. Le 10 novembre 1737, une convention définitive fut signée entre la République et la Cour de France.

Les intentions des deux gouvernements étaient bien différentes. Lors de l'intervention des Allemands, les Génois avaient cru faire écraser les Corses par les armes impériales. Déçus dans leur espoir, ils espéraient que les Français se prêteraient plus facilement à leurs desseins et mettraient les rebelles hors d'état d'essayer de longtemps un nouveau soulèvement. Il n'y a pas à le nier : les Génois voulaient réduire la population de l'île à force de combats et de massacres ; les survivants, effrayés par de terribles exemples, se montreraient, croyaient-ils, plus dociles, et le Sénat de Gênes pourrait les écraser sous son joug despotique sans qu'ils criassent trop fort. Le roi de France au contraire ne voulait recourir aux armes que si toutes les voies de conciliation étaient fermées ; il voulait soumettre et non détruire. Les Corses avaient un plénipotentiaire à Livourne, Gregorio Salvini ; le gouvernement du roi envoya dans cette ville un de ses meilleurs agents, le Sr Pignon, afin qu'il entrât secrètement en relations avec Salvini, ou, en son absence, avec d'autres chefs corses, et qu'il les assurât de toute la bienveillance du roi, s'ils voulaient rentrer sous l'autorité des Génois. Des instructions rédigées dans le même sens étaient envoyées au commandant des troupes, le comte de Boissieux.

Arrivé à Livourne, Pignon ne put rencontrer Salvini qui était parti pour Naples ; mais un autre Corse, Tommasini, avait été chargé des affaires des Corses en l'absence de Salvini. Pignon entra secrètement en relations avec lui, afin de se renseigner sur les intentions des insulaires : il n'était pas douteux que les Corses se soumissent volontiers aux armes du roi, mais voudraient-ils rentrer sous la domination de la République ? D'autre part, Pignon, après une visite qu'il fit à Wachtendonck, savait à quoi s'en tenir sur la manière dont la République avait jusqu'alors gouverné la Corse ; l'ancien commandant des troupes impériales lui avait avoué « que les Génois traitaient les Corses avec une cruauté qui n'avait point d'exemple ; qu'ils avaient bien payé le duc de Wirtemberg pour que les plaintes des opprimés ne pussent parvenir jusqu'à l'empereur, » et que si, après la soumission de l'île, le roi retirait ses troupes, l'insurrection ne tarderait pas à éclater de nouveau.

Sur ces entrefaites, le nouveau commissaire général de la Corse, le marquis Mari, passant par Livourne pour se rendre à Bastia, eut avec Pignon, son ami de longue date, un entretien qui ne laissait aucun doute sur les intentions des Génois: il fallait frapper, frapper impitoyablement et terroriser les populations de la Corse. On commencerait par la Balagne ; on devait « pénétrer dans cette province, enlever aux habitants 24,000 barils d'huile, user de la dernière sévérité envers les prisonniers, brûler tous les bourgs et villages qu'on prendrait, et sommer ces peuples de se soumettre à la merci de la République en livrant leurs chefs et leurs armes, sous peine de voir couper leurs oliviers et leurs amandiers qui font toutes leurs richesses. » L'agent français comprit alors et exposa à son gouvernement que Mari croirait sa réputation compromise, « s'il ne faisait rien d'extraordinaire et que, par vanité, il s'opposerait à toutes les voies de conciliation, comme ses prédécesseurs s'y étaient opposés par avarice. »

Pignon pensait que le seul parti que dussent prendre les Génois était celui de la douceur. Des lettres d'Orticoni et de Giuliani, deux des principaux chefs des peuples, écrites de Corse en réponse à celles de Tommasini, faisaient espérer d'ailleurs qu'on n'aurait pas besoin de recourir à la voie des armes ; « ils consentaient à rentrer sous la domination de la République, puisque le roi le voulait ainsi, mais ils espéraient de la justice et de la bonté de Sa Majesté un sort moins malheureux que celui qui les avait obligés de se soulever. » Dès son retour à Livourne, Salvini écrivait dans le même sens au cardinal de Fleury et l'on comptait sur l'approbation des autres chefs, Hyacinthe Paoli et Luca Ornano. Pignon avait fait proposer aux chefs rebelles de nommer des députés qu'ils enverraient au roi, et ce conseil, qui s'accordait si bien avec leur propre désir, avait été agréé avec empressement. Mais cette négociation devant rester secrète, le cardinal de Fleury craignit, quelques mesures que l'on prît, de ne pouvoir la cacher aux Génois, et l'envoi des députés corses resta à l'état de projet. Pignon reçut l'ordre de renvoyer à M. de Boissieux tous ceux qui s'adresseraient à lui, et de se rendre lui-même en Corse, afin de faire part au commandant des troupes françaises « des connaissances qu'il avait pu rassembler par les liaisons qu'il avait commencé de former avec les correspondants des Corses. » Une lettre fort sèche, que Pignon avait déjà reçue de M. de Boissieux, faisait craindre à l'agent français que les rapports qu'ils allaient avoir en Corse ne fussent pas des plus cordiaux, et il s'en ouvrit sincèrement à Amelot. Ses pressentiments ne le trompaient pas : les relations entre le diplomate et le commandant militaire devaient finir par une rupture complète.

En arrivant en Corse, Mari avait cru trouver dans M. de Boissieux un instrument aveugle, ou tout au moins complaisant, de la politique de la République ; il lui avait donc aussitôt proposé la dévastation de la Balagne et les autres mesures impitoyables dont il avait parlé à Pignon. Le général français ne cacha point sa surprise ; il répondit que « le roi n'approuverait pas que l'on rejetât les occasions de pacifier le pays par sa médiation, et qu'il était étonnant que la République préférât l'entière ruine du pays par une guerre inévitable. » Boissieux fit aussitôt part de cet entretien au ministère du roi, en se déclarant « bien confirmé que la plus grande partie du Sénat ne désirait point la fin des troubles et travaillait à rendre infructueux les secours et la médiation que le roi avait bien voulu accorder aux Génois. »

Cependant l'accord était loin de régner parmi les chefs corses : les uns, sur les conseils d'Orticoni et sur les assurances que le roi de France avait pour eux des sentiments de bonté, consentaient à se soumettre; les autres, qui comptaient sur les secours considérables promis par Théodore, refusaient de rentrer sous la domination des Génois, puisqu'ils devaient être prochainement chassés de l'île. Les premiers nommèrent deux députés, le chanoine Orticoni et l'avocat Gaffori, et demandèrent pour eux des passeports que Boissieux leur envoya aussitôt. Les députés, après certains délais, il est vrai, présentèrent au général français les actes de soumission de dix-sept pièves sur vingt-deux que comprenait le deçà des monts. Les deux pièves de Venaco et de Niolo s'étaient soumises les dernières, et sur les instances de Pignon.

Est-il vrai que le succès de l'agent, dans ses négociations avec les rebelles, ait excité la jalousie du général français ? Pignon le donne à entendre clairement, mais il s'abuse. Boissieux avait à son égard bien d'autres griefs ; il lui reprochait ses liaisons et ses correspondances fréquentes avec le commissaire génois, Mari, dont il empruntait même les porteurs, bien que le gouvernement du roi eût à se plaindre du représentant de la République ; il lui reprochait d'attirer à lui toute la suite des négociations, comme le prouvaient les lettres de Salvini, qui « marquait aux chefs des mécontents l'entière confiance qu'ils devaient avoir au sieur Pignon, chargé d'un nouveau plan de négociations, lequel se traiterait de l'aveu du général français, dans un village, à trois lieues de Bastia entre le sieur Pignon et les députés ; » il lui reprochait de s'être rendu tellement odieux aux Corses par ses liaisons et son intimité avec Mari, que les députés ne venaient chez lui, Boissieux, qu'avec la plus grande répugnance, lorsqu'ils le savaient en compagnie de Pignon. Ces reproches n'étaient que trop mérités. L'agent français, qui était tout d'abord si favorable aux Corses, qui se faisait fort de rester toujours sur la réserve avec le marquis Mari et de lui inspirer des sentiments plus conformes à ceux du gouvernement du roi, l'agent français avait trouvé plus fort que lui ; il en était venu peu à peu à faire siens les sentiments du commissaire génois, prouvant ainsi par son propre exemple la justesse de ce mot de M. Duchâtel : « Le marquis Mari est un souverain à mourir de rire. M. de Maillebois le fait trembler.... Il est bon de conserver cet avantage avec lui, et *l'on n'aurait pas beau jeu à lutter de finesse avec Son Excellence.* »

Les dernières lettres de Pignon sont remplies de récriminations contre la malveillance de M. Boissieux à son égard, contre sa confiance naïve dans les rebelles, contre l'audace et la perfidie des Corses. La conduite de l'agent répondait de moins en moins aux intentions du gouvernement du roi ; Boissieux demanda et obtint sans peine qu'il fût rappelé.

La sympathie que Boissieux et les officiers témoignaient en toute occasion aux rebelles et en particulier aux députés des pièves, à Bastia, avait fait espérer aux populations que le roi de France, après avoir rétabli la paix dans l'île, n'exigerait pas qu'elles fussent replacées sous le joug des Génois. Mais la convention signée le 12 juillet 1737 entre le roi et l'empereur devait être respectée. Une lettre du cardinal de Fleury signifia aux rebelles que les droits des Génois ne pouvaient pas être mis en question, et que le roi n'avait envoyé des troupes dans l'île que pour y rétablir l'autorité de la République, sauf à en régler l'exercice par des mesures qui montreraient toute la bienveillance du roi envers la Corse. Cette lettre déconcerta les chefs ; néanmoins ils se seraient peut-être soumis, sur la parole du roi, si l'arrivée de Théodore à

Portovecchio n'avait provoqué un mouvement populaire qu'ils étaient incapables de maîtriser et qui les entraîna eux-mêmes. Il est vrai que Théodore se rembarqua presque aussitôt et que toutes les voies n'étaient peut-être pas encore fermées à la conciliation ; ce fut malheureusement pendant ces jours, où la nouvelle d'importants secours (qui existaient surtout sur le papier) apportés par Théodore avait exalté les imaginations, que M. de Boissieux publia les fameux règlements (1). Le moment ne pouvait pas être plus mal choisi. Ces règlements portaient en tête, il est vrai, la garantie de l'empereur et celle du roi de France, mais on peut se demander si leurs représentants les avaient lus avec beaucoup d'attention ; à coup sûr, ils n'avaient pas remarqué qu'une rédaction insidieuse rétablissait les abus à mesure qu'elle les supprimait. L'article 6, par exemple, retirait au gouverneur le droit de condamner *ex informata conscientia*, mais il lui reconnaissait aussitôt le droit de faire arrêter et emprisonner toute personne qui lui serait suspecte, *sauf à en référer au Sénat*. Or on sait jusqu'où le Sénat de Gênes portait l'intérêt pour les malheureux Corses emprisonnés par un caprice du gouverneur. Que devenait le *generale indulto e perdono* accordé par l'article 1er à tous ceux qui avaient pris part aux troubles depuis l'année 1737 ? N'était-ce pas là une concession dérisoire ? Les Corses furent plus clairvoyants que les représentants des deux monarques ; exaspérés de se voir une fois de plus dupés par leurs éternels ennemis, ils repoussèrent les règlements. Dans un manifeste adressé à la nation, Paoli et

---

(1) Pp. 272 à 279.

Giafferri répondirent aux règlements article par article, et expliquèrent à leurs compatriotes que leurs anciens privilèges se trouvant supprimés, et la tyrannie de la République restant toujours la même, il ne restait plus aux Corses, si les Cours de l'Europe étaient indifférentes à leur misère, qu'à mourir glorieusement sur les champs de bataille : *Melius est mori in bello quam videre mala gentis nostræ.*

Les hostilités commencèrent bientôt, mais furent tout d'abord assez malheureuses pour les Français ; la défaite de Borgo (13 décembre 1738) leur apprit que, pour soumettre les Corses, il leur faudrait des forces autrement importantes que celles qu'ils avaient alors à leur disposition dans l'île. Boissieux, qui s'était laissé imprudemment pousser à cette expédition par le commissaire Mari, ne put se consoler de son échec ; il rentra malade à Bastia, et après avoir langui pendant près de deux mois, il mourut le deux février 1739. Son successeur, le marquis de Maillebois, débarqua à Calvi le 20 mars, et prit aussitôt le commandement des troupes françaises.

Cette campagne a été racontée assez longuement dans le dernier volume des *Mémoires* de Rostini, et surtout dans le premier volume de notre Bulletin, où M. le baron Cervoni en a publié une relation des plus complètes, attribuée au comte de Vaux. Dans ces deux récits, les mouvements des troupes, les opérations militaires, sont exposés jusque dans leurs derniers détails. C'est encore cette campagne que raconte jour par jour M. Duchâtel dans ses lettres au comte de Belle-Isle. La publication de ces lettres ne fera pourtant pas double emploi avec les deux relations précédentes. On ne trouvera point ici la précision méthodique de la relation du comte de Vaux, mais on ne trouvera point non plus la sècheresse uniforme d'un rapport officiel que l'on ne peut lire sans quelque fatigue. L'auteur ne s'attache aux faits qu'autant qu'il est nécessaire pour faire comprendre à son correspondant la suite des mouvements des troupes. Certaines lettres même ne renferment guère que des appréciations sur le gouvernement des Génois, sur le caractère des Corses, sur le parti que le roi pourrait tirer de sa conquête. Les jugements de Duchâtel ne sont pas toujours favorables aux Corses ; il leur reproche surtout leur insubordination et leur paresse invincible. Mais d'autre part, sa profonde antipathie pour les Génois se manifeste à chaque moment. Comment en effet ne pas haïr un souverain aux yeux duquel l'extermination était le seul moyen de rendre le repos à ses sujets mécontents ? Comment ne pas mépriser un gouvernement incapable et vain, perfide à l'égard de ses alliés, dont il paralysait sans cesse les efforts, dans la crainte de voir la paix trop tôt rétablie ? Quel dégoût devait inspirer à la loyauté de l'officier français cette politique tortueuse et traîtresse, qui, après avoir appelé les Français pour soumettre les Corses, fournissait aux rebelles des armes et des munitions, afin qu'en prolongeant la lutte, en livrant des combats plus nombreux et plus sanglants, ces malheureux se fissent peu à peu exterminer par les troupes du roi ? Une pareille duplicité paraît invraisemblable, mais elle est réelle pourtant, et en voici, croyons-nous, l'explication. Dès l'arrivée des Français en Corse, les Génois avaient fait une observation inquiétante : les soldats du roi et les rebelles étaient à peine entrés en relations, qu'il s'était établi entre eux une sympathie étroite, une véritable amitié ; quelques mois plus tard, on eût dit que le Génois était pour les deux peuples l'ennemi commun. Sans doute les nécessités de la politique avaient mis plus tard aux prises les Corses et les Français ; mais les relations pouvaient changer de nature entre la France et la République ; il pouvait venir un jour où le roi reprendrait sa liberté d'action, et alors n'acquiescerait-il pas au désir impatient qu'avaient les Corses d'être incorporés à ses Etats ? Voilà pourquoi les Génois s'appliquaient de tout leur pouvoir à faire naître ou à entretenir l'animosité entre Corses et Français ; ils voulaient retarder ou rendre impossible une entente qui ne pouvait se faire qu'aux dépens de la République.

Leurs craintes d'ailleurs n'étaient pas tout à fait chimériques. Si le gouvernement du roi, dans ses actes officiels, affectait l'indifférence à l'égard de la Corse, ses officiers, jusqu'au commandant en chef, se montraient beaucoup moins réservés. La meilleure preuve en est dans un long mémoire rédigé par Maillebois lui-même, en collaboration avec Duchâtel, et adressé à la cour (1). La conduite politique à tenir par la France après la conquête y est indiquée aussi nettement que possible : les Génois étaient incapables d'administrer l'île et de la maintenir sous leur domination avec leurs seules forces ; ils devaient par conséquent admettre l'autorité d'une autre puissance, c'est à dire de la France ; le roi n'était pas embarrassé pour trouver des titres en vertu desquels il pouvait s'approprier certaines parties de l'île, etc. — Assurément

---

(1) Voir pp. 384 à 409.

l'annexion ne pouvait s'opérer tout d'un coup, mais on peut dire que dès ce moment elle se préparait, et la création du régiment Royal-Corse allait rendre plus étroites encore les relations du roi de France avec ses futurs sujets.

Nous n'avons guère parlé jusqu'ici du baron de Neuhoff (1), Théodore, l'éphémère roi de Corse. C'est que, si par ses lettres, par ses émissaires, il eut quelque influence sur les événements qui eurent lieu de 1737 à 1739, la Corse, en réalité, était fermée à sa personne, et il faut le chercher ailleurs qu'en Corse pour retrouver son histoire pendant ces deux années. Le présent volume contient de lui plusieurs lettres écrites à ses partisans ; ces lettres, interceptées par les vaisseaux français, puis communiquées au commandant des troupes, avaient été envoyées à la Cour. Le sens en était déjà connu, mais le texte, que nous sachions, n'en avait pas encore été publié. On trouvera aussi, éparses çà et là dans les autres documents, quelques particularités sur Théodore, sur ses partisans et ses parents. Mais les pièces les plus curieuses et les plus neuves sont celles qui nous font connaître ses agissements à Amsterdam, les incidents de son départ et de son voyage jusqu'à son débarquement à Portovecchio. Ces pièces sont : 1º la déclaration du matelot François Vastel (p. 283 et suiv.) ; 2º le rapport du commissaire des guerres La Villeheurnois, (p. 287 et suiv.) ; et 3º surtout l'extrait du journal du matelot Riesenberg, (p. 334 à 346). Le voile mystérieux, qui couvrait jusqu'ici les intrigues de Théodore entre son départ

---

(1) Les officiers français semblent n'avoir pas connu alors son nom d'une manière exacte ; Duchâtel écrit toujours *Neorff*.

et son deuxième débarquement, sera ainsi en partie levé ; peut-être même verra-t-on, non sans quelque surprise, que la Hollande ne se désintéressait pas complètement des affaires de la Corse.

On trouvera à la fin du volume quelques lettres datées de 1740. Nous avions pensé tout d'abord à en remettre à plus tard la publication ; mais comme elles se rapportent à la campagne de 1739, il nous a paru plus opportun de leur donner place ici. On recueillera dans ces lettres quelques renseignements sur le rôle du clergé corse pendant l'insurrection, et même après. Quand les populations de l'île eurent été soumises, il restait encore à soumettre et à pacifier la *prêtraille*, comme disait Maillebois, et les religieux, Observantins, Cordeliers, Servites, qui avaient pendant la campagne soutenu le courage de leurs compatriotes et fait le coup de feu à côté d'eux contre les troupes françaises.

Presque toutes les pièces qu'on trouvera ici ont été tirées des archives du ministère de la guerre ou des archives du ministère des affaires étrangères. La provenance de chacune d'elles est indiquée en abrégé — M. G. — M. A. E. — Nous avons indiqué en toutes lettres la provenance des rares pièces tirées d'ailleurs.

L'Abbé LETTERON.

PIÈCES ET DOCUMENTS DIVERS

POUR SERVIR

A L'HISTOIRE DE LA CORSE

pendant les années 1737-1789

6 Août 1736. — Nous, général et chefs du royaume de Corse, connaissant la capacité et prudence du Sr Grégoire Salvini et ayant une pleine confiance en sa fidélité, le choisissons et nommons en vertu du présent acte notre agent plénipotentiaire et procureur général, lui donnant toute l'autorité et faculté qui nous a été confiée des peuples, villes et magistrats, de traiter et demander secours, assistance, soulagement et protection à telles et telles personnes qu'il trouvera à propos, de quelque état et condition qu'elles soient, souverains, sujets ou vassaux, et de pouvoir s'obliger en notre nom et pour nous envers les personnes qui fourniront de l'argent ou tel autre secours, de leur donner en paiement des fiefs, terres, ou tel titre qu'elles voudront, proportionnés aux services qu'elles auront rendus, promettant de ratifier ce qu'il fera à l'avantage du Royaume de Corse. Le présent acte scellé du sceau du Royaume et signé par nous, le six août mil sept cent trente six.

     Hyacinthe Paoli, général du Royaume. —
   Louis Giafferri, Jean-Jacques Ambroggi,
  Paul-Marie Paoli, Jean-Thomas Giuliani.

(M. A. E. — Corse, Vol. I).

Déclaration

signée le 12 juillet 1737 au nom du Roy et de l'Empereur.

Sa Majesté Impériale et Sa Majesté Très Chrétienne déclarent et se promettent réciproquement qu'elles ne souffriront pas que l'Isle de Corse sorte de la domination génoise, sous quelque prétexte ou pour quelque cause que ce puisse être ; qu'elles concerteront et prendront les mesures qu'elles jugeront les plus convenables et les plus efficaces pour empêcher que cette isle ne passe sous la domination de quelque autre puissance que ce soit, ou par un effet du désespoir des rebelles ou de quelque autre manière que ce puisse être ; qu'elles offriront leur secours à la République avec la garantie contre toute voye de fait par rapport à ses États de Terre ferme pendant le temps que durera la rébellion des Corses et jusques à ce que cette isle soit réduite ; et que mesme, faute par elle d'accepter ces offres, on ne laissera pas, soit conjointement, soit séparément, d'employer les moyens qui seront nécessaires pour dompter au plus tôt cette rébellion, suivant les principes fixés entre les deux cours et énoncés ci-dessus, dans la vue, comme il a été dit, d'assurer à perpétuité la Corse à la République de Gênes.

En foi de quoi, Nous, Ministres de Sa Majesté Impériale et de Sa Majesté Très Chrétienne, avons, en vertu des pleins pouvoirs qu'elles nous ont donnés à cet effet, signé la présente déclaration et y avons fait apposer les cachets de nos armes.

Fait à Versailles le 12 juillet 1737.

DE SCHMERLING. — AMELOT.

(M. A. É. — Corse, Vol. I).

Déclaration

dont la copie a été remise à M. de Sorba le 5 août 1737.

Le Roy, de concert avec l'Empereur, offre à la République de Gênes les secours nécessaires pour réduire les rebelles de Corse et faire rentrer cette isle sous sa domination.

Dans cette vue, Sa Majesté envoyera incessamment 3,000 hommes à la Bastia pour faire connaître aux rebelles que la France prend ouvertement la République sous sa protection et pour essayer pendant l'hyver de ramener les habitants à l'obéissance, et au cas que la négociation ne réussisse pas et qu'il faille employer de plus grandes forces, le Roy y fera passer au printemps prochain jusqu'à dix mille hommes pour éteindre entièrement la révolte.

Le Roy, voulant soulager les Génois, conviendra avec la République d'une somme fixe de deux millions, y compris environ 700,000 livres pour les frais du premier secours de 3,000 hommes, Sa Majesté voulant bien se charger du surplus. Les 700,000 livres seront payées, savoir : 300,000 livres au moment de l'embarquement, et 400,000 livres trois mois après ou même plus tôt, si la réduction de l'isle donne lieu à la sortie des troupes de France par ce premier effort. Si le second secours est nécessaire les 400,000 livres restant seront payées en quatre termes dont on conviendra.

Mais la condition que le Roy exige de la République est qu'elle s'en rapporte à la justice de Sa Majesté et de l'Empereur pour fixer les conditions dont on conviendra avec les habitants ; elle doit être persuadée que Leurs Majestés n'oublieront rien pour conserver la dignité de la République et pour assurer les conventions d'une manière ferme et durable.

(Id.)

Les chefs et peuples de Corse au Roy.
En Corse le 28 septembre 1737.

Nous chefs et peuples de Corse unis en un seul corps et esprit et très humbles serviteurs de Votre Majesté Très Chrétienne, ayant appris avec douleur qu'elle a été suppliée par la Sérénissime République de Gênes de l'aider à nous soumettre nouvellement à sa domination, prenons la liberté de supplier très humblement Votre Majesté d'avoir agréable que nous lui envoyions auparavant (comme nous espérons qu'elle nous l'accordera) deux des nôtres principaux sujets suffisamment autorisés pour mettre à vos pieds avec nos profondes obéissances nos raisons, en sorte que V. M. en étant pleinement informée, elle puisse procéder avec l'équité et la prudence qui lui sont si naturelles, et que tout ce qu'elle fera contribue à la gloire de son nom, à lui mériter l'applaudissement universel et à consoler et rendre la paix aux parties. C'est à quoi Votre M. ne saurait jamais parvenir, si, comme le publient et s'en flattent nos adversaires, elle prend quelque résolution sur leur exposition pleine de passion et que l'on doit regarder comme la moins sincère, dans une affaire d'où dépend également le bonheur ou la misère d'une nation entière qui est innocente. Qu'il vous souvienne, Sire, que notre Royaume, par ses privilèges, doit ce qu'il est à la protection et à la garantie de vos glorieux ancêtres ; vous ne pouvez après cela songer à le détruire. Nous n'avons aussi jamais manqué à notre gratitude et à notre vénération héréditaire pour votre couronne.

J'ose dire que qui que ce soit ne peut le nier avec raison et encore moins la République de Gênes, malgré sa hardiesse et sa mauvaise foi. Elle n'a pas toujours donné le même exemple, quoiqu'en s'en écartant, elle ait été punie. Elle nous promettra peut-être l'observation de tout ce que vous établirez et garantirez, mais elle vous manquera infailliblement de parole. Ce ne sera pas la première fois ; l'Empereur régnant le sait bien. Son traité de paix et de garantie est méprisé, et les Génois qui eux seuls l'ont sollicité, et qui l'ont ratifié, veulent le détruire. Ils n'auront pas plus d'égards pour V. M.

Dans ce cas-là votre indignation, très invincible monarque, tombera, non sans qu'il en coûte beaucoup, sur la félonie génoise, au lieu qu'aujourd'hui elle tomberait sur notre nation aussi innocente que sa conduite est fondée en raison. Gênes a toujours été une hydre immortelle d'iniquité et de tromperies. Elle s'est figurée qu'elle doit regarder la Corse comme la Crimée, où c'est une faute que d'être humain, honnête et juste.

Que Dieu veuille que nous ne soyons jamais dans la nécessité de comparaître devant son tribunal terrible ! Cependant tous les critiques les plus alertes considèrent ce qui se passe, et les historiens discuteront ensuite si V. M. a dû protéger ou non nos ennemis (nous dirons de même les vôtres), aux dépens de ses propres finances ou même de celles des Génois. Peut-être que le premier de ces deux cas ne s'accordera pas bien avec votre justice si renommée, puisque nous aurons souffert du dommage sans l'avoir mérité. Quant au second, il ne saurait convenir à votre magnanimité. C'est pourquoi, prosternés en espoir à vos pieds, nous vous conjurons et supplions d'accueillir avec bonté et écouter de notre voix nos intercessions. Mais comme les corsaires génois et leurs édits et ceux des autres empêchent et défendent l'embarquement et le trajet de ceux des nôtres à députer auprès de V. M. nous désirerions que pour nous faciliter ce si grand honneur V. M. ordonne à ses Consuls de Naples ou de Livourne, comme plus proches et plus commodes pour nous, qu'ils fournissent un bâtiment de votre pavillon sur la demande que leur en fera le Révérend prêtre D. Grégoire Salvini, notre compatriote, qui a commission de nous et que nous avons suffisamment autorisé.

Ç'a été au reste avec beaucoup de peine que nous avons appris que nos ennemis essayaient de nous faire passer pour des rebelles, pour des perturbateurs de la paix, et pour des infracteurs de la garantie impériale. Si jamais une pareille imposture était entrée dans l'esprit de V. M., nous la conjurons par les plaies adorables de Jésus, et par tout ce qui intéresse le plus sensiblement votre gloire, de daigner écouter à bon compte nos raisons recueillies dans un papier à part que nous prenons la liberté de présenter à son Trône devant lequel prosternés etc.

(M. A. E. — Corse, Vol. I).

Les gouverneurs du Royaume de Corse à Son Eminence le cardinal de Fleury.
De leur château de Corte, le 12 octobre 1737.

Em^{me} et Rév^{me} Seigneur,

C'est un effet de la Providence de Dieu que la Sérénissime République de Gênes ait découvert au monde que le désordre qu'il y a dans son gouvernement a été et est le motif de guerre et qu'après avoir essuyé tant d'agitations presqu'insupportables produites par les passions des différents habitants de sa capitale, il lui soit venu dans l'esprit de recourir aux premiers monarques du monde pour, par leur moyen, introduire une véritable paix dans notre Royaume. On ne doit pas être surpris que cela soit, et la nécessité en est d'autant plus grande pour cette République qu'elle a toujours éprouvé la même chose dans toutes les plus importantes occasions. On voit dans les livres imprimés que la noblesse génoise ayant voulu changer cette République populaire en un gouvernement de peu de personnes, elle obligea à prendre les armes tous ses peuples à la tête desquels se mirent les premiers bourgeois de Gênes de tout rang et condition. Il est pareillement connu qu'après quantité de sang répandu dans cette guerre des Génois contre les Génois, et que les peuples furent parvenus à chasser la première noblesse, on fut obligé de s'adresser au St-Siége, pour lors occupé par Grégoire XIII, à l'Empereur Maximilien et à Philippe, roi des Espagnes. Ceux-ci ayant entendu et accueilli bénignement les tristes supplications des Génois, se portèrent à leur envoyer, savoir : le pape, Jean Jérôme Moron, cardinal d'Ostie ; l'Empereur, Pierre Fanno Costachiaro, évêque d'Acqui, et Philippe d'Espagne, Don Charles Borgia, duc de Candie, et Don Jean de Idiaquez, tous gens de grande prudence, qui, après avoir entendu et examiné mûrement les raisons de la noblesse et du peuple de cette République, ne crurent pas qu'on devait employer la force des armes, mais réformèrent toutes les lois par lesquelles on s'était jusque-là gouverné, et en établirent de nouvelles que l'on devait dans la suite prendre pour règle, comme étant ou devant être la base fondamentale du gouvernement et sur lesquelles il est appuyé. Voilà ce qui se passa en 1576, comme bien des imprimés en font foi, et qui fut terminé le 24 de mai.

Les citadins modernes de cette République oubliant entièrement le fondement et les causes des susdites lois dont le gouvernement ne peut s'écarter, malgré les abus qui se sont, comme on le voit, introduits, se sont proposé, sur les humbles remontrances de notre Royaume tendantes à être soulagé de quelques charges par nous indûment souffertes, de ne point écouter nos plaintes réitérées, et dans l'intention de nous assujettir encore à de plus grandes charges contre nos constitutions et les conditions auxquelles nous avons consenti à

---

(1) Voir la *Chronique* de FILIPPINI, p. 301.

être gouvernés par eux et à vivre avec eux en République, ils ont tenté de détruire nos droits par la force des armes. Mais comme, par la miséricorde de Dieu, la force des armes a toujours accompagné les habitants de notre Royaume, il n'était pas possible que la volonté suffît aux Génois pour forcer ceux à qui ils ont été de tout temps redevables de cette même force des armes sur laquelle la République de Gênes, ou plutôt ce gouvernement réduit aujourd'hui à peu de personnes, reconnaît que sont fondées la liberté et l'autorité qu'il possède. MM. de Gênes eurent donc recours au toujours invincible et partout aimé et respecté l'Empereur régnant par la grâce de Dieu, Charles VI, et en lui représentant le démérite de notre grande cause, notre pusillanimité, notre pauvreté, et notre ignorance dans le fait des armes, ils trompèrent par là ce magnanime et pieux monarque qui, mû par sa piété naturelle, se détermina, quoique MM. de Gênes eussent empêché qu'on n'écoutât nos raisons et qu'on n'appelât nos représentants, à envoyer dans notre royaume un corps de ses troupes, non pas pour nous combattre, comme on le publia, mais pour nous tenir avertis par un de ses gracieux édits publié en Corse le 1 du mois de mai de l'année 1732 et signé en son nom impérial par le prince de Wirtemberg. Il y était dit que, mettant par nous les armes bas et nous soumettant à la Sérénissime République de Gênes sous la haute garantie de l'Empereur, nous obtiendrions de la même République tout ce que nous demanderions et que nous pourrions espérer de sa justice et de son équité pour le soulagement de notre royaume affligé. Mais comme la fin de la seigneurie de Gênes n'a jamais été de soutenir le droit utile et honorifique prétendu par ce gouvernement, mais de se fonder uniquement sur l'utilité retirée de deux ans en deux ans par de misérables citadins de Gênes, en commençant par l'ordre de la noblesse et continuant jusqu'à celui des avocats qu'elle envoie pour tenir lieu de juges, quoique ignorants, et des

notaires et des sbires par le moyen desquels la ville de Gênes
parvient à s'enrichir, outre l'usurpation qu'elle fait de tous
les évêchés du royaume, ladite seigneurie de Gênes manégea
tellement avec les ministres impériaux qu'on lui avait envoyés, que les sages intentions de Sa Majesté Impériale étant
devenues inutiles, il ne fut point question d'examiner les
conventions de la République qui établissent la forme de gouvernement à pratiquer dans le royaume de Corse, ni de faire
attention aux conditions sous lesquelles il doit être régi. Les
choses ayant été portées par là à l'extrémité sur une maxime
non fondée, nous fûmes contraints d'employer les plus grands
ménagements pour les drapeaux de l'Empereur par rapport
au respect que nous avons toujours eu pour ses armes glo-
rieuses, en leur laissant en différentes occasions, sinon la
victoire, au moins les moyens de se retirer sans blesser leur
honneur. Les Allemands reconnurent enfin qu'ils s'étaient
trompés dans les projets qu'ils avaient faits ; ils prirent ainsi
le parti, toujours conseillés par MM. de Gênes, d'insinuer
aux Corses de leur donner un état de leurs demandes. Ils en
dressèrent de la façon la plus soumise et par pure obéissance
un mémoire consistant en 18 articles (1) qui, bien examinés,
étaient plutôt déshonorants pour un royaume vainqueur en
effet, mais qui se soumettait par respect pour l'Empereur.
Ces 18 articles devaient être mis sous les yeux de ce prince,
et l'approbation devait en dépendre de lui seul ; mais MM.
de Gênes ayant trouvé moyen de les supprimer, ils y en subs-
tituèrent 17 autres entièrement différents dont il suffit
d'examiner le contenu sans partialité pour voir si par ces
derniers 17 articles, il y a moyen de pouvoir gouverner un
royaume *conventionné*, ou s'ils ne sont pas plutôt propres à le

---

(1) On trouvera plus loin ces 18 articles datés du 16 mars 1733, et les
17 articles qui leur furent substitués sous le titre de *Concessioni graziose*, etc.

rendre esclave, ou au moins plus sujet par les conditions qu'on lui accorderait qu'il ne le serait par la force et par les premières lois du royaume. Cependant ces peuples, voulant témoigner de la reconnaissance des sentiments que l'Empereur leur marquait dans l'édit dont on a parlé, quoiqu'ils eussent eu de mauvaises suites pour eux, ils acceptèrent les 17 articles ci-dessus, quelque extraordinaires qu'ils fussent, dans l'espérance que la Sérénissime Seigneurie aurait compris que ce n'était pas le moyen d'établir une véritable paix dans une province aussi considérable et unie avec elle, lorsqu'au contraire il fallait accueillir par d'autres et plus précieuses conditions nos peuples affligés depuis tant de temps en commençant par un oubli perpétuel de tout ce qui s'était passé, et leur accorder d'autres prérogatives honorables capables de faire connaître que le Royaume doit vivre en union avec la République et recevoir d'elle les véritables influences de liberté et de soulagement, surtout dans les choses qui dépendent entièrement de notre Royaume, et dont cependant les habitants sont entièrement dépouillés.

Mais au lieu de cela on songea, avant que de faire éprouver les marques de la paix, aux hostilités en exigeant des impôts, et à tirer vengeance par la force de toutes les maisons principales du Royaume, et contre la garantie impériale et l'amnistie générale déjà publiée au nom de l'Empereur et de la République, on envoya des soldats pour emprisonner tous ceux qui étaient notés pour véritables patriotes du Royaume. Dieu, qui est le maître absolu des intentions des hommes, permit que les Corses, se voyant tout à fait perdus par l'abandon total de leurs armes cédées sous la foi impériale pour mériter par là les plus particulières récompenses, se missent nécessairement de nouveau en défense. C'est pourquoi ayant commencé à désarmer quelques sbires et quelques-uns des soldats envoyés dans les châteaux du Royaume pour insulter ces peuples, ils parvinrent enfin à désarmer tous ceux qui se présentèrent et trouvèrent moyen avec leurs armes d'éloigner les ennemis effrayés de la valeur des nôtres ; c'est de là qu'est venue la seconde révolte du peuple qui continue encore, et de manière à ne pouvoir plus nous fier à quelque promesse que la Seigneurie de Gênes veuille nous faire.

On apprend maintenant que par un effort encore plus remarquable de la Providence divine, la Seigneurie de Gênes ne croyant pas pouvoir arranger par elle-même ce qui a rapport aux intérêts de la Corse, elle a pris le parti, ensuite de ce qu'elle a fait de si irrégulier, de recourir à la protection du très chrétien et très puissant Roi de France, ancien et moderne protecteur et père de notre Royaume, afin que sous sa royale garantie et médiation, nos peuples rentrent dans l'ancienne sujétion dont ils se sont soustraits par leur propre sang. C'est une heureuse résolution pour nous que celle-là. Notre Royaume, qui est si affligé, ne pouvait pas éprouver de plus grande satisfaction que celle d'avoir pour garant de nos différends un Roy si généreux, si grand et si puissant ; un Roy dont notre Royaume et ses habitants reconnaissent tenir les grades, les bénéfices, la liberté et la paix ; un Roi qui par sa bonté a incorporé notre Royaume avec sa couronne ; un Roi qui veut tous nous reconnaître pour Français naturalisés, lorsque nous voudrons aller habiter son Royaume ; un Roy qui a déposé entre nos mains la confidence de ses armes ; un Roi qui a tout obtenu de notre sang obligé à sa couronne, à son Royaume et à sa maison ; enfin un Roi qui par notre valeur et avec nos armes a battu en cent façons ses ennemis, acquis des provinces, pris de force des places et des forteresses, et qui a par le moyen de notre fidélité soumis à son entière obéissance son Royaume. Nos ancêtres que nous avons perdus dans les batailles parlent pour nous quoique ensevelis, comme on le lit dans le livre du père Alcioni, imprimé à Lyon en 1594, et leur mémoire vivra jusqu'à la fin monde. Les Alphonses d'Ornano, maréchaux de France, parlent aussi pour nous avec tous ceux qui les suivirent et qui furent tous gens des plus distingués parmi la première noblesse de notre Royaume.

Les volumes de l'archidiacre Antoine Pierre Filippini, imprimés à Tournon, en France, en l'année 1594, parlent, de même que les diplômes du très auguste Henri III, registrés au parlement d'Aix, et tant d'autres démonstrations à nous faites par les Roys ses successeurs et prédécesseurs de Sa Majesté aujourd'hui régnante, démonstrations à nous accordées de leur plein gré, en signe de gratitude et pour récompense des services rendus à cette couronne et de notre fidélité.

C'est donc avec vous, Eminentissime et Révérendissime Seigneur Cardinal et premier ministre d'un si grand Roi, notre véritable père et maître, que parlent les peuples du Royaume de Corse, que parle l'honneur du Royaume, que parlent en particulier ses principaux sujets qui en forment l'état noble, pour qu'examinant les sages déterminations du Roi tant votre maître que le nôtre, vous n'oubliiez pas de lui représenter vivement les sentiments de nos Régnicoles, pour que, la résolution d'envoyer les armes invincibles dans notre Royaume de Corse subsistant, vous assuriez Sa Majesté qu'elles seront reçues par nous comme nos véritables frères, et comme gens pour lesquels nous devons exposer nos biens, le sang et la vie de chacun de nous, et que, dans tous les besoins de sa couronne, il sera le maître absolu de nos communes volontés, de nos armes, de nos biens, quoique dépouillés et mis à sec, et qu'avec de la cavalerie ou tel nombre de bataillons qu'il daignera nous demander jusqu'à 30,000 combattants, nous sommes tous prêts à perdre le sang, les biens, la vie pour son royal service en tout lieu et en tout temps, à l'imitation de nos prédécesseurs ci-dessus cités. Dites lui encore que tout mouvement de ses troupes pour nous vaincre sera toujours inutile, puisque nous nous donnons à lui volontairement pour vaincus. Dites-lui enfin que nous le rendons maître absolu de nous et de notre Royaume, car pourvu qu'il veuille et vous, son sage et sacré ministre, jeter un coup d'œil sur les conventions faites en faveur de notre Royaume par les Roys ses prédécesseurs, nous croyons fermement que non seulement il daignera nous prendre sous sa paternelle et royale protection, mais encore qu'il lui plaira confirmer notre aggrégation et incorporation à son très invincible Royaume de France pour seconder les intentions du très auguste Henri III, et qu'enfin, compatissant à l'état d'épuisement et de misère où nous ont réduits des injustices insupportables, sa piété l'engagera à nous accepter pour de véritables vassaux, aux pactes, modes et conventions que nous avons été acceptés et traités par ses ayeux. Mais si, par malheur pour notre affligé Royaume et pour les fins auxquelles il tend, il n'obtenait pas cette grâce, nous espérons fermement qu'on daignera penser à nous faire vivre dans notre entière liberté, comme nous sommes fondés à le prétendre par la nature et par la loi, ou bien à nous donner un Roi juste et un Roi qui nous gouverne avec une loi qui plaise à Dieu et avec une justice incorruptible, avec lequel notre paix soit assurée sur les anciennes constitutions à nous accordées par les rois de France d'éternelle et heureuse mémoire. Mais si on ne voulait pas non plus nous accorder cela, insinuez à sa piété royale que, pour parvenir à nous voir accommodés et unis à la République de Gênes, il est indispensable de mettre d'abord un frein aux dissensions désordonnées de ce gouvernement, qu'il soit obligé de se diriger et gouverner par ladite loi ; que ses citadins perdent la fantaisie et l'idée d'être tous nos maîtres, ce qui fait le nombre de plus de mille sujets (1) ; qu'ils ne nous regardent pas comme des peuples conquis et qu'ils ne s'imaginent pas pouvoir nous traiter en

---

(1) Ce mot a sans doute été écrit par une erreur de copiste au lieu de *tyrans*.

esclaves, comme ils ont fait jusqu'à présent ; mais que voulant vivre comme République, ils pensent à nous faire vivre en République. Comme nous sommes la base principale qui la doit composer et former, puisqu'elle nous doit l'honorifique de la couronne et la force des armes, nous devons être considérés comme la partie la plus essentielle de cette République, et nos habitants doivent par conséquent être admis à tous les gouvernements, honneurs, grades et prééminences en la même forme que tous ceux-là sont admis au gouvernement de la République depuis ladite loi. Il est également nécessaire que suivant les pactes, mesures et conditions dont il sera convenu dans la suite par le moyen de Sa Majesté ou de ses ministres autorisés pour cet effet par elle, il ne soit pas permis à la République de pouvoir prétendre dans notre Royaume aucun gouvernement, ni aucun domaine utile et honorifique tant ecclésiastique que temporel, par la puissante raison que, si nous devons être exclus des dignités et bénéfices de cette République, aucun Génois ne doit aussi prendre pied dans notre Royaume, à l'exception d'un seul sujet gouverneur représentant, de la manière qu'il est exprimé par lesdites lois de la République, et conformément aux pactes et conventions qui dans la suite seront établies par le moyen de notre invincible monarque de France. Nous désirons enfin que l'on écoute les motifs de nos ambassadeurs, ou bien que notre Royaume soit entendu par ceux de ses ministres qu'il daignera y envoyer, et que par leur moyen il soit ordonné une prompte et sommaire justice sur toutes les plaintes qui leur seront portées par ceux de nos habitants qui ont été opprimés et dépouillés de ce qui était à eux, contre la justice et contre le devoir, et dont ils n'ont pas jusqu'à présent demandé raison.

Il sera pareillement nécessaire que les ministres de France qui se trouvent dans toutes les villes d'Italie, publient au nom de Sa Majesté un édit par lequel il soit librement permis à nos nationaux de revenir dans notre Royaume moyennant leur passeport, afin d'y entendre le sentiment universel de nos plus considérables sujets et de pouvoir se joindre à eux pour assurer les résolutions qu'il plaira à Sa Maj. que l'on prenne pour se conformer à ses royales volontés, votre Eminence devant être persuadée que, si on ne prend pas ces mesures-là, on verra renaître les menaces de la vie contre quiconque osera s'intéresser directement ou indirectement en faveur des Corses, ainsi que cela est arrivé par le passé. C'est pourquoi on joint ici les 18 articles demandés par le Royaume avec les 17 accordés par la République, aussi bien que la proclamation qui en a été faite par Sa Maj. Impériale, afin de les soumettre à l'examen de Sa Majesté et de votre Eminence, et afin qu'elles voient que, où il est parlé d'un corps de noblesse qui a toujours été dans notre Royaume depuis qu'on lui a donné ce nom et auparavant, on ne peut prétendre maintenant de le détruire par l'érection en quelque manière honteuse d'un nouveau livre avec lequel on veut annuler et détruire ce corps noble et ancien que l'on tenait déjà opprimé, pour montrer au monde que c'est d'aujourd'hui que commence l'ordre de la noblesse dans notre Royaume. On y lira aussi plusieurs autres choses plus propres à irriter qu'à plaire.

Enfin on supplie Sa Maj, par le moyen de votre Eminence, de vouloir bien avoir la bonté de nous entendre pour arranger ce qui nous regarde avec la solidité nécessaire en chose d'aussi grande importance et pour nous préserver des embûches auxquelles nous serions sans doute exposés dans la suite, ce qui nous rejetterait de nouveau dans une involontaire, mais nécessaire défense, et nous obligerait à reprendre les armes que l'on ne pourra jamais nous ôter ni à notre Royaume.

De notre château de Corte le 12 octobre 1737.

De V. Em. les très humbles et très dévoués serviteurs,
Les Gouverneurs de la Corse.

(M. A. E. — Corse, Vol. I).

Déclaration

du prince de Wirtemberg du 1er mai 1732, présentée avec la lettre des gouverneurs de Corse à Son Eminence du 12 octobre 1737.

Noi, per la grazia di Dio, Federico Luigi, duca de Wirtemberg e Foehk, conte di Mompelgarth, Signore di Haidenheim ecc, ecc. ; generale d'artiglieria, colonnello d'un reggimento d'infanteria, comandante generale delle truppe ausiliari di Sua Maestà Cesarea e Cattolica nel Regno di Corsica, e cavaliere dell'insigne ordine dell'Aquila Bianca di Polonia.

Determinata la Maestà Sua Cesarea dell'Augustissimo Imperatore a voler con tutti i più validi mezzi delle sue gloriose armi sottomettere e ridurre di nuovo questi popoli della Corsica, già d'alcun tempo sollevatisi contro la Serenissima Repubblica di Genova dalla dovuta ubbidienza verso del loro legittimo Principe, ci ha mandato in questa Isola con tale numero di truppe che non dubitiamo avranno i popoli contumaci bastante fondamento per riconoscer qual grave castigo gli sovrasti perseverando nella loro disubbidienza, così che non fia d'uopo altro impulso per obbligarli a prender quel partito che gli consiglierà la propria salvezza e l'amore della Patria. Con tutto ciò, essendosi mossa la M. S. I. C. per la propria Austriaca clemenza implorata ultimamente dai suddetti popoli, con umilissima supplica rassegnata al Trono Augustissimo in nome loro dai due capi Colonna e Giafferri, in data degli 8 gennaro prossimo passato, a compassionare il loro stato, e desiderando per impulso di sua connaturale pietà, di preservarli dalle stragi e ruine ; assicurata altresi la Maestà Sua delle rette intenzioni e massime d'equità colle quali è portata la Serenissima Repubblica a secondare i clementissimi riguardi del pietoso animo Augustissimo, si è degnata, inerendo anche alla generosa condiscendenza della stessa Repubblica, d'incaricarci di far sapere al nostro arrivo in questo Regno, e prima di procedere colla forza delle armi, a tutte le città, pievi, comunità e popoli del Regno, quanto convenga a tutti di apertamente corrispondere ai benigni e graziosi inviti della Repubblica Serenissima mediante il già pubblicato perdono generale, coll'immediata rassegnazione, deposizione e consegna dell'armi ed ostaggi; desiderosa la Repubblica che tutti si ravvedano e ritornino alla dovuta ubbidienza, con esser sempre più disposta e pronta non solamente ad amministrarli senza ritardo la dovuta giustizia, ma di sentire ancora ed accogliere con tutta amorevolezza le loro suppliche e le loro istanze, e dare, a misura della sussistenza e ragione delle medesime, i più pronti ed adequati provvedimenti, insieme, coll'accordar loro ancora le possibili e convenevoli grazie, per maggiormente assicurare la tranquillità del Regno, e per dare ai popoli ravveduti prove sempre più convincenti dell'amore con cui li riguarda il suo Principe: Del che essendo la Maestà Sua pienamente sicura, per atto sempre maggiore di clemenza verso questi popoli, ci ha comandato che precisamente si dichiari loro voler essere S. M. a tutti li suddetti popoli del Regno di Corsica non solamente garante del perdono generale accordato dalla Serenissima Repubblica, ma ancora di tutti li provvedimenti che promette la M. S. si daranno dalla Repubblica, accompagnati dalla giustizia ed equità a vantaggio e sollievo del Regno e popoli di Francia.

Perciò, affinchè tutti i popoli possano abilitarsi a meritare la clementissima degnazione di S. M. I. C. in seguito delle rette intenzioni ed equità della Serenissima Repubblica, ed a godere della bontà e benigne disposizioni del loro legittimo sovrano, facciamo noto e manifesto per le presenti nostre lettere patenti, inerendo alla precisa mente Augustissima, a tutte le città, borghi, castelli, popoli e loro capi che si sono sottratti dall'ubbidienza della succennata Serenissima Repubblica, qualmente nel termine precisamente perentorio di giorni cinque, da decorrere dal giorno della data delle presenti, debbano aver radunato presso di noi e del commissario plenipotenziario della Serenissima Repubblica i loro deputati con tutte le opportune facoltà de' popoli, per esporre le loro instanze affine di dar il provveduto e necessario regolamento per la quiete del Regno, giusta le succennate massime e favorevoli disposizioni della Repubblica, precedendo però sempre la comandata deposizione e consegna dell'armi ed ostaggi; altrimenti, passato il suddetto termine e non adempiutosi inticramente quanto sopra si è prescritto, si passerà da noi irremissibilmente senz'altra dilazione ad usare tutta la forza per sottomettere i contumaci alla Serenissima Repubblica di Genova. Ed impegna novamente S. M. I. C. la sua Cesarea protezione contro chiunque osasse in avvenire attentare in pregiudizio de' sovrani dritti della medesima in questo Regno, protestando di voler castigati colla dovuta severità quelli che avranno abusato di una così splendida dimostrazione dell'Augustissima clemenza, che tanto s'interessa al sollievo di questi popoli per rendere la calma al Regno e portarlo alla quiete con universal contento e risparmio del sangue e delle stragi.

E perchè siano note a tutti le clementissime intenzioni di S. M. I. C., vogliamo che le presenti, sottoscritte di nostra mano e corroborate del nostro sigillo, siano pubblicate nei luoghi etc., ed alle medesime sia data piena fede, nè sia chi possa allegare ignoranza.

Data in Calvi, il 1 maggio dell'anno 1732.

Sottoscritto all'originale.

     J. Federico Luigi, *Duca di Wirtemberg*.

(M. A. E. — Corse, Vol. I).

Requêtes des Corses

rédigées sur l'invitation du prince de Wirtemberg et présentées plus tard au cardinal de Fleury avec la lettre des gouverneurs de Corse du 12 octobre 1737.

Serenissimi Signori — Eccellentissimo Signore,

Li popoli della Corsica che sono stati e sempre saranno fedelissimi al suo Principe — se bene ultimamente alteratasi la loro pace e quiete per qualche influsso maligno di stella nemica, — ritrovansi in oggi invitati da un espresso editto e comando dell'Eccellentissimo Plenipotenziario e generale commissario, coerente al primo del Serenissimo Principe di Wirtemberg ad esporre li loro gravami convenienti e dritti che sempre hanno goduto i popoli ben amati dal loro Beneficentissimo Principe ; con tutta dunque umiltà, sommissione e ossequio e col titolo di mera obbedienza, esponiamo come procuratori del Regno le qui sottoscritte richieste, nelle quali consiste tutta la quiete, tranquillità e felicità di esso Regno. Vostre Signorie Serenissime vedranno i nostri bisogni, e non badino alle passate vicende, sperando dopo haverne avuto il il generoso perdono, goderne la reale magnificenza di Vostra Eccellenza che meritamente rappresenta il Serenissimo Principe in questo Regno ; le accolga con quell'occhio benigno suo proprio, le diriga e promova, mentre noi ci protestiamo che d'ogni buon fine et effetto ne habbin a succedere, benediremo in eterno et esalteremo la beneficenza della Serenissima Repubblica e del paterno patrocinio di Vostra Eccellenza.

1º. Per antica conventione de'popoli con la Serenissima Repubblica di Genova fu stabilita la taglia in soldi venti ; quella in oggi vedesi accresciuta per alcune tasse poste *ad tempus* per alcune fabbriche del Regno, le quali in oggi sono perfezzionate, il tempo spirato ; ma la taglia non più rimessa nell'antico piede. Perciò li popoli desidererebbero la prima conventione di soldi venti.

2º. L'antico prezzo del sale era soldi otto il bacino, in peso lib. 22. Oggi questo alterato sino in soldi quindici e denari quattro, et il peso lib. 20 scarso. In questo, il Regno desidera l'antico prezzo che si vede registrato al libro Rosso in un decreto de'Serenissimi Collegi sotto l'anno 1578, e si riduca nell'antico peso di libro 22, come sopra.

3º. In tutto il Regno altra gabella non vi era che quella chiamasi pro Porto Cardo, in cui si pagavano le sole robbe che si riconducevano nel Regno, e non più del cinque per cento. Questa in oggi è accresciuta sino al sette per cento *ad tempus*, e benchè questo sia spirato, sempre dura l'accrescimento ; anzi di più si sono accresciute altre gabelle senza il consenso del Regno, sul tabacco, acquavita, tavole, vino, olio, e qualunque altra robba che nasce nel Regno, che si esime da esso, che si trasporta da uno scalo all'altro dello stesso Regno. Anzi più, sull'istesse robbe, dopo averne pagate le gabelle, se ne paga la gabella maggiore con havere di più introdotto il bollo. Su questo, si supplica la reduzione dell'antica gabella nel solo cinque per cento, su le sole robbe che si riconducono nel Regno, anche siasi sulla vena del ferro, ed intiera abolizione di qualunque gabella del bollo supra, con franchitie su qualunque robba nasca nel Regno e si estrae da esso.

4º. Per lo mantenimento delle soldatesche della fortezza di S. Fiorenzo, vennero obligate le pievi della provincia del Nebbio, Costiere, Canale e Caccia, Rostino, alla contribuzione d'alcune centinaja di mine di grano, quale vendevano al Principe ad un prezzo alquanto benigno secondo la composta si faceva da NN. Dodeci del Regno. In oggi la detta fortezza è demolita e tutto il presidio ridotto a soli venti soldati, e le dette pievi, in vece della vendita del loro grano, sono state obbligate ad un annuo tributo di lire 3,000 in 4,000 sotto il nome di Boiatici. Lo stesso peso sente la provincia di Balagna, avendo questa di più, oltre li boatici, la contributione dell'olio, che chiamasi la Signoria, lo stesso alla Vitella, chè prima le communità erano obbligate portare una vitella al Principe che glie la pagava un soldo la libbra. Oggi sono state convertite in un annuo tributo di lire 20. Su tutto questo esposto come sopra, se ne supplica l'intiera abolizione.

5o. Sull'impunità delli omicidii, delli calunniatori, testimoni falsi, invasori dell'altrui beni e sostanze, che si fanno ragione da loro medesimi, mettendosi in possesso senza autorità d'alcun giudice, delli rattori dell'onestà delle femmine, baciandole a forza a fine d'haverle per spose, quando sono di troppo dispari condizione, sull'omicidii etiam rissosi, supplica il Regno, una inviolabil legge che comprenda anche feritori con qualsisia arme o stromento, che irremissibilmente punisca colle pene dell'ultimo supplicio il reo, confiscatione de'suoi beni, con assegnare la terza parte di quelli all' eredi dell'ucciso, un terzo alla Camera Eccellentissima, e un terzo a beneficio del Regno, con dichiarazione che detti beni confiscati per qualunque capo o causa non possano rilasciarsi al reo, o suoi eredi o parenti, o interposte persone per essi, che nulla vi soffraghi la pace ottenuta dalla parte offesa per ridursi in gratia del Principe, ma resti perpetuamente bandito, si dal Regno che da tutto il Serenissimo Dominio; chè con tale giustizia si verrebbe a tagliare l'uso delle vendette et altri omicidii; la stessa pena dell'ultimo supplicio si determini a'testimoni falsi, calunniatori o violatori dell' onestà delle femmine, niente giovandoli qualunque matrimonio che ne succeda; in quanto alli invasori de'beni altrui, si stabilisca la pena della galera in vita.

6o. Fra le ruine del Regno essendo la massima imperizia de'Giusdicenti, la lunghezza delle liti e tariffe alterate nelle cancellarie, li testimoni violentati colle lunghe prigioni, perchè secondino il fisco, ancorchè non siano indiziati, e la plenaria autorità de'Governatori *pro tempore* di condannare alla galera *ex informatâ conscientiâ,* su questo supplica il Regno che, tolti di Bastìa i due vicarii, si formi una Rota in essa città, come era all'antico, composta di tre dottori forastieri, nè Corsi, nè Genovesi, atti e capaci, con restringerli il tempo d'un anno ; e più all'intiera ultimazione della lite, nova riforma delle tariffe, niuna carceratione de'testimoni non indiziati, privazione della supradetta autorità alli Eccellentissimi Governatori.

7º. Sommo dispendio e poco profitto del Regno è la venuta de'Signori Sindicatori nel Regno per sindicare tutti i Giusdicenti che devono partire, finita la cura in quel biennio ; perciò si stimerebbe meglio che in avvenire il novo Governatore, in compagnia di sei soggetti da scegliersi in Corsica ciascheduna volta dall'ordine della nobiltà, in quei rispettivi luoghi dove s'alzerà tribunale di sindicato, appena arrivato, dovesse girare il Regno, e allora esso in compagnia de'suddetti, sindicare i Giusdicenti del biennio preceduto, con dichiarazione che di tutti i decreti che in tal visita facesse, non ne possa prender doppia tariffa.

8º. Gran danni sono accaduti nel Regno per l'imperizia de' notari vivi per la trascuraggine de'ceppi e scritture de'notari morti, per la confusione in cui stanno e vivono i malviventi e discoli in mezzo a'buoni nel Regno ; quindi è che i popoli desiderano in avenire una legge che niuno possa esser notaro, se non sia di buona nascita, migliori costumi e capacissimo a tale professione ; et in quanto ai ceppi de'notari già morti, che tutti si debbano raccogliere in mano di quel notaro più ben visto in ciascheduna pieve, e questo debba custodirli e farne archivio con ogni sicurezza e cautela imaginabile per ovviare la perdita e falsificazioni già succedute ; in quanto ai discoli e malviventi, che ogn'anno, havutane la nota da' respettivi PP. del commune, debba irremissibilmente l'Eccellentissimo Governatore rilegarli per cinque anni intieri fuori del Regno per vederne l'emendazione.

9°. Incomodo sensibile al Regno si è la proibizione a' nazionali di non partire fuori di esso per qualunque affare e vantaggio, senza espressa licenza del Governatore *pro tempore*, sotto gravissime pene, con dare sigortà di ritornare fra mesi sei; che perciò si supplica in l'avenire alla libertà di andare fuori del Regno senza obbligo d'alcuna licenza, salvo che la sola bolletta di sanità, come si stila in altri Stati.

10°. Essendo in questo Regno molte miniere di tutti i metalli, e specialmente quella del ferro e dell'argento, che sarebbero di gran sollievo al Regno, che perciò si supplica la Serenissima Repubblica permettere liberamente a chiunque si vorrà accingere in ricercare, obbligandosi, in caso si scoprissero, di quel metallo che ritroveranno pagarne al Serenissimo Principe il venti per cento.

11°. Grazia somma sarebbe a tutto il Regno se l'Illustrissimo Principe li concedesse quanto in appresso, perchè allora mostrerebbe di ben amare i suoi popoli, ed essi ne resterebbo eternamente obbligati alla sua reale munificenza con haverne il cuore per sempre quieto e tranquillo, che nel Regno si fondi l'ordine della nobiltà di tutte quelle famiglie d'ogni città, paese, provincia e presidio, che senza esercizio di arte meccanica, colle loro entrate et esercizio civile vivono bene all'uso del paese, con dare a tutti questi quelli onori, preeminenze, titoli e distinzioni, che si danno alla nobiltà in altri Stati da'loro Principi, che sono concessi dalle leggi communi e municipali; che tutte le cariche subalterne del Regno, stipendi, profitti e dignità ecclesiastiche, abazie, beneficii semplici, si debbano solo conferire a puri nazionali Corsi, chè tanto fanno gli altri Principi a loro sudditi delle Isole di Sardegna e Sicilia et altri Regni dell'Italia; et in quanto a' vescovati, la Serenissima Repubblica ne procuri efficacemente la grazia presso la Santa Sede, con escludere qualunque per legge positiva non nazionale del Regno, facendo sommo rammarico vedere tutti li profitti de'suoi sudori passare in mano di forastieri, ed i nazionali ugualmente capaci morirsi di fame e vivere con infamia, inabili a qualunque luce, tolta ancora alla stessa provvidenza divina la facoltà di beneficarli.

12. Sarebbe d'utile sommo ed ottimo regolamento del Regno che si costituisse nella città capitale del Regno un Parlamento ad uso di altri Regni e Isole d'Italie, Sicilia e Sardegna, formato dalli Procuratori della città, paesi, provincie e presidii, e misti ancora d'altre persone nobili del Regno, quale habbi ogni libertà di congregarsi qualora le paia necessario, con haverne sopraintendenza sull'affari e profitti del Regno, e che non si possa senza il consenso di questo imporre nessun aggravio o fare innovazione, ed a detto Parlamento competa l'elezione di tutte le cariche del Regno come sopra, supposta però sempre per tale elezione la presenza ed approvazione dell' Eccellentissimo Governatore *pro tempore.*

13. Grazia del Serenissimo Principe e vantaggio sarebbe del Regno, se l'Eccellentissimo Magistrato dell'abbondanza di Genova, che suole fare in altri Stati l'annue provigioni di grano, vino, olio, le facesse in questo Regno, et utilitare i suoi popoli, senza però levare mai la facoltà del traffico al Regno in altre parti ove li tornasse più a conto, e senza mai levare all'Isola la sua solita e necessaria provigione, da dichiararsi dal Parlamento come sopra, con libertà sempre delle tratte di quella vettovaglia che sopravanzerà al Regno, a giudizio dell'istesso Parlamento.

14. Si chiede la licenza di fondare e mantenere a spese del Regno un collegio nella città di Bastia ove s'insegnassero le scienze a 30 o 40 giovani del Regno, servata la distribuzione e sopraintendenza al Parlamento come sopra; e perchè in Genova è stata trasgredita la lascita del fu Signore Gio: Geromino del Bene che chiamava in quel collegio la maggior

parte dell'alunni Corsi (1), si richiede che venghi puntualmente adempita la supradetta sua pia disposizione.

15. Col dovuto rispetto et umiltà del cuore si domanda l'assoluzione di tutti i debiti camerali contratti in qualunque tempo, tanto di taglie inesatte, quanto di sussidii, attesa la povertà estrema in cui si ritrova il Regno. Si domanda la confermazione di tutto quel di più delle presenti domande che fu conceduto dall'Eccellentissimo Veneroso (2), allora commissario di questo Regno; la confermazione di tutti li privilegi stati concessi *ab antiquo* dal Serenissimo Principe a qualunque città, magistrato, paese, provincia, a persona particolare del Regno col rimettersi in totale esatta osservanza, e decretare in oltre che in occasione di nuove leve non possano essere l'Officiali riformati, se non dopo passati anni cinque per rinfrancarli dalle spese sofferte nel recludere, con osser-

---

(1) Ce collège était une fondation de Gian Geronimo del Bene, chevalier Génois, qui avait fait fortune en Espagne. Son testament (4 juin 1611) déterminait la forme des examens et la nationalité des candidats. Voici ce qu'onlit à la page 9 : « Rispetto a quelli di Corsica, li vescovi, ed in loro
» assenza, i loro vicarij, con li due canonici più antichi della loro catte-
» drale, faranno similmente l'elezione, come sopra, delli più atti ed idonei,
» e si presenteranno al Rettore del Collegio del Gesù della Bastia, al
» quale spettarà approvarli di nuovo, e a mandar poi li suddetti approvati
» da lui alli suddetti Governatori, a' quali insieme col Rettore del Collegio
» del Gesù di Genova spettarà ammetterli, avvertendo loro che quelli si
» dovranno ricevere nel Collegio siano per la maggior parte di Corsica, ove
» si vede maggiore il bisogno. » — A la page 11 : « Intendano tutti
» (i Collegiali) che sono ammessi in Collegio per essere in esso nutriti e
» istruiti, per sovvenire poi alli bisogni spirituali dei fideli che sono nello
» stato della Serenissima Republica di Genova, e particolarmente nelli
» luoghi più bisognosi della Corsica, come etc. » — Rostini qui fut élève de ce collège nous a donné de curieux détails sur son admission et sur les relations qu'il y eut avec ses camarades génois. (Voir le 2ᵉ volume de ses Mémoires, pp. 253 à 259).

(2) On trouvera plus tard ces Concessions dans le 2ᵉ vol. du Libro Rosso.

vare ogni carica e stipendio ed onorifico, l'esatta distribuzione de'terzieri e provincie di tutto il Regno.

16. Presentendosi che il Serenissimo Principe voglia crescere le soldatesche in questo Regno con aggravare i popoli al mantenimento di esse, perciò il Regno protesta con ogni ossequio che desiderarebbe le sole antiche guarnigioni, quali erano prima delle sollevationi, protestandosi che per antemurale da qualunque piede forastiero nell'Isola, sarà sempre in favore della Serenissima Repubblica il petto, la vita, le sostanze di tutti i Corsi ; per impedire poi che mai habbino a succedere li passati sconcerti, contro qualunque nervo di milizia, basterà solo ancora la beneficenza del Serenissimo Principe a farli vivere e morire tutti sempre obbedientissimi e fedeli ; tanto più che nella sua garantia l'Augustissimo Cesare si dichiara contro chiunque pretendesse impedire li sovrani dritti su questo Regno della Serenissima Repubblica.

17. Ritrovandosi altri abusi, sebbene in cose minime, ma perciò di nocumento ben grave al Regno, che presentemente non si espongono sotto gli occhi al Serenissimo Principe, tuttochè per l'avanti annunziati in altre supliche, su questo ci riserviamo ad altra volta il rappresentarli per haverne la dovuta provigione, pregando intanto che tutte le grazie che ci accorderà alle presenti nostre dimande debbansi dare alle stampe, ed augumentarle alli statuti del Regno.

18. L'ultimo segno e la pienezza della grazia concessa dal Serenissimo Principe alli trascorsi de'suoi popoli sarebbe il rilasciare in libertà i quattro capi che tiene prigione (1), massime che godono la fede pubblica, è liberare ancora tutta quella gente si ritrova in carcere ed è stata posta in galera per l'occasione della passata sollevatione, perciò per tutti se ne implora la Reale clemenza del Serenissimo Principe, che sempre viva.

(M. A. E. — Corse, Vol. 1).

---

(1) Ces quatre chefs étaient Ceccaldi, Giafferri, Raffaelli et Aitelli.

Concessioni graziose

della Serenissima Repubblica di Genova ai Popoli e sudditi del Regno di Corsica, con l'interposizione della Cesarea garanzia, (présentées avec la lettre des gouverneurs du 12 octobre 1737).

Doge, Governatori e Procuratori della Repubblica di Genova.

1º. Avendo noi, per mezzo d'un generale indulto e perdono manifestata ai popoli del nostro Regno di Corsica la somma nostra moderazione e clemenza col rimettere pienamente alla nostra grazia quelli che n'erano decaduti in occasione de'passati moti, e volendo che più chiaramente consti di questa nostra inviolabile volontà, non solo rinnoviamo e confermiamo il sudetto generale indulto e perdono, ma vogliamo estenderlo ed ampliarlo ancora a quelli che per delitti commessi in detta occasione fossero stati inquisiti o condannati, tanto in contumacia, quanto definitivamente, sino a tutto il mese di giugno dell'anno mille sette cento trenta due. Non intendiamo però che vi restino compresi quelli che avessero commesso dopo detto tempo nuovi delitti.

2º. Condescendiamo in oltre a consolare le suppliche di detti popoli in condonar loro, siccome condoniamo liberamente, le grandiose spese da noi fatte per ristabilire la tranquillità ed assicurare la felicità di questo Regno, di modo che detti popoli non possano essere, nè in commune, nè in particolare, venir giammai molestati in tempo alcuno, e per spegnere sino la memoria de'passati moti, vietiamo sotto ogni grave pena a noi arbitraria, a qualsivoglia persona, l'ingiuriarli in parola o in altro modo col rimprovero di ribelli o consimili.

3º. Abbiamo in tutti in tempi fatto sperimentare a'Corsi la somma nostra amorevolezza in soccombere ancora il proprio erario per il beneficio, conservazione e difesa del Regno, e desiderandosi tuttavia di darne a'medesimi un nuovo e generoso contrassegno, condoniamo liberalmente ai detti popoli in generale ed a tutte le città, comunità e luoghi di quell'Isola tutto il rimanente debito che hanno con la nostra camera per le taglie ed altre imposizioni inesatte per tutto l'anno mille sette cento trenta due, e per i tanti sussidi sin'ora somministrati tanto in denaro, come in vettovaglie nelle occorrenze di penurie del Regno, in modo e ad effetto che estinto ogni conto antecedente per dette taglie o sussidi, si formi dal primo gennaro del corrente anno in appresso un conto nuovo a debito dei popoli.

4º. Condescendiamo parimente a consolare i desideri ed instanze di questi popoli con deliberare che in avvenire si formi in Corsica un ordine di nobiltà matricolata, alla quale per questa prima volta e per le altre successive saranno da noi ascritte le persone di quelle famiglie di detta Isola che stimeremo degne di una tale prerogativa e quali secondo le giustificazioni ed informazioni a noi ben viste, troveremo avere le qualità proporzionate a sostenerla con decoro.

5º. Saranno detti nobili considerati nella stessa maniera che si riguardano i nobili costituiti dalle città subalterne dello Stato di Terraferma; goderanno il titolo di magnifico e del privilegio di coprirsi nanti i Serenissimi Collegi e Serenissimo Senato, e saranno ammessi a coprirsi e sedere nanti agli altri magistrati e giusdicenti della Repubblica, compresi i generali governatori *pro tempore* ed illustrissimi sindicatori.

6º. Il libro in cui dovranno ascriversi detti nobili e loro legittimi discendenti si conserverà in Genova presso l'Illustre Magistrato di Corsica ed un altro simile in Bastia; i nomi dei nobili saranno in Genova ascritti in detto libro dal cancelliere di detto Magistrato ed alla sua presenza, ed in Bastia con estratto autentico del libro di Genova dal cancelliere; e si stabilirà dal detto Magistrato una modica tariffa per le ascrizioni ed estratti de'libri.

7°. Quest'ordine nobile goderà nel luogo di residenza dei governatori dell'Isola *pro tempore* la distinzione d'un'anticamera in cui non saranno ammessi quelli che non saranno nobili, o nel numero dei giudici e magistrati del Regno, o degli ufficiali militari sino al grado d'alfiere inclusivo.

8°. Essendo nostra principale cura di promovere sempre più i buoni costumi, la religione e pietà cristiana in Corsica, alle quali cose sommamente contribuisce l'esempio degli ecclesiastici, acciocchè questi viepiù si dispongano ad approfittarsi nelle scienze e nell'ecclesiastica disciplina, sempre quando concorreranno ad alcun vescovato dell'Isola ecclesiastici Corsi, salvo che il soggetto non abbia un demerito particolare verso di noi, non porremo alcun ostacolo alla sua elezione, rivocando a cautela qualunque nostro decreto che ostasse in contrario.

9°. Col detto fine non lasceremo tampoco di cooperare che siano esaudite da Sua Santità le suppliche dei popoli che richiedessero un Visitatore Apostolico a togliere gli abusi e corruttele e rimettere nelle diocesi l'ecclesiastica disciplina, salvi quei riguardi che stimeremo d'aver in vista perchè non sia superfluamente caricato il Regno dalla soverchia frequenza di tali visite.

10°. E così ancora ogni volta che per parte di quei popoli si richieda di fondare e mantenere a loro spese in alcuna delle città dell'Isola un collegio per educazione ed ammaestramento dei giovani nazionali nelle scienze divine ed umane, non lasceremo di concorrervi colla nostra autorità e protezione, e di permetterlo e di promoverlo sotto quei modi, forme e regolamento che sarà da noi approvato, e secondo l'esigenza dei tempi e casi riformato.

11°. Potrà il Regno tenere in Genova, con titolo di oratore, un soggetto di sua nazione degli abitanti i più idonei, da eleggersi secondo gli ordini che saranno da noi di tempo in tempo prescritti con incombenza d'assistere e promovere presso di Noi e del Magistrato sopra la Corsica quelle suppliche che occorreranno al Regno ed a qualunque provincia, pieve e luogo eziandio contro quei giusdicenti che forse gravassero i popoli nell'amministrazione della giustizia civile e criminale o in altro modo ; e durante la carica, sarà detto oratore ricevuto dai nostri tribunali come se fosse dell'ordine nobile da noi come sopra istituito, ancorchè per avventura non lo sia.

12º. Si è sempre da noi con sollecitudine istancabile adoperato ogni mezzo per accrescere in quell'Isola la coltivazione dei beni incolti e selvatici con aver esposto in quest'uso somme grandiose di danaro, offerto privilegi ed altri vantaggi, nè minor è stata la nostra applicazione in promovere il traffico e le arti meccaniche. Onde sempre più desiderosi di conseguire un intento così proficuo a quei popoli, ordiniamo che dal Magistrato del sopradetto Regno siano ogni triennio eletti tre deputati nazionali, due per il di quà ed uno per il di là da'Monti, con titolo di promotori dell'arti e traffico e con quell'esenzioni e pregorative che stimeremo concederli a nostro beneplacito ; i quali rispettivamente avranno obbligo d'invigilare e cooperare al detto fine con rappresentare a'supremi comandanti dell'Isola e a detto Magistrato per mezzo del detto oratore, o in altro modo, quei mezzi, onde si potessero praticare ed eseguire quelle incombenze che da Noi, o dal detto Magistrato di tempo in tempo li venissero date.

13º. Di grande utilità a quei popoli sarebbe l'applicare i mezzi di ricavare dall'Isola una maggior quantità di seta. Onde, per sempre più animarli alla piantazione opportuna e rivolgere a questo fine la loro industria, esentiamo per il decorso di anni venticinque prossimi, dal pagamento di qualunque dritto di estrazioni le sete che si produrranno in quel Regno.

14º. Era già qualche tempo che pensavamo d'istituire due cariche di capitani de'porti di Bastia e d'Aiaccio per molti riflessi di nostro pubblico servigio ; ci siamo però ora determinati a stabilire le dette due cariche da conferirsi da Noi, e col soldo che si dà al nostro capitano di cavalli che teniamo in Bastia, e ci determiniamo ancora a stabilire che i detti due posti di capitano del porto, uno per la Bastia, e l'altro per Aiaccio, debbano conferirsi a soggetti di nazione Corsa, i quali durante il tempo per cui saranno da Noi eletti, prorogati o confermati, quando non fossero dell'ordine dei nobili, da noi come sopra istituito, debbano avere quel trattamento che avrebbero se fossero del detto ordine, con quelle incombenze che stimeremo, secondo i tempi, opportune al pubblico servigio.

15º. In ogni luogo di residenza de' governatori, magistrati e giusdicenti vi sarà un avvocato ossia protettore de'poveri carcerati, il quale dovrà invigilare ed instare per le spedizioni delle loro cause con fare pervenire ancora, quando ne occorrerà il bisogno, le loro suppliche a Noi e al Magistrato sopra la Corsica per mezzo dell'oratore o in altro modo, e sarà altresì cura del nobile Dodici di mese di assistere e proteggere detti carcerati e di far spedire le cause de'ricorrenti, ancor non carcerati, quando siano poveri.

16º. Potranno i Nobili Dodici per il di qua e Nobili Sei per il di là da'monti eleggere rispettivamente un avvocato o sia piatese per assistere a tutti i sindicati, promovendo le suppliche de'poveri ricorrenti contro gli aggravi che fossero stati fatti da'rispettivi giusdicenti, ufficiali e magistrati, ovvero potranno deputare in luogo ove sia giusdicente un avvocato o sia piatese particolare per quella giurisdizione, con la stessa incombenza e con facoltà a tutti detti rispettivi avvocati o sia piatesi, di far pervenire per mezzo dell'oratore, o in altro modo, a Noi o al Magistrato sopra la Corsica, quei ricorsi sopra de'quali non avessero i sindicatori provveduto.

17º. E finalmente come il sincero ravvedimento che ci promettiamo da' Corsi ci ha mossi a farli godere gli accennati effetti della nostra amorevolezza e moderazione, quelle comunità perciò, città, luoghi e particolari che non si diportassero in avvenire verso la Serenissima Repubblica qual conviensi a sudditi ubbidienti e fedeli, s'intenderanno affatto decaduti dal beneficio delle presenti remissioni e grazie, e rinasceranno alla nostra camera fiscale le antiche azioni e motivi di procedere contro de'medesimi, come resi indegni della nostra generosità e clemenza.

Dato in Genova, nel nostro Real Palazzo, il 23 gennaro 1733.

Carlo TASSORELLI, *Segretario di Stato.*

(M. A. E. — Corse Vol. I).

Garantie de l'Empereur Charles VI, jointe aux *Concessioni graziose.*

Nos Carolus Sextus, divina favente clementia electus Romanorum Imperator semper Augustus ac Germaniæ, Hispaniarum, Hungariæ, Bohemiæ, Dalmatiæ, Sclavoniæ Rex, Archidux Austriæ, Dux Burgundiæ, Styriæ, Carynthiæ Carniolæ et Vurtembergæ, comes Tyroli etc.

Notum testatumque vigore præsentium facimus omnibus quorum interest aut quomodocumque interesse potest : Cum compescendis motibus in Corsicæ Regno exortis, tum nobis, tum Serenissimæ quoque Genuensium Reipublicæ haud aptius medium visum sit quam si iis qui a debiti obsequii viâ illicito ausu deflectebant commissi reatûs pœna publicatâ plenariâ amnistiâ penitus remitteretur, Corsique de iis quæ, ne ulla plane conquerendi ansa supersit, ex gratiâ et clementiâ legitimi Principis sui ipsis indulgebuntur, interpositâ a nobis evictione seu, uti vulgo vocant, garantiâ, magis adhuc magisque securi redderentur ;

Divino exin favente numine factum est ut, depositis armis, hanc ipsam Principis sui gratiam et clementiam omnes implorarent ac sese fideles in posterum atque obedientes Serenissimæ Genuensium Reipubblicæ fore sanctè spoponderint ; vicissim verò modò memoratæ Reipublicæ, quam primum eò rem devenisse comperuit, nihil magis curæ cordique fuit quam ut edito luculento clementiæ indulgentiæque documento Corsorum animos sibi devinciret, atque hi quantum benignitati Reipublicæ debeant, opere ipso experirentur. Quem quidem in finem sæpe fata Serenissima Genuensium Respublica novam mitissimi regiminis normam stabilivit sequentis tenoris :

Avendo noi per mezzo d'un generale indulto etc.

Après le 17º article, la garantie continue ainsi :

Nos itaque juxta communia tum et Serenissimæ Genuensium Reipublicæ tum Corsorum quoque vota, operi tam salutari ultimum complementum daturi vigore præsentis instrumenti evictionem seu garantiam omnium eorum quæ in præinsertâ regiminis normâ continentur, in nos suscipimus verbo Cæsareo, Regio atque Archiducali, spondentes id nos effecturos quo Corsi hosce ex legitimi Principis sui benignitate ac gratiâ in ipsos promanantes uberrimos fructus reapse sentiant, nec præinsertæ regiminis normæ ab iis qui Reipublicæ vices in Corsicæ Regno sustinent, ullâ in re contraveniatur, aut si id præter spem fiat ab ipsâ Republicâ, ubi suppliciter desuper requisita fuerit, prompta huic malo medela afferatur.

Quæ omnia tamen tunc demum locum obtinere intelligenda sunt, ubi Corsi tales sese in posterum exhibuerint quales sese exhibere fideles ac obedientes subditi tenentur.

In quorum fidem roburque præsentes litteras manu nostrâ subscriptas dedimus in civitate nostra Viennæ die decimâ sextâ martii anno millesimo septingentesimo trigesimo tertio, regnorum nostrorum romani vigesimo secundo, hispanicorum trigesimo, hungarici et bohemici verò vigesimo tertio.

Sottoscritto : CAROLUS.

(M. A. E. — Corse, Vol. I).

Remarques faites par les Corses

sur les Concessioni graziose *du 23 janvier 1733, publiées sous la garantie de Sa Majesté Impériale.*

Art. 1er. — La grâce qu'on nous fait valoir ici n'est qu'une confirmation de l'amnistie publiée au nom de l'Empereur. L'une et l'autre a été transgressée aussitôt que publiée ; l'exil, l'emprisonnement, la galère et la mort furent le partage d'une quantité de personnes qui s'endormirent sur la foi de ces promesses qui étaient un appas pour en faire périr bien d'autres, s'ils n'avaient été avertis à temps.

Art. 2. — Comme la guerre de la part des Corses était devenue un mal nécessaire et avait été déclarée juste par un congrès de théologiens assemblés pour en décider, les Génois n'étaient-ils pas obligés par équité à leur donner le pardon qu'ils leur accordent à titre de grâce, et qui d'ailleurs eût été nécessaire pour suppléer au moins en quelque façon à l'impossibilité de dédommager légitimement les Corses de tant de dommages par eux soufferts mal à propos. Depuis la défense dont il est mention ci à côté, plusieurs Corses ont été traités en rebelles de parole et de fait par le gouvernement même.

Sur le 3e article, on peut voir notre réponse au premier article du règlement.

Sur les 4e, 5e, 6e et 7e articles. Les règlements portés par ces articles particulièrement, avec les réserves qui y sont exprimées, n'étaient pas capables de satisfaire à nos justes demandes sur le point de la noblesse : 1º si l'inscription des familles à la noblesse devait totalement dépendre de la République, elle en exclurait totalement toutes celles qui dans le présent soulèvement ont pris la défense de la patrie et conséquemment on y aurait admis par préférence, comme les mieux méritantes auprès de la République, celles qui se seraient distinguées par leur persécution contre la même patrie. En effet ceux que les Génois ont regardés de meilleur œil et ont élevés au-dessus des autres dans les grades militaires, ont été les incendiaires, les espions et les assassins ; on peut juger des inconvénients qu'auraient fait naître de pareilles dispositions. 2º Il ne s'agit pas seulement de leur accorder les honneurs du cérémonial, mais de les déclarer habiles et les installer aux fonctions, emplois et charges tant honorifiques que lucratives. 3º Le reste des feudataires qui n'avait pas achevé de s'éteindre, ne se serait pas contenté du titre de *magnifique*, étant d'une noblesse fort ancienne et fort illustre. Par ces raisons et autres, il convient de pourvoir dans une meilleure forme à un tel point, en se rapportant à ce qui est dit dans le mémoire des griefs.

Sur le 8ᵉ article. Ce chapitre fait voir évidemment l'injustice exercée ci-devant par Messieurs de Gênes en s'opposant à Rome à l'élection des évêques Corses, et découvre l'intention qu'ils ont d'y persister à l'avenir, puisqu'ils déclarent vouloir mettre obstacle à l'élection d'un sujet qui aura quelque démérite particulier à leur égard. Par le terme de démérite, ils entendent celui d'avoir consenti au soulèvement. Or, si nos plus dignes ecclésiastiques y ont donné leur suffrage, qui d'entre eux pourra espérer les fruits de cette grâce illusoire.

Sur le 9ᵉ article. Pour une concession de cette nature était-il besoin de l'entremise d'un Empereur.

Sur le 10ᵉ article. Voici l'article qui donne à connaître essentiellement de quelle espèce est la générosité des Seigneurs Génois et l'amour qu'ils portent aux Corses, puisqu'ils daignent leur permettre de fonder et entretenir à leurs frais un collège pour l'éducation des jeunes gens, ce qui publie tacitement qu'auparavant ce privilège leur avait été refusé. Mais comme les Seigneurs Génois trouvent encore de l'excès dans cette grâce, il leur a plu d'y mettre des bornes en ordonnant que le collège ne se bâtirait pas où il plairait aux fondateurs qui devaient en recevoir d'eux le plan, le projet et les règles, et que d'ailleurs la République réformerait quand elle le jugerait à propos.

Art. 11. — Nous répondons sur cet article de même qu'au dixième.

Sur le 12e article. MM. les Génois ne parleront pas avec autant d'ostentation des sommes considérables qu'ils nous ont prêtées pour exciter les peuples à la culture des terres, quand on leur prouvera que les vues de cette complaisance de leur part n'étaient que du côté de leur avantage et de leur trafic. En effet ils offraient de prêter, mais à condition d'avoir toute sorte de sûretés de payer 4 pour 100 d'intérêt, outre cela le sol pour livre, supposé le retardement pour un seul mois du paiement du capital et des intérêts, et au cas d'un plus long délai, de subir la peine du Commissariat qui leur serait envoyé. Il faut ajouter qu'une des fins que la République se proposait en excitant les peuples à la culture, était de pourvoir Gênes de grains à vil prix. Une preuve de cela est que l'on peut observer qu'il est faux qu'elle se soit appliquée à mettre en vogue le commerce et les arts mécaniques, puisqu'ils ne contribuaient pas à cette fin. Pour parvenir à l'établissement de toutes ces choses, il est nécessaire d'en donner charge, aide, pouvoir et moyen à un Magistrat composé de nationaux et indépendant des magistrats Génois, l'amour desquels n'est pas assez fervent envers nous pour mettre en pratique un point si essentiel.

Sur le 13e article. Ce chapitre n'est pas moins préjudiciable qu'illusoire ; préjudiciable en ce que la République s'attribue l'autorité d'imposer une nouvelle gabelle sur les foyers ; illusoire en cela qu'elle veut paraître nous faire une grâce qui ne peut avoir lieu. On nous exempte pour 25 ans de paiement des prétendus droits pour l'extraction des soies que nous pourrons tirer au moyen des mûriers qui ne sont pas encore plantés. Peut-on dire que dans l'espace de ce temps-là les arbres auront été plantés, auront cru et fructifié au point de pouvoir jouir des revenus d'un si grand bienfait ?

Sur le 14e article. Cet article a été accordé autant pour éblouir la cour de Vienne que pour tourner en ridicule les prétentions des Corses. Le poste de capitaine du port de Bastia avec 20 livres d'appointements par mois fut en effet décerné à un bourgeois du lieu qui s'était distingué plus que tout autre pour le service de la République contre sa patrie. Mais que dira-t-on quand on saura que cet emploi, qui tenait lieu à une pleine satisfaction à toutes les requêtes des Corses au sujet des charges honorifiques, avait toujours auparavant été occupé par un sbire qui, s'en trouvant privé, le contesta au nouveau favori, et ayant là-dessus porté la cause à Gênes, réussit à dépouiller son concurrent sinon du titre, au moins des honoraires attribués au poste ? De grâce, que toute réflexion soit faite sur ce qu'on doit attendre des Sérénissimes Seigneurs, si à des gentilshommes Corses qui les ont servis avec chaleur, ils préfèrent les sbires de Gênes où ceux-ci ont acquis et ceux-là perdu leurs droits.

Sur le 15e article. On n'a jamais hésité à trancher le mot de grâce accordée par la médiation d'un grand Empereur, sur ce qui n'est qu'un simple acte d'humanité pratiqué parmi les nations les plus barbares, tel que la permission et le pouvoir d'assister les pauvres prisonniers dans la défense de leurs causes.

Sur le 16a on répond comme ci-dessus.

17e article. Cet article captieux achève de couronner les

autres ; ce fut un laqs qui fut tendu pour y prendre les Corses. Quand on mit en usage tant d'artifices pour engager les peuples dans les premiers mouvements du second soulèvement à demander pardon, on voulait en faire valoir la force.

Nuovi ordini e decreti

della Serenissima Repubblica di Genova da osservarsi nel Regno di Corsica per il buon regolamento di quell'Isola, — *28 janvier 1733.*

Doge, Governatori e Procuratori della Repubblica di Genova

Avendo noi dati ai popoli del nostro Regno di Corsica i più generosi contrassegni dell'amorevolezza e clenenza con cui li riguarda la Serenissima Repubblica loro sovrana, in condescendere a beneficarli di quelle grazie e concessioni che sono state da noi determinate con l'interposizione della Cesarea garantia : nostra particolar cura e sollecitudine è d'invigilare all'osservanza delle leggi da noi di tempo in tempo prescritte al buon governo di detti popoli per rinvigorirne la forza ove dalle vicende ed infelicità de' tempi fossero infiacchite, e riparare gli abusi, se contro la nostra mente ne fossero occorsi, con quei mezzi che giudichiamo presentemente opportuni a questo fine :

Perciò avuta considerazione alle umilissime suppliche di detti popoli ed a quei riguardi che a noi unicamente appartengono, abbiam deliberato di far pubblicare in quel Regno di Corsica ed Isola di Capraja le seguenti ordinazioni per esigerne inviolabilmente l'osservanza sino a che le varie esigenze de' tempi ci movano a dar quelle nuove o ulteriori providenze che giudicheremo dirette al buon governo, quiete e sicurezza di quel Regno.

1º. Le nostre prime applicazioni si sono rivolte al possibile sollievo di questi popoli, in vista particolarmente delle indigenze e miserie loro cagionate da'passati disordini. A questo riguardo, oltre l'eccessive spese subite dal nostro erario per causa degli accennati tumulti, abbiamo ad essi condonate le taglie ed altre imposizioni inesatte per tutto l'anno trascorso ed i grandiosi sussidii ed imprestiti somministrati in vari tempi a quelle città, comunità e luoghi in occorrenza di penurie del Regno, affinchè tranquillato con questo mezzo ogni conto antecedente di dette taglie, imposizioni, sussidi ed imprestiti, si formi per essi in avvenire dal primo del corrente gennaro in appresso un conto affatto nuovo.

2º. E tutto chè le più pressanti cagioni non solo consiglino, ma quasi ci sforzino a ricavar dall'Isola qualche maggiore supplemento alle pubbliche spese, in vista particolarmente della necessità ben conosciuta da ognuno d'accrescer le guarnigioni ordinarie per assicurarvi una stabile quiete, e de'grandiosi carichi sofferti dal nostro erario, ad ogni modo la tenera affezione con cui riguardiamo questi popoli, ci ha più tosto determinati a scostarci dalle suddette per altro così giuste misure, nel continuar per ora a spese del Regno il primiero ed ordinario stato di dette guarnigioni; per dare ad essi popoli questa nuova e massima riprova della nostra condiscendenza ed intiera fidanza che vogliamo avere nel loro sincero ravvedimento ed immutabile fedeltà e valore, e tracurati affatto tutti gli altri riguardi economici, ci siamo mossi ancora a consolare le loro suppliche nella diminuzione delle antiche tariffe per cui viene a mancare l'introito de'carichi imposti sopra gli uffici dei cancellieri ed altri ministri, nell'introduzione di due giurisperiti di nazione forastiera che aumenta l'ordinaria spesa del Regno, e nella totale soppressione di quei diritti che fornivano per l'innanzi all'intrattenimento del Generale Governatore.

3º. Tante generose dimostrazioni devono ad esuberanza

persuadere questi popoli di qual tempra è la moderazione e clemenza del loro principe; tuttavia, desiderosi ancora di ricrescere, se è possibile, la loro felicità, almeno con renderla vieppiù visibile e conosciuta, abbiamo regolata l'ordinaria esigenza, che rendono inevitabile le pure spese de' soliti presidii, fortezze, torri, comandanti, ufficiali, giusdicenti e ministri, e tutte le altre che per ora apprendiamo necessarie alla sicurezza e governo dell'Isola, con tal risparmio, che possa presentemente bastare un'annua somma di doppie quindici mila ottocento settant'uno, soldi diecinove e denari tre, da' quali detratto tutto ciò che si ricava dalla gabella, stagni, ancoraggi, boschi, fitti ed altro pubblico introito che non eccede, con dovuto adequato, la somma di annue doppie sette mila quattro cento dodici, soldi tredici e denari due, rimane il supplemento da contribuirsi da detti popoli in sole annue doppie otto mila quattro cento cinquanta nove, soldi sei e denari uno, e quest'annua somma condescendiamo per ora che sia il solo tributo da esigersi ripartitamente da tutto il Regno di Corsica, in vece delle taglie ed altre imposizioni solite pagarsi da quelle comunità, pievi e luoghi.

4º. Incarichiamo a questo fine i Nobili Dodici del di qua ed i Nobili Sei del di là da' monti di rappresentarci colla maggior celerità, per mezzo dell'Oratore del Regno, quel metodo che sia più adattato a ripartire il totale di detta annua somma e più connaturale all'esigenza e costumi de' popoli, mentre fra le misure che ci verranno esposte o quelle altre che ci suggerisse la propria sollecitudine, sarà nostra cura di scegliere le più confacenti alla quiete e sollievo de' popoli, ed egualmente facili e caute per l'effettiva esigenza per mettere tantosto in opera, avuti sempre quei riguardi che sono indispensabili al sovrano e solo sino a tanto che con effetto sia posto in esecuzione questo nuovo riparto, si continuerà nel mentre l'ordinaria esazione delle taglie ed altre imposizioni, fissato il loro principio al primo gennaro dell'anno corrente, sull'antico piede praticato nell'anno 1727, antecedente ad ogni tumulto.

5o. E se per allontanare dagli esattori ogni estorsione d'aggravio fossero opportune altre nuove providenze oltre le già stabilite dagli ordini e dalla nuova tariffa, sarà parimente incaricato al predetto oratore di farcele presenti, affine di avervi la dovuta considerazione, pronti ancora a commettere detta esigenza a persone nazionali, sempre e quando venga supplicato da quei popoli, e che vi sia da noi conosciuta la sicurezza e cautela della nostra Camera ed utilità universale del Regno.

6o. E finalmente perchè riconoscano gl'istessi popoli che ancora in vista delle contingibili esigenze del principato, si ha tutta la possibile considerazione al loro minore aggravio, vogliamo che in avvenire non possano caricarsi di nuove e straordinarie imposizioni eziandio ne'maggiori e più estremi bisogni della Serenissima Repubblica, se le stesse imposizioni non saranno ordinate dal minore e maggiore consiglio della Serenissima Repubblica, cioè in quella stessa forma e con le medesime dichiarazioni che si praticano e si praticheranno in avvenire nell'imponere gravezza a'nostri cittadini.

I pegni che per cagione di dette taglie e carichi si faranno dagli esattori non si potranno vendere senza precedenza d'estimo da farsi da pubblici estimatori del luogo, ed in loro mancanza, da'Padri del comune, e senz'aver fatto prima l'ammonizione alla chiesa de'rispettivi luoghi onde saranno stati presi, in giorno festivo, nel concorso del popolo, a dover riscattarli tra giorni dieci.

7o. Consistendo una gran parte della felicità de'popoli nell'abbondaza delle cose necessarie all'uman vivere, sarà in carico del nostro Generale Governatore invigilare che non solo sia sempre nel Regno un'abbondante quantità di sale, ma che si somministri altresì in modo che tutti i popoli possano facilmente e comodamente provvedersene, e quando non sia in ciò esattamente adempita la volontà nostra, sarà debito dell'oratore del Regno di rappresentarcelo, affinchè vi sia dato l'opportuno provvedimento. Ordiniamo in oltre che senza nostra speciale permissione non sia lecito in avvenire ad alcuno, ancorchè privilegiato, l'estraere per fuori di quell'Isola, grani ed altre biade e legumi, prima che sia terminato il mese di settembre di ciaschedun anno ; passato il qual tempo, sarà permessa a chiunque l'estrazione, quando non sia da noi proibita, salvo però sempre il pagamento de'diritti ed imposizioni ; e perchè per parte de'popoli di quell'Isola vi sia chi possa informarci dello stato e bisogno del Regno, saranno da noi deputati alcuni nazionali in quei modi e forme che giudicheremo più opportune con speciale incarico di farci pervenire ogn'anno per mezzo dell'oratore o in altro modo una rappresentazione in scritto che contenga il loro sentimento con le ragioni, e motivi che vi fossero da negare o limitare detta estrazione.

E circa gli oli, resterà in ogni tempo libera l'estrazione, con il pagamento de'diritti, salvo ne'casi che fosse da noi in tutto o in parte vietato.

8º. Per le licenze ed estrazioni da luogo a luogo dell'istesso Regno non si potrà esigere cosa alcuna, ma si daranno gratis, sotto pena di sindicato in caso d'inosservanza, salvo sempre quanto resta stabilito per quelli del Capocorso circa il pagamento della gabella di soldi venti per ogni mina, ai quali non si potrà, oltre i detti soldi venti, esigere da chi che sia alcun altro pagamento, sotto qualunque pretesto e colore, dovendo nel resto darsi onninamente delle licenze gratis come sopra.

9º. Solleciti di sempre più promuovere il commercio e la libertà del traffico negli scali permessi, a tenore dei nostri ordini, con il pagamento de'diritti, e di riparare a qualunque specie di monopolio o altro impedimento che si causasse a' trafficanti, vogliamo che qualunque persona in detta isola eserciterà in avvenire qualche specie di monopolio, od in altro modo direttamente per sè o per interposta persona impedirà il libero traffico, vendita ed estrazione ne'tempi permessi, debba condannarsi in pena di lire cento sino in cinque cento, in arbitrio de'Generali Governatori per ogni contraffazione, da applicarsi per metà al denunciante, da tenersi segreto, ed in oltre essere bandito dell'isola per anni dieci. E per facilitare il modo di venire in cognizione e punire i contraffacenti, incarichiamo i promotori dell'arti e traffichi a far pervenire ai Generali Governatori ovvero al Magistrato sopra la Corsica, le secrete notizie di quei che avessero ingerenza in simili impedimenti del libero traffico; e potrà eziandio detto Magistrato procedere e castigare i delinquenti suddetti *ex informata conscientia*.

10°. Affinchè siano ben provvedute e custodite le torri, sarà nostro pensiero d'incaricare i Generali Governateri *pro tempore* per l'osservanza degli ordini che vi sono, di regolare ancora quel nuovo metodo che, intese le rappresentazioni dell'oratore, sarà da noi stimato più conducibile a questo intento con imporre nuovi castighi a'trasgressori, o con dar preciso incarico a'sindicatori d'informarsi circa l'esecuzione de'nostri ordini e di procedere contro gl'inosservanti.

11°. In occorrenza delle suppliche a noi umilmente presentate dai Nobili Sei del di là da'monti, vogliamo che in avvenire siano egualmente trattati come i Nobili Dodici del di quà da'monti, con l'istessa facoltà circa le patenti, e per quelli che assistono personalmente in Ajaccio durante la loro vicenda, accresciamo lo stipendio a lire trenta mensili.

12°. L'oratore che potrà il Regno tenere in Genova si eleggerà per un triennio e con l'approvazione dei Generali Governatori *pro tempore* per le prime due volte dai Nobili Dodici del di quà dai monti, e la terza successiva da Nobili Sei del di là dai monti, e così in appresso con questa vicenda, e terminato il suo ufficio, sarà soggetto alla successiva vacanza d'anni nove.

13º. Per sempre più assicurare e facilitare l'amministrazione della giustizia, si eleggeranno da noi in avvenire unitamente col minor consiglio, e con le precedenti informazioni da prendersi della quantità e requisiti degli aspiranti, a giudicio nostro e del minor consiglio, oltre un vicario da eleggersi secondo il solito, almeno due altri giudici giurisperiti, di nazione forastiera, uno cioè per il di qua e l'altro per il di là dai monti, per render ragione a questi popoli nelle cause d'appellazione e con quelle altre incombenze, onorario ed utili, e sotto i modi, forme e tempi, secondo quegli ordini e capitoli che da'noi saranno prescritti.

14º. Per estirpare la frequenza degli omicidj, abbiamo in tutti i tempi fatte pubblicare le leggi più rigorose, particolarmente per quelli commessi dolosamente o sotto pace o per vendetta; salvo perciò quanto dispongono le stesse leggi, orniniamo che tutti gli omicidj, anche rissosi, si debbano punire colla pena della vita e confiscazione de'beni, quando il reo non giustifichi di averlo commesso per sua necessaria difesa, o casualmente, a riserva però che nei delitti rissosi, chi non sarà l'autore della rissa possa esser condannato sino alla pena di morte inclusivè ad arbitrio del giudice, secondo la qualità de'casi e de'fatti, e vietiamo in oltre che non possa in avvenire alcun governatore dell'isola fare *non procedatur* o altro ordine diretto ad impedire il corso de'processi, tanto nelle cause d'omicidj indistintamente quanto in quelle delle armi da fuoco, sotto pena di sindicato, proibendo in ogni caso a tutti li giudici e ministri di darvi esecuzione alcuna, sotto detta pena.

15º. E per maggiormente andare al riparo di detti omicidj, incarichiamo i governatori *pro tempore*, e giusdicenti, d'inviolabile osservanza della proibizione delle armi da fuoco, in conformità delle nostre leggi pubblicate in quel Regno, non volendo che alcun governatore, e qualsisia giusdicente o ufficiale del Regno e dell'Isola di Capraja possa dar permissione di portare o tenere armi da fuoco a persone del paese o abitanti in esso, per qual si voglia titolo o causa, e niuna esclusa, sotto pena di sindicato ed ogni altra ad arbitrio nostro, salvo però sempre in occasione di qualche pubblica occorrenza, in difesa del Regno, o in soccorso della giustizia, quali occorrenze cessate, cesserà *ipso facto* la permissione.

16°. Oltre quello dispongono gli ordini da noi emanati contro li ricettori de'banditi, ladri ed assassini di strada, sarà proibito a qualunque persona di qual si voglia grado, condizione e qualità, anche di parentela, il dar qualunque rifugio, assistenza o aiuto direttamente o indirettamente a chi avrà commesso delitto d'omicidio o sarà bandito di pena capitale, anche per altre cause, sotto la pena istessa alla quale sarà soggetto il rifugiato o assistito.

17°. Accadendo che da'governatori *pro tempore* sia condannato alcuno in pena di galera *ex informata conscientia*, in quei casi particolari ne'quali a tenore de'nostri ordini può usare d'una tale facoltà, non dovrà procedersi all'esecuzione, se, dopo l'intimazione fatta al reo della sentenza, non sarà a noi rimessa da'governatori suddetti, *ex officio*, relazione della qualità della persona e de'motivi di detta condanna; qual relazione dovrà da noi esser approvata, nè altrimente sarà luogo alla detta esecuzione.

18°. Per purgare il Regno da'discoli, malviventi e perturbatori della pubblica quiete, incarichiamo i podestà de'luoghi ad usare ogni diligenza per venire in cognizione di essi e darne secreta notizia a'governatori *pro tempore*, o almeno al giusdicente più vicino, che dovrà rimetterla al General Governatore, affinchè dal medesimo si possa procedere contro i suddetti e castigarli alla pena di relegazione o galera, secondo la facoltà confertagli da'nostri ordini, eziandio *ex informata conscientia*.

19°. Il gravissimo pregiudizio che ridonda all'amministrazione della giustizia, particolarmente criminale, dalla moltiplicità de'falsi testimoni ci rende più solleciti ad applicar nuove forme di venirne in cognizione e di aggravar le pene contro i delinquenti ; ordiniamo perciò che in tutti i processi criminali si debbano estendere in iscritto gl'interrogatori sotto pena di sindicato, ampliando le pene imposte dalle leggi contro de'falsi testimoni a dieci anni di galera.

20º. A frenare l'insolenza di chiunque attentasse contro l'onestà e decoro delle femmine con baciarle per forza, dovranno questi tali essere puniti in due sino in cinque anni di carcere, relegazione e galera, ad arbitrio del General Governatore, avuto riguardo alla condizione della persona, alla pubblicità del luogo ed alle altre circostanze dell'attentato occorso, e ciò eziandio che sia susseguito il matrimonio.

21º Chi invaderà i beni altrui di fatto e senza l'autorità del giudice, e chiunque si farà ragione da per sè stesso, cadrà, *ipso jure et facto*, dall'azione del dominio, possesso o credito rispettivamente che avesse, e sarà condannato nel rifacimento de'danni causati, ed in altrettanta somma quanto importerà l'estimazione di ciò che avesse come sopra occupato od esatto, da ripartirsi per metà al fisco e per metà alla parte, ed in oltre dovrà essere condannato ad arbitrio del Governatore in pena eziandio corporale, compresa la galera, sino in cinque anni. Ed a questo effetto solamente dovranno i rispettivi giurisdicenti de'luoghi trasmettere i processi al General Governatore, come si pratica nell'altre cause di pena corporale, non ritardata nel resto l'esecuzione di detti nostri ordini.

22º E per rendere ancora più solleciti gli stessi giudici a non lasciare impuniti li reati, ingiungiamo a'medesimi che nelle cause d'omicidj indistintamente, ed in quelle contro falsi testimoni, violatori, o chi insultasse come sopra l'onestà delle femmine e contro gli invasori dei beni altrui o chi si facesse ragione da se stesso, debbano trasmettere al Magistrato sopra la Corsica la relazione di quello che risulterà da'processi, unita alla sentenza che ne sarà stata fatta, affinchè detto Magistrato possa dar le opportune providenze secondo l'autorità che le compete, ed avervi il dovuto riguardo nelle instruzioni da darsi a'sindicatori.

23°. Vetiamo il fare in avvenire commissariati se non per delitti atroci e commessi con premeditazione, ne'quali casi le spese di essi stabilite dalle tariffe non possano esigersi da' parenti dei rei nè da' loro beni, ma siano a carico d'essi rei e beni suoi o di loro padre solamente.

24°. Tutte le cause civili che non eccederanno in tutto l'importare di lire due cento della nostra moneta dovranno trattarsi e definirsi sommariamente, ed in tutte le altre, affinchè si terminino con la dovuta celerità, stabiliamo che finiti li termini assegnati a'giudici per la loro spedizione, s'intendano perente le istanze, e che oltre li termini espressi negli statuti non sia lecito al General Governatore nè alcun altro giusdicente dell'Isola prorogare alcun tempo o termine, nè differire in altro modo il corso delle cause, sotto pena di nullità, ma che le dette proroghe siano a noi riservate, per grave ed urgente causa, a nostro giudizio, con quattro quinti de' voti.

25°. In seguito di quanto dispongono gli statuti di Corsica, dovrà eleggersi in ogni parrocchia del Regno, eccetto dove risiede il giusdicente, un podestà de'migliori e più idonei del luogo, pratico di letteratura, il quale avrà facoltà di giudicare sommariamente e senza forma di processo, citata però la parte, qualunque causa civile nella quale il reo sia di quella parrocchia o abitante in essa, comprese le accuse che occorressero per danni campestri con bestie o simili, purchè però non eccedano in tutto lire venti, moneta ora corrente, e dalle loro sentenze non si dia appellazione.

26°. Si eleggerà parimente in ogni pieve una persona nazionale de'migliori e più idonei con titolo d'Auditore della pieve e con facoltà di giudicare tutte le cause civili oltre la detta somma di lire venti, che però non eccederanno quella di lire cento, e dalle di lui sentenze potrà appellarsi al luogotenente e giusdicente superiore dell'istessa pieve.

Ogni biennio dai podestà delle parrocchie di ciascuna pieve si eleggerà detto Auditore con due terzi dei voti alla presenza e coll'approvazione del General Governatove o del giusdicente a cui sarà soggetta la pieve, da farsi però gratis e senz'alcuna spesa di patente o altra mercede, e l'eletto soggiacerà alla vacanza per altro biennio e al solito sindicato, e durante il suo officio sarà esente dalla taglia ordinaria, e potrà esigere una sportula di soldi venti per ogni causa da esso definita in quelle che non eccedono la somma di lire cinquanta, e di lire due per quelle che l'eccedessero.

27°. Per la creazione e fedele esercizio de'notari del Regno e cauzioni da darsi da'medesimi, loro numero, perizia e qualità, disponendo a sufficienza gli ordini del primo agosto mille sette cento venti sette, registrati in quel Regno nel libro Rosso, incarichiamo li Generali Governatori *pro tempore* d'invigilare alla loro esecuzione, vietando a'cancellieri *pro tempore* di ricevere atti di creazione di detti notari in forma diversa dalla prescritta in detti ordini sotto pena di sindicato.

28°. Li ceppi e scritture de'notari defunti senz'alcuno erede che sia notaro, o senza averne disposto a favore d'altro notaro, dovranno consegnarsi ad un notaro della stessa pieve da deputarsi a detto effetto da'governatori *pro tempore,* sulle istanze e notizie che dovranno fare loro pervenire i respettivi podestà dei luoghi, con il carico al notaro deputando di conservarle e custodirle in forma d'archivio e di contribuire agli eredi del defunto quella porzione di emolumenti che sarà stabilita da'detti governatori.

29°. Alla retta amministrazione della giustizia conferisce principalmente il timore del sindicato, e perchè non mancano alcuni che fanno studio d'insinuarsi con li giusdicenti pei servir di mezzani a'litiganti e processati, come altresì al tempo de'sindicati s'impiegano a rimovere i ricorrenti da sindicatori, componendo le lor querele e frastornando che vengano a luce gli abusi e disordini se ne accadono ; onde per iscuoprir questi tali con maggior facilità ingiungiamo ai Padri del comune d'ogni parrocchia di usare ogni diligenza per venirne in cognizione, e di darne secreta notizia ai Sindicatori, sotto pena arbitraria a'medesimi ; e per conseguire per più mezzi un fine da noi tanto desiderato, incarichiamo i predetti sindicatori a far esponere al loro arrivo ove sia giusdicente una cassetta da ricevere avvisi secreti, ed il loro cancelliere a registrar quelli avvisi che si ritrovassero contro simili persone e presentarli al suo ritorno al Magistrato sopra la Corsica unitamente alle providenze che avessero sopra detti avvisi date i sindicatori, sotto pena di sospensione dal notariato, e dovranno suddetti tali mediatori e torcimani essere puniti in pena di relegazione di due sino in dieci anni, in arbitrio de'sindicatori o del Magistrato suddetto.

30º. Perchè siano liberi i ricorsi contro gli aggravi che potessero occorrere, all'arrivo de'sindicatori ne'rispettivi luoghi di residenza de'governatori *pro tempore* ed altri giusdicenti del Regno di Corsica ed Isola di Capraja, dovranno affatto cessare le rispettive cariche de'medesimi, ancor che non fossero ancora giunti i loro successori, e sarà nostra cura d'incaricare li detti successori a ritrovarsi onninamente in detto tempo all'esercizio delle loro cariche e dare gli altri opportuni rimedj e provvedimenti per i casi contingibili che non vi fossero.

31º. Quei che stimassero di non aver riportato compimento di giustizia dai Sindicatori sopra le loro querele contro i comandanti, giusdicenti, ufficiali e ministri del detto Regno di Corsica ed Isola di Capraja, potranno ricorrere al Magistrato sopra la Corsica, e per eseguirlo senza dispendio, trasmettere le loro supliche all'oratore che dovrà avere incarico di promoverle.

32º. Per contenere maggiormente i giusdicenti ne'limiti del

proprio debito, vogliamo che chiunque non riporterà in sindicato patenti di primo grado, non possa in verun modo concorrere ad altri uffici e cariche tanto di Corsica ed Isola di Capraja come di terra ferma che prima ed in ogni caso non sia fatta presente agli elettori la qualità del sindicato che avrà subito in Corsica.

33º. Chiunque Corso o altro abitante in Corsica farà qualche imprestito per se o per interposta persona, sotto qualunque colore o pretesto, ad alcuno de'giusdicenti dell'Isola per conto suo privato, non avrà azione di ripeterlo, nè di un tale imprestito nascerà obbligo alcuno di restituzione.

34º. Vietiamo espressamente a qualunque comandante, giudice, ufficiale e ministro, niuno escluso, di fare durante il suo ufficio alcun traffico nel Regno ed Isola di Capraja, sotto qualsivoglia colore e pretesto, tanto per sè quanto per interposta peronna, ed in caso di contravenzione ordiniamo che resti applicato per metà al denunciante tutto quello che si giustificasse essere stato negoziato o trafficato, oltre la pena del sindicato, incaricando i sindicatori di procedere anche *ex officio* contro gl'inosservanti ed a tenere segreti gli accusatori.

35º. I giusdicenti, ufficiali e ministri che, finito il loro ufficio, rimanessero creditori di alcun particolare, corpo o comunità, tanto per cause d'atti, recognizioni e spese, come per qualsivoglia altra, per occasione dell'ufficio e ministero da essi esercitato, non possano in alcun modo pretendere ed esigere detti lor crediti senza la precedente approvazione de' sindicatori, nè possa diversamente alcun giudice constringere li debitori al pagamento, sotto pena di sindicato.

36º. La sollecitudine da noi usata in tutti i tempi in procurare il possibile sollievo di quei popoli ci ha mosso a minorare anche le antecedenti tariffe, sebben moderate, avendo presentemente fissata con tutto il risparmio praticabile una generale tariffa da osservarsi inviolabilmente da tutti li comandanti, ufficiali e ministri *pro tempore*, compreso il commissario de'marchi o sia bollo, sotto le pene espresse in detta tariffa, quale ordiniamo che si pubblichi in detto Regno ed Isola di Capraja unitamente alle presenti nostre deliberazioni e se ne affigga copia nelle cancellerie e tribunali del Regno ed Isola di Capraja, affinchè sia noto ad ognuno.

37º. Proibiamo ancora a' Governatori *pro tempore* e qualunque altri commissari, ufficiali e ministri, il pretendere o esigere alcuna minorazione del prezzo comune che sarà stabilito da'censori o altri deputati a questo ufficio nelle compre e proviste di qualunque vittuali e comestibili per loro uso e delle loro famiglie, domestici e serventi, non ostante qualsisia uso e consuetudine che sin'ora fosse stata introdotta e praticata in contrario, sotto pena di sindicato in qualunque caso di contravenzione.

38º. Vogliamo in oltre che rimangano nel suo intiero vigore ed osservanza tutte le altre leggi, ordini e decreti, in ogni tempo emanati immediatamente da noi e dal detto Magistrato sopra la Corsica, in tutte quelle parti che non sono stati rivocati da provedimenti posteriori e non contrariano alle presenti nostre ordinazioni, non ostante qualunque uso o consuetudine che potesse allegarsi in contrario, quale dichiariamo abusiva e di niun valore ed effetto.

39º. Deliberiamo ancora che li banditi sotto le nuove leggi e per le armi da fuoco non possano essere ammessi agli stipendi della Serenissima Repubblica in terra ferma.

40º. Desiderando finalmente di perpetuare la quiete e felicità in quei popoli, qualora le presenti misure rimangano indebolite e si rendano forse anche inutili dalle vicende de'tempi e delle cose, o non siano da noi conosciute opportune a detto fine, daremo in progresso di tempo quelle providenze che verranno consigliate dalle contingibili mutazioni e che giudicheremo più conformi all'esigenze del principato ed alla quiete, sicurezza e felicità del Regno.

Dato in Genova, nel nostro Real Palazzo, il 28 gennajo 1733.

CARLO TASSORELLI, *Segretario di Stato.*

Extrait d'une lettre d'Antibes du 30 octobre 1737

(*Sans signature*).

Je ne manquerai pas de vous informer exactement de tous les mouvements qui agitent la Corse. Il y a apparence que les neiges sont un grand obstacle aux entreprises des rebelles. Il est certain qu'ils ont reçu des secours en munitions de guerre par quelques vaisseaux Hollandais qui y ont ramené Théodore et qu'ils devaient former le siège de Bastia ou de Lazasso (Ajaccio). Nous saurons bientôt les effets de leur résolution. L'embarquement de nos troupes en faveur des Génois et notre médiation, à laquelle ils s'attendent, partagent les esprits et forment des partis dans cette île, qui sans doute se détacheront de celui de Théodore, dès que nos drapeaux paraîtront.

Le trajet d'Antibes aux îles de Corse est l'affaire d'un jour ; tout vent y pousse, excepté celui du Midi et d'Est-Sud-Est.

Pour le retour, ces deux derniers deviennent favorables et celui d'Ouest est contraire ; mais en donnant le bord du côté de Gênes, le vent de terre, qu'on est assuré de trouver dans cette saison à cause des neiges, pousse à Antibes à l'aide des courants qui sont presque toujours favorables, de sorte que les bâtiments peuvent aller et revenir dans trois ou quatre jours, à moins que le temps ne soit extrêmement mauvais et qu'il ne règne des ouragans et des tempêtes, ce qui n'est pas extraordinaire en hiver.

(M. G. — Vol. Corse, 1740 à 1748).

Gregorio Salvini au Roy.

Livorno, li 3 novembre 1737.

Sire,

I capi e popoli di Corsica, servidori umilissimi di Vostra Maestà Cristianissima, con profondissima riverenza l'espongono che, sebbene i Signori Genovesi si vantino d'aver ottenuto l'assistenza delle armi invitte di Francia per sottometterle al loro dominio, vivono essi nondimeno così assicurati sulla equità e giustizia della Maestà Vostra che non sanno indursi a credere che ella voglia combatterli, prima almeno di sentirli. Conciosiacchè se non merita considerazione o l'ossequio che i Corsi han sempre mostrato in servizio della Corona e del nome di Francia o la schiavitù di due secoli sofferta da loro per essersi uniti all'armi francesi che spedì in Corsica, per conquistarla, Henrico III (colpa per essi gloriosa e di piacevole rimembranza, avvegnachè sì duramente punita, non ostante il freno della garanzia cristianissima e cattolica), par che l'affare per se medesima esiga una tal cautela per assicurare non meno la gloria di V. M. che la tranquillità delle parti. — Sanno i miseri Corsi che gli esposti fatti per parte della Serenissima Repubblica di Genova hanno dato un'idea della loro condotta troppo svantaggiosa per loro. Ma se con tanta benignità si è ascoltata la parte potente, ricca e fastosa, ascoltisi di grazia in codesta reggia, ove non è accettazione di persone, ancor l'altra, benchè povera, abbandonata e meschina, giacchè si impegna di cambiare colla luce della verità che è per produrre, le impressioni fatte contro di lei.

Poichè trattasi un punto da cui dipende la desolazione o la felicità d'un intera nazione, degnisi per carità la Maestà Vostra di dar un'occhiata alle sue ragioni epilogate nel foglio qua ingionto. Che se per esser tronche e contrastate non avranno forza di persuadere, supplicano i Corsi la bontà della M. V. che le piaccia sospendere ogni deliberazione, finchè spediscano due nazionali alla Corte per informarla a viva voce di tutto, senza obbligarli a trattare coi suoi commissari che per diversi rispetti non possono dare nè alla V. M. lume bastante per esattamente misurar i passi di questa impresa colla gloria e colla pietà che regolano tutte le sue azioni, nè agli afflitti oratori le consolazioni che aspettano. Ma perchè viene a questi interdetta l'uscita da Corsali di Genova, che circondano l'Isola, tornano a supplicare la clemenza di V. M. a ciò si degni rivocar l'ordine che vieta a' legni francesi l'accostarvisi, e ordinare a' suoi Consoli di Livorno e di Napoli, come più vicini, che a spese e piacimento di chi ne farà loro l'instanza, spediscano un bastimento di sua bandiera in Corsica, per levarne due inviandoli a Parigi, col bisognevole per il loro viaggio ed equipaggio.

Benignissimo Sire, ancorchè i Corsi per esser poveri ed abbietti siano sprezzati da molti che lasciansi abbagliare da un falso splendore, si lusingano pertanto d'esser compassionati dalla M. V. cui la pietà non lascia mirar le cose con occhio di carne. Essi non chiedono che esser uditi, pronti a cessar intanto dalle ostilità e a ricever di poi dall'oracolo di V. M. quel stato che vorrà imporli. I nostri avversari schivano di venir con noi a contradittorio, non perchè temano di recar pregiudizio alla loro sovranità venendo a patti co'sudditi (pretesto assai frivolo, da che tanti gran Re ne hanno dato gli esempi), ma perchè dubitano che facciamo palesi i nostri torti e ragioni, ch'essi studiansi di seppellire in eterna dimenticanza. Voglia pure ogni ragione di stato che i sudditi tornino sempre all'obbedienza de'lor sovrani; siamo noi ascoltati prima che si decida un punto di sì gran conseguenza, e ci assicuriamo di far osservare che questa regola nel nostro caso patisce d'eccezione.

Se alcun politico riguardo si opponesse a queste si giuste preghiere, noi ci raccomandiamo alla clementissima benignità della M. V. che ci degni dell'onore di consultarci, e promettiamo di dar un intiera sodisfazione e trovar compensi tali che vagliano a salvare col privato nostro ogni altro interesse di stato. Scongiuriamo intanto per le sacrate piaghe di Gesù il savissimo accorgimento di V. M. a non accordare la minima condescendenza alle instanze tuttochè speciose de' Signori Genovesi; perchè altrimenti protestiamo che sarà impossibili lo schivare a noi l'alta rovina che ci preparano, a se stessi il biasimo che incontrerebbero in eseguir le orribili vendette, sì lungamente contro di noi meditate, e alla M. V. il dispiacere di vederle, e l'impegno forsi di qualche giusto risentimento. E prostrati umilmente a suoi piedi con profondissima venerazione e con augurarle una vita lunga, gloriosa e felice, ci rassegniamo: Di V. M. Sacrata Umilissimi, Fedelissimi e Obbedientissimi Servidori.

I capi e popoli di Corsi in corpo e in loro nome il sacerdote Gregorio Salvini, incaricato da loro del presente affare in Livorno.

(M. A. E. — Corse, Vol. I).

Gregorio Salvini au Cardinal de Fleury

Livorno, li 3 novembre 1787.

Eminentissimo e Reverendissimo Signore Padrone Colendissimo.

Strano sembrerà certamente all'Eminenza Vostra l'ardir che mi prendo di scriverle questa mia per raccomandarle l'acchiusa. Spero nondimeno che l'urgenza fatale in cui sono mi farà degno presso la clemenza dell'E. V. d'un benigno compatimento. Scorgo la sfortunata mia patria in pericolo di cadere nell'ultima desolazione minacciatali dalla fierezza de'Signori Genovesi che si mostrano implacabili. Sento che la Maestà del Re Cristianissimo sia in atto di prender le parti della loro Repubblica, e non avendo il modo di far passare in Corsica (stante l'impedimento de'corsali di Genova) neppur una lettera d'avviso, nonchè un bastimento su cui possa imbarcarsi un deputato per condursi ad umiliare a'piedi di Sua Maestà le suppliche lacrimevoli de'sventurati Corsi, ho preso il partito di scriver io l'annessa in nome de'Capi, come precisamente incaricato da loro de'pubblici affari. Ma sapendo poi a chi raccomandarmi per il suo sicuro recapito, mi sono preso la libertà di supplicarne l'eminenza Vostra; giacchè per la stretta famigliarità che io godo con quel mio patriotto che ebbe l'onore di parlarle in Roma di notte in abito bianco e mentito, mi è nota la sua compassione alle presenti nostre calamità. Mi lusingo pertanto che il merito della causa che esige l'universale compatimento, l'uffizio di carità che non disdice alla sublimità del suo carattere e la propria bontà di V. E. sia un triplicato motivo, capace non solo a scusar il mio ardire, ma ad inclinare ancora la di lei pietà, perchè usi a noi questa misericordia di recapitare l'ingiunta nelle mani stesse del Re, dopo averla letta, se le sarà in piacere, e serrata, di avvalorarne le ragioni col potentissimo suo patrocinio e di favorirci per sua mera grazia in qualche avviso che si voglia di lume per quel dobbiamo operare in aggradimento della Maestà Sua, e per l'esito fortunato della nostra gran causa. Ed umiliando a'suoi piedi il mio più ossequioso rispetto, profondamente m'inchino. Avverto l'Eminenza Vostra che una consimile ne ho avanzato al primo ministro, ma per un canale di cui non spero il recapito.

Di Vostra Eminenza Umilissimo e Obbedientissimo Servidore,

GREGORIO SALVINI, *Sacerdote corso*.

(M. A. E — Corse, Vol. I).

Motivi

che adducono i Corsi per giustificare le loro intraprese contro la Serenissima Repubblica di Genova.

(*Ecriture de Salvini comme les deux pièces précédentes*).

3 Novembre 1737.

Se per qualunque ragioni possa mai esser lecito ad un popolo convenzionato il tentare, anche col mezzo dell'armi, di liberarsi da una soggezione, la quale sia divenuta per sola colpa del dominante, una sì dura schiavitù che abbia tolto a tutti la libertà, le sostanze, l'onore, la fama ed a molti la vita e temporale ed eterna, pare certamente ai miseri Corsi di giustificar pienamente le loro intraprese contro la Serenissima Repubblica di Genova che gli ha piuttosto tirannicamente oppressi che governati, coi principali motivi che in questo foglio restringonsi.

1º. Egli è certo che il Regno di Corsica è un popolo convenzionato colla Serenissima Repubblica di Genova, e non di conquista come ella jatta. Ciò non ostante, mancante essa ai patti più espressi, ha accresciuto i dazi cinque volte più del concordato; ha imposto delle gabelle senza legittima facoltà; ha perpetuate molte imposizioni temporanee ed ha derogato a moltissimi privileggi.

2º. Vi sono certissimi documenti che i Signori Genovesi trovarono in Corsica un numero grande di Nobili, Signori, Feudatari e Principi. In oggi il tutto è suppresso ed abbolito, avendo privati i Corsi d'ogni freggio di nobiltà e d'onore e negatoli ogni trattamento, distinzioni e titoli, ancorchè per antichi privileggi dovuti.

3º. Invano i Corsi sonosi sempre doluti di non essere stati ammessi, non che in Genova, ma neppure in patria a verun uffizio, carico o posto di lucro o d'onore ecclesiastico o secolare, esclusine i militari. Anzi per maggiormente avvilirli glien'è stata tolta perfin la potenza con un positivo decreto del Senato che proibendoli l'attendervi, fa loro l'ingiuria di dichiararli incapaci de'medesimi.

4º. Tuttochè la Corsica ha un paese fertile, ricco e opulento, ciò null'ostante, dache la Repubblica per una politica affatto incognita a i Regnanti d'Europa ha studiato il modo di renderla per ogni verso meschina, la miseria, e la carestia vi ha continuamente regnato. E come no, se de'vini, oli, grani, orzi, legumi, castagne, formaggi, carne ed altri comestibili e frutti che vi abbondano, se n'estrae fuori del Regno dalli stessi governanti negoziatori non sol ciocchè avanza, ma quello ancor che bisogna per l'Isola? Se la cultura, le piantazioni, l'innestamenti, le pesche si trascurano affatto, se si devastano le saline, si rendono inutili tanti boschi atti a dar legname per fabbricarsene le armate intiere, se si vieta sotto pena di morte la traccia di molte diverse e ricche miniere che vi si trovano, se essendo circondati dal mare e posti nel sito più comodo del Mediterraneo, atto perciò a divenire l'emporio più ricco d'Europa, come lo fu a' tempi antichi, con tuttociò la navigazione, la mercantura, le arti, le manifatture, le fabbriche, il traffico, il negozio, il commercio ne sono affatto sbanditi, e tutto per colpa e studio della Repubblica che positivamente ha voluto questo Regno povero ed abbietto, affinchè non habbia forza o di scuoter da se il giogo, o di allettar altri a farne conquista?

5º. Se un certo rispetto fa passare in silenzio la qualità e condotta di quei ministri che per tanti secoli hanno impunemente devastata l'Isola con un perpetuo dilapidamento, non può tacersi delle guerre civili da essi fomentate affine di stabilire il principato nelle discordie de'sudditi, ancorchè a prezzo d'un mare d'innocente umano sangue e della rovina spirituale di tante anime. Se s'inorridirà all'udire che nel corso di trentadue anni sieno seguiti in sì piccolo e spopolato Regno, più di venti sette mila omicidj, sarà ancor maggior il raccapriccio in sentendo che strage sì dolorosa non può attribuirsi alla feroce natura de'Corsi, come vorebbesi persuadere (giacchè ne' primi tre anni di questa sollevazione in cui da se stessi si amministrarono la giustizia, due soli se ne contarono), ma bensì alla cooperazione dell'istesso genovese governo. E come potrebbesi ciò negare, se, di venti sette mila omicidiali, ne men cento sonosi gastigati colla pena di morte, se ai rei di Corsica davasi in Genova non sol ricetto, ma pur anche e pane e premio, e se per fine s'è veduto accordarsi col ministero il prezzo dell'assoluzione d'un omicida, anche prima di commettere il delitto ?

E pur per tanti mali mai non s'intesero i Corsi che a gemere e a supplicare, ma avendone riportato sempre non curanza e disprezzo, in vece di riposta o rimedio, accadde per causa d'una ingiusta esazione un certo ammutinamento che volendosi gastigare con troppa severità, suscitò l'universale sollevazione. Fu ella appena sedata che la Repubblica Serenissima, non ostante l'interposta sacrosanta imperial garanzia, ebbe l'animosità d'imprigionare i quattro noti capi, con venti due altri in appresso chiamati sotto la pubblica fede in titolo d'ostaggi. Ma scarcerati appena d'ordine del giustissimo Cesare, a motivo di catturarne molti altri, spedì ella trecento cinquanta armati 'i quali essendo caduti nella rete da essi tesa, fu trovata nella tasca del comandante una lunghissima lista di quelli che far doveva prigioni. Questo, unito ad altre più certe notizie, che assicuravano voler la Repubblica sacrificare alla sua vendetta più d'un migliaio de'primati del Regno, diede la mossa alla seconda rivolta, che si fece universale allora quando per il movimento di pochi si pretese l'indurre i popoli a chieder perdono e a dichiararsi infrattori di quella garanzia, che essi avevano religiosamente osservata ; acciocchè facendosi in tal guisa da lor medesimi rei d'un delitto commesso dalla stessa

Repubblica, potesse impunemente caricarseli addosso la gran piena di mali che ne veniva in seguela.

Se le cose accennate, o alcuna di esse, sono state finte o falsamente descritte, invocano i Corsi sopra di se i gastighi del Cielo e della terra. Ma se per l'opposto nulla asseriscono che certissimo e vero non sia, come a mostrare con irrefragabili prove son pronti, scongiurano la compassione, la pietà ed il giusto zelo de'principi d'Europa a volerli degnare della loro protezione ed ajuto con cui possano liberarsi dall'oppressione che gli ha tenuti afflitti per tanti secoli e gli ha resi i sudditi più infelici dell'universo.

(M. A. E. — Corse, Vol. I).

Gian Tommaso Boerio à Son Eminence

Venezia, 9 novembre 1737.

Eminenza,

Mi do l'onore di presentare il mio profondissimo ossequio a V. Em. e d'acchiuderle in questo foglio la riverentissima supplica al Re colla succinta allegazione d'alcune delle tante ragioni giustificative [del] la condotta de'Corsi contro gli attentati ed imposture della Repubblica di Genova. Nel che fare vengo d'eseguire gli impulsi del mio smisurato ossequio verso il subblime e sì celebre merito dell'Em. V. ed insieme le commissioni emanatemi da' Signori capi principali (miei colleghi) d'esso Regno, di cui son io altresì plenipotenziario, come lo fui presso la Corte Cesarea. Colà mi riescì di disingannare e di persuadere con buone ragioni la Ma. Imp. a discontinuare la sua armata e guerreggiata lega e protezione per i Genovesi. Con le stesse, fatte in oggi ancora più forti per colpa genovese, mi lusingo tanto più con tutta la nazione Corsa, ma sempre attaccata devotamente alla francese sempre gloriosa, eroica, non minore favorevole credito e successo presso S. M. Cristianissima.

Ne imploro pertanto con tutti i miei connazionali il benignissimo concorso e possente amparo dell'Em. V., la quale per la sua providenza meno cocrcitiva che soave e sapientissima, fa indispensabilmente lo stupore ed il plauso giolivo di tutte le nazioni. — Tutto penetrato da sincerissima e perfetta venerazione bacio per fine, Eminentissimo Monsignore, la vostra sacra e rifulgente porpora, e mi pregio più d'ogn'altro d'essere quale mi soscrivo

Di V. Eminenza Umilissimo ed Ossequentissimo servitore,

GIAN TOMMASO BOERIO.

(Id.).

Convention entre la République et la Cour de France du 10 novembre 1737.

Au nom de la Très Sainte Trinité, du Père, du Fils et du St-Esprit. Ainsy soit-il.

Le Roy considérant avec les sentiments qu'il a toujours eu pour la République de Gênes, la durée des troubles qui subsistent depuis tant d'années dans l'Isle de Corse, et voulant lui faire éprouver les effets de sa bienveillance et de son affection, Sa Majesté a résolu de concert avec l'Empereur et suivant la convention que S. M. a faite avec S. M. I. de luy donner les secours qui peuvent être nécessaires pour réduire les rebelles de l'Isle de Corse et les faire rentrer dans son obéissance. A l'effet de quoy, pour asseurer le plus parfait et le plus prompt accomplissement de ses vües et régler de concert avec la République le tems et la manière dont ces secours seront fournis, S. M. a nommé et autorisé à cet effet, le Sr Amelot, Ministre et Secrétaire d'Etat pour les affaires étrangères, qui avec le Sr Sorba, Ministre de la République et muni des pouvoirs nécessaires, est convenu de ce qui suit :

Art. 1er. — Le Roy fera passer incessamment, pour estre débarqués à la Bastia ou en tel autre lieu qui sera jugé convenable, trois mille hommes d'infanterie, S. M. se chargeant de tout ce qui peut concerner leur transport dans l'Isle et leur retour en France en quelque façon que ce soit, aussy bien que de leur subsistance, au moyen de ce qui sera stipulé cy-après, et le commandant desdites troupes demeurera maistre d'agir ou de ne pas agir durant tout le cours de l'hyver, suivant ce qui sera reconnu du plus ou du moins de disposition des rebelles à se soumettre.

Art. 2. — Au cas que ce premier secours ne soit pas suffisant, le Roy fera passer dans l'Isle au printems prochain, jusques à huit mille hommes, tant d'infanterie que de cavalerie ou dragons y compris les trois mille hommes susdits, S. M. se chargeant pareillement du transport de ce second corps de troupes, de son retour en France et de sa subsistance, pour le tems qu'elles seront dans l'Isle.

Art. 3. — La République de Gênes fera compter aux personnes commises par le Roy à cet effet et dans le lieu qui sera indiqué la somme de 300 m. livres, monnoye courante de France, au jour de l'embarquement des 3,000 hommes susdits, et 400 m. livres de la même monnoye, trois mois après, ou même plustôt, si par une plus prompte réduction de l'Isle à l'obéissance de la République, les troupes du Roy retournaient en France avant ce terme.

Art. 4. — Si le second embarquement devient nécessaire et s'il s'exécute, la République fera semblablement compter aux mêmes personnes commises par Sa Majesté et dans les lieux qui seront indiqués, la somme de treize cent mille livres, aussi monnoye de France, indépendamment des 700 m. livres stipulées cy dessus, pour le premier transport, en sorte que le premier secours donné par le Roy venant à être porté jusque à huit mille hommes, les payements à faire par la République montent en tout à deux millions et les 1,300 m. liv. applicables au second embarquement, seront acquittées en quatre termes, de deux mois en deux mois, dont le premier terme échéra deux mois après le payement final des 700 m. livres pour le premier transport, S. M. voulant bien ne pas se refuser à la considération de l'état présent des finances de la République laquelle, quand bien même le Roy jugerait à propos de faire passer en Corse un plus grand nombre de troupes que les huit mille hommes mentionnés, ne sera tenue de payer jamais rien au-delà desdits deux millions.

Art. 5. — Le Roy se chargeant comme il a esté dit, de la subsistance de ses troupes, tout ce que la République pourra leur fournir de vivres et de munitions luy sera payé par Sa Majesté ou compensé sur ce qui doit être payé par la République, mais tout ce qui sera nécessaire pour la commodité des troupes, comme le logement, les lits, bois et lumière, leur sera fourni gratis, et il demeure convenu que, sur ce qui pourra se livrer de contributions en argent ou en fourrage sur les rebelles, il sera pris la quantité de fourrage nécessaire pour la nourriture des chevaux et la somme qui sera jugée convenable pour le bien vivre des troupes.

Art. 6. — Les généraux, ou commandants des troupes du Roy, dirigeront leurs opérations de guerre, conformément aux ordres qu'ils recevront de S. M. en suivant ce qu'ils aviseront bon estre selon les conjonctures et les occasions ; et dans le cas où les troupes de la République se trouveront jointes à celles de S. M. en campagne, le commandant des troupes du Roy aura toujours le commandement en chef ; de même, en quelque place que se trouvent les troupes du Roy, soit seules, soit avec celles de la République, leur chef ou commandant y aura toujours et exercera le commandement et l'autorité sur les troupes du Roy, sans se mesler en rien de ce qui est de l'administration politique, civile ou économique ; cette autorité ou commandement des chefs de troupes françaises ne pouvant et ne devant jamais s'estendre que sur les troupes du Roy, et les opérations de guerre, le commandement et la direction des places devant rester entre les mains des commandants de la République.

Art. 7. — Il en sera de même pour toute l'Isle généralement, le Roy voulant bien promettre que son général ne se meslerait en aucune façon de cette administration politique, civile, économique, et qu'en même temps que ce général demeurera maistre des opérations de la guerre, il les concertera avec le commissaire général, ou avec tel autre officier principal que la République aura dans l'Isle.

Art. 8. — La République sera tenue d'entretenir en Corse le pied de trois mille hommes pendant la durée de la guerre.

Art. 9. — Les soldats, cavaliers ou dragons qui viendraient à déserter des troupes du Roy dans celles de la République ou de celles de la République dans celles du Roy, seront rendus de bonne foy de part et d'autre,

Art. 11. — Le Roy confirme, en tant que besoin est, la garantie que Sa Majesté et l'Empereur sont convenus de donner à la République de Gênes, des Etats qu'elle possède en Terre ferme, et ce pour tout le tems qui s'écoulera jusqu'à l'entière et parfaite réduction de l'Isle de Corse sous son obéissance et que la tranquillité y soit rétablie de manière que la République puisse en retirer ses troupes en laissant les garnisons ordinaires dans les places.

Art. 11. — Il sera libre à la République de rechercher et de requérir cette même garantie de telles autres puissances que ce soit, comme aussy la promesse de ces mêmes puissances, de ne pas permettre que l'Isle de Corse passe ou demeure sous une autre domination, et le Roy voudra bien, soit conjointement avec l'Empereur, soit séparément, appuyer de ses bons offices, les démarches que la République fera dans cette vue.

Art. 12. — Les ratifications de la présente convention seront échangées à Paris dans l'espace de quatre semaines à compter de ce jour, ou plustôt s'il est possible.

Fait à Fontainebleau le 10 de novembre 1737.

Signé : Amelot — J. B. Sorba.

(M. A. E — Corse, Vol. II).

Instructions pour le sieur Pignon.

Le Roy estant prêt à faire passer ses troupes dans l'isle de Corse pour réduire les rebelles suivant la convention signée avec la République de Gênes le 10 de ce mois, et informé que les habitants de cette isle entretiennent au dehors des correspondances par le moyen desquelles ils reçoivent des secours qui les mettent en état de continuer leur rébellion, et que le centre de leur correspondance est à Livourne, S. M. a résolu d'y envoyer le sieur Pignon pour veiller sur leurs intrigues et tascher de découvrir leurs émissaires. La connaissance qu'il a des nations étrangères, ses talents et sa probité ne laissent aucun doute à S. M. qu'il ne s'acquitte de cette commission avec le secret et la dextérité nécessaires. Elle souhaite qu'il en donne connaissance en arrivant au baron de Wachtendonck, commandant des troupes de l'Empereur. L'arrivée du sieur Pignon à Livourne pourrait être suspecte à ce commandant, s'il n'était pas instruit du sujet de sa mission ; et bien loin de vouloir la lui cacher, il est même beaucoup plus à propos qu'il en soit instruit. S. M. ne doute point que le baron de Wachtendonck ne donne au sieur Pignon les secours dont il aura besoin, lorsqu'il sera informé de l'objet qui l'amène, l'engagement du Roy avec la République étant connu de l'Empereur et n'estant qu'une suite d'une convention précédente entre S. M. et S. M. I. ; et c'est pour autoriser le sieur Pignon à s'adresser au baron de Wachtendonck que S. M. a jugé nécessaire de lui donner la présente instruction en lui remettant une copie de la convention du Roy et de l'Empereur aussi bien que de la convention de Sa Majesté avec la République.

Fait à Fontainebleau, le 13 novembre 1737.

(M. A. E. — Corse, Vol. I).

Autres instructions pour le sieur Pignon.

Les peuples de l'isle de Corse ayant été informés des secours que Sa M. est prête à y faire passer pour les réduire à l'obéissance de la République de Gênes, leur véritable souverain, et le sieur Grégoire Salvini, qui se dit chargé de leurs affaires, ayant écrit de Livourne à M. le Cardinal de Fleury pour exposer leurs griefs et justifier leur révolte, S. M. a cru devoir profiter de la confiance que les habitants de cette Isle ont marquée dans sa bonté et sa justice pour leur inspirer des sentiments de paix et les instruire par des voies sûres et secrètes de ses véritables intentions.

C'est dans cette vue qu'elle a résolu d'envoyer le sieur Pignon à Livourne ; la connaissance qu'il a des nations étrangères et de leur façon de traiter, ses talents et sa probité donnent la confiance à S. M. qu'il apportera tout le secret, le zèle et la dextérité nécessaires dans une commission aussi délicate par la nature de l'affaire en elle-même que par le génie de ceux avec qui elle se doit traiter, et cette instruction lui servira de règle et d'autorité pour agir en conséquence.

Le sieur Pignon observera un grand secret sur l'objet de sa mission, ainsi que sur le lieu de sa destination.

Comme son arrivée à Livourne, s'il paraissait la vouloir cacher au baron de Wachtendonck qui y commande, ne manquerait pas de lui devenir suspecte et d'exciter son attention sur ses démarches, il est à propos que le sieur Pignon aille le trouver en arrivant et qu'il lui dise qu'il ne doute pas qu'il ne soit instruit de la convention faite par S. M. avec l'Empereur, en exécution de laquelle le Roy s'est engagé avec la République de Gênes de lui envoyer 3,000 hommes de troupes pour l'aider à remettre les Corses sous son obéissance ; que S. M. est informée que les Corses négocient avec des puissances étrangères, et que le centre de leurs négociations étant à Livourne, le Roy y envoie le sieur Pignon pour observer de près leur conduite et avertir exactement de ce qui pourrait se passer de préjudiciable à l'intérêt commun de conserver la possession de la Corse à la République de Gênes ; qu'il a ordre de lui faire confidence de cette commission et qu'il est persuadé qu'il voudra bien en garder le secret. Le sieur Pignon accompagnera ce discours de témoignages d'estime et de considération pour la personne de M. de Wachtendonck, et il continuera de le voir pendant son séjour, sans affectation, et de se conduire avec lui de la façon que sera la plus convenable pour détourner ses soupçons de ses démarches, lesquelles ne doivent pas venir à sa connaissance.

Le sieur Pignon cherchera les moyens d'entretenir le sieur Salvini dans le plus grand secret ; il examinera s'il est autorisé à faire des propositions et jusqu'à quel point ; s'il l'est par tous les chefs des Corses ou par quelqu'un d'eux seulement, en un mot quelles sont les preuves de sa commission. Si le sieur Pignon ne trouvait pas le sieur Salvini assez autorisé, ou qu'il ne se crût pas assez sûr des intentions des Corses par lui, il pourra demander qu'il vienne en secret quelques autres de leurs chefs avec lesquels il pût traiter directement et s'assurer des choses qui pourraient être convenues.

L'attention du sieur Pignon se portera surtout à découvrir

le vrai ou le faux des intentions des Corses par les discours du sieur Salvini, observant soigneusement en lui tout ce qui pourra donner du jour sur le véritable objet de sa commission. Le sieur Pignon ne fera pas paraître trop d'empressement pour une négociation, et il ne s'ouvrira que par degrés et à mesure que le sieur Salvini s'ouvrira lui-même. Il lui fera entendre dans ses entretiens que l'intention du Roi n'est pas de détruire ni d'asservir les Corses ; qu'il n'a d'autre intérêt en ceci que l'intérêt du repos public et leur bien propre, qu'il leur convient, autant qu'à toute l'Europe, de rester sous la domination des Génois ; qu'une plus grande puissance ne ferait que leur rendre le joug plus insupportable et peut-être sans remède ; que Sa Majesté sera disposée à préférer un accord fait à l'amiable à celui qui sera dicté par la force, que la justice qui fait la règle de ses actions doit lui donner toute confiance dans ses intentions; que la plus grande preuve que le Roi ait pu leur donner de ses intentions à leur égard, est la commission secrète qu'il donne au sieur Pignon de les écouter ; qu'ils ne doivent point craindre de s'ouvrir à lui librement, la République n'ayant point jusqu'à présent connaissance de l'objet de sa mission ; qu'en même temps que le Roi envoie des troupes en Corse pour éteindre la rébellion par la force de ses armes, il a voulu en même temps préparer secrètement à Livourne des voies de conciliation qu'elle préférera toujours aux voies de rigueur ; que, s'ils veulent de bonne foi se conformer aux vues du Roy, S. M. s'emploiera pour leur faire obtenir des conditions raisonnables et que sa garantie leur en assurera la durée, la proximité de ses ports et sa puissance étant un sûr rempart contre l'oppression, mais qu'il faut une résolution prompte et des dispositions sincères; que, s'il en était autrement, il ne faut pas qu'ils se flattent d'en imposer longtemps à la bonne foi et à la modération du Roi ; que des propositions spécieuses ne le feront point écarter de ses engagements et qu'elles n'auront d'autre effet que d'en presser l'exécution. Le sieur Pignon fera usage de toutes ces raisons successivement avec le Sr Salvini, et il lui dispensera l'espérance ou la crainte, selon les dispositions qu'il apercevra à la conciliation ou à l'opiniâtreté.

Le Sr Pignon rendra un compte exact des différents progrès de ses négociations, se servant en plein du chiffre qui lui est remis pour assurer le secret de sa correspondance, et on lui donnera dans la suite de plus amples instructions selon le tour que prendra la négociation.

Fait à Fontainebleau, le 13 novembre 1737.

(M. A. E. — Corse, Vol. I).

Domenico Rivarola au Cardinal de Fleury.

Eminenza,

Fra molti de'miei nazionali di Corsica che son fuori della patria per procurare i soccorsi necessari a sostenere la giustissima guerra che abbiamo colla Repubblica di Genova, uno de'principali son io che mi do animo di presentare quest' umile foglio a'piedi dell'E. V., supplicandola insieme a degnarsi di compassionare lo stato deplorabile de'miseri popoli della Corsica, rappresentandolo a Sua Maestà Cristianissima, per cui i stessi popoli incessantemente dall'Altissimo implorano tutte le maggiori felicità e benedizioni celesti. È a piena notizia del mondo tutto la maniera di governo da' Signori Genovesi tenuto per tanti anni nella Corsica; si sà la lunga rassegnazione e pazienza che questi popoli, benchè convenzionati e non sudditi, hanno avuto in sopportar'o; ma essendo smisuratamente cresciuto il peso del tirannico giogo, non poterono a meno di risentirsi e cercar riparo colle armi in mano, fin dall'anno 1729, alle comuni universali rovine e calamità. Che non fece ed ha fatto, sempre con asprezza e crudeltà, la Repubblica, per ridurci alla schiavitù primiera? Il ferro ed il fuoco sono stati i mezzi da lei operati per soggiogarci, e senza mai volerci accordar uno de'minimi privilegi che per ragion di natura e di legge viene a tutte le nazioni concesso ; ha cercato di sopraffarci e conculcarci. Vennero le armi austriache in soccorso d'essa, e noi prontamente posammo armi ed abbracciammo ciecamente i patti e condizioni che ci offerirono i ministri di Sua Maestà Cesarea, dalla di cui sicurezza e garanzia ci si prometteva l'osservanza de' privileggi e il perdono generale non meno a tutti i nostri capi e primati del Regno che a tutta l'altra gente più bassa. Ma che? Subito posate le armi e nel medesimo istante che ci arrendemmo, con eterno scandalo del mondo e terrore della Corsica tutta, furono dal furore della Repubblica arrestati, carcerati e strappazzati i primi difensori della patria, sebbene alcuni furono poi rimessi in libertà, ed altri gemono ancor nelle carceri di Genova ; che perciò provocati dalle nuove persecuzioni, non potemmo a meno di ponerci un'altra volta in difesa per non restar trucidati, come machinava la mentovata Repubblica, e colla divina assistenza ci siamo prodigiosamente preservati fin al giorno d'oggi. Ora sentendo che S. M. Cristianissima voglia spedire le sue armi formidabili in Corsica per soggettarla alla Repubblica, io in nome della mia povera nazione ricorro al gran padrocinio dell'E. V., ed umilmente la prego aver pietà d'un popolo innocente e compatito da chi sa le sue angustie, che se un'altra volta cade in mano della Repubblica, donde mai può salvarsi ? Vengan pure le armi gloriosissime del Cristianissimo Monarca, e uniscano questo piccolo Regno a tanti altri del suo vasto dominio, che i Corsi le attendono a braccia aperte. Di questo supplichevoli, han pregato i ministri di Sua Maestà nella Toscana che ne avanzassero alla Corte l'avviso, desiderando di farsi sudditi di questo Gran Re. Oh, come pregano Iddio che ispiri nel magnanimo cuore di questo augustissimo sovrano il pensiero di rendersi padrone della nostra Isola, come pensaron di fare i suoi invittissimi progenitori, che vi spedirono Alfonso Ornano, celebre nelle storie ed annali di Francia, per farne conquista ! Con questa speranza vivo io e vivono i miei nazionali, che il clementissimo Re della Francia voglia impadronirsi della Corsica, e non mai d'usar le forze delle sue armi per farci schiavi della Repubblica Genovese, e perciò una e più volte supplico il paterno zelo di V. E. perchè interponga gli autorevoli suoi uffizi acciochè le armi del Cristianissimo non abbino a trionfar in rovina di tanti innocenti, dandogli a discrezione della predetta Repubblica ; però sì per la monarchia di Francia ; e sperando che la somma pietà dell'Em. V. si degnerà porger orecchio a questo compassionevole umile mio foglio, colla maggior venerazione le bacio la sacra porpora e m'inchino. Di V. E. Umilissimo, ossequiosissimo ed obbligatissimo servo,

Domenico Rivarola.

Napoli, 15 novembre 1737.

(M. A. E. — Corse, Vol. I).

Instruction à M. de La Tour.

19 novembre 1737.

Je dois, Monsieur, vous informer en détail des dispositions qui ont été faites pour l'expédition de Corse, afin que vous soyez en état de les faire exécuter en ce qui pourra vous regarder.

Je commencerai par vous dire qu'il a été réglé que l'embarquement des troupes se fera dans les premiers jours de janvier. M. de Maurepas a déjà envoyé ses ordres pour faire arrêter les bâtiments de transport à Antibes. Ce convoi sera escorté par une frégate du Roi.

Vous trouverez ici l'état de l'arrivée et de l'emplacement

des six bataillons qui seront sous vos ordres jusqu'au jour de l'embarquement. M. Peloux, commissaire ordonnateur, avec M. de la Villeheurnois, commissaire ordinaire, s'embarqueront avec les troupes. Je n'ai point encore de nouvelles du premier, qui est passé en Corse. L'autre se rendra en Provence dans la fin de ce mois.

M. de Boissieux, maréchal de camp, qui est destiné pour le commandement, et MM. les brigadiers et colonels se trouveront à Antibes vers le 10 du mois prochain de même que tous les employés.

Je vous envoie encore une copie de la convention qui a été passée avec le sieur de S. Léon, munitionnaire de la marine, pour la subsistance des troupes dans la traversée et dans l'île. Je vous supplie de l'aider de votre protection en ce qui dépendra de vous et de m'avertir de temps en temps des diligences qu'il fera sur les préparatifs dont il est chargé.

Vous trouverez aussi dans le paquet un état de l'artillerie et des munitions qui doivent être embarquées et où elles seront prises, et des officiers d'artillerie qui doivent passer en Corse. J'ai prévenu M. de Rochefort, lieutenant d'artillerie à Marseille, sur tout ce qu'il a à faire pour rassembler l'artillerie et les munitions à Antibes et les faire remettre en la possession des officiers qui en doivent être chargés.

Je joins encore l'état des ingénieurs qui s'embarqueront avec les troupes.

Je vous envoie enfin une copie de l'état que le Roi a arrêté pour le traitement des troupes. Vous y trouverez qu'à commencer du 15 décembre, les officiers doivent recevoir les fourrages en argent en retenant néanmoins ce qu'ils auront pu prendre en espèces. Vous aurez soin de les faire payer de même que les appointements des officiers généraux et autres de l'état-major, à compter du jour qui est marqué dans cet état.

Je dois à présent vous parler des chevaux ; je suis convenu

avec MM. les colonels qu'on en mènerait en Corse le moins qu'on pourrait ; il n'en faut que pour le colonel et l'état-major ; une vingtaine de chevaux par bataillon doivent suffire. S'il y a quelque marche à faire, les officiers trouveront des chevaux à louer dans le pays. Ainsi ils ne leur seront point à charge.

J'ai l'honneur etc.

(Sans signature).

(M. G. — Reg. 2889).

Pignon à Amelot.

(Gênes?), 2 décembre 1737.

Monseigneur,

Je ne suis arrivé en cette ville qu'aujourd'hui, quelque diligence que j'aie faite ; je m'y embarquerai demain pour Livourne où j'arriverai avant le dix, si les vents ne me contrarient pas.

J'ai l'honneur d'être etc.

Pignon.

(M. A. E. — Corse, Vol. I).

Instructions pour le Comte de Boissieux.

Le Roy voulant donner un secours à la République de Gênes pour réduire les rebelles de l'île de Corse et les faire rentrer sous l'obéissance de leurs maîtres, Sa Majesté a fait choix du comte de Boissieux pour commander les troupes qu'elle a résolu d'y envoyer et qui s'embarqueront à Antibes dans les premiers jours du mois de janvier prochain.

Pour instruire le comte de Boissieux des forces qui sont destinées pour cette expédition, de l'artillerie et des munitions de guerre et de bouche qui doivent être embarquées et du traitement que les troupes doivent recevoir dans l'île, on joint ici différents états cotés depuis le N° 1 jusqu'au N° 4.

Sa Majesté a choisi la ville de Bastia pour le débarquement, comme le lieu le plus propre à procurer aux troupes les commodités dont elles auront besoin pendant l'hiver. Si néanmoins le mauvais temps empêchait qu'on ne pût doubler le Cap-Corse, le débarquement pourrait se faire à S. Florent, dont le trajet par terre à Bastia n'est que de dix milles, dans un pays qui est resté soumis aux Génois.

Comme la République est obligée par le traité qu'elle a fait avec Sa Majesté d'entretenir dans l'île le pied de 3,000 hommes pendant la guerre, le comte de Boissieux à son arrivée, après avoir conféré avec le commissaire général ou autre officier principal de la République, doit s'instruire de l'état auquel sont les troupes de la République, de celui des places qu'elle occupe et des munitions qui y sont, comme aussi des forces à peu près des révoltés, des chefs qui sont à leur tête, s'ils ont des armes, de l'artillerie, en un mot de leurs moyens en tout genre, pour que sur le compte qu'il en rendra à Sa Majesté, elle puisse prendre les déterminations convenables à la situation des affaires.

Sa Majesté ne prescrira rien quant à présent au comte de Boissieux sur les opérations de guerre ; la saison donnera le temps de reconnaître le pays et d'aviser aux partis qui seront à prendre. Sa Majesté recommande d'avance qu'on tienne les troupes ensemble autant que faire se pourra, et que, s'il convient d'envoyer des détachements au dehors pendant l'hiver, soit pour s'élargir et se procurer des fourrages et autres aisances ou pour avoir des nouvelles et connaître les dispositions des esprits, on use de telles précautions que les troupes ne courent point de risque de recevoir des échecs en détail.

Les troupes doivent vivre dans la plus grande discipline sans rien prendre dans le plat pays que ce qui sera nécessaire pour la subsistance des chevaux. Si, contre toute apparence, les mécontents voulaient persévérer dans leur rébellion, il a été convenu avec la République qu'en ce cas, il sera imposé des contributions en argent ; mais il ne sera disposé du fonds qui en viendra que sur les ordres de Sa Majesté.

En cas d'opérations de guerre, le général des troupes du Roi les dirigera et en décidera. Il aura cependant l'attention de les communiquer au commissaire général ou autre officier principal que la République aura sur les lieux.

Dans le cas où les troupes des Génois se trouveront jointes à celles de Sa Majesté en campagne, le général pour le Roi aura le commandement sur les unes comme sur les autres. Dans les places, il conservera le commandement sur les troupes françaises, mais celui qui commandera pour la République aura le détail de la garde des administrations politique, civile et économique.

Comme les mécontents sont déjà instruits de l'arrivée prochaine des troupes du Roi dans l'île, il est vraisemblable qu'ils ne tarderont pas de faire au comte de Boissieux des démarches tendant à la pacification. Il doit alors leur faire entendre que le Roi n'a pas le dessein de les opprimer, mais que, pour être écoutés, il faut que, préliminairement à tout, ils déclarent qu'ils sont résolus à se soumettre à leur légitime souverain, et que, remettant leur sort entre les mains de Sa Majesté, ils doivent s'attendre à être traités avec équité et bonté dans l'accommodement dont Sa Majesté restera garant. Le comte de Boissieux rendra compte au Roi avec la plus grande diligence des propositions qui lui sont faites. Il convient qu'en tout ceci il agisse de concert avec l'officier principal de la République et qu'il lui communique ce qui se fera, à l'exception néanmoins des particularités qu'il jugera ne devoir être connues que du Roi.

Le comte de Boissieux aura une attention particulière à la conservation de ses troupes, non seulement en évitant de les commettre et mouvoir sans nécessité, mais aussi en prenant soin pour que, dans les marches, elles aient, autant que faire se pourra, les commodités nécessaires et qu'en général le pain, la viande et le riz soient fournis régulièrement et que toutes les denrées soient de bonne qualité et tournent au profit du soldat. Il portera aussi ses soins sur les hôpitaux et chargera des officiers sûrs et intelligents de les visiter souvent, et de lui rendre compte de la manière dont le service se fera.

Si, comme il est apparent, les mécontents sont portés à ouvrir le commerce avec nous, il faut consentir de notre part, même à une suspension d'armes.

Quant aux déserteurs, ceux des troupes de France qui pourront se trouver dans celles de la République y seront laissés sans être réclamés ; mais les déserteurs qui depuis l'arrivée des troupes dans l'île, iraient s'engager dans les troupes de la République, de même que ceux des troupes de la République qui viendraient s'engager dans celles du Roi, doivent être rendus réciproquement de bonne foi ; c'est sur quoi le comte de Boissieux doit s'entendre avec le commandant de la République en prenant de part et d'autre des mesures pour être avertis.

Fait à Versailles, ce huitième décembre 1737.

Signé : LOUIS.

(M. G. — Reg. 2889).

Estratto d'una lettera di Bastia.

16 decembre 1737 (1).

Hieri, li 11 decembre, tutta la nostra città e guarnigione furono in moto, mentre che due tartane e sei feluche, che

---

(1) Accinelli, qui rapporte cette lettre, prétend qu'elle fut imaginée et répandue dans le public par les chefs rebelles.

aveano bandiera francese, faceano uno sbarco mezza lega lontano di qui. Il commissario generale mandò subito due grosse scialuppe per condurre in questo porto coloro che aveano preso per Francesi ed avvertirli che non erano molto lontani dal campo de'malcontenti ; ma con gran nostra maraviglia furono arrestati e rimorcati a terra, così un'altra feluca genovese presso Montecristo.

Verso il mezzo giorno li malcontenti si avvicinarono a questa città in numero assai grande, senza che le sia riuscito cosa alcuna per il gran fuoco che verso loro facevamo, ma avendo inalberata bandiera bianca, non si fece più fuoco, e si vidde avvicinare un tamburo che gridò che avea una lettera per il marchese Rivarola, commissario generale. Così fu mandato di là dalla barriera un Tenente con 30 huomini che dopo aver imbandato gli occhi al tamburo, lo condussero nella città da S. E. che ricevè una lettera dal Giafferri, che conteneva che avea ordine dal Re Teodoro, suo Signore, di reclamare il suo segretario Agata che con 4 marinari olandesi erano stati presi nell'Isola Rossa, e di proporle di darli in cambio uno delli 82 ufficiali che erano stati fatti prigioni. Il commissario le fece rispondere che avrebbe mandata la sua proposizione al Senato di Genova, e pregava intanto Giafferri di trattar bene li prigionieri che vantava aver fatti, mentre il medesimo sarebbe stato praticato per sua parte con li Corsi. Sua Eccellenza fece dare da mangiare e da bere al tamburo che era un allemanno, e ne ricavò che lo sbarco della mattina consisteva in 180 persone condotte da 6 Signori allemanni, due cavalieri italiani dell'ordine della Redenzione, mandati da Teodoro, il di cui ritorno a momenti si aspettava ; che la maggior parte di questi 180 uomini erano corazieri e trabanti congedati da Fiorenza. Furon di nuovo imbandati gli occhi al tamburo e ricondotto fuori della città. Un'ora dopo li malcontenti fecero un gran'urlo con una scarica generale gridando : *Viva il Re Teodoro, nostro padre!* Nelle dette scialuppe vi erano 48 soldati, compresi 12 schiavi turchi che furono subito posti in libertà e li altri condotti a Corte. Vi sono ancora 160 prigionieri che i ribelli dissero aver fatti qualche settimana avanti su d'un pinco che avevan preso. Verso la sera, si avvicinarono non ostante il fuoco continuo che si faceva sopra di loro e uccisero 7 sentinelle.

Il governo ci ha fatto sperare che in poco tempo saremo liberi dagli attacchi di questa canaglia per il soccorso de' Francesi e per conseguenza si apriranno le nostre porte, perchè siamo alquanto scarsi di comestibili. Vi abbiamo molti ammalati per li malvaggi rinfreschi che prendiamo in Italia. Le nostre barche non ardiscono di andare nè sulle costiere del Regno di Napoli, nè in Sicilia per cercar viveri. Li malcontenti hanno in mare due fregate e 4 barche, che il Re Teodoro paga, oltre il nostro miglior pinco che da loro ci è stato tolto. Sono otto giorni che hanno ancora maltrattato un pinco e prese ancora due altre barche che venivano di Civitavecchia, cariche di farina, carne salata e vino. Un bastimento inglese ha scaricato nel porto di Vico 100 barili di polvere, una quantità di piombo, 2000 fucili e 31 soldati Suedesi. Questo bastimento dicono fosse stato fatto a Guttembergh, a conto del Re Teodoro, che poi lo rimandò carico di lana, cera ed olio; dicesi ancora che il bastimento al quale noi abbiam tolto la scialuppa abbi sbarcati avanti ieri a Portovecchio 18 pezzi di cannone con li loro attrazzi, molte armi, munizioni, e molte persone, fra le altre molti ufficiali Tedeschi; tutta l'isola è attualmente in moto, si suonano le campane in tutte le chiese, si prega per la salute di Teodoro, quale ha accordato un'amnistia generale a tutti quei che durante la sua assenza non li sono stati fideli, il che cagiona un'allegrezza generale.

Si attende qui il marchese Mari richiamato dall'ambasciata di Turino per venir a rilevare il cavagliere Rivarola, che dubitava d'aversi a fermar qui per più lungo tempo; non vi è apparenza che lo scambiamento del governo possa far mutar li affari. Nessuno si puol persuadere che li Francesi vengano in questa Isola, e si dimanda cosa verranno a fare. Vi si pubblica che abbin fatta correr questa voce di essersi imbarcati per Corsica per aver sempre de'bastimenti ne'contorni di Marsiglia e di Tolone in gran numero per qualche altro imbarco più importante, ove si presentasse l'occasione.

(ACCINELLI, *Memorie Istorico-Geografico-Politiche del Regno di Corsica*, manuscrit inédit).

Pignon à Amelot.

Livourne, le 16 décembre 1737.

J'arrivai en cette ville le 10 de ce mois après une fâcheuse navigation. J'appris le même jour que Gregorio Salvini en était parti depuis huit jours pour Naples. Son absence me fit une peine extrême et sans un Corse de ma connaissance que j'ai trouvé ici, il m'eût été bien difficile de remplir ma mission. Antoine Desanti, c'est le nom de ce Corse, vint me voir le lendemain de mon arrivée. Il me dit qu'il avait eu le bonheur de sortir de l'isle et d'échapper aux Corsaires génois le même jour que M. Peloux en était parti ; que ses compatriotes se flattaient que le Roi, bien loin d'obliger les Corses de rentrer sous la domination génoise, les en délivrerait par un effet de sa justice et de sa bonté, si Sa Majesté était informée de la tyrannie que les Génois ont exercée sur eux au mépris de ce qui fut convenu en 1733, lors de la pacification de cette île et de la garantie de l'Empereur, que leur révolte, si on l'appelle telle, est un effet du désespoir dans lequel l'infidélité des Génois les a jetés, et qu'ils aimeraient mieux mourir que rentrer sous leur domination. Il me dit encore que Salvini et trois autres Corses étaient partis pour Naples dans l'espérance d'en obtenir du secours, le silence de M. le cardinal de Fleury, à qui ce premier avait eu l'honneur d'écrire, et les discours qu'on les avait assurés que M. Pelloux avait tenus en Corse, les ayant persuadés que le Roi ne voudrait pas écouter leurs plaintes, et que S. M. en accordant aux Génois les troupes qu'ils lui ont demandées, leur avait promis de forcer les Corses à rentrer sous leur domination.

J'appris aussi par lui que le nommé Tomasini, d'extraction corse, riche apothicaire établi dans cette ville, y était chargé des affaires de cette nation en l'absence de Salvini, mais que la chose était très secrète, celui-ci ayant toujours refusé de s'en charger, attendu les défenses faites par le gouvernement et le baron de Wachtendonck aux habitants de cette ville de se mêler des affaires des Corses ; que, s'il s'en était chargé au départ de Salvini, c'est parce que ces peuples n'espérant plus de retirer aucun secours de cette ville, il n'avait que rarement occasion de s'employer pour eux. Il m'assura qu'on ne savait pas ce qu'est devenu Théodore, qu'il n'est pas en Corse et qu'il n'a pas passé ici à son retour de Hollande ; qu'il n'est ni aimé ni haï de ceux de la nation, qu'on le sait un aventurier, mais qu'il serait encore plus méprisable qu'on lui obéirait, s'il pouvait retirer les Corses de la servitude des Génois, que l'Espagne ne leur avait donné aucun secours, qu'ils avaient très peu reçu de Naples, et que des marchands Hollandais et Juifs avaient fourni à l'achat des effets que Théodore a pris et embarqués en dernier lieu en Hollande, sous les belles promesses que celui-ci leur a faites, aux uns de l'huile à très bas prix, et de permettre aux autres de s'établir dans une ville de Corse à leur choix, dont il ferait un port franc ; que le Sr Rinieri Bigani, capitaine du bagne en cette ville, et Leonardo Buongiorno, Sicilien, l'un chancelier et l'autre ministre de Théodore, étaient fort en peine de savoir ce qu'il est devenu, lui ayant prêté ou fait prêter par des Juifs de cette ville environ trois mille cinq cents sequins.

Mon Corse me questionna à son tour ; il me demanda des nouvelles de l'embarquement de nos troupes, la quantité que le Roi en faisait passer en Corse, l'ordre qu'elles avaient, s'il était vrai, comme on l'avait assuré, que j'étais envoyé ici en qualité de commissaire de ces mêmes troupes pour leur faire fournir ce qui sera nécessaire pour soumettre les Corses, et que S. M. voulait absolument que ces peuples rentrassent sous la domination des Génois. J'ai ajouté qu'ils demandaient inutilement du secours aux différentes cours de l'Europe, lesquelles, ne pouvant plus douter que la nôtre n'ait pris les Génois sous sa protection, ne voudraient pas se brouiller avec elle pour l'amour des Corses ; que je ne pouvais pas me persuader que ceux-ci fussent assez téméraires pour s'opposer aux volontés du Roi, dont l'intention n'était pas de les détruire ni de les asservir, mais seulement de rétablir la domination génoise en Corse ; que, si cette domination a été tyrannique jusqu'aujourd'hui, ils peuvent obtenir qu'elle ne le soit pas à l'avenir en implorant la clémence de S. M. et se soumettant aveuglément à tout ce qu'elle fera ; qu'il rendrait un service essentiel à sa nation, s'il la portait à prendre le parti que je lui proposais. J'ajoutai que, si les Corses persistaient dans leur révolte, ils devaient s'attendre à souffrir tout ce que la guerre a de plus cruel, au lieu qu'en se soumettant sans résistance, il n'y aurait pas de sujets plus heureux qu'eux tant qu'ils seraient fidèles, par les règlements que le Roi ferait faire en Corse, qui tempéreraient la domination des Génois. Desanti fut touché de mes raisons ; les maux que je lui fis entrevoir pour les Corses d'un côté, les biens que je lui promettais de l'autre le mirent en situation. Il me dit qu'il ne pouvait pas me répondre sur le champ sur ce que j'exigeais de lui, mais qu'il en conférerait avec Tomasini, et qu'il reviendrait le lendemain avec lui me rendre réponse. Je lui dis qu'il ne convenait pas qu'ils vinssent ensemble, pour éviter qu'on ne portât quelque jugement sur cette entrevue qui pourrait nuire à la chose, mais qu'il rendît compte à Tomasini de cet entretien et qu'il le prévînt que je devais le faire appeler sous prétexte de quelque indisposition. Je fis appeler Tomasini ; il me confirma sur tout ce que Desanti m'avait dit tant de l'extrême résolution des Corses que du sujet du départ de Salvini et des trois autres Corses ; il approuva les conseils que j'avais donnés à Desanti, et il me dit qu'il ferait tout son possible pour porter les Corses à les suivre, qu'il espérait d'y parvenir, qu'il allait écrire à Salvini de retourner incessamment ici. Il me communiqua les pouvoirs que les Corses ont donnés à ce dernier ; j'en joins ici la traduction (1) ; ils ne m'ont pas paru assez amples pour pouvoir entrer en négociation avec lui ; il m'assura que Salvini serait de retour avant la fin du mois, me promit d'agir conjointement avec lui pour ramener les Corses ; mais il me dit que, si je croyais nécessaire de faire venir quelques-uns des chefs, ou demander des pouvoirs plus amples pour Salvini, il fallait nécessairement envoyer un bâtiment les chercher. Or il est défendu à nos bâtiments d'aller en Corse, autre part qu'à la Bastia, Calvi et Ajaccio ; d'ailleurs les corsaires croisent autour et visitent tous les bâtiments qui vont ou viennent de cette île. Je pense qu'il serait à propos de donner ordre au commandant de la frégate qui escorte le convoy, d'envoyer ici, après le débarquement des troupes, la barque que commande un officier du Roi avec qui je concerterais le moyen de faire embarquer sur son bâtiment et de conduire ici à l'insu des Génois ceux des chefs que les Corses chargeront de leurs pouvoirs pour traiter. Enfin Tomasini me dit qu'il ne doutait pas que la lettre que Salvini a écrite à Mgr. le cardinal de Fleury, n'eût été reçue par Son Eminence, puisqu'il l'avait recommandée lui-même au chancelier du consulat, son ami, comme il a fait, il y a 8 ou 10 jours, pour une autre

---

(1) Voir cette pièce à la page 1.

lettre qu'a écrite de Venise à Mgr. le cardinal de Fleury Jean Thomas Boerio, officier dans les troupes du Roi d'Espagne.

M. de Wachtendonck est à la campagne à 4 lieues d'ici ; je l'ai vu ; j'en ai été parfaitement bien reçu ; il m'a prêté la carte qu'il avait fait lever de la Corse et tous les mémoires qui concernent les soulèvements de ces peuples et leur réduction que je fais copier. Il m'a dit que ma venue intriguait les curieux et qu'ils en disaient tous un différent sujet. Je lui répondis que quelqu'un devinerait sans doute que je m'étais rendu auprès de lui pour le lui communiquer, ce que je fis aux termes du mémoire ostensible qui m'a été remis. Je le laissai ensuite se persuader que j'étais chargé de pourvoir les troupes que nous aurons en Corse des vivres nécessaires, et j'ai demandé conséquemment les prix du blé et de l'orge, ce qui me procure de fréquentes visites de courtiers.

M. de Wachtendonck m'a assuré que l'Espagne n'avait donné aucun secours aux Corses et m'a confirmé ce que m'ont dit Antoine Desanti et Tomasini, au sujet de ceux qu'ils ont reçus de Naples et qu'ils attendent d'Amsterdam ; le vaisseau qui les porte, dont on a beaucoup parlé, n'a pas encore trouvé le moyen de les débarquer. Les Génois, suivant M. de Wachtendonck, traitent les Corses avec une cruauté qui n'a point d'exemple ; il les accuse d'avoir manqué à ce qui leur avait été promis, et cela trois jours après la publication du pardon et en présence de M. le Duc de Wirtemberg, qu'il dit avoir été bien payé par les Génois pour le permettre, et deux ministres de la Cour de Vienne aussi, pour éviter que les plaintes des Corses n'allassent jusqu'à l'Empereur. Il a ajouté que, si le Roi, en rétablissant la tranquillité en cette isle, ne prend pas de justes mesures pour éviter que les Génois n'exercent leur tyrannie sur les Corses, le soulèvement commencera bientôt après le départ de nos troupes, dont le commandant, dit-il, sera exactement observé par le commissaire de la République et lui deviendra suspect pour peu qu'il penche du côté de la clémence.

Je pense de ce que m'a dit M. de Wachtendonck et de tout ce que j'ai appris d'ailleurs, que le Roi ne voulant rétablir la domination génoise en Corse que pour éviter que ces peuples ne passent sous celle d'un autre prince, et que S. M. étant informée de la cruauté que les Génois ont exercée sur eux, et ne voulant pas que le secours qu'elle leur fournit soit pour les remettre en état de l'exercer de nouveau et d'assouvir leur rage sur ces malheureux pour avoir voulu secouer un joug insupportable, je pense, dis-je, qu'il conviendrait que cette affaire se traitât chez vous, Monseigneur. La partie passive y aurait une pleine liberté de faire ses représentations et on gagnerait beaucoup de temps. Je vous prie de me faire savoir votre volonté, et si vous approuvez que je me rende auprès de vous avec ceux des chefs qui viendront pour traiter avec moi. Je ne doute pas qu'ils ne le demandent. — PIGNON.

Depuis ma lettre écrite, Tomasini est venu me dire qu'il avait le moyen de faire tenir une lettre aux Corses ; il leur a écrit que l'intention du Roi était qu'ils entrent sous la domination de la République de Gênes, mais que S. M. la tempérera de façon qu'ils auront lieu de se louer de s'être soumis à ses volontés. Je le lui ai promis, moi, commissaire du Roi, que S. M. envoie ici faire fournir aux troupes que nous aurons en Corse les secours nécessaires dont elles auront besoin. Il exhorte les chefs à éviter la ruine totale des peuples par une entière soumission. Il en demande deux à qui on donnera les pouvoirs nécessaires pour traiter dans cet esprit et de lui marquer le signal que devra faire le bâtiment qui ira les embarquer.

(M. A. E. — Corse, Vol. I).

Pignon à Amelot.

Livourne, le 23 décembre 1737.

Le Sénat de Gênes est partagé sur la manière de réduire les Corses à l'obéissance de la République. Ceux qui en font la plus saine partie, se rendent à la difficulté qu'il y a de soumettre par la force des peuples retranchés dans des montagnes inaccessibles, réduits au désespoir par l'expérience qu'ils ont faite et par la crainte qu'ils ont encore de la plus injuste servitude et de la plus sévère punition. Ils pensent que le véritable intérêt de la République demanderait qu'on écoutât leurs plaintes et qu'on redressât leurs griefs. Mais un sentiment si sage et si modéré n'est pas suivi du plus grand nombre des sénateurs qui, jaloux du pouvoir despotique qu'ils ont toujours exercé sur les Corses, craindraient d'y donner atteinte en recevant ces peuples à composition.

Ce n'est pas en conséquence d'aucun droit de conquête que les Génois pourraient établir ou faire valoir l'odieuse sévérité de leur domination, puisque les Corses prouvent qu'en 795, Pépin, Roi de France et souverain de Gênes, donna à l'église l'île de Corse, après l'avoir conquise sur les Sarrasins ;

Qu'en 823, cette île fut reprise de nouveau sur les Maures par les troupes romaines que commandaient les Colonnes (ils sont d'extraction corse), qui la gouvernèrent pendant quelque temps pour l'Eglise ;

Qu'en 1217, le Pape Honorius III donna l'investiture de la moitié de cette île à l'état de Gênes devenu pour lors République, à la condition d'en payer un tribut annuel à l'Eglise ;

Qu'en 1230, les Génois, ayant séduit les peuples, en usurpèrent l'autre moitié ; qu'il fut passé entre eux une convention dont les Génois ne remplirent pas toujours les conditions ;

Qu'en 1297, Boniface VIII donna l'investiture de toute l'île au roi d'Aragon ;

Qu'en 1360, Innocent VII exigea que les Génois le reconnussent Seigneur de l'île de Corse, et qu'outre le serment de fidélité, ils payassent à l'Eglise un tribut annuel ;

Et qu'en 1444, Eugène IV, indigné de la tyrannie que les Génois exerçaient sur les Corses, déclara qu'ils n'avaient aucun droit de seigneurie sur cette île, et y envoya Monaldo Paradisi, son légat, pour délivrer ces peuples de l'oppression, avec un bref qui commence par ces mots : « *Nos, ne Insula ipsa ac terræ et castra in eâ existentia per tyrannos Genuenses amplius opprimerentur et gravarentur etc.*

Un faux principe de politique a déterminé de tout temps les Génois à tenir les Corses dans la servitude. La République, se croyant trop faible pour réduire ces peuples en cas de soulèvement, a cru ne pouvoir mieux les contenir qu'en les affaiblissant par les impôts, par la désunion. Elle s'en serait assurée la fidélité par une domination plus juste et plus douce, surtout si elle avait rempli les conditions qu'elle s'était prescrites. Ce ne fut qu'à ces mêmes conditions que dans le traité de Cambrai, le Roi de France qui protégeait les Corses contre la tyrannie des Génois, voulut bien qu'ils rentrassent sous leur domination, s'étant rendu garant envers les Corses de l'exécution.

En 1728, les Corses, ne pouvant plus supporter la tyrannie des Génois, en secouèrent le joug de nouveau. Les progrès que firent les soulevés firent craindre à la République la perte entière de cette île. Ceux d'entre les sénateurs qui opinèrent pour lors à la douceur et à recevoir les soulevés à composition, ne furent pas plus écoutés que ceux d'aujourd'hui. Le plus grand nombre ne voulut jamais condescendre ni se prêter à aucun accommodement et voulut qu'on les assujettît par la force. Pour cet effet la République eut recours à l'Empereur et lui demanda des troupes. Cinq bataillons et deux cents hussards furent envoyés en Corse sous les ordres de M. de Wachtendonck qui, après avoir perdu la plus grande partie de ses troupes à combattre sans succès des ennemis retranchés dans leurs montagnes, ne crut pas en devoir sacrifier le reste. La République demanda de nouvelles troupes à l'Empereur qui lui accorda sept mille hommes commandés par M. le duc de Wirtemberg. Ce général, qui, sans doute, avait des ordres de sa cour, de ne pas risquer les troupes, connaissant la difficulté ou pour mieux dire l'impossibilité de forcer les Corses dans leurs retranchements, de concert avec le commissaire de la République à qui cette guerre devenait de jour en jour plus onéreuse par la subsistance des troupes impériales et par le prix qu'elle était obligée de payer pour chaque soldat qui mourait dans l'île, fit dire aux Corses par quelques-uns d'entre eux, à qui la longueur de cette guerre commençait à faire désirer la paix, qu'on rendrait par de nouvelles lois leur condition meilleure et que l'Empereur en serait garant, s'ils se soumettaient ; qu'au contraire une plus longue résistance de leur part causerait leur ruine totale.

Hyacinthe de Paoli, général des peuples de cette île (il l'est encore aujourd'hui), persuadé de la sincérité des promesses que lui faisait faire le duc de Wirtemberg, les détermina à la soumission ; ce prince leur accorda un pardon général au nom de l'Empereur et de la République et leur promit de faire redresser leurs griefs. Les Génois ne furent pas longtemps fidèles à leur parole ; trois jours après la publication du pardon, ils firent mettre en prison les quatre chefs corses que M. de Wirtemberg avait demandés pour otages, et ce prince vit avec indifférence tout à la fois violer la garantie de l'Empereur et ses propres promesses. Les Génois ne s'en tinrent pas à cette première infraction ; immédiatement après l'évacuation de l'île, le commissaire envoya trois cent cinquante soldats dans la Balagne pour arrêter tous les chefs des principales familles qui avaient eu part au soulèvement; mais les soldats eux-mêmes furent arrêtés avec leur commandant, dans les papiers duquel on trouva la liste de ceux dont il devait se saisir et qu'il devait conduire à la Bastia. Ce fut alors que les Corses, ne doutant plus de la perfidie des Génois et ne pouvant plus rien se promettre de la garantie de l'Empereur, se soulevèrent de nouveau. La République, trop faible pour les soumettre, après en avoir inutilement tenté les moyens, a eu recours au Roi. On ne pense pas que Sa M., en voulant rétablir la domination des Génois sur ces peuples, veuille leur faciliter les moyens de reprendre sur eux un pouvoir tyrannique, mais qu'elle établira des lois qui tempéreront leur domination. On a appris par une felouque venue de Bastia, que le nommé Dell'Agata, florentin, y avait été pendu. C'était le secrétaire de Théodore, lequel, croyant que l'Isle Rousse était toujours au pouvoir des soulevés, débarqua, il y a environ un mois, du vaisseau hollandais qui portait aux Corses les effets que Théodore avait achetés en Hollande.

On m'assure toujours que Salvini arrivera avant le mois prochain et que les Corses se soumettront à la première semonce, si on leur promet de la part du Roi de les délivrer de la servitude dans laquelle les Génois les tenaient.

J'ai l'honneur d'être etc.

PIGNON.

(M. A. E. — Corse, Vol. I).

Pignon à Amelot.

Livourne, le 30 Décembre 1737.

Gregorio Salvini, à qui le Sr Tomasini écrivit peu de jours après mon arrivée en cette ville, de s'y rendre pour conférer avec moi sur les affaires de Corse, a répondu le 23 de ce mois, de Naples, qu'il partirait le lendemain des fêtes de Noël pour se rendre ici.

Les mauvais temps qui règnent depuis plusieurs jours nous privent des nouvelles de Corse. Il se peut aussi qu'à l'occasion des fêtes, les bâtiments qui font ordinairement ce trajet-là n'aient pas voulu se mettre en mer.

Mons. de Wachtendonck et généralement tous les Allemands qui sont ici, sont agités de deux différentes craintes ; informés du fâcheux état des affaires de l'Empereur contre le Turc, ils se persuadent qu'on pourrait bien les envoyer en Hongrie, et ils ne voudraient pas être ici, si, comme on le leur mande de Gênes, les Espagnols y viennent au nombre de vingt mille hommes pour s'emparer de cet Etat. Je combats cette dernière crainte, et je l'attribue à la méfiance dont cette nation ne saurait se guérir et qui est injurieuse à la France, après les preuves de bonne foi qu'elle a données à l'Empereur.

J'ai l'honneur d'être etc.

PIGNON.

(M. A. E. — Corse, Vol. I).

Lettre sans date ni signature.

Si le Roi détermine d'envoyer des troupes en Corse au secours des Génois, Sa Majesté s'oblige en quelque façon d'assujettir les Corses rebelles et de rétablir le gouvernement génois dans cette île.

Les Corses connaissent la puissance du Roi, et il n'y a pas à douter que l'approche des troupes de S. M. ne les effraye ; ils se retireront dans leurs montagnes ; elles sont inaccessibles, surtout l'hiver ; ils y trouveront de quoi subsister ; la plupart se nourrissent de châtaignes, et la liberté qu'ils ont eue de faire la moisson et de recueillir leurs autres denrées leur a permis d'établir des magasins dans leurs montagnes, à quoi les aura déterminés le bruit qui court depuis longtemps que le Roi doit envoyer des troupes en Corse.

Les choses en cet état, les opérations de nos troupes se termineraient à brûler quelques villages abandonnés et à couper des arbres ; les laisser en Corse jusqu'à ce que les révoltés aient consommé leurs vivres, dans l'espérance que la faim les obligera de se rendre, ce terme est bien long, et comme il est à présumer que les chefs auront le moyen de se sauver, s'il importe à leur sûreté, il serait à craindre, le cas arrivant, de voir recommencer par leur retour la guerre dans cette île, la paix qui aurait été faite par la force n'ayant pas reconcilié les Corses, naturellement indociles, avec les Génois.

Les troupes du Roi étant arrivées en Corse, le moyen le plus sûr de rappeler les rebelles à leur devoir est de leur faire promettre une amnistie générale, et de redresser leurs griefs, s'ils sont fondés, avec la garantie de Sa Majesté pour tout ce qui sera convenu. Il faudra travailler à payer les chefs Corses par argent et en leur donnant quelque titre d'honneur ; à cet effet, il faudra se concerter avec le Sénat de Gênes.

La plupart des Corses qui sont dans la révolte sont las de la guerre et voudraient la voir finir ; la crainte des mauvais traitements de la part des chefs les retient ; ils se résoudront sans peine à l'obéissance lorsqu'en leur offrant le pardon, ils seront assurés que nos troupes les défendront contre les plus obstinés, et ceux-ci, se voyant abandonnés, imiteront les autres, de sorte qu'il y a tout lieu de croire de réussir par la négociation appuyée par les troupes que le Roi donne aux Génois.

Mais ce qui est absolument nécessaire, c'est d'employer dans cette négociation un homme prudent et intelligent qui soit connu et estimé des Corses et des Génois et qui ait quelque connaissance de la Corse. On croit que le Sr Pignon remplirait bien cette commission ; l'heureux succès des négociations dont il a été chargé auprès des Tunisiens et des Tripolins, gens aussi difficiles que les Corses, l'estime que le Sénat et la plupart des gentilshommes de Gênes ont pour lui, la connaissance qu'il a de la Corse où il a été plusieurs fois, l'amitié que les Corses ont pour lui en reconnaissance de la liberté qu'il a procurée à plusieurs d'entre eux et des services qu'il leur a rendus pendant leur esclavage à Tunis et à Tripoli, et les intelligences qu'il aurait dans le pays par le moyen de quelques religieux de mérite et élevés en dignité, qu'il a tenus pendant trois ans chez lui à Tunis où ils étaient esclaves, font espérer plus de réussite de sa part que de tout autre.

(M. A. E. — Corse, Vol. I).

Pignon à Amelot.

Livourne, le 7 janvier 1738.

Il règne depuis mon arrivée dans cette ville des temps si mauvais que je ne suis pas surpris de ne recevoir aucune nouvelle de Corse et que le Sr Salvini ne soit pas encore arrivé. On a appris, par les dernières lettres de Rome qu'il est retenu au Cap d'Ance par les vents contraires.

Il relâcha dans ce port le 4 de ce mois deux galères de Gênes qui passent en Corse. Le marquis Mari, nouveau gouverneur de cette île, le commissaire des guerres du département de Toulon, les aides-majors des cinq régiments destinés pour la Corse et le directeur des vivres y sont embarqués. Le premier soin de M. Mari, après son arrivée, fut de me chercher. L'ancienne amitié qui règne entre lui et moi, était un prétexte favorable à son empressement, mais ma mission dans ce pays lui tenait encore plus à cœur ; il m'en demanda le sujet, et mes sentiments sur la manière de soumettre les Corses. Je le satisfis sur le premier chef conformément à mes instructions ostensibles que je lui communiquai ; et quant à l'autre, je lui répondis que je ne connaissais pas assez l'état de la Corse pour pouvoir former aucun projet sur les opérations des troupes que le Roi y envoie, mais qu'en suite des entretiens que j'avais eus avec M. de Wachtendonck et des mémoires qu'il m'avait communiqués sur les différentes expéditions des Allemands dans cette île, je lui ferais part volontiers de mes réflexions, s'il voulait lui-même me découvrir les véritables intentions de la République à l'égard des Corses.

L'intention de la République, me dit le marquis Mari, est de faire un débarquement à Calvi ou aux environs pour pénétrer dans la Balagne, pays d'oliviers, d'y enlever aux habitants vingt-quatre mille barils d'huile pour se dédommager en partie des dépenses que cette guerre lui a occasionnées, d'user de la dernière sévérité envers les prisonniers, de brûler tous les bourgs et villages qu'on prendrait et de sommer ces peuples de se soumettre à la merci de la République en livrant leurs chefs et leurs armes, sous peine de voir couper leurs oliviers et leurs amandiers qui font toutes leurs richesses. Cette première exécution, selon le marquis Mari, doit mettre fin à cette guerre. Les autres peuples, effrayés du traitement fait à leurs compatriotes, viendront se rendre à la discrétion des vainqueurs. Il ajoute que la République, devenue maîtresse de ces insulaires, ferait des règlements pour rendre leur sort plus heureux, mais que les chefs de la révolte seraient seuls punis suivant les lois de la République et que les Corses qui avaient persisté dans la fidélité seraient dédommagés aux dépens des révoltés des torts qu'ils leur ont faits.

Je répondis que j'approuvais l'entreprise sur la Balagne, si la disposition du terrain la permettait, qu'il pouvait s'en assurer avec M. de Boissieux lorsqu'il serait sur les lieux. J'ajoutai qu'avec beaucoup plus de troupes que n'en avait ce

commandant, et dans la plus belle saison de l'année, M. de
Wirtemberg n'avait pu poursuivre la même entreprise qu'il
trouva impossible, et qu'il n'avait tentée qu'à la sollicitation
de la République ; que, s'il y avait lieu d'espérer une issue
plus heureuse de la part des Français, ce ne pouvait être que
pendant l'été ; qu'on pourrait alors avec nos galères faire le
débarquement dans l'endroit le moins éloigné de la Balagne,
qu'on commencerait par brûler tous les bois pour éviter les
embuscades, qu'ensuite avec de la cavalerie sur les ailes on
avancerait en bon ordre dans le pays, s'il était possible, et
que, quand les troupes seraient une fois arrivées, ce serait à la
République de voir si la destruction totale de ce canton, qui
est le seul bon de l'île, lui convient mieux que sa conservation. Le marquis Mari m'a prié d'écrire dans ce sens-là à
M. de Boissieux. Je m'en suis défendu en disant que n'ayant
pas l'honneur de le connaître particulièrement, il ne me convenait pas de lui donner des avis sur la manière dont il
devait faire la guerre, mais que je ne doutais nullement que
ce commandant ne se prêtât volontiers à tout ce qu'il lui demanderait. Le marquis Mari est plein d'honneur, et, contre
l'ordinaire des Génois, n'est pas intéressé ; mais peu au fait
des affaires de Corse, étant depuis onze ans employé par sa
République dans différentes cours, il ne se voit qu'à regret
chargé de la commission qu'elle vient de lui donner, et il
croit que sa réputation souffrira, s'il ne fait rien d'extraordinaire dans cette occasion. Ainsi, par vanité, il s'opposera à
toutes les voies de conciliation, comme ses prédécesseurs s'y
sont opposés par avarice ; la voie de la douceur serait le seul
parti que devraient prendre les Génois pour faire cesser l'animosité de ces peuples à leur égard et s'assurer de leur
fidélité dans la suite. Le Roi a promis à la République de
Gênes de soumettre les Corses, que peut-elle espérer de plus
heureux que la soumission volontaire de ces peuples, quand
ceux-ci peuvent faire connaître à toute l'Europe qu'ils se sont

rendus indignes, par une domination qui révolte l'humanité, des secours que la France leur donne pour les soumettre ? Craint-elle qu'ils ne se révoltent de nouveau après le départ des troupes françaises ? Les Corses de leur côté craignent que la tyrannie des Génois recommençant après le départ de ces mêmes troupes, ils ne soient dans la nécessité de reprendre les armes. Pour rassurer les deux partis, il suffirait de laisser deux bataillons dans l'île pendant quelques années. Les Corses sont assurés que leur présence empêcherait les Génois de les tyranniser, et ceux-ci ne doutent point qu'elle ne contint les Corses.

J'ai écrit à M. de Boissieux par le commissaire des guerres et je l'ai informé du caractère du nouveau gouverneur, des desseins des Génois et de la révolution des Corses, des différentes attaques que firent les Allemands qui étaient en Corse, du nom des espions dont il pourra se servir avec sûreté pour être instruit des dispositions des Corses et même pour savoir ce qui se passera dans le secrétariat du gouverneur. Je lui ai indiqué ceux des couvents de Bastia situés dans le meilleur air, dont il pourra se servir pour loger les troupes, et je l'ai instruit des précautions qu'on doit prendre pour éviter les maladies que les aliments et la boisson du pays causent ordinairement aux étrangers. J'ai donné au commissaire un mémoire sur ces deux derniers articles ; j'envoyerai dans quelques jours à M. de Boissieux la carte de la Corse que M. de Wachtendonck m'a prêtée pour la faire copier et le journal de ce qui s'y est passé pendant le séjour des troupes allemandes.

Le temps est toujours plus mauvais ; les galères de Gênes qui devaient partir hier soir sont encore ici, et il n'y a pas apparence qu'elles en partent de quelques jours.

J'ai l'honneur d'être etc.

PIGNON.

(M. A. E. — Corse, Vol. I).

Pignon à Amelot.

Livourne, 13 janvier 1738.

Le temps s'étant mis hier au beau, les deux galères de Gênes sur lesquelles passe le nouveau gouverneur de Corse, partirent pour cette île. On présume qu'elles ont fait la traversée en peu de temps. Si les vents restent où ils sont, le Sr Gregorio Salvini doit paraître d'un moment à l'autre, et le Sr Tomasini doit recevoir au plus tôt la réponse aux lettres qu'il a écrites aux chefs des peuples de Corse.

Je me persuade de plus en plus que ces peuples se soumettront unanimement à ce qu'il plaira au Roi d'ordonner de leur destinée. Plusieurs d'entre ceux qui se tiennent cachés dans cette ville, avec qui j'ai eu des entretiens, en sont convenus avec moi, après leur avoir fait entendre que leur résistance causerait leur ruine totale, et cela, parce qu'au lieu de les attaquer dans leurs montagnes, comme ont fait les Allemands, nous nous attacherions à ruiner leurs plantations d'oliviers et de châtaigniers qui sont toutes leurs richesses, ce qui se peut sans beaucoup de difficulté; que nous enlèverions les denrées qu'ils ont amassées les années précédentes et que nous ferions fourrager leurs campagnes pour empêcher qu'ils n'en ramassent la prochaine, ce qui les réduirait à la misère la plus extrême.

Je suis exactement informé par un de ces Corses des démarches que font Théodore et ses croupiers, et de celles que font à Naples plusieurs Corses. Ils m'ont aussi fait le détail de ce qu'a fait Théodore depuis son embarquement en Hollande jusqu'à son débarquement à la hauteur de Sardaigne. En voici le précis.

Le Sr Lucas Boon, marchand alchimiste à Amsterdam, ami de Théodore et intrigant comme lui, persuada aux Srs César

Tronchin et Daniel Dedieu, président de la ville d'Amsterdam, et à un autre négociant de la même ville, que Théodore, Roi de Corse, chasserait les Génois de cette île, s'il trouvait l'argent qui lui était nécessaire pour l'achat de quelques canons et de munitions de guerre, et que ceux qui lui fourniraient cet argent gagneraient considérablement avec lui, vu qu'il leur donnerait en paiement, et à très bas prix, de l'huile de l'île de Corse, qui est fort bonne, dont il était le maître, et que les Génois ne pouvaient pas lui enlever. Ceux-ci, avides de gain, après avoir réglé le prix de l'huile, avancèrent en société avec Lucas Boon une somme assez considérable à Théodore. On présume que Lucas Boon, bien loin d'avoir fourni sa mise, a tiré un bon lopin de ce que fournirent les autres. Il eut encore l'adresse de se faire charger de la correspondance de l'expédition qui devait être faite pour porter en Corse les armes et les munitions et pour y charger les huiles.

Théodore paya ses dettes de l'argent de ces crédules Hollandais, et ayant eu la liberté de sortir, il fit fréter un petit vaisseau hollandais par le Sr Lucas Boon, sur lequel il fit charger deux canons de fer, quelques barils de poudre, quelques barils d'acier, de plomb et quelques barres de fer, une caisse de papier à écrire, deux barils de cendres de Moscovie, deux barils d'amidon, plusieurs fusils avec baïonnettes, plusieurs mousquets, trompettes, sabres, carcasses et pistolets, dix pièces d'étoffe d'Angleterre, des bas, des souliers et autres bagatelles en petite quantité.

Le vaisseau mit à la voile; il arriva à Lisbonne après 15 jours de navigation. Théodore, sous le nom de Benkman, marchand hambourgeois qui allait résider à Livourne, fut recommandé par Lucas Boon aux Srs Vernais et Cloots, marchands droguistes à Lisbonne. La peur de rencontrer dans cette ville quelque émissaire de la République de Gênes l'empêcha de se débarquer; il fit dire par le capitaine de vaisseau et par le Sr Keverberg, son lieutenant des gardes, à M. Vanhiel, résident de Hollande, qui était à la campagne à deux lieues de Lisbonne, qu'il était gentilhomme allemand, qu'il voyageait pour son plaisir, et qu'il souhaiterait d'aller le voir. Le résident, dont la maison de campagne est près de la baie de Ste-Catherine, fit inviter Théodore d'aller passer quelques jours chez lui. Celui-ci s'y rendit par mer et y demeura plusieurs jours sans qu'on le sût à Lisbonne. Mais on le soupçonna bientôt d'être venu par le vaisseau hollandais, attendu la conduite qu'il faisait tenir à ceux de ses gens qu'il y envoyait et qui prirent à son service 14 soldats allemands déserteurs des troupes d'Espagne. Il fit acheter....... canons, des fusils, et avant de partir il se fit connaître au résident de Hollande et au marchand à qui il s'était adressé. Le résident l'accompagna jusque dans son vaisseau ; il le fit saluer de plusieurs coups de canon lorsqu'il en sortit.

Pendant sa navigation jusqu'à Oran, il ne se passa rien de remarquable, mais à la hauteur de cette ville, quatre barques espagnoles, garde-côtes, ayant visité son vaisseau, et y ayant trouvé des munitions de guerre, l'emmenèrent à Oran. Il se fit connaître à M. Vallejo, gouverneur de cette ville, par une lettre qu'il lui écrivit de la barque sur laquelle on l'avait fait passer. M. de Vallejo le fit débarquer et le traita avec distinction tout le temps qu'il fut à Oran. Il dépêcha à Madrid pour informer la cour de la prise du vaisseau hollandais sur lequel était embarqué Théodore. Il eut ordre, en réponse, de relâcher le vaisseau, de lui rendre tous ses effets, de remplacer ceux qui auraient été divertis, d'avoir des égards pour Théodore et de le faire escorter jusques à la hauteur de Sardaigne.

Théodore apprit par le capitaine d'un vaisseau suédois *Le Grand Christophe*, capitaine Janus, venant de Sardaigne, où il avait chargé du sel, que les Génois faisaient garder les approches de l'île de Corse par deux galères et deux barques.

Cette nouvelle effraya si fort Théodore, qu'il passa sur le vaisseau suédois, accompagné de Keverberg. Le capitaine, moyennant 10 pistoles d'Espagne, promit de le mettre à la première terre qu'il pourrait aborder sans se détourner. Théodore, avant de quitter son vaisseau, recommanda à son capitaine d'aller en Corse débarquer les effets et le nommé Richard, son intendant, et ensuite d'aller à Livourne prendre les ordres des S*rs* Benkman et Evers, marchands hambourgeois, à qui le S*r* Lucas Boon avait adressé le vaisseau. Le capitaine, l'intendant et généralement tous ceux qui étaient dans le vaisseau, au lieu d'aller en Corse, firent route pour Livourne. Les effets furent remis aux S*rs* Benkman et Evers. La famille de Théodore et les soldats se débarquèrent, et le vaisseau chargea pour Hambourg. La famille, composée de dix personnes, Corses et Allemands, reçut quelque argent des susdits marchands ; elle est éparpillée dans cette ville et se tient cachée. Les soldats ont pris parti dans les troupes de l'Empereur.

Les S*rs* Benkman et Evers reçurent le 5 de ce mois des lettre du S*r* Lucas Boon, parmi lesquelles il y en avait une pour Théodore sous le nom de Villeneuve ; ils ont ordre de la faire rendre en main propre ; ils en ont reçu une de Lisbonne des S*rs* Vernais et Cloots en date du cinq décembre, par laquelle ils leur donnent avis que le S*r* Keverberg y est arrivé, qu'on croit dans la ville que Théodore y est, et qu'il fera bien de ne pas se montrer, plusieurs personnes ayant reçu des ordres de le faire arrêter pour dettes contractées à Amsterdam.

Il y a actuellement à Naples un autre vaisseau hollandais, nolisé par Lucas Boon, ayant à bord deux mortiers, des armes et des munitions de guerre, destinés pour Corse où il devait charger de l'huile, le même qui débarqua à l'Isle Rousse le nommé Dell'Agata, florentin, secrétaire de Théodore, à qui les Génois ont fait couper la tête. Ce vaisseau qui est depuis plus de deux mois à Naples, n'a nulle envie d'aller en Corse ; le capitaine a dit au Sʳ Rivarola, Corse, cidevant vice-consul d'Espagne à la Bastia, et aujourd'hui agent de Théodore à Naples, qu'il n'ira en Corse qu'autant qu'il lui sera permis d'aborder à Portovecchio. Le Sʳ Rivarola à écrit aux Corses de tâcher de se rendre maîtres de ce port, et a envoyé ses lettres par une grosse felouque de Lipari, équipée de vingt-deux hommes, sur laquelle il a chargé des armes, de la poudre et du plomb. Cette felouque était il y a six jours à Montecristo. Dix hommes de son équipage, informés du danger auquel ils s'exposaient en allant en Corse, sont débarqués. Ce sont des officiers au service du Roi des Deux-Siciles qui ont fourni à Rivarola l'argent qu'il a employé à acheter les armes et les munitions qu'il a chargées sur la felouque, en paiement duquel celui-ci s'est chargé de leur faire venir des recrues de Corse.

Il m'a été communiqué une lettre que le Sʳ Garibaldo, Génois, vice-consul de France à Savone, a écrite le 31 du mois passé au Sʳ François D'Angelo, Corse, vice-consul à la Bastia. Il lui marque entre autre choses qu'il ne lui a pas été possible d'avoir l'entreprise des vivres des troupes qui passent en Corse, vu que le Roi fait faire la fourniture par économie, mais que ses amis lui font espérer d'avoir la fourniture des viandes, dans laquelle il promet au Sʳ D'Angelo de donner un intérêt et lui commande d'être réservé avec les employés qui passent en Corse, de ne leur donner aucun éclaircissement sur les moyens d'avoir des viandes, et surtout au Sʳ De La Tour, directeur des vivres.

Je crains pourtant ce que m'ont dit les employés aux vivres, qu'on ne trouve pas beaucoup d'économie dans la régie qui en sera faite.

J'ai l'honneur d'être etc.

PIGNON.

(M. A. E. — Corse, Vol. I).

Amelot à Pignon.

Le 14 janvier 1738.

J'ai reçu, M., la lettre que vous avez pris la peine de m'écrire le 16 du mois dernier. Il eût été à souhaiter que vous eussiez encore trouvé à Livourne Gregorio Salvini. Il aurait peut-être été plus instruit et plus autorisé, et vous auriez pu traiter avec lui plus secrètement qu'avec Antoine Santi. Les lettres que ce dernier a écrites en Corse deviendront bientôt publiques et votre négociation, ainsi divulguée, ne peut que donner beaucoup de méfiance aux Génois.

Le parti que vous proposez d'amener ici avec vous les députés qui viendront de Corse, ouvrirait ici une négociation qui augmenterait la confiance des rebelles et qui nuirait en même temps aux opérations de M. de Boissieux ; aussi vous n'avez d'autre réponse à leur faire que de les renvoyer à M. de Boissieux, en les assurant, comme vous avez fait, que le Roi ne veux point les perdre, et qu'en se soumettant à sa volonté, S. M. aura soin de leur sort et saura les garantir de l'oppression des Génois.

Je suis, Monsieur, tout à vous.

(M. A. E — Corse, Vol. I).

Boissieux à . . . .

Antibes, 15 janvier 1738.

Monsieur, n'attribuez qu'au lieu où je me trouve si je suis des derniers à avoir l'honneur de vous faire mon compliment sur la charge que le Roi vient de vous donner. Il n'en est, je vous assure, pas moins sincère, ainsi que les sentiments de respect avec lesquels j'ai l'honneur d'être très parfaitement, Monsieur, votre très humble et très obéissant serviteur,

BOISSIEUX.

L'opiniâtreté des vents contraires depuis trois semaines nous retient toujours ici, et nos bâtiments aux iles d'Hyères. Le sentiment des marins est qu'il ne changera qu'avec la lune, auquel cas nous ne pouvons pas nous flatter d'être avant la fin du mois en Corse, d'où je n'ai aucune nouvelle non plus que de Gênes.

Je rouvre ma lettre, Monsieur, pour vous mander que nos bâtiments paraissent et entreront vraisemblablement ce soir dans la rade du Gourjehan (Golfe-Juan). Il nous faut cependant un vent plus favorable pour en partir, mais je vais disposer l'embarquement, afin d'en profiter sur le champ dès qu'il se présentera.

(M. A. E. — Corse, Vol. I).

Pignon à Amelot.

Livourne, 20 janvier 1738.

Il est enfin arrivé des lettres de Corse. Le chanoine Orticoni, et le docteur Thomas Giuliani, deux des principaux chefs des peuples de la Balagne en Corse, ont écrit au Sr Tomasini en réponse à deux de ses lettres, qu'ils consentaient de rentrer sous la domination de la République, puisque le Roi le veut ainsi; mais qu'ils espéraient de la justice et bonté de S. M. un sort moins malheureux que celui qui les a obligés de se soulever; qu'ils avaient dépêché au Sr Hyacinthe de Paoli, dans la Castagniccia, et au Sr Ornano, aux environs d'Ajaccio, deux des chefs sans l'intervention desquels ils ne peuvent pas agir, pour leur communiquer les lettres de Tomasini et leur demander leur approbation pour la députation ici dudit chanoine Orticoni et du Sr Aitelli, avec leurs pleins pouvoirs de se soumettre et obéir au nom de tous les peuples de Corse à ce qu'il plaira au Roi d'ordonner. Ils ajoutent qu'ils espéraient que tant Hyacinthe de Paoli qu'Ornano se prêteraient à la chose, et qu'une fois les députés nommés et les pleins pouvoirs venus, ils en donneront incessamment avis à Tomasini et l'informeront des signaux auxquels le bâtiment sur lequel ils devront passer ici, pourra envoyer la chaloupe pour les embarquer.

Le Sr Grégoire Salvini, impatient de se rendre ici, et le vent le contrariant toujours, s'est débarqué au Cap Dance et est allé à Rome chercher de l'argent (les finances des Corses sont épuisées) pour continuer son voyage par terre. Il a écrit au sieur Tomasini du 11 de ce mois qu'il arriverait ici sans faute après-demain.

Je me persuade de plus en plus de terminer l'affaire de Corse par la voie de conciliation, et je pense que c'est la seule qu'on doit prendre. M. de Boissieux, avec les troupes qu'il a, ne saurait rien entreprendre. Si le Roi en fait passer d'autres et qu'il veuille soumettre ces peuples par la force, outre que la chose sera très difficile, pour ne pas dire impossible, il en coûtera beaucoup de monde et d'argent.

Le chanoine Orticoni, dont j'ai parlé ci-dessus, est le conseil, ou pour mieux dire, l'oracle des Corses ; Hyacinthe de Paoli, qui en est le général, lui doit cette dignité et suit aveuglement ses avis. Cela supposé, il n'y a pas à douter qu'on ne finisse avec ce chanoine, et que ce qu'on arrêtera avec lui, ne soit confirmé par ces peuples. Ce chanoine et son collègue qui demanderont d'aller à Paris, pour y justifier le dernier soulèvement des Corses et implorer la clémence du Roi, ne sauraient être vus dans cette ville sans que la République de Gênes n'en prenne ombrage, et ne donne des ordres à son consul et à ses espions, qu'elle a dans cette ville, de veiller à leur conduite; et venant à être informés qu'ils auraient des relations avec moi, elle entrerait dans des soupçons qu'il convient de prévenir. Pour cet effet, si Votre Grandeur n'approuve pas que ces députés aillent à Paris, j'estimerais à propos de passer avec eux à Fréjus sur le même bâtiment qui les embarquera en Corse; ils y seront ignorés de tout le monde, et l'un d'eux, faisant le malade, ils passeraient pour des prêtres venant de Rome et allant en Espagne. On éviterait par là tout soupçon de la part des Génois, et comme je serais plus à portée de recevoir vos ordres, on gagnerait un temps infini. J'ai eu l'honneur de marquer par mes précédentes à Votre Grandeur qu'il serait à propos de faire enlever ces deux députés par la barque du Roi. Les approches de l'île de Corse sont défendues à nos bâtiments; pour les embarquer, il faut en envoyer un exprès; la peur de tomber aux mains des Génois ne permet pas aux Corses de s'embarquer sur des bâtiments napolitains ou espagnols à qui il n'a pas été fait les mêmes défenses qu'aux nôtres, à savoir d'aborder autre part qu'à Bastia, Calvi et Ajaccio. Je vous supplie, Mgr., de me donner incessamment vos ordres à ce sujet.

La felouque de Lipari, ayant à bord quelque peu de munition et des armes, est arrivée en Corse le 13 de ce mois. Le capitaine hollandais qui commandait il y a trois ans et demi un vaisseau avec pavillon impérial que prit la frégate du Roi *La Flore,* attaché à Théodore, arriva ici de Naples il y a deux jours; il rapporte que les affaires de cet aventurier sont dans le plus mauvais état du monde, et qu'il n'oserait se montrer nulle part, attendu les engagements qu'il a pris avec plusieurs négociants de Hollande et d'ailleurs, et que le vaisseau destiné pour Corse qui est à Naples ne suivra pas sa destination, l'équipage ne voulant pas s'exposer à être pris par les Génois dont ils craignent la cruauté.

J'ai l'honneur d'être etc.

PIGNON.

Le Sr Grégoire Salvini vient d'arriver en poste, grâce à l'argent qu'il a trouvé à emprunter à Rome.

(M. A. E. - Corse, Vol. I).

Gregorio Salvini au cardinal de Fleury.

Livourne, le 24 janvier 1738.

Sorpreso il mio spirito della somma bontà con cui l'Eminenza Vostra s'è degnato esaudire per mezzo di M. Pignon, suo inviato e mio Signore, il memoriale che in nome de'Corsi mi diedi l'onore d'inoltrarle, non sa trovare termini proporzionati alla rispettosa gratitudine del mio animo per degnamente graziarla ; il rincrescimento che i venti contrari mi han fatto provare impedendomi il trasferirmi in un volo a Livorno, benchè abbia subito abbandonati l'interessi che m'avevan portato a Napoli, m'è stato compensato dalla consolazione ricevuta in udire da M. Pignon le benigne intenzioni di Sua Ma Cma, a pro de'miseri Corsi. Oggi stesso li scrivo che faccian due deputati pronti in imbarcare subito che col favore del prefato M. Pignon potrà inviarseli un bastimento. Come son di sentimento che i Corsi non possano far cosa di suo maggior vantaggio che abbandonarsi nelle mani nel Re, e che così persuasi si valeranno di un tal consiglio in guisa che o le umilissime loro rimostranze piegheranno l'animo clementissimo della Maestà Sua a consolarli, o i cenni di lei saranno prontamente ubbiditi, essi in virtù della profondissima venerazione, confidenza ed amore, onde son penetrati per la sacrata persona del Re e per il solo nome sempre adorato di Francia etc.

Di V. Em. etc,

GREGORIO SALVINI.

(M. A. E. — Corse, Vol. I).

Pignon à Amelot.

Livourne, le 24 janvier 1738.

Le Sr Grégoire Salvini, avec qui j'ai eu différents entretiens, convient que les peuples de Corse ne peuvent pas se dispenser de rentrer sous la domination génoise, puisque le Roi le veut, et que leur sort deviendra meilleur, si leur République observe religieusement les règlements que Sa Majesté fera faire ; mais jugeant de l'avenir par le passé, il ne se promet pas une longue félicité. Je pense comme lui, quoique je lui tienne un langage différent. Je connais si bien les Génois et la haine qu'ils ont pour les Corses que je ne pense pas qu'ils prennent jamais à leur sujet des sentiments plus humains. D'ailleurs leur avidité ne saurait être retenue par aucune considération, de sorte que ces peuples se verront de nouveau exposés aux mêmes calamités, si le Roi ne prend de justes mesures à ce sujet.

Grégoire Salvini a écrit aux chefs des peuples de Corse, conformément à ce que Tomasini leur a déjà écrit, et il ne doute pas qu'ils ne donnent avis incessamment de l'élection des deux députés munis des pouvoirs de ces peuples, pour accepter les conditions qu'il plaira au Roi de leur imposer, et de la conduite qu'il faudra tenir pour les embarquer, ainsi que l'a déjà écrit le chanoine Orticoni. J'attends les ordres de V. G. sur la conduite que je dois tenir avec ces députés après les avoir fait embarquer par la barque du Roi, si (comme je l'ai demandé) il a été ordonné à l'officier qui la commande de faire ce que je lui dirai à ce sujet et sur le lieu où il faudra les conduire.

M. de Boissieux sera vivement sollicité à son arrivée en Corse par le gouverneur de faire quelque entreprise sur ces peuples et de les traiter avec toute la sévérité possible, seul et véritable moyen (à ce que dit ce dernier) de terminer dans peu cette guerre. Ce qui se passa en Corse lors de l'arrivée des premières troupes impériales commandées par M. de Wachtendonck, plus en état de réussir dans leurs entreprises que les nôtres, puisqu'elles avaient des hussards pour les soutenir et aller à la découverte, prouve le contraire de ce que dit ce gouverneur. M. de Wachtendonck se reproche encore aujourd'hui la complaisance qu'il eut dans ce temps-là. Il prit à la vérité quelques villages, il exerça toute la sévérité que les Génois exigèrent de lui, il lui en coûta la moitié de sa troupe et d'une seconde qui lui fut envoyée, au nombre de 2000 hommes. Les Corses n'en devinrent que plus obstinés et plus furieux.

D'ailleurs il serait imprudent, et M. de Wachtendonck le pense de même, de faire la moindre tentative sans cavalerie ou des hussards. Ceux-ci conviennent beaucoup mieux suivant ce général. Mais quand même les raisons alléguées ci-dessus ne subsisteraient pas, la disposition dans laquelle sont les chefs de ces peuples de se soumettre aveuglément à tout ce qu'il plaira au Roi d'ordonner, et notamment de rentrer sous la domination de la République de Gênes, portera la cour à écrire à M. de Boissieux de ne rien entreprendre jusques à nouvel ordre. Si la soumission des Corses est sincère, comme je n'en doute point, il sera plus glorieux pour le Roi d'avoir terminé la guerre de cette île sans coup férir. Et s'il en était autrement et qu'il convînt de guerroyer, il est à propos d'attendre d'être en état de le faire avec plus de sûreté.

Je n'ai pu refuser au S*r* Grégoire Salvini d'écrire à M. le Cardinal de Fleury ; il pense qu'il y est obligé, parce qu'il ne s'est pas trouvé ici à mon arrivée. J'ai fait chiffrer sa lettre et je la mets sous le pli de Votre Grandeur.

J'ai l'honneur d'être etc.

PIGNON.

(M. A. E. — Corse, Vol. I).

Gian Tommaso Boerio au cardinal de Fleury.

Venise, le 25 janvier 1738.

Eminenza,

Sarà maggiore certamente nel cuore dei Corsi (de'quali come uno de'capi e plenipotenziarii esposi le ragioni e le suppliche sue dal giorno nono del passato novembre in tre fogli : l'uno cioè contenente la supplica a S. M. Cr^{ma} ; l'altro l'allegazione delle ragioni, ed il terzo, l'informo e l'intercessione a V. E.) (1) di quello sia la mia mortificazione in vedermine oblitterato e negletto ; avvezzi essi ed io all'onore di ricevere molte volte dalla corte imperiale pel canale del fu Pr. Eugenio, allorchè io, standomine qui in Venezia esposi alla Maestà S. Cesarea le ragioni e le giustificazioni nostre. Furono trovate sì sode, e cotanto vere e sincere, che finalmente persuaso e convintone l'Imperatore, di protettore collegato de'Genovesi in aperta e guerreggiata forza contro di noi, gli abbandonò spontaneo, obbligandoli con di lui solenne e guarentito aggiustamento, a molte condizioni, se non affatto soddisfattorie, almeno di non poca valuta per le convenienze nostre ; aggiustamento, soltanto procacciato e ratificato dalla Repubblica, mai però eseguito ; sempre bensì deluso, abborrito da essa stessa, avezza già notoriamente a tali scandalosi scambi. In tal forma noi Corsi fummo penetrati ben sensibilmente da edificante ammirazione e riconoscenza per l'eroismo Cesareo, che pospose, più con morale che con politica, a riguardi ed a riflessi della nostra giustizia, l'impegno suo proprio in favore de'Genovesi, inducendoci per conseguenza a benedire la di lui destra, mossa ingannevolmente

---

(1) Nous n'avons pas rapporté ces pièces ; elles ne contiennent rien d'intéressant.

da'nemici nostri a sferzarci, non senza però restarne attratta ed esangue dal nostro giusto rintuzzo.

Perchè mai l'Imperatore non continua ora le sue assistenze alla Repubblica? Perchè pur troppo essa si fece conoscere colpevole d'inganno, di mendacio, di spergiuro. Svergognata così in Vienna, si è indirizzata, l'ipocrita, la fedifraga, al trono potentissimo di Francia per riceverne protezione, come se fosse persuasa che l'ammirabile comprensiva del Gran Cardinale de Fleury non arrivi a conoscere la di lei sì nera pasta. Non ignorasi però da' Corsi che al trono de'Regi, singolarmente del C.rmo, o non deve osare d'accostarsi, o non può trovarvi credito ed asilo l'altrui frode, menzogna e mercimonio.

Pure, ad ogni modo, vengo io con tutto il mondo d'udire in questi giorni che truppe, e non poche, francesi sieno attualmente sull'imbarco per Corsica, affine d'obligare quei popoli a rappacificarsi co'Genovesi. Chi mai l'averia creduto, innocenti quali siamo, nè per mai fin qui debitori d'alcun delitto nè vassallaggio alla monarchia francese, ma alla verità sempre mai veneratori, geniali, ligi, averemo ora da provarne lo sdegno immeritato, ovvero, a nostro contragenio, da resistere alla loro forza, da propulsarla forse anche?

Deh! Eminentissimo Monsignore, non voglia essere, la supplico umilmente in questo incontro, diverso dalla sua pur troppo celebre e bene stabilita reputazione d'avere sempre esercitata e fatta ammirare ne'suoi passi tutti la giustizia, la sapienza, la dolcezza, nè mai (senonse per l'abuso altrui) la potenza, la forza. Precedano dunque alle seconde le prime virtù. Furono queste amabili mai sempre presso d'ognuno; tanto più lo saranno presso de'nostri Corsi, e di tale attrattiva e peso che posso assicurarvi che riesciranno meglio assai delle ostilità stesse. Farà sempre un moto retrogrado, s'inacrirà di più in più, s'ingelosirà il buon cuore de'Corsi in vedersi a predicare di pace coll'armi alla mano e con minacce meno aspettate che reformidate. (L'adresse se continue encore pendant une grande page avec les mêmes phrases emphatiques et creuses).

(M. A. E. — Corse, Vol. I).

Pignon à Amelot.

Livourne, le 27 janvier 1738.

Monseigneur,

J'ai reçu la lettre que Votre Grandeur m'a fait l'honneur de m'écrire le 14 de ce mois.

Il me déplaît d'avoir parlé de l'affaire de Corse avec Antoine Santi, puisque vous ne l'approuvez pas. Les vents contraires n'ayant pas permis depuis quelque temps aux bâtiments destinés pour Corse de mettre à la voile, j'ai retiré la lettre que Salvini écrivit immédiatement après son arrivée ici au chanoine Orticoni, de faire élire des députés et de les munir de pouvoirs nécessaires pour faire au nom des peuples de cette île les soumissions qu'on exige d'eux, et je l'ai engagé de lui écrire qu'il fallait absolument que ces mêmes peuples allassent déclarer à M. de Boissieux, à son arrivée en Corse, qu'ils se soumettaient aveuglément à tout ce qu'il plaira au Roi d'ordonner d'eux, cette démarche seule étant capable de leur éviter les maux dont ils sont menacés et de rendre leur condition meilleure à l'avenir, en vertu de la garantie de Sa Majesté. Cette lettre partit hier et j'ai lieu de croire par le vent qui règne qu'elle est arrivée ce matin à Bastia ; mais attendu les grandes difficultés qu'il y a de faire passer avec sûreté les lettres de cette ville dans l'intérieur de l'île, Salvini, Tomasini et Antonio Santi qui agissent de concert, sont résolus de faire passer en Corse par le premier bâtiment, un de ces insulaires qui est actuellement au service du Grand

Duc, pour aller disposer la plupart des chefs à la soumission, étant plus aisé de persuader de vive voix que par lettre, et ceux-ci craignant que ces peuples farouches, effrayés par la conduite que tinrent avec eux les Génois après leur soumission dans le temps même que les troupes impériales étaient en Corse, n'aient de la peine à se soumettre avant d'avoir justifié leur soulèvement. Ils se flattent que le Corse qu'ils se proposent d'envoyer, à la mission duquel je n'ai aucune part, s'introduira sans difficulté dans l'île, dont il est absent depuis longtemps avant les révolutions, sur le prétexte d'aller recueillir une succession qui lui est véritablement échue depuis peu.

Au reste je suis très tranquille sur la crainte que ce Santi n'ait écrit en Corse l'entretien qu'il a eu avec moi ; outre qu'il ne sait pas écrire, les lettres qui ont été écrites au chanoine Orticoni qui est chargé de la correspondance, ont passé par mes mains et j'en ai pris lecture, quoiqu'elles fussent écrites en plein chiffre. Je voulais m'assurer qu'il n'y était pas fait mention de moi, ainsi que je l'avais recommandé, et ces mêmes lettres ont été adressées au vice-consul de Bastia avec une suscription écrite d'une main inconnue sous le pli du consul de cette ville.

Dans la pensée que le moyen le plus sûr de faire soumettre les Corses à M. de Boissieux était de les faire persuader par deux de leurs chefs qui auraient été envoyés ici ou en France, et les pouvoirs de Salvini, dont j'ai envoyé copie à Votre Grandeur, ne m'ayant pas paru suffisants, j'ai cru ne pas m'éloigner de l'esprit de mes instructions et faire pour le mieux, de demander ces deux députés, d'autant plus que j'ignorais quand reviendrait de Naples Salvini et que, pour ne pas perdre de temps, il convenait d'agir comme s'il n'avait pas dû revenir. Je considère l'entreprise contre les Corses très difficile, si l'on est obligé de leur faire la guerre, et qu'elle sera inévitable, si lors des premières démarches que feront ces peuples vers la soumission, on ne leur marque pas des dispositions favorables à leur égard, et telles qu'elles puissent faire cesser la crainte qu'ils ont d'être punis de leur révolte après le départ des troupes ; il conviendra d'user de beaucoup de ménagement lorsqu'on voudra les désarmer.

J'ai l'honneur d'être etc.

PIGNON.

(M. A. E. — Corse, Vol. I).

Pignon à Amelot.

Livourne, le 31 janvier 1738.

Monseigneur,

J'ai eu l'honneur de vous marquer par ma lettre du 27 de de ce mois que Salvini, dans la crainte que la lettre qu'il a écrite au chanoine Orticoni n'arrive pas jusqu'à lui, ou qu'elle ne produise pas tout l'effet qu'il en souhaite véritablement, voulait envoyer en Corse un de ses compatriotes qui est depuis longtemps au service du Grand Duc, pour exhorter les chefs à se soumettre à M. de Boissieux. Il est venu me dire depuis que ce même Corse ne peut pas remplir cette mission, vu les engagements qu'il a dans ce pays-ci, et il s'est offert de passer lui-même dans l'île pour en déterminer les peuples à la soumission, si on voulait lui procurer un embarquement. Si sa mission devenait nécessaire, Votre Grandeur aura la bonté de me prescrire la conduite que je devrais tenir en ce cas. J'ai eu l'honneur de l'informer qu'il était défendu à nos bâtiments d'aller en Corse, autre part qu'à la Bastia, Calvi et Ajaccio, et que, s'il était nécessaire de faire passer quelqu'un dans cette île, ou d'en faire venir des députés, il conviendrait de se servir de la barque du Roi qui exécuterait cette commission sans que les Génois en eussent connaissance.

Je prends de nouveau la liberté de vous assurer que j'ai

écouté Santi sur l'état des affaires de Corse, sans me découvrir à lui. J'ai conféré avec Paul Tomasini parce qu'il était chargé de la correspondance avec les Corses en l'absence de Salvini. Je lui ai dit de faire venir deux députés munis de pouvoirs nécessaires, ceux de Salvini ne m'ayant pas paru suffisants, telles étant mes instructions, et je n'ai proposé à Votre Grandeur de faire passer en France ces députés que pour terminer en moins de temps l'affaire de Corse, et à l'insu des Génois qui s'opposeront à tous les moyens de conciliation et qui ont beaucoup d'espions dans cette ville. Santi n'a pas écrit en Corse, et il n'y a pas à craindre qu'on découvre par les lettres que Tomasini et Salvini y ont écrites, les intelligences avec eux, tant elles sont difficiles à déchiffrer. On me soupçonna à mon arrivée en cette ville d'être chargé de quelque commission de la guerre des Corses ; on a tenu ensuite des raisonnements bien différents sur ma mission et on dit aujourd'hui que je suis venu pour mes affaires propres. Ainsi aucune de mes démarches ne pourra nuire aux opérations de M. de Boissieux, ni venir à la connaissance des Génois.

Je viens de recevoir des lettres de Bastia du 29 de ce mois ; nos troupes n'y étaient pas arrivées ; le marquis Mari me marque qu'il a fait arrêter un moine franciscain qui a proposé aux Corses au nom de la République un pardon général et le redressement de leurs griefs, s'ils se soumettaient avant l'arrivée des Français dans l'île.

Monsieur de la Villeheurnoy m'écrit que tout est prêt pour la réception de nos troupes et que le port de Bastia ne pouvant contenir que vingt bâtiments au plus, il en a donné avis à M. de Boissieux par une felouque qu'il lui a dépêchée.

J'ai l'honneur d'être etc.

PIGNON.

(M. A. E. — Corse, Vol. I).

Pignon à Amelot.

Livourne, le 3 février 1738.

Le Sr Grégoire Salvini, désirant véritablement la paix des Corses, n'oublie rien pour parvenir à persuader à ces peuples que le seul et unique moyen de l'obtenir est la soumission à la volonté du Roi. Pour cet effet, le Corse qu'il s'était proposé de faire passer dans l'île n'ayant pas pu s'absenter de cette ville à cause des engagements qu'il y a, il en a choisi un autre qui s'embarquera après demain sur un bâtiment français destiné pour Cagliari, dont le patron s'est obligé moyennant six pistoles de débarquer ledit Corse dans l'île, si le temps le permet et qu'il n'en soit pas empêché par les corsaires génois. Cette mission paraît d'autant plus nécessaire à Salvini qu'il craint que les lettres qu'il a écrites par Bastia au chanoine Orticoni ne lui soient pas encore parvenues. Je me suis fait remettre copie de ce dont il charge ce Corse. J'aurai l'honneur d'en envoyer par l'ordinaire prochain le précis en chiffre à Votre Grandeur, n'ayant pas le temps de le faire par celui-ci.

J'ai l'honneur d'être etc,

PIGNON.

(M. A. E. — Corse, Vol. I).

Pignon à Amelot.

Livourne, le 7 février 1738.

Monseigneur,

M. le Mis de Mari, commissaire général en Corse, m'écrit du 4 de ce mois que le même jour, à huit heures du matin, on l'avait asssuré que le convoi de nos troupes était près de S. Florent qui est à dix lieues de Bastia, et qu'il espère qu'il serait au mouillage avant la nuit.

J'ai l'honneur d'être etc.

PIGNON.

(M. A. E. — Corse, Vol. I).

Pignon à Amelot.

Livourne, 10 février 1738.

Monseigneur,

J'ai eu l'honneur de vous informer que le Sr Grégoire Salvini, dans la crainte que les lettres qu'il a écrites à Orticoni par la voie de Bastia, ne lui soient pas parvenues, avait dépêché un homme en Corse, chargé d'une de ses lettres pour ce chanoine et d'exhorter les chefs de ces peuples de se soumettre à M. de Boissieux. Mais comme il se peut que le temps ne permette pas à cet homme de débarquer au lieu de sa destination ou bien qu'il en soit empêché par les corsaires génois qui croisent aux environs, Salvini est venu me proposer d'envoyer une copie de sa lettre à M. de Boissieux, comme la voie la plus sûre de la faire parvenir au Sr Orticoni. Il a ajouté que les assurances qu'il a données jusques au mois de novembre dernier, que nos troupes ne devaient pas passer en Corse, et les promesses qu'il a faites à ces peuples d'un puissant secours sur lequel il ne compte plus lui-même, lui causent des agitations continuelles, depuis qu'il a appris l'arrivée de nos troupes, et l'obligent de tenter toutes les voies de désabuser les peuples et de les porter à la soumission ; que, croyant celle de M. de Boissieux la plus sûre, il était résolu de la tenter quand même je ne l'approuverais pas. Je n'ai pas cru devoir m'opposer à sa résolution, vu les

éclaircissements que trouvera M. de Boissieux dans sa lettre.
Elle peut opérer une prompte réduction de cette île. S'il la
fait parvenir au chanoine Orticoni, il pourra le faire sans que
celui-ci soit informé, ni les Génois, que cette lettre a passé
par ses mains. En voici l'extrait.

Extrait de la lettre de Salvini au chanoine Orticoni

« Quoique la France ait accordé des troupes à la République
de Gênes, je suis informé par une personne qui sait les in-
tions de cette Cour, que la venue de ces troupes tournera à
l'avantage des peuples de Corse. Mais il faut pour cela qu'ils
aient une entière confiance au Roi Très Chrétien. Ainsi, après
avoir pris conseil d'une personne d'autorité qui a nos intérêts
à cœur, je suis de sentiment que tant les chefs que les peuples écrivent à M. de Boissieux, commandant des troupes
françaises, d'envoyer des passe-ports pour quelques-uns d'entre eux, qui seront députés pour aller lui parler ; et si on lui
marque que, pour des motifs bien légitimes, ces députés n'o-
sent pas entrer dans Bastia, je crois qu'il ne fera pas difficulté
de sortir à quelque distance de la ville. Les députés lui
diront qu'ils voient avec surprise que les Français se sont
unis aux Génois pour faire la guerre aux Corses dont toute
l'Europe plaint l'infortune, ces mêmes Corses que la France
protégea autrefois contre la tyrannie des Génois, sous la domination de qui ils ne rentrèrent que parce que la France se
rendit garante envers eux d'un gouvernement plus doux ;
que cependant vous avez tant de confiance en la justice inviolable du Roi et de son Illustre Ministre que vous soumet-
tez votre sort à la volonté de Sa Majesté, bien assurés que,
quand elle sera informée du juste motif qui vous a obligés de
prendre les armes, sur vos prières d'être écoutés, elle rendra
votre état à l'avenir plus heureux. Vous ajouterez que, si le
Roi ne veut pas avoir cette bonté-là pour vous, il y a une
infinité de Corses qui supplient S. M. de leur permettre

d'abandonner leur patrie et de leur accorder dans ses Etats quelque portion de terre, qu'ils travailleront pour gagner leur vie. Je suis persuadé que cette soumission et vos remontrances non seulement ne peuvent pas nuire à vos intérêts, mais qu'elles vous seront d'un grand avantage. Vous dresserez un état de vos griefs et vous observerez de n'y employer aucune expression qui puisse blesser la République. Je ne vous en dis pas davantage, parce qu'il se pourra que je me rende auprès de vous. Je n'écris pas aux autres chefs de peur que, prenant les choses que je vous marque en mauvais sens, ils ne me soupçonnent d'infidélité, comme ils ont fait à l'égard de tous ceux qui ont proposé de se soumettre. Je suis bien sûr que vous leur communiquerez mes sentiments avec la prudence requise en pareil cas.. Je ne vous parle pas des démarches que j'ai faites ni de leur effet ; je ne sais pas le sort qu'aura cette lettre ; je vous informerai de tout si je vais vous voir.

» Je crois qu'il serait à propos que vous fissiez une assemblée générale dans laquelle vous persuaderiez les chefs et les peuples de donner leurs pleins pouvoirs à deux ou quatre personnes les plus estimées et les plus capables pour faire les remontrances au commandant des troupes françaises, et même pour les aller faire à Paris, s'il fallait. De cette manière l'affaire se conduira avec plus de secret.

» Je suis obligé de vous dire que mon inconnu ne m'a pas donné de ses nouvelles depuis le mois d'août dernier. Son silence a fait évanouir l'espérance que j'avais qu'il nous eût procuré la liberté. Sans doute que les secours que donne la France à la République de Gênes l'ont obligé d'abandonner l'entreprise. Je ne vous dirai rien de Théodore, parce que vous savez ma façon de penser sur son sujet, si ce n'est que vous et moi n'avons pas été sa dupe. Je vis à Naples la personne que vous savez. Je n'en fus pas consolé ; ainsi il me paraît que le meilleur parti qu'on puisse prendre est de se recommander à la France. On commence à m'accuser d'être devenu français ; vous connaissez mon cœur ; quand je tâche de persuader de ne pas dégoûter les Français, c'est que je sais qu'il y a trop de danger à le faire et beaucoup de profit à l'éviter. »

J'ai marqué à M. de Boissieux que Salvini est l'agent des Corses dans ce pays-ci, que le chanoine Orticoni à qui il écrit, est celui des chefs en qui ces peuples ont le plus de confiance, et que Salvini ne s'est déterminé de faire passer la lettre que je lui adresse par son canal que dans la crainte que celles qu'il a écrites par d'autres voies ne soient pas parvenues, ne voulant rien négliger pour faire savoir aux Corses qu'il leur importe infiniment de se soumettre. J'ai ajouté à M. de Boissieux que, s'il trouvait à propos d'envoyer cette lettre au chanoine Orticoni, je ne doute pas qu'il n'en trouve les moyens, sans qu'on sache par quel canal elle a passé.

Par ma lettre du 7 de ce mois, j'ai informé V. Gr. que le marquis Mari, commissaire général en Corse, m'a écrit du 4 que le même jour à 8 heures du matin, on voyait à S. Florent, qui est à dix lieues de Bastia, le convoi de nos troupes, et qu'il croyait qu'elles seraient au mouillage avant la nuit ; nous n'avons pas reçu depuis lors des nouvelles de Corse.

J'ai l'honneur d'être etc.

PIGNON.

(M. A. E. — Corse, Vol. I).

Amelot au marquis de Boissieux.

Versailles, le 11 février 1738.

J'ai l'honneur de vous informer, Monsieur, que le Roi avait jugé à propos, il y a quelques mois, d'envoyer à Livourne le Sr Pignon pour tacher d'y découvrir les relations que les rebelles de Corse étaient soupçonnés d'avoir dans cette ville. Le Sr Pignon a effectivement réussi à y faire connaissance avec quelques-uns de leurs correspondants qui n'ont pas fait difficulté de s'ouvrir avec lui sur leurs véritables sentiments, et il a même appris par eux que quelques-uns des principaux chefs avaient dessein de se rendre ici pour traiter immédiatement avec M. le Cardinal. C'est ce que son Eminence n'a pas voulu permettre et je marque en réponse au sieur Pignon que c'est à vous seuls qu'ils doivent s'adresser. Je lui marque en même temps que le Roi a jugé qu'il pourrait être utile à son service qu'il vous fît part des connaissances qu'il a pu rassembler par les liaisons qu'il a commencé de former avec les correspondants des Corses, sur l'état de cette île et la disposition des habitants, et qu'ainsi il ne devait pas différer de se rendre en Corse auprès de vous. Le Sr Pignon a fait preuve d'adresse, de fidélité et d'intelligence, et S. Emin. croit que vous pouvez vous en servir utilement pour traiter avec les chefs des révoltés suivant les occurrences qui se présenteront. Sur quoi Elle s'en rapporte entièrement à votre prudence.

(M. A. E. — Corse, Vol. I).

Amelot à Pignon.

Versailles, le 11 février 1738.

J'ai vu, M., la lettre que vous avez pris la peine de m'écrire, le 20 du mois dernier. S. Em. persiste dans le même sentiment qu'il ne pouvait y avoir que de l'inconvénient à entamer une négociation secrète et particulière avec les rebelles de Corse, soit à Livourne, soit à Fréjus. Il serait impossible, quelques mesures qu'on prît, de pouvoir la cacher aux Génois. Ainsi c'est toujours à M. de Boissieux que vous devez envoyer ceux qui s'adresseront à vous. Au surplus, S. Em. a vu avec satisfaction le succès de vos premières démarches pour préparer les esprits à la soumission et à la confiance qu'ils doivent avoir dans la justice du Roi. Son Em. est même persuadée que vous ne seriez pas inutile à M. de Boissieux, et que les relations que vous avez commencé d'avoir avec quelques-uns des principaux habitants vous mettraient plus à portée de faire passer les propositions qu'il jugerait à propos de leur communiquer. J'écris dans cette vue à M. de Boissieux pour l'informer que le Roi vous ayant envoyé à Livourne pour pénétrer les relations que les rebelles pouvaient y avoir, Sa Majesté vous a permis de vous rendre auprès de lui pour lui faire part des connaissances que vous avez prises, et qu'il peut vous employer avec confiance dans tout ce qu'il jugera à propos pouvoir être utile au service de Sa Majesté.

Je suis etc.

(M. A. E. —Corse, Vol. I).

Le marquis de Mari à Pignon.

. Bastia, le 12 février 1738.

Padrone ed amico Reverendissimo,

Non scrivo di proprio pugno, perchè levato ch'io sia del letto, non mi rimane un sol momento a ciò poter fare; laonde, carissimo Mr Pignone, spero gradirete che in tal guisa rubi al mio riposo qualche poco tempo, affine di godere la sodisfazione di seco voi trattenermi con maggior quiete.

Qui si sta nell'inazione, immaginandomi che il Sr Conte di Boissieux voglia o pensi di evacuare primariamente le sue istruzioni, quando fussero dirette ad osservare se per la via della dolcezza e de'trattati fusse possibile stabilire la tanto desiderabile quiete. Io però vivo nella costante opinione che qualora non sieno castigati i recidivi, non restino indennizzati quelli, i quali non vollero dichiararsi a favore de'ribelli, e se tutto termini con un perdono, e senza un previo esempio, il quale incuta timore nell'avvenire, a chi pensasse di nuovamente ribellarsi, potrassi fino d'ora prevedere inutile la spesa e gli incomodi e fondatamente vicina e prossima una nuova e più fiera ribellione, poichè voi ben riflettete che i dannificati per essere stati fedeli, avrebbero motivo di unirsi ai ribelli, almeno in vista di salvare i loro beni, giacchè non riuscendo l'idea, si osserva terminato l'affare in guisa tale che chi ne ha avuto ne ha avuto.

Apprende il Sig. Conte di Boissieux che direttamente debbansi ascoltare i capi, apprendendo che la ribellione abbia un qualche principio, come nelle Sevenne, che fu per motivo di religione. A mio credere però potrebbe ingannarsi, posciachè il motivo delle ribellioni in Corsica non procede da altro che da un libertinaggio in alcuni, i quali denominansi capi per il numero maggiore de'parenti che essi hanno, così incutendo timore alli abitanti stessi nelle loro terre fedeli alla Repubblica, di modo che, se da Francesi fusse dato qualche strepitoso esempio in parte non soggetta a risici, e venisse indi avvalorato da minaccie contro chi prontamente non si sottomettesse al loro dovere, io sono di parere che stanchi già i popoli e disabusati dalle promesse loro state fatte e per le quali continuarono nella ribellione, sarebbero i primi a sacrificare i capi per salvare i loro beni e famiglie. Gli affetti poi alla Repubblica che forzatamente soffrono il giogo di gente dissoluta, si smaschererebbero nel vedersi sostenuti e appoggiati da una forza superiore.

È cosa pubblica e manifesta che li stessi capi ribelli hanno fra di sè molte inimicizie in oggi, onde osservandosi indeboliti, vivono non senza tema della loro vita; particolarità tutte che sempre più danno a divedere che non solo la riduzione del paese sarebbe ben tosto fatta, ma non esigerebbe quel numero di soldatesche, il quale da alcuno si apprende potesse essere necessario. Riescirebbe in tal guisa l'affare glorioso all'armi Xme, e con la quiete in avvenire di questo Regno e della Serenissima mia Repubblica.

Vi sarebbe, dopo qualche esempio di fatto, luogo ad ascoltare i PP. del comune come spinti dal timore, ed in tal guisa non si denoterebbe debolezza, nè comparirebbe che le armi venute fussero per far trattati con gente fuoruscita, dissoluta e ribelle, siccome l'ammettere i capi a discorso sarebbe un far loro acquistare presso de'popoli vacillanti, quel concetto che in oggi han quasi perduto.

La lettera del canonico Orticoni scritta al prete Salvini e mandata a questo Vice Console d'Angelo, acciochè la trasmetta al medesimo Salvini in Livorno, dà tutto il peso alle proposizioni mie.

Dovete sapere che nel giorno d'ieri si presentò a questi posti avanzati un frate chierico, il quale disse di essere francese, procedere dal convento di Campoloro, e presentando lettere per i suoi frati indifferenti, aggiunse essere venuto per osservare se ritrovasse alcun francese suo conoscente. Io lo feci a me condurre, e gli dissi che il nome d'esser egli francese attirava da me l'attenzione di rimandarlo al suo convento, quando per altro ben sapea che non potendo da paesi ribelli qui alcuno introdursi senza i passaporti, avrei dovuto custodirlo. Non servì l'offerta di scarpe, delle quali disse che mancava, nè il passaggio per mare, in vista della stracchezza, la quale allegava; anzi con vivace insolenza parlò in tale guisa che non solo aumentò i già concepiti sospetti, ma fui costretto ad ordinare che in parte sicura fusse custodito da due guardie di vista.

Quando fu custodito e stava per partirne, il mio aiutante che accompagnato l'avea, ricercò in parte assai occulta una lettera la quale era diretta al Sig. conte di Boissieux ; ma in ciò fare, altra inaspettatamente gliene cadde a terra, che era diretta a questo Vice Console d'Angelo. Intese di nasconderla, e strapparla dalla mano dell'aiutante suddetto, il quale immediatamente corse a ritrovarmi, rese conto d'ogni cosa, mi fece consegna delle due lettere, presente l'aiutante del prefato Sig. Conte, in compagnia del quale andavo alla di lui casa. Riferii il tutto al Sig. di Boissieux, a cui consegnai sigillate ambe le due lettere. Apprese egli a prima vista che quella a lui diretta potesse essere de'capi ribelli, ma non era che una commendatizia d'un Corso, il quale altre volte era al servigio di Spagna, e nella ribellione venne ad unirsi con i ribelli con qualche poca polvere che condusse.

Io subito sospettai che una tal lettera gli fusse stata data con arte, acciochè ritrovando intoppi nell'entrata di questa città gli servisse di scorta e permesso a camminare per la Bastia, onde segretamente l'altra lettera a d'Angelo potesse consegnare e dirgli il di più a voce, di cui fusse stato incaricato, e in vero l'artifizio sarebbe riuscito, quando la lettera per il d'Angelo, Vice Console, contro sua voglia caduta non fosse nelle nostre mani. Si aperse dunque questa che altra ne conteneva per il Salvini dimorante in Livorno, et ambe erano del canonico Orticoni scritte da Casinca et ivi da esso consegnate al frate chierico.

La lettera per il Vice Console Francese conteneva di aver ricevuto quelle del Salvini da esso lui fattegli pervenire, e lo pregava con la stessa sicurezza di far avere al Sig. Salvini quella che nella sua acchiudeva. Dall'accusazione delle da esso ricevute, si riconosce il carteggio nanti che le truppe francesi giongessero, laonde voi ben vedete se il Vice Console d'Angelo sia stato e tuttavia continui d'intelligenza con i ribelli, e sotto l'amparo del consolato si adoperasse e si adoperi contro la Repubblica, nel tempo anche in cui eragli noto l'impegno preso dal Re X^{mo} a di lui favore.

Io mi lusingo che quando sarà inteso dell'accaduto e della manifesta verità S. E., Porporato così degno, onde le di lui rare prerogative il faranno gloriosamente memorando ai posteri, non solo non vorrà che il d'Angelo si copra del manto di Vice Console Francese, ma considerando che la Repubblica, in venerazione dell'impiego che sosteneva, l'ha tollerato, abbenchè sempre conosciuto ribelle, vorrà ch'esca dal Regno, e non ascolterà chi avesse per lo passato voluto proteggerlo.

Se dal Sig. conte di Boissieux potrò ottenere la lettera dell'Orticoni scritta al Salvini, cioè a dire copia della medema, avrò l'onore di trasmettervela, e fratanto ve ne dirò la sustanza quanto ne ha potuto ritenere la memoria mia dalla lettura che col Sig. di Boissieux attentamente ne feci.

Accusa in primo luogo altre lettere sue col mezzo del S^r d'Angelo pervenutegli, e conviene che per ora bisognerà mettere l'animo in pace, mentre la Francia prende l'impegno a favore della Repubblica, come lui saviamente gli suggerisce; ma non sa ammettere il di lui consiglio portato ad implorare dalla Francia per i capi qualche terreno fuori del Regno da trasferirvisi. Vedere in oggi svanite le speranze del Teodoro, sopra delle quali mai erasi bastantemente fondato. Vedere che i Spagnoli non volevano ascoltare i Corsi, e conoscere che non avendo questi forza per opporsi a' Francesi, conveniva ricorrere alla Francia, acciochè volesse riacquistare la Corsica, a quale effetto bisognava dare una memoria al comandante francese, e spedire due inviati al Re X^{mo}, di modo che il Salvini era abbattuto d'animo; non mancavano in esso verdeggianti foglie di speranza e però con orrore avere inteso il di lui accecamento nella suggestione di chi lo indusse a consigliare perchè i capi dovessero dimandare da' Francesi fuori del Regno un terreno ove sussistere; cosa la quale, essendo intenzione de' Genovesi, sarebbe stata acconsentita dal Re X^{mo} sotto pretesto d'accondiscendere alla supplica; sbandisse pertanto dalla di lui mente un sì funesto pensiero diretto a spogliare il Regno delli abitanti in esso muniti del maggior zelo et amore, in vista de'quali zelo et amore per la patria tanto aveano travagliato e tollerato ;

Che tali sentimenti non avea esso confidati che al Giafferri, Castineta e Giacinto de Paoli, dando frattanto ad intendere e credere a'ribelli qualmente i Francesi fussero venuti per acquistare il Regno, abbenchè gli affetti alla Repubblica andassero dicendo che fussero i Francesi venuti in di lei soccorso, onde i medesimi ribelli dalle di lui assertive andavansi mantenendo fra la speranza e il timore ;

Che per domenica, lunedì e martedì prossimo sarebbesi unita l'assemblea in Corsica ad effetto d'estendere un foglio per il Sig. comandante francese, determinare l'andata delli due Corsi in Francia e per chiedere se il Sig. comandante volesse che venissero a ritrovarlo, o stabilisse qualche parte, onde volesse esso andare a ritrovarli.

Da una tale lettera ben si vede l'animo vacillante de'popoli, la mancanza di forza ne'capi, costretti a mendicare invenzioni per ritenerli, le poche forze che hanno per resistere alle armi, e nell'Orticoni e suoi seguaci si distingue l'idea di mantenere nel Regno i capi per potere a tempo e luogo opportunamente promovere la terza ribellione. Quindi si è che ritornando alle mie prime proposizioni, ben vedete la necessità di qualche esemplare fatto, indicativo de'posteriori, avvalorati da minaccie, onde aprendosi col timore gli occhi alli ingannati e dando campo di smascherarsi a' bene affetti, resti allora luogo alli PP. del comune delle pievi di ricorrere ed essere intesi come ben presto si osserverebbe ;

Quanto sia necessario non ammettere quelli che denominansi capi, poichè sarebbe presso de'popoli un autorizzarli, attribuendo loro quel credito ch'in oggi è cadente; l'indispensabile necessità guidata dalla giustizia, di che i rei e le terre maggiormente ribellate indennizzino quelli, li quali soffersero gravi danni per essere stati fedeli, e quanto necessario sia che i promotori e sostentatori delle due ribellioni si vedano castigati e servano d'esempio nell'avvenire, o tutt'almeno siano trasportati ben lungi ed assicurati in tal guisa, onde non possano ritornare nel Regno, come accadde del Giafferri che, con rango militare e pensione ottenuta dalla Repubblica, vi fece ritorno per rinnovare dal canto suo la ribellione, così inteso con quelli che v'erano rimasti.

Finalmente dal detto dell'istesso Orticoni si vede manifestamente che i ribelli non hanno quella forza, la quale millantavano e da' non bene informati era creduta. Se così non fossero le cose, potete ben imaginarvi che non mi sarei avanzato, nè mi avanzerei a dirle. Ed in vero io godo che tocchiate con mani ch'il vostro qui Vice Console d'Angiolo sia stato e continui d'intelligenza coi ribelli e servisse, sotto il manto del consolato, di canale et instrumento a'loro maneggi, come in Livorno ve ne assicurai.

Nelle mie precedenti, avevo omesso di ragguagliarvi l'accaduto in risguardo al Garibaldo, di cui in Livorno ebbi l'onore di parlarvi. Venne egli da Genova con feluca in compagnia del cugnato del Sig. di Campredon, che serve d'aiutante, et anche nella segreta, al Signor conte di Boissieux, giacchè colà suddetto Sr aiutante passò dalla Francia per abbracciare il cognato.

Giunto il Garibaldo in Bastia, si adebitò arditamente ufficiale del Re Xmo, e come tale occupò l'alloggio destinato ad un capitano; non contento dell'insolenza meco usata in Torino, perchè rappresentante del di lui sovrano in quella corte, col tan poco salutarmi quando mi incontrava, e lo riseppero con ammirazione il S. Mlo di Noailles, e ambasciatore Sennetter, ha usata qui quella di tan poco essere a riverirmi, come comandante in questo Regno, e per la città cammina senza tan poco aver ribrezzo a vedermi passare.

Che cosa sia egli venuto a fare, voi potrete saperlo, giacchè vi è noto il carteggio che avea con il d'Angiolo. Io solamente so ciò che di esso me ne disse M. de Fontainieu : Quello ne sa gran parte dell'armata francese che guerreggiò in Italia e specialmente il reggimento della Sarra. — Quanto io sono attento e delicato in onorare e rispettare tutti, confesso d'essere altrettanto sensibile nell'osservare che persone da niente usano d'una vergognosa insolenza per qualche patente col mezzo de'protettori ottenuta. — Soffersi un tale ardimento in Torino perchè rappresentante pubblico; lo soffro qui per la stessa ragione, ma come nacqui non saprei soffrire una pari insolenza da un uomo da niente, e che conosce chi sono e sembra voglia dimostrare disprezzo di chi è decorato dalla Repubblica d'impieghi risguardevoli ; e perchè la spina è troppo sensibile alla mia delicatezza, altro non sospiro che di vedermi spogliato d'ogni carattere, e restando qual nacqui, far un breve viaggio in Parigi.

So che il soggetto non vale questa pena, ma goderò almeno l'onore d'inchinare un monarca a cui ne' più teneri anni portai l'ossequii per parte della Repubblica, e goderò la sorte di riverire Sua Eminenza, degnissimo Porporato, e di cui le rare qualità invitano tutti ad ammirarlo.

Voi bastantemente mi conoscete per credere queste giuste mie impazienze. Sollevatele intanto, vi prego, con qualche vostro comando, mentre sono e sarò sempre con perfetta stima, ecc.

Il S^r conte di Boissieux s'è compiaciuto che faccia tirare copia della suddetta lettera scritta dall'Orticoni al prete Salvini, e godo di trasmettervela. — Vi priego poi a caldamente raccomandare alla feluca livornese, perchè non commetta frodi. Devot^{mo} e obbligat^{mo} servitore e amico,

M. di MARI.

(M. A. E. — Corse, Vol. I).

Rapport du comte de Boissieux (au Ministre?).

Bastia, le 15 février 1738.

Monsieur,

J'arrivai ici le neuf comme j'ai eu l'honneur de vous le mander lors de mon débarquement à S. Florent. J'ai eu d'abord quelques difficultés sur les logements et sur la subsistance des officiers. L'on rémédie journellement aux premiers, et comme j'espère qu'incessamment la communication sera ouverte avec les rebelles, malgré l'extrême répugnance de M. Mari, nous y trouverons quelques secours, quoique généralement la viande soit détestable dans cette île. Les bataillons sont parfaitement bien établis.

Au surplus, Monsieur, rien de plus affable, de plus noble, de mieux disposé en faveur des Français que l'extérieur du marquis Mari ; je suis même persuadé que ses propres sentiments y seraient assez conformes, mais vous allez juger par la conversation que j'ai eue avec lui que ceux de la République ne sont pas propres à déterminer la commission dont je suis chargé.

Après avoir témoigné à M. Mari mon empressement à contribuer, selon les intentions du roi à rétablir la tranquillité de ces pays, je lui demandai comment la République jugeait à propos de se conduire pour y parvenir.

Il me répondit que le moyen le plus efficace était de commencer par quelque acte d'hostilité tel que ceux qu'il m'avait envoyé proposer à S. Florent. Effectivement dès qu'il m'y sut arrivé, il me députa un officier avec d'instantes prières de faire un détachement de 800 hommes pour aller enlever les huiles qui appartiennent aux rebelles dans les montagnes de la Balagne, du côté de Calvi. Vous jugez bien, Monsieur, de la réponse que je fis à cette proposition.

Il me proposa encore ici que, si je voulais enlever une grande quantité de bestiaux qui viennent paître dans les plaines de ce voisinage, je le pourrais sans peine ni risque, et qu'après avoir inspiré aux rebelles de la terreur pour les troupes du roi et les avoir désabusés de l'idée où ils étaient qu'elles ne venaient point pour les opprimer, ils obéiraient sans doute à un édit qu'il me proposait de faire publier conjointement avec lui, dont il m'a montré la teneur.

Il porte que tous les rebelles qui voudront mériter la clémence du Roi et de la République ne pourront y parvenir qu'en livrant leurs chefs et rapportant toutes leurs armes sans restriction dans un tel temps.

Sur ce merveilleux projet, je répondis au marquis Mari, premièrement que je ne croyais pas que les grandes actions qu'il me proposait fussent nécessaires pour inspirer la crainte des armes du Roi, que j'étais bien convaincu qu'elle était dans le cœur des rebelles, mais qu'il était hors d'apparence et de vraisemblance qu'elle les portât à livrer leurs chefs ; qu'au surplus, ne doutant pas qu'ils ne me demandassent la permission de me faire une députation, il était raisonnable de l'entendre avant de commencer la guerre, sauf à rejeter leurs propositions, si elles ne convenaient pas à la gloire et à l'intérêt de la République.

Le marquis Mari se récria extrêmement sur cet avis et m'assura que la République ne voulait point absolument qu'on écoutât les chefs et qu'elle ne consentirait à aucun accommodement avec le peuple qu'il ne les lui remît entre les mains.

Enfin, après avoir bien débattu et démontré à M. Mari l'impossibilité de parvenir à ce que désirait la République, il me dit que son intention était de se servir des biens des chefs pour indemniser les sujets qui lui avaient été fidèles et que les rebelles avaient ruinés, qu'en traitant avec eux l'on ne pouvait plus se promettre leurs personnes et leurs biens.

Je lui répondis qu'il valait incomparablement mieux que la République se relâchât sur ce point que d'exposer le royaume de Corse aux calamités inséparables de la guerre et aux frais qu'elle leur coûterait ; qu'au surplus, je ne chercherais pas une députation des rebelles, mais que je ne pouvais refuser de les entendre, si elle venait ; que le Roi n'approuverait pas que je rejetasse les occasions de pacifier ce pays par sa médiation ; qu'il était étonnant que la République préférât l'entière ruine de leur pays par une guerre inévitable, si elle persistait dans ses sentiments. M. Mari m'a demandé de me contenter de faire venir les Pères des Communes (ce qui répond à nos consuls), qu'il ne doutait pas qu'après leur avoir parlé avec fermeté de la part du roi, ils ne déterminassent les peuples à leur rapporter leurs armes.

Je lui dis que je doutais fort que ces Pères des Communes eussent ce pouvoir, que d'ailleurs je n'avais point l'intention de proposer à personne de me venir trouver, mais de recevoir ceux qui, autorisés de la nation, remettraient son sort sans aucunes réserves entre les mains du roi. Enfin il finit par me prier de ne point leur faire de réponse que je n'eusse reçu des nouvelles de ma Cour, et lui de sa République, comptant sans doute qu'elle fera des instances pour me faire défendre d'avoir aucune relation avec les chefs des rebelles. Je lui répondis que nous n'en étions pas encore là et que j'ignorais le dessein des rebelles à cet égard ; mais je l'assurai qu'il serait instruit de tout ce qu'ils me diraient et que je ne ferais pas la moindre démarche sans l'en informer. Voilà par où finit cette conversation.

Sur de tels principes de la part de la République, je suis bien confirmé dans l'idée que la plus grande partie du sénat ne désire point la fin des troubles de cette île, et travaille, comme vous voyez, à rendre infructueux les secours et la médiation que le roi a bien voulu leur accorder, et de là, les difficultés qu'on prépare à l'exécution de ma commission.

Je n'ai point encore directement de nouvelles des rebelles ; mais comme une partie de cette ville est dans leur intérêt, j'apprends la satisfaction qu'ils auraient si le roi voulait bien ordonner et disposer de leur sort. Ils savent à présent que je suis dans l'intention d'accepter la permission qu'ils me demanderont de m'envoyer une députation. Ainsi, je compte incessamment avoir de leurs nouvelles et matière à vous envoyer un courrier.

J'ai l'honneur d'être avec beaucoup de respect, Monsieur, Votre très humble et très obéissant serviteur,

BOISSIEUX.

(M. G. — Reg. 2889).

Pignon à Amelot.

Livourne, 17 février 1738.

Monseigneur,

Il n'est venu aucun bâtiment de Corse depuis plusieurs jours, ce qui est cause que nous sommes ici dans la disette des nouvelles de ce pays-là. Salvini est dans une impatience bien grande d'apprendre que ses lettres ont eu un libre cours ; il craint que les hostilités ne commencent, mais il assure que ce ne sera pas de la part des Corses.

J'ai l'honneur etc. PIGNON.

(M. A. E. — Corse, Vol. I).

Le Chanoine Orticoni à Giorgio Salvini.
(*Lettre jointe à celle de M. Pignon du 28 février 1738*).

Casinca, 19 février 1738.

Stimatissimo Signor abbate carissimo,

La vostra delli 8 di questo da costà mi è stata resa alli 14 nella Porta d'Ampugnani per huomo speditomi dal Sig. Ant.

Franc. d'Angiolo di Bastia. Non ho saputo leggerla senza lagrime. Voi date a disperata affatto la nostra caosa per l'impegno che piglia la Francia di definirla con una fatal sentenza, che doverà condannarci a ricader nelle mani letali de'Genovesi. Il rinascimento de'nostri privilegi, le concessioni, o giuste o graziose, alle quali fusse per venir a favor de'Corsi la Repubblica per il comandamento che si degnasse di fargliene il Re X^{mo}, nostro Signore, non potranno renderci nè felicità, nè pace, nè sicurezza, tanta è l'avversione di tutti questi popoli al governo di Genova per le antiche, moderne, nè giammai interrotte rimostranze, che ne hanno ritratto d'ingiustizie, ingiurie, vilipendio, oppressioni ed infrazioni di fede. Io mi lusingavo, dalli avvisi che me ne avea avanzato il comune amico Sig. Paolo Tomasini, che la Francia, valendosi dell'opportunità, volesse ora riacquistare la Corsica, come che nell'anno 1559, dopo averla incorporata a quella monarchia, l'abbandonò, benchè di mala voglia, nel poter de'Genovesi, e che in tal modo volesse insieme rinfrancarsi del rompimento di fede, che usò allora la Repubblica alla corona, cui aveva promesso per atti pubblici, e per via di patto, di non molestare li Corsi per aver seguito il partito del X^{mo} Enrico II, di che, anni due appresso, quei nostri portarono una orribil pena di stragi e di gravissime imposizioni, che li richiamò all'armi contro la perfidia de'promissori sino alla partenza del celebre Alfonso d'Ornano, giacchè le armi di Francia in quel tempo erano impegnate in abbattere le civili discordie del Regno, nè l'infantia del Re allora permetteva il dar orecchio all'insolenza degli esteri. Il Sig. Tomasini mi scrisse per due volte che la Francia si prendeva l'impegno per noi, che si voleva che due de'nostri si portassero a quella sovrana corte per dirvi le ragioni dell'Isola ; che costì vi era un personaggio francese incaricato intorno alle cose nostre, molto inclinato a favorirci ; onde io speravo che sebbene l'apparenza di tal impegno dasse a credere che risguardasse il componimento de'

Corsi coi Genovesi, io dissi, speravo che l'idea della Francia mirasse per più ragioni alla nostra libertà ed a farci suoi. Ma voi colla vostra avete bruggiato le mie e le speranze di tutti noi, ma non così affatto che non ci resti una qualche fronda che verdeggi, non potendomi io indurre a credere che S. M. X^ma, grande egualmente nella pietà e nelle armi, voglia dar alla perdizione una gente sì ben affetta alla corona ed alla nazione di Francia, che da quella ne'tempi andati è stata fedelmente e con prontezza servita nelle guerre, e che ora si abbia a vedere provenirne la nostra total rovina.

Ho letta la vostra alli capi Giafferri, Paoli et Gian Giacomo, e non ad altri. Ne sono restati altamente percossi. Gli ho pregati di un profondo silenzio. Li popoli apprendono che l'arrivo delle armi di Francia porti la nostra redenzione e ne tripudiano; tanta è la devozione e confidenza che hanno nel nome francese! So che ben spesso m'interrogano per le lettere che hanno udito essermi venute; rispondo loro : « State allegri; la Francia è stata fin qui sempre propizia alla Corsica. Temete forsi che ora voglia divenirci contraria e nemica? Poniamoci nelle braccia del Re X^mo, e non temete di nulla, che S. M. penserà per noi. » Quelli però che son di genio genovese, che pur son pochi, vanno spargendo che li Francesi son qui per obligarci a gemere di nuovo sotto la Repubblica, sicchè vivono ora mesti, ora consolati.

Nella consulta che si tenne pochi giorni sono in S. Antonio di Casabianca, indussi li capi Giafferri e Paoli a scriver lettera sotto li 12 di questo al Sr Ant. Fr. d'Angiolo, in cui lo pregavano di riportar al S^r comandante francese li loro uffizii, cui si riservavano avanzarli direttamente, risaputo che ne avessero dall'istesso Sig. d'Angiolo il nome, l'incombenza ed il trattamento; di qual lettera acchiusi l'abbozzo al Sig. Tomasini nella mia, che risposi l'istesso giorno alle 2 sue, la quale acchiusi al ridetto S^r d'Angelo. Per la vicina domenica, lunedì, e martedì susseguenti, si farà qui un'assemblea generale intorno all'arrivo delle truppe di Francia, si deputeranno li soggetti per complimentar il S^r comandante di quelle, e si risolverà se debbano chiedersi li passaporti per passare in Bastia, o se doverà supplicarsi voglia restar servito di portarsi ad alcun de'nostri luoghi a ricever gli ossequii e le suppliche de' Corsi ed onorarli de' comandamenti del Re e di lui.

Io farò quanto potrò, e con tutto l'animo (ben conoscete la mia sincerezza) per indurre tutta l'assemblea a darsi senza riserva nella total disposizione che S. M. X^{ma} degnerassi far di noi. Farò questo verace sforzo, non già perchè non è da sperare nel baron Teodoro, in cui giamai ho confidato, né perchè già da più anni sono persuaso che la Spagna non si vuol applicare a noi, ma solo per la venerazione che ha l'isola, sin da'più antichi tempi al sagro e adorato nome del Re di Francia, ed insieme perchè non abbiamo forze per contrastargli l'ubbidienza solamente nel fatal comando che ci minaccia di ribaciar la mano de'Genovesi, che non potrà se non proseguire a distraherci. Voi scrivete che si supplichi S. M. X^{ma} a darci il comodo di traghettare in altro lido, ove ci venga concesso qualche palmo di terra per viverne. Ah! che voi non avertite alla suggestione che vi ha indotto a scrivermela; o usate l'industria di mascherare una tal proposizione di enfasi per non ispaventarmi. Averanno li Genovesi ben intavolato nella corte di Francia il reo disegno di dar l'esilio dalla Corsica alli più onorati difensori di essa sotto sembianza di così rimover gli ostacoli alla di lei pace, anzi alla rapacità loro, e così hanno indotto voi a suggerircelo, acciò ce ne serviamo nelle espressioni delle nostre ragioni, come d'un eccessivo trasporto delle nostre afflizioni, ed in tal guisa la Francia accordandocelo mostrarebbe di favorirci, ed intanto noi benemeriti della patria per aver tanto sofferto nella di lei difesa, ne verremo scacciati, e li Genovesi potranno a loro voglia e costume saccheggiarla senza che vi resti un qualche amante e zelator di essa ad avanzarne le querele a S. M. X^{ma}. Vada come si voglia, non finisco tratanto di sperare che abbiamo ad essere di Francia, tanta è la giustizia di quel savio e potentissimo monarca; tante sono le ragioni che sostentano sì bella speranza. Si attenderà a formare un memoriale al Re e si presenterà a questo Signor Comandante, acciò glielo indirizzi, quando non si risolva di spedire inviati alla Corte. Circa che, vi priego dir al Signor Tomasini che si sospenda la deliberazione di spedir bastimento per trasportare di qui li due, perfino ad altro avviso.

Vedrò di adoperarmi in maniera che si usi tutta la dovuta rassegnazione ed ossequio al Sig. Comandante, e che il Re nè la sua sovrana Corte non abbiano a dolersi della sincera devozione de' Corsi. Vivete sicuro che per quanto dipenderà da me e da' miei sforzi si effettuerà, volendo Dio, quanto mi segnate. Ed intanto voi, ed io di concerto, e dall'altare, ed a piedi del Crocifisso e della Vergine, preghiamo incessantemente il Signore, nelle di cui mani stassi il core del Re, che induca fortemente l'augustissimo animo di S. M. X^{ma} a ripigliar sotto lo scettro li suoi poveri fedeli Corsi, nè abbandonarli in braccio alla tirannia, per cui sottrarsi hanno sì fortemente e con lunga costanza combattuto e combattono.

Non apprendo possiate per ora esser più profittevole qui che costì, onde vi consiglio a restare; se poi giudicate meglio, venite col nome di Dio.

Intorno alle mie pensioni di Napoli, ricordatevi di farne lo sborso di 100 ducati alla Certosa di Calci a mio nome con ritirarne la ricevuta. Quei monaci mi hanno scritto minacciando dichiararmi caducato dall'enfiteusi per non essersi pagato in tempo il canone. Non so se il Sig. Me Silva ha ricevuto la procura colla facoltà di sostituire per l'affare del soggetto nominato... Datene subito parte, acciò il beneficio non si conferisca ad altri.

Con tutta stima ed amore vi abbraccio amendue voi e il mio amatissimo Sr Tomasini quali unitamente prego presentarmi all'ossequio di S. E. il Sig. plenipotenziario di Francia mio Signore. Addio, resto di core di V. S. Ill.ma

Vero serve ed amico vero,

C° Erasmo Orticoni.

(M. A. E. — Corse, Vol. I).

Pignon à Amelot.

Livourne, le 20 février 1738.

Monseigneur,

M. de Boissieux m'a accusé réception des lettres que je lui ai écrites et de celle de Salvini pour le chanoine Orticoni, qu'il a fait passer par une voie sûre, à ce qu'il me marque.

Paul Tomasini a reçu une lettre du chanoine Orticoni du 12 de ce mois. Il lui marque qu'ayant fait assembler tous les chefs corses d'en deçà les monts dans un monastère, il les avait exhortés à se soumettre aveuglément au Roi, sur les assurances que Sa Majesté avait pour ces peuples des sentiments de bonté, et qu'elle ferait cesser leurs maux ; que la plus grande partie de ces chefs, qui en est la plus saine, avait adhéré à ses raisons, mais que les autres, se promettant de recevoir bientôt les secours considérables que leur fait espérer Théodore, dont ils ont reçu des lettres il y a environ un mois, refusaient de se soumettre pour rentrer sous la domination des Génois, que le même Théodore promet de chasser de l'île. Ses lettres ont été apportées par le nommé Buongiorno, Sicilien, venu de Hollande avec un vaisseau qui a débarqué près d'Aleria, des armes et des munitions que Théodore a envoyées et qui ont été distribuées à ces peuples. Théodore, après avoir représenté aux Corses les peines qu'il se donne et les dépenses qu'il fait pour les délivrer du joug de la République, leur demande des secours ; et à cet effet, il leur marque d'imposer sur les peuples et de charger d'huile les deux vaisseaux hollandais qu'il a expédiés pour leur porter des armes et des munitions.

Le chanoine Orticoni ajoute que les Corses ont délibéré de faire une députation à M. de Boissieux pour l'assurer de leurs respects pour le Roy et le prier de ne pas permettre que les troupes qui sont sous ses ordres causent aucun dommage aux habitants de l'Ile, qui ont tous le cœur français et qui les regardent comme leurs amis. Ils ont écrit au Vice-Consul de France de Bastia de les informer des qualités de M. de Boissieux.

J'ai l'honneur d'être etc.

PIGNON.

(M. A. E. — Corse, Vol. I).

Amelot à Pignon.

Versailles, le 25 février 1738.

J'ai reçu, M., votre lettre du 10 de ce mois avec la copie de celle que Grégoire Salvini écrit au chanoine Orticoni. Je crois que M. de Boissieux aura aisément trouvé l'expédient de la lui faire tenir. Nous n'avons plus présentement qu'à attendre l'effet qu'elle produira sur une nation fourbe et méfiante. Le parti de la soumission est cependant le seul qui convienne mieux à ces peuples, dès qu'ils pourront compter sur la garantie du Roi, qui est plus à portée que l'Empereur d'obliger la République de Gênes à tenir les conditions de l'accommodement. Je ne crois pas que cette lettre vous trouve à Livourne. C'est pourquoi je la mets sous le couvert du consul de France pour qu'il vous la fasse tenir à Bastia, au cas que vous soyez déjà rendu suivant les ordres de Son Eminence.

(Id.).

Pignon à Amelot.

Livourne, le 25 février 1738.

Monseigneur,

J'ai reçu la lettre que Votre Grandeur m'a fait l'honneur de m'écrire le 11 de ce mois, dans laquelle j'ai vu que Monsieur le Cardinal trouve à propos que je me rende auprès de M. de Boissieux, son Eminence étant persuadée que je ne lui serai pas inutile ; je prends ici les mesures nécessaires pour entretenir pendant mon absence, avec ceux des Corses qui y sont, les relations que j'ai eues avec eux depuis mon arrivée, et je me propose de passer en Corse par le premier bâtiment qui aura cette destination. J'y exécuterai, avec tout le zèle dont je suis capable, les commissions dont me chargera M. de Boissieux et je n'oublierai rien pour gagner sa confiance.

Cependant je dois vous informer, Mgr., que je crains de ne pas trouver ce général disposé à me l'accorder, vu la sécheresse du style d'une lettre qu'il m'a écrite depuis son arrivée en Corse, en réponse à trois des miennes qu'il a trouvées.

L'attention que j'ai eue de lui donner les avis et de lui envoyer les mémoires qui peuvent le mettre au fait des affaires des Corses, exigeait, ce me semble, avec d'autant plus de raison un peu plus de politesse de sa part que je n'avais pas ordre de communiquer avec lui. Je serais au désespoir que, sur le compte que je vous rends de ce qui se passe entre M. de Boissieux et moi, Votre Grandeur me soupçonnât de trop de sensibilité. Je lui ai répondu en lui envoyant une lettre de Salvini pour le chanoine Orticoni, d'une manière à ne pas lui laisser soupçonner que je me suis aperçu de la sécheresse de son style et je ne vous en parle que pour vous prévenir que j'irai au-devant de tout ce qui pourra porter M. de

Boissieux à m'accorder sa confiance, et qu'il n'y aura pas de ma faute, si je ne réussis pas.

M. Mari, commissaire général en Corse, est mon ami depuis longtemps. Je me suis servi pendant le séjour qu'il a fait ici, où sa mission n'avait pour but que de découvrir le sujet de la mienne, de la confiance qu'il a en moi, pour savoir sa façon de penser et celle de la République. Je lui promis, dans un temps que je ne croyais point de passer en Corse, de loger chez lui lorsque j'y irais. Je me propose de ne pas le faire pour plusieurs raisons ; la plus essentielle est que les Corses en prendraient de l'ombrage et n'auraient aucune confiance en moi ; cependant je ne pourrai me dispenser de le voir très souvent par l'empressement qu'il aura de me communiquer ses peines et de me demander mon avis, ce qui l'obligerait à venir chez moi, si je n'allais pas chez lui. J'ai cru devoir aussi prévenir Votre Grandeur à ce sujet, que je serai en réserve avec M. le marquis de Mari, comme je l'ai été pendant son séjour en cette ville, et que je me servirai avec toute la dextérité possible de la confiance qu'il a en moi, à lui inspirer des sentiments plus conformes aux nôtres. Je souhaite que les Corses se présentent à M. de Boissieux et lui déclarent qu'ils se soumettent aveuglément à la volonté du Roi. Je le souhaite avec trop d'ardeur pour ne pas craindre qu'ils n'aient de l'éloignement à faire cette démarche, quelques mesures que j'ai prises pour leur inspirer que leur salut en dépend. Quand on considère que les Corses, désunis entre eux par des querelles particulières, se réunissent tous et s'encouragent à la mort, plutôt que de rentrer sous la domination génoise, qu'indépendamment de la difficulté de parvenir à eux, ils sont en état de faire une longue et vigoureuse résistance, qu'ils sont flattés par ceux de cette nation qui sont dans différents endroits de l'Europe, d'un puissant secours, qu'ils n'ont pas oublié les maux qu'ils ont soufferts malgré la garantie du Roi et celle de l'Empereur, et qu'ils se persuadent que les Génois n'emploient tous leurs efforts à les soumettre que pour leur en faire souffrir de plus cruels, on a lieu de douter qu'ils prennent la résolution que j'ai tâché de leur inspirer ; de plus il est à observer que les chefs des peuples n'ont aucune autorité par eux-mêmes, que les peuples les réforment au moindre soupçon, et que, si plusieurs d'entre eux ne l'ont pas été pendant cette révolte, ce n'a été que pour éviter que les Génois ne décriassent de plus en plus les Corses, en attribuant un changement à l'inquiétude qui leur est naturelle. Le moyen que j'ai proposé de ramener ces peuples à la soumission m'a paru le plus efficace. J'ai toujours entrevu de grandes difficultés à faire rentrer les Corses sous la domination des Génois, même avec la promesse de la part du Roi de rendre leur sort plus heureux et sa garantie contre la tyrannie de leurs souverains, et j'ai cru que les seuls députés qu'ils proposaient d'envoyer en France, pouvaient à leur retour, par le rapport qu'ils leur auraient fait, les rassurer contre la crainte qu'ils ont de se voir exposés à la haine des Génois après le départ de nos troupes, comme il leur arriva après le départ de celles de l'Empereur.

Les Corses du parti de Théodore qui sont dans cette ville publient que le vaisseau zélandais qui était à Naples, destiné pour Corse, est arrivé au cap de Tissano entre Ajaccio et Bonifacio, et qu'il y a débarqué 18 canons, 2 mortiers, 1500 fusils, 500 barils de poudre, beaucoup de souliers, des bas, des toiles et quelques effets.

J'ai l'honneur d'être, Monsieur, etc.

PIGNON.

(M. A. E. — Corse, Vol. I).

Pignon à Amelot.

Livourne, le 28 février 1738.

Monseigneur,

On m'écrit de Bastia que le 20 de ce mois la garde avancée des troupes génoises arrêta un moine venant de Balagne, que l'ayant fouillé, on lui avait trouvé deux lettres, une pour M. de Boissieux, d'un Corse appelé Casanova, lieutenant d'infanterie au service d'Espagne, par laquelle il le priait de lui permettre de s'embarquer pour aller rejoindre son régiment, l'autre, du chanoine Orticoni pour le S^r d'Angelo, Vice-Consul de France à la Bastia, dans laquelle était sa réponse à la lettre de Salvini du 8 de ce mois que j'avais adressée à M. de Boissieux, et les ayant lues en sa présence, il y avait vu que malgré l'éloignement que les Corses ont de rentrer sous la domination génoise, le chanoine Orticoni promet d'employer tous ses efforts pour les y déterminer, puisque telle est la volonté du Roi, et que ledit d'Angelo, Vice-Consul de France à Bastia, de qui sans doute M. de Boissieux s'était servi pour faire passer la lettre de Salvini que je lui avais adressée, avait des intelligences avec les rebelles.

Je reçois en ce moment, avec une lettre du marquis Mari, copie de celle du chanoine Orticoni pour Salvini, dont j'avais déjà reçu l'original ; le courrier qui porte celle-ci ne me donne pas le temps de les traduire, je les joins ici. Votre Grandeur verra dans celle du marquis Mari qu'il se plaint beaucoup du Sr Garibaldo, fils du Vice-Consul de France de Savone qui a passé en Corse dans le dessein de faire la fourniture des viandes. Le marquis Mari, à son passage par cette ville, me communiqua une lettre que ledit Garibaldo écrivait au Vice-Consul d'Angelo par laquelle il l'informait de son dessein et le priait de ne donner aucune instruction au S^r De La Tour, directeur des vivres sur les moyens d'avoir des viandes. Le marquis Mari se plaint avec d'autant plus de raison que Garibaldo n'a pas été le voir à Bastia, et qu'il a pris d'autorité une maison destinée à loger un capitaine, qu'il est né sujet de la République, et que tous les étrangers qui abordent en Corse sont obligés de faire une visite au commissaire général.

Si Votre Grandeur trouve à propos d'ordonner que le sieur Garibaldo quitte la Corse avec défense d'y retourner, le marquis Mari en deviendrait plus tranquille, même sur le refus que fait M. de Boissieux de commencer les hostilités.

Je passerai à Bastia par le premier beau temps.

J'ai l'honneur d'être, Monseigneur, etc.

PIGNON.

(M. A. E. — Corse, Vol I).

Boissieux à Amelot.

Bastia, le 28 février 1738.

Monsieur,

J'ai reçu la lettre que vous m'avez fait l'honneur de m'écrire du 11 février, au sujet de M. Pignon. Sur le portrait que vous m'en faites, je serai très content qu'il vienne me joindre. Je compte que ce sera dans peu de jours.

Je n'ai encore aucune relation directe avec les rebelles ; leurs chefs sont actuellement assemblés, et j'attends à tous momens de leurs nouvelles. Il y a lieu de croire qu'elles seront conformes aux volontés du Roi et vous en serez instruit sur les premières démarches qu'ils feront.

J'ai l'honneur d'être, Monsieur, etc.

BOISSIEUX.

(Id.).

Amelot à Pignon.

4 mars 1738.

J'ai reçu, Monsieur, votre lettre du 17 du mois passé. L'impatience où est Salvini d'apprendre que les lettres aient eu un libre cours, m'a fait penser à vous envoyer celles-ci jointes qui ont été depuis peu interceptées, afin que vous puissiez savoir de lui, si ce ne sont pas celles qu'il a écrites (1). Comme elles sont en chiffre je n'ai pu en juger que par le peu qu'elle contiennent en clair. Je n'ai au reste rien à vous marquer aujourd'hui, et je serai vraisemblablement toujours dans ce cas, jusqu'à l'arrivée de vos premières relations de Corse.

P. S. — Il nous est tombé aussi entre les mains une espèce de capitulation pour la levée d'un régiment corse, et que je crois à propos de vous envoyer, afin que vous examiniez s'il ne se fait point en Corse quelques mouvements en conséquence, et s'il y devait.... personne, pour travailler à la mettre à exécution.

(M. A. E. — Corse, Vol. I).

Pignon à Amelot.

Bastia, le 7 mars 1738.

Monseigneur,

J'arrivai en cette ville le 3 de ce mois. M. de Boissieux me communiqua où il en était avec les principaux chefs des Corses d'en deçà les Monts ; je vis avec un extrême plaisir

---

(1) La première de ces lettres est datée du 6 janvier 1738; la deuxième est sans date; elles n'ont aucune importance ni l'une ni l'autre.

que ces peuples lui avaient écrit, par une première lettre, dans des termes à faire espérer qu'ils se soumettraient à la volonté du Roi. Il a reçu depuis deux jours une autre lettre de ces mêmes chefs dans laquelle ils lui marquent qu'ils sont prêts d'abandonner au Roi leur vie, leur liberté et leurs biens, et qui plus est encore, de rentrer sous la domination génoise, si Sa M. le veut ainsi, ce qu'à Dieu ne plaise, et ils ont prié M. de Boissieux de leur envoyer des passeports pour le chanoine Orticoni et l'avocat Gafforio, qu'ils ont choisis pour venir l'assurer de leur soumission à la volonté du Roi. Ils ajoutent qu'ils espèrent que les peuples de l'autre côté des Monts, qu'ils ont informés de leur résolution, suivront leur exemple, qu'il leur ont écrit pour les y déterminer, mais qu'attendu la distance des lieux et le temps nécessaire pour assembler les chefs, on ne pourra recevoir les actes authentiques de leur soumission qu'à la fin du mois. Cette lettre est en réponse à une de M. de Boissieux, par laquelle il les avait assurés de la clémence du Roi, et que S. M. les garantirait de l'oppression des Génois, si préliminairement tous les peuples reconnaissaient la République de Gênes pour leur légitime souverain et rentraient sous sa domination. M. de Boissieux leur envoya hier par un tambour les passeports qu'ils lui ont demandés, et comme ces députés ne sont qu'à une journée d'ici, ils arriveront incessamment.

Jusqu'ici les choses sont dans la meilleure situation du monde ; il est à espérer que M. de Boissieux les conduira à une heureuse fin, malgré les oppositions que pourra y mettre le commissaire général de cette île, à qui la voie de conciliation ne plaît pas, non plus qu'à la République.

Je remis à M. de Boissieux, à mon arrivée en cette ville, des lettres ouvertes que Salvini écrivait à plusieurs chefs des Corses, et je l'assurai, comme il était vrai, que je ne les avais pas lues. Salvini, par un excès de confiance en moi, et dans la crainte que quelques-uns de ces chefs n'eussent pas été satisfaits de ce qui s'était passé dans une entrevue qu'il supposait qu'il y avait eu avant mon arrivée, les exhortait à en demander une autre, dans laquelle devait se trouver une personne en qui il les priait de mettre toute leur confiance (c'était de moi dont il voulait parler), les assurant de sa bonne volonté et de son crédit, et leur disant plusieurs autres choses très propres à faire soupçonner que je voulais m'approprier la négociation. Je n'ai pas pu désapprouver le soupçon que ces lettres ont produit dans l'esprit de M. de Boissieux; cependant la conduite que j'aie tenue en lui remettant ces mêmes lettres ouvertes pour en faire faire la traduction, est une preuve que j'en ignorais le contenu, et celle que je tiendrai dans la suite effacera la prévention à laquelle elles ont donné lieu. Salvini, ignorant les dispositions de M. de Boissieux et connaissant les miennes, souhaitait que j'eusse occasion de parler avec les chefs, persuadé que je les rassurerais contre la crainte qu'ils ont de se voir exposés à l'avenir aux mêmes maux qui les ont obligés à prendre les armes. Au reste je ne puis que me louer des manières que M. de Boissieux a pour moi et de son attention a me communiquer tout ce qui se passe au sujet de l'affaire des Corses ; de mon côté, je n'oublierai rien pour lui rendre ma venue dans ce pays-ci utile.

J'ai l'honneur d'être, Monseigneur, etc.

Pignon.

(M. A. E. — Corse, Vol. I).

Pignon à Amelot.

Bastia, le 14 mars 1738.

Monseigneur,

Les députés des Corses ne sont pas encore arrivés ; ils ont écrit à M. de Boissieux qu'ils ne pourront se rendre auprès de lui que le 16 de ce mois. La mésintelligence qui règne entre les chefs et les peuples des provinces les plus considérables de ce royaume sont cause de ce retardement ; mais si on doit s'en rapporter à ce qu'écrivent les chefs, la désunion dont il s'agit n'empêchera pas l'effet de leur promesse.

J'ai l'honneur, Mgr., etc.

PIGNON.

(M. A. E. — Corse, Vol. I).

Amelot à Pignon.

Versailles, le 18 mars 1738.

J'ai reçu, M., vos deux dernières lettres du 25 et 28 février dernier. Lorsque M. de Boissieux vous a écrit, il n'était pas instruit des ordres qui vous avaient été envoyés à Livourne. Je l'ai prévenu depuis à ce sujet et vous ne devez point craindre de n'en être pas bien reçu. Nous ne sommes point encore instruits de l'effet qu'aura produit sur les peuples de Corse l'arrivée des troupes du Roi. M. de Boissieux est dans la disposition d'écouter les propositions qui lui seront faites par leurs chefs ; mais M. Brignole prétend qu'ils ont eux-mêmes fort peu de crédit et qu'on ne peut prendre confiance que dans les Pères des Communes, et si on peut les persuader de celle qu'ils doivent avoir à la justice de S. M., ils n'auront pas de peine à faire passer ces mêmes sentiments dans l'esprit des peuples. S. Em. persiste à croire qu'il y aurait trop d'inconvénient et en même temps fort peu de sûreté à attirer la négociation, et que ce n'est que sur les lieux qu'on peut s'assurer de la véritable disposition des esprits et prendre des arrangements solides. S'il y a parmi les Génois quelques esprits emportés ou qui trouvent leur avantage dans la continuation de la guerre, ce ne sera pas vraisemblablement leur sentiment qui décidera. Vous me ferez plaisir de m'informer le plus souvent qu'il vous sera possible de l'état des choses et des différentes vues que les occasions pourront vous faire naître pour le succès de cette entreprise. Je prendrai incessamment les ordres de S. Em. au sujet du Sr Garibaldo.

(M. A. E. — Corse, Vol I).

Amelot à Pignon.

Versailles, le 25 mars 1738.

J'ai reçu, Monsieur, votre lettre du 7 de ce mois. J'ai vu, avec plaisir, ce que vous me mandez de la disposition où paraissent les habitants de Corse de se soumettre aux volontés du Roi.

Au reste, S. Emin. ne vous soupçonne point d'avoir voulu vous attirer une partie de la négociation. Si les lettres de Salvini ont pu donner quelque impression à M. de Boissieux, je suis persuadé que vous les effacerez par la sagesse de votre conduite et que vous n'agirez qu'autant qu'il jugera à propos de vous employer et sans vous écarter en aucune manière de ce qui vous sera prescrit de sa part.

Je suis etc.

(Id.).

Pignon à Amelot.

Bastia; le 26 mars 1738.

Monseigneur,

J'ai reçu la lettre que vous m'avez fait l'honneur de m'écrire le 4 de ce mois ; celle qui y était jointe à l'adresse du chanoine Orticoni est de Salvini. Je l'avais adressée à M. de Villeheurnoy, commissaire des guerres, pour la faire remettre au vice-consul de France de cette ville sous l'enveloppe de qui elle était ; c'était la troisième lettre de Salvini que je faisais passer par son canal. Je m'étais concerté à ce sujet avec lui pendant le séjour qu'il fit à Livourne, et je lui avais recommandé de voir le moins qu'il pourrait le vice-consul, parce qu'il est suspect aux Génois. Cependant M. de Villeheurnoy, on a de la peine à le croire, intercepte la troisième lettre que je lui adresse, en envoie copie à M. D'Angervilliers et m'en fait un mystère.

J'ai l'honneur d'être, Monseigneur, etc.

PIGNON.

(Id.).

Pignon à Amelot.

Bastia, le 26 mars 1738.

Monseigneur,

Les députés ne sont pas encore arrivés ; leur retardement jette du soupçon dans l'esprit de bien des gens, cependant il est sûr qu'il n'est causé que par les difficultés que les chefs ont rencontrées dans plusieurs pièves à faire donner les pouvoirs des habitants aux députés qu'ils ont nommés. Ces habitants veulent se soumettre et désirent la paix plus véritablement que les chefs, mais ils voient avec peine que ces mêmes chefs qui n'ont pas sur eux l'autorité que semble leur donner ce titre, voudraient se l'attribuer. Jaloux de leurs droits, ils ont été fâchés qu'on ait délibéré à leur insu de se soumettre, et que, sans les consulter, on ait élu des députés. Par les intelligences que j'ai dans l'intérieur de l'île, j'apprends que plusieurs de ces pièves ont enfin donné leurs pouvoirs, et on me promet des députés autorisés de la part de celles qui ne les ont pas encore donnés. Si elles persistent à les refuser (elles sont au nombre de sept, savoir : Niolo, Talcini, Giovellina, Venaco, Bozio, Castello et Rogna), il est à souhaiter qu'elles s'adressent directement à M. de Boissieux ; le bon accueil qu'on leur fera dans la personne de leurs députés les aliénera entièrement des chefs et contribuera infiniment à rendre ceux-ci plus dociles.

J'ai l'honneur d'être etc.

PIGNON.

(M. A. E. — Corse, Vol. I).

Pignon à Amelot.

Bastia, le 30 mars 1738.

Monseigneur,

Le chanoine Orticoni et le docteur Gafforio, que les peuples de cette île ont députés à M. de Boissieux, arrivèrent en cette ville avant-hier au soir et ne le virent qu'hier matin. Ils s'assurèrent de la part des peuples de leur soumission à la volonté du Roi, et lui dirent que, pour se rendre plus tôt auprès de lui, ils n'avaient pas apporté les actes de la soumission des Corses, mais qu'ils comptaient les recevoir dans huit jours au plus tard. Quand ils se furent retirés, M. de Boissieux me fit appeler pour me communiquer ce que lui avaient dit ces députés. Je lui en témoignai ma surprise et je l'assurai qu'ils avaient apporté plusieurs de ces actes, et qu'ils étaient retenus par la honte de ne les avoir pas tous comme ils s'en étaient flattés.

M. de Boissieux manda ces députés hier au soir. Je me trouvais chez lui et je fus admis à cette seconde audience. Je leur dis qu'il était étonnant et que je ne me persuadais pas qu'ils eussent osé venir se présenter à M. de Boissieux sans avoir les actes de la soumission des Corses, après les lui avoir promis par leurs lettres, ce qui rendait leur mission inutile ; qu'ils ne devaient pas être surpris qu'on les soupçonnât de mauvaise volonté et de n'avoir d'autre intention que de tirer cette affaire en longueur. Ces députés, ne pouvant résister à mes raisons, avouèrent qu'ils avaient vingt des actes en bonne forme, et que leur intention était de ne les présenter qu'avec ceux de quelques pièves qu'ils n'ont pas eu le temps de se faire donner, et qu'ils recevront sans faute dans huit jours. Je leur demandai la teneur de ces actes, ils me répondirent qu'elle était dans les termes que nous pouvions désirer. J'ajoutai qu'il fallait les communiquer pour que M. de Boissieux en fit prendre copie et l'envoyer à la Cour. Ils allèrent les prendre chez eux. J'en lus un que je trouvai parfaitement bien, et M. de Boissieux en prit un autre dont il envoya copie à M. d'Angervilliers. Je ne doute pas que les pièves qui jusques à présent ont refusé de donner leur procuration à ces députés ne suivent l'exemple des autres. S'il en était autrement, je suis assuré de les avoir, et de finir cette première opération avec les peuples qui sont en deçà des monts. Quant à ce qui regarde ceux de l'autre côté, attendu la difficulté des chemins qui sont impraticables à cause des neiges, il est à craindre que nous n'en recevions pas de quelque temps les actes de soumission, surtout s'ils les envoient par un député. Orticoni et Gafforio ne doutent pas qu'ils ne les envoient, et offrent d'aller l'un d'eux les prendre, s'ils apprennent que ces peuples fassent quelque difficulté de les donner.

A l'égard des griefs de ces peuples et des demandes qu'ils ont à faire, les députés se réservent à en donner l'état après avoir remis à M. de Boissieux les actes de soumission de tous les peuples de cette île. Cet état sera envoyé à la cour, où le sort de ces peuples doit être réglé. J'ai représenté à M. de Boissieux qu'il était important avant de l'envoyer, de se faire donner des otages à sa satisfaction pour sûreté de l'exécution de ce qui sera ordonné.

J'ai l'honneur d'être, Monseigneur, etc.

PIGNON.

(M. A. E. – Corse, Vol. I).

Pignon à Amelot.

Bastia, le 6 avril 1738.

Monseigneur,

J'ai reçu la lettre que Votre Grandeur m'a fait l'honneur de m'écrire le 18 du mois passé.

Il est vrai, comme le dit M. de Brignole, que les chefs des Corses n'ont pas un pouvoir absolu sur ces peuples, mais il est encore plus certain que ceux-ci n'oseraient faire aucune démarche sans la participation des chefs, et que les PP. des Communes, qui sont leurs créatures, n'auraient pas pu, sans leur secours, les déterminer à la soumission, attendu l'aversion que ces peuples ont pour la domination génoise. Le refus que font quelques piéves de donner leur procuration à ceux des chefs que M. de Boissieux a écoutés en est la preuve, puisque, ne pouvant se dispenser de se soumettre, ils ne s'en défendent qu'à la sollicitation de leurs chefs, qui ne s'y opposent que parce que les autres ne les ont pas appelés à l'assemblée dans laquelle il a été délibéré de se soumettre à la volonté du Roi, et qu'ils ne leur ont pas communiqué les démarches qu'ils ont faites auprès de M. de Boissieux. Ces mêmes chefs, dont l'un s'appelle Arrighi et l'autre Felice, sont actuellement après à faire dresser les actes de soumission de ces piéves et ils les enverront incessamment à M. de Boissieux. Mais les Génois ne se contentent pas de la soumission des peuples ; ils voudraient la mort des chefs et la confiscation de leurs biens, et ce qui les intéresse encore plus, ils voudraient éviter la honte que leur fera l'exposition des motifs de la révolte des Corses.

Les choses sont ici dans le même état; les députés y attendent toujours les actes de soumission des peuples qu'ils n'ont pas eu le temps de retirer avant leur départ, afin de se rendre plus tôt auprès de M. de Boissieux, et ils espèrent de les voir arriver tous les jours. Ce qui est bien vrai, c'est que tous les peuples sont portés à la soumission, et que si ceux de certaines pièves n'ont pas encore donné leurs actes de soumission, c'est parce que leurs chefs n'ont pas été consultés. Mais tant ceux-ci que les peuples ne demandent pas mieux que d'être admis à faire leur déclaration, et si ces pièves ont persisté à en refuser les actes au S. Ginatale, qui leur a été envoyé pour les retirer de la part des chefs qui ont député ici le chanoine Orticoni et le docteur Gafforio, elles les envoyeront à M. de Boissieux.

J'ai l'honneur d'être etc.

PIGNON.

(Id).

Pignon à Amelot.

Bastia, le 12 avril 1738.

Monseigneur,

De 22 pièves qui composent la partie de cette île en deçà les monts, 15 ont envoyé leurs actes de soumission au chanoine Orticoni et au docteur Gafforio. Ceux-ci en les remettant, il y a quelques jours, à M. de Boissieux, l'ont assuré qu'ils recevraient incessamment les actes de deux autres pièves, mais qu'ils ne se flattaient pas de recevoir ceux des cinq restantes à cause, disent-ils, que des gens mal intentionnés en détournent les peuples ; ces députés le prièrent de la part de leur jonte de donner édit contre les homicides, portant que ceux qui en commettraient après la publication, n'en obtiendraient pas le pardon.

M. de Boissieux m'ayant communiqué ce que lui avaient dit les députés, je lui représentai que non seulement il ne lui appartenait pas de faire une pareille défense, mais même qu'il ne convenait pas qu'on la fît avant de s'être assuré de la soumission de ces peuples, les meurtres qui sont devenus très fréquents, depuis qu'on parle de paix, la faisant désirer et étant un motif pressant de faire souhaiter le rétablissement de la justice dans ce pays-ci.

Quant aux pièves dont les députés n'espèrent pas de recevoir les actes de soumission, si elles persistent de les refuser aux chefs qui ont pris leur délibération sans la participation de ceux de ces pièves, elles les enverront à M. de Boissieux ; il y a lieu de croire que ce sera au plus tôt, attendu les avis qu'on a reçus de ces endroits. Ils portent que le lieutenant Arrighi Casanova et le nommé Felice, principaux chefs de ces pièves, sont après à faire dresser les actes de leur soumission.

Nous attendons incessamment le résultat de l'assemblée qu'ont faite les peuples de l'autre côté des monts. Le Sr Luc Ornano, qui en est le premier chef, a écrit à ceux de la jonte de Casinca qu'ils croyaient que les peuples feraient difficulté de rentrer sous la domination des Génois ; il est vrai que la chose leur fait beaucoup de peine, mais peuvent-ils s'en défendre quand le Roi le veut, et que les députés de ce côté des monts, qui composent les deux tiers du royaume s'y sont soumis ?

J'ai l'honneur d'être etc.

PIGNON.

(M. A. E. — Corse, Vol. I).

Amelot à Boissieux.

Versailles, le 15 avril 1738.

M. D'Angervilliers m'a fait part, M., de votre mécontentement à l'égard du Sr Pignon et des soupçons que vous aviez de ses relations fréquentes avec M. le marquis de Mari, aussi bien que de ses correspondances secrètes. L'intention de S. E. n'a jamais été que la négociation passât par d'autres mains que les vôtres. Elle ne vous a envoyé le Sr Pignon que pour agir sous vos ordres, le croyant propre, par les liaisons qu'il avait trouvé le moyen de former dans le pays, à vous aider dans beaucoup de petits détails et de correspondances dans lesquelles il ne convient pas à un chef de se compromettre. Dès que le Sr Pignon s'écarterait des bornes qui lui ont été prescrites, S. E. ne ferait aucune difficulté de le rappeler; mais ce qu'il m'a mandé en dernier lieu me ferait croire qu'il ne vous serait plus également suspect, puisque vous l'avez admis à l'audience que vous avez donnée aux députés des Corses, et que vous n'avez pas trouvé mauvais qu'il conférât avec eux devant vous. Cependant si vous pensez toujours de même sur son compte, et s'il continue à vous donner sujet de vous plaindre de sa conduite, je lui enverrai ordre de revenir sur le premier avis que vous m'en donnerez.

Je suis très parfaitement, etc.

(M. A. E. — Corse, Vol. I).

Amelot à Pignon.

15 avril 1738.

J'ai reçu, Monsieur, votre lettre du 30 mars. M. d'Angervilliers m'a communiqué le modèle de procuration des députés qui lui a été envoyé par M. de Boissieux. On y reconnaît l'aversion invincible des peuples pour les Génois, malgré la soumission dans laquelle ils paraissent être aux volontés du Roi. Il ne sera pas peut-être facile de trouver des tempérament qui puissent fonder un accord solide et durable ; il ne faut pas cependant désespérer de conduire l'affaire à une heureuse fin. Les ressources des rebelles sont épuisées et je ne crois pas qu'ils continuent de se flatter de recevoir les secours que Théodore leur avait promis. Ils paraissent d'ailleurs persuadés que le Roi n'a d'autres intentions que de leur procurer un sort paisible, mais il n'en est pas moins nécessaire de leur faire connaître ce qu'ils auraient à craindre s'ils abusaient de la bonté de Sa M. Ils remettront apparemment incessamment à M. de Boissieux un état de leurs griefs et de leurs demandes, et l'on pourra mieux juger par là de leurs véritables dispositions.

Je dois vous avertir que S. Em. a été surprise de vos liaisons et de vos correspondances fréquentes avec M. le marquis de Mari, dont nous avons cru avoir sujet de nous plaindre. Cette conduite de votre part paraissant fort opposée à celle que tient M. de Boissieux, je vous prie de m'en donner éclaircissement.

Je vois avec plaisir que M. de Boissieux paraît vous donner présentement quelque part dans sa confiance ; cependant je ne puis trop vous recommander d'éviter tout ce qui pourrait lui donner le moindre ombrage et réveiller ses premiers soupçons à votre égard. Il aurait raison de trouver mauvais que vous lui fissiez mystère de vos correspondances secrètes ; ainsi vous ne devez lui rien cacher de vos liaisons dans le pays, et vous ne devez même écrire aucune lettre sans lui en faire part.

Je suis etc.

P. S. — Je suis averti qu'on doit envoyer incessamment à Livourne 4 galiotes lipariennes bien armées et qu'on les soupçonne destinées à faire passer des secours en Corse.

(M. A. E. — Corse, Vol. 1).

Pignon à Amelot.

Bastia, le 19 avril 1738.

Monseigneur,

Les députés Orticoni et Gafforio ayant témoigné à M. de Boissieux qu'ils seraient bien aises de s'aboucher avec les chefs des pièves de ce côté des monts au sujet des mémoires qu'ils doivent dresser de leurs griefs, et pour hâter l'expédition des actes de soumission qu'ils n'ont pas encore reçus, partirent mercredi dernier, 16 du courant, pour Casinca où se sont trouvés lesdits chefs ; il m'est revenu que deux d'entre eux, savoir : Giafferri et le notaire Théodore Morato, avaient déclaré qu'ils ne rentreraient pas sous la domination de la République, mais que le chanoine Orticoni qui leur avait dit que le Roi le voulait absolument et que M. de Boissieux ne pouvait pas s'éloigner des ordres qui lui ont été donnés à ce sujet, leur ayant signifié qu'ils étaient les maîtres de prendre tel parti qu'ils voudraient, mais que lui et les autres chefs étaient résolus d'obéir à S. Em., ceux-ci avaient été obligés d'inviter les autres en consentant de se soumettre à la République. Les députés devaient arriver aujourd'hui 19 ; ils ont écrit à M. de Boissieux de ne pas trouver mauvais qu'ils restassent encore quelques jours à Casinca, les affaires qui les y ont appelés le demandant ainsi.

Le chanoine Orticoni a conduit les affaires au point où elles sont ; il a employé l'adresse et la dissimulation pour ramener ces peuples que peu de chose effarouche, et quand il est venu ici, il leur a laissé espérer que le Roi étant touché de la peine qu'ils ont de repasser sous la domination de la République, S. M. ne les obligerait pas. C'est dans cet esprit qu'il a inséré dans les actes de soumission, que ces peuples se soumettront de nouveau à la République, si le Roi l'ordonne, mais qu'ils aimeraient autant mourir.

J'ai eu l'honneur de vous informer que les pièves de la montagne, à la sollicitation de leurs chefs, avaient refusé de donner leurs actes de soumission à la réquisition de ceux qui s'assemblèrent à Casinca, mais que, par les intelligences que j'avais dans ces pièves, je comptais de les faire envoyer à M. de Boissieux. Niolo et Venaco les ont envoyés, et M. de Boissieux les a reçus aujourd'hui. Le chef Arrighi Casanova lui a écrit et lui promet non seulement la soumission des autres pièves de la montagne, mais même de toutes celles de l'autre côté des monts, où il s'est rendu pour accélérer cet ouvrage conjointement avec Luc Ornano, son proche parent, qui est le principal chef.

Nous nous confirmons de plus en plus dans la pensée que les Corses obéiront au Roi et reconnaîtront de nouveau la République de Gênes pour leur légitime souverain, sans qu'il soit besoin de les y obliger par les armes. Si cette affaire traîne plus longtemps qu'on ne voudrait, c'est que la voie de la conciliation ne peut être que longue quand on traite avec des peuples féroces, comme sont les Corses, désunis par des querelles particulières, et que ceux-là même qu'on emploie pour les ramener à l'obéissance leur avaient inspiré la révolte. Dans la pensée que la paix se fera bientôt, ils profitent du temps pour venger leurs querelles. On apprend tous les jours de nouveaux meurtres et en quantité. La plupart des chefs n'osent pas sortir de leurs maisons et se font garder ; il ne se peut pas que ceux-là ne souhaitent de voir bientôt rétablie l'autorité du prince qui seule peut assurer leur vie.

Les Corses en se soumettant à la République ne diminueront rien de la haine qu'ils ont pour les Génois et de l'aversion pour leur gouvernement. Tous les secours étrangers dont on les flattait leur ayant manqué, ils n'oseraient s'opposer à la volonté du Roi ; mais persuadés que quand les troupes de S. M. auront évacué cette île, la République ne sera pas en état de les assujettir, surtout si on leur laisse leurs armes, il ne faut pas douter que la révolte ne suive de près le départ de nos troupes. Il est vrai que la République n'a pas su gouverner ces peuples, que ce n'est pas sans raison qu'ils l'accusent de tyrannie dans certains cas, mais il est vrai aussi que ces peuples oisifs, violents et accoutumés à l'indépendance régimberont au joug de tout prince quoique doux. Je pense qu'il est d'une nécessité absolue de les désarmer ; cette opération sera difficile, mais elle est nécessaire ; les Allemands le pensèrent de même, et ils désarmèrent. Le moyen d'y parvenir serait que M. de Boissieux, avant d'envoyer à la cour le mémoire de leurs plaintes et des demandes qu'ils feront, exigeât d'eux des otages pour sûreté de l'exécution de leur part de ce qu'il plaira au Roi d'ordonner. Je le représentai, il y a quelque temps, à M. de Boissieux, et il convint alors de la nécessité de se faire donner des otages. Il m'a dit depuis qu'il craignait que cette demande n'effarouchât ces peuples, et qu'à moins que la couronne le lui ordonnât, il ne la fera pas. Je croyais que sur la représentation que je lui avais faite à ce sujet, il en avait écrit à la cour pour savoir ses intentions, mais il m'a dit qu'il ne l'a pas fait.

J'ai l'honneur d'être etc.

PIGNON.

(M. A. E — Corse, Vol. I).

Amelot à Pignon.

Versailles, le 22 avril 1738.

J'ai reçu, M., votre lettre du 6 de ce mois. Quelques assurances que vous me donniez de la soumission des Corses, je vois qu'il y a toujours beaucoup de peine à les concilier, et je crains qu'il n'y ait de l'affectation dans tous ces prétextes qu'ils apportent pour excuser le retardement de l'envoi des procurations. Ils cherchent peut-être par tous ces délais à gagner du temps, et la saison où la maladie pourrait se mettre dans nos troupes. Pour peu qu'on croie s'apercevoir de cette mauvaise volonté de leur part, il sera nécessaire de recourir à d'autres voies, et même de presser l'envoi des nouvelles troupes qui seront nécessaires, dès qu'il sera question d'employer la force contre les rebelles. C'est sur quoi je vous prie de me donner, autant qu'il vous sera possible, des notions certaines ; une trop longue inaction décréditerait à la fin les armes du Roi, et ne ferait que confirmer les mécontents dans leur obstination, en leur persuadant qu'on n'a jamais eu l'intention d'en agir sérieusement à leur égard.

(M. A. E. — Corse, Vol. I).

Pignon à Amelot.

Bastia, le 26 avril 1738.

Monseigneur,

J'ai eu l'honneur de vous informer que les pièves de la montagne n'ayant pas voulu donner leurs actes de soumission à ceux des chefs qui les avaient promis à M. de Boissieux, le lieutenant Arrighi Casanova, de Corte, jaloux de n'avoir pas été appelé à l'assemblée que les premiers ont tenue et qu'ils traitassent à son insu de la soumission des peuples, s'était employé à ramener à l'obéissance les pièves de la montagne ; avant de rien entreprendre, il écrivit à M. de Boissieux pour l'assurer de sa soumission aux ordres du Roi, et demander sa protection en considération des services que ses aïeux avaient rendu à la France. Je lui remis moi-même cette lettre, il me remit la réponse qu'il lui fit dans laquelle il assurait ledit Arrighi de sa protection, s'il s'en rendait digne, et il approuva que je lui fisse écrire de tâcher d'obtenir les actes de soumission des pièves de la montagne. Dix ou douze jours après, le même Arrighi envoya à M. de Boissieux les actes de soumission des pièves de Niolo et de Venaco, les mêmes qui persistaient à les refuser aux chefs, et que les députés avaient dit à M. de Boissieux ne vouloir se soumettre. Ces actes de soumission et la lettre d'Arrighi qui les accompagnait furent remis à M. de Boissieux par le S. Adriani, de Corte, qui demeure dans cette ville depuis le commencement de la révolte et qui est un parfait honnête homme. M. de Boissieux reçut avec beaucoup de plaisir ces actes, persuadé que rien désormais ne retarderait ses opérations, et que, le parti d'Arrighi pouvant balancer celui des chefs, ils en seraient plus traitables. Celui-ci lui marquait, dans la lettre que lui rendit Adriani, qu'il allait passer de l'autre côté des monts pour porter les peuples à la soumission, et qu'il avait envoyé des gens de confiance pour faire la même chose dans les pièves de la montagne de ce côté-ci, qui ne s'étaient pas encore soumises. M. de Boissieux s'entretint avec Adriani, lui communiqua l'état des pièves soumises que lui avaient remis les députés pour savoir ce qu'il en pensait et il parut fort content de lui.

Le 23 de ce mois, M. de Boissieux me fit appeler, et il me dit d'un ton fort fâché que j'avais mis le désordre dans les pièves par la désunion que j'avais semée parmi les chefs; que les Génois ne cessaient de le traverser; que mon intimité avec le marquis Mari m'avait rendu suspect aux députés qui, en arrivant ici, lui avaient fait dire qu'ils ne voulaient pas traiter avec moi. « En effet, ajouta-t-il, vous êtes fort souvent avec le marquis Mari, vous vous servez de ses porteurs, et quand vous êtes arrivés ici, vous l'avez vu avant de venir chez moi. » Je le priai, avant de lui répondre, de s'expliquer davantage sur le prétendu désordre que j'avais mis dans les pièves et sur l'empêchement que les Génois mettaient à ses opérations. Il me dit, en me remettant deux lettres, que c'en était la preuve.

L'une de ces lettres est du nommé Lucio Lucioni, qui se qualifie de gouverneur de la piève de Rogna ; elle est écrite à deux chefs qui sont à Casinca. L'autre est de Hyacinthe Paoli à M. de Boissieux ; j'en joins ici la copie et la traduction, de même que de trois autres que les chefs ont envoyées à M. de Boissieux, et que j'ai eu le moyen d'avoir à son insu, ainsi que des premières.

Après avoir pris lecture des deux lettres je dis à M. de Boissieux avec beaucoup de modération que, bien loin d'y trouver rien qui approchât du désordre qu'il me reprochait, ni des plaintes qu'il faisait contre les Génois, je lisais avec plaisir l'heureux succès qu'il avait tant désiré des démarches du lieutenant Arrighi ; mais M. de Boissieux, prévenu, ne voulut jamais en convenir.

Il résulte de celle de Lucio Lucioni que celui-ci, craignant le ressentiment que les chefs pouvaient avoir de ce qu'il avait, conjointement avec les peuples de la piève de Rogna, donné l'acte de soumission qu'en avait rapporté le notaire Jean Jérôme Focicchia, envoyé à cet effet par Arrighi, veut se disculper ; mais il le fait mal, car il n'y a pas le sens commun dans les raisons qu'il allègue. M. de Boissieux a d'autant plus de tort de se plaindre des Génois dans cette occasion que, s'il était vrai, ce qui n'est pas, qu'ils eussent envoyé des émissaires dans la piève de la montagne pour porter les peuples à la soumission, ils l'auraient servi comme il doit souhaiter de l'être, puisqu'il lui importe fort peu par qui les peuples soient conseillés de se soumettre.

Je comprends facilement que les députés ne seraient pas fâchés que M. de Boissieux ne me donnât aucune connaissance des affaires de Corse ; ils sont prévenus qu'il ne leur est pas aisé de me surprendre. En effet M. de Boissieux m'ayant dit qu'ils n'avaient point apporté d'actes de soumission, sur la réponse que je lui fis que cela ne pouvait pas être, les ayant fait appeler, je les forçai d'avouer qu'ils en avaient apporté 20. Quelque temps après M. de Boissieux m'ayant dit que tout était rompu, que les chefs lui avaient écrit que les peuples ne voulaient pas se soumettre, et qu'il allait demander à la cour qu'on fît approcher les troupes, je lui répondis que j'étais assuré que plusieurs pièves s'étaient soumises, et ayant reproché aux députés qu'il fît venir le procédé des chefs, M. de Boissieux, qui écrivit à ceux-ci sur un ton un peu fâché, reçut en réponse les actes de soumission de quatorze pièves. Je n'ai jamais prié les députés, ni ne leur ai pas demandé en grâce, comme M. de Boissieux, de faire leurs efforts pour retirer au plus tôt les actes de soumission ; je leur ai toujours dit au contraire que le Roi voulait être obéi, que les Corses par leur obéissance engageraient Sa Majesté à rendre leur sort heureux et à en prendre soin, et enfin qu'ils pouvaient obtenir beaucoup en lui obéissant, et qu'en n'obéissant pas, ils causeraient eux-mêmes leur ruine totale.

Quant aux autres griefs que M. de Boissieux alléguait contre moi, je lui dis qu'il y avait longtemps que je savais que j'étais suspect dans ce pays-ci, qu'il avait dû s'en apercevoir lui-même lorsqu'immédiatement après l'arrivée des députés dans cette ville, le Sr Gourney, son aide de camp et secrétaire, et beau-frère de M. de Campredon, vint lui dire en présence de MM. les colonels et de moi que les députés ne voulaient traiter absolument qu'avec lui ; j'ajoutai que ceux-ci avaient désavoué la chose, qu'à l'égard du marquis Mari, si j'avais connu qu'il l'eût traversé, je l'en aurais averti, lui, M. de Boissieux, et que j'aurais cessé de le voir si, sur mes représentations, il n'avait pas discontinué ; que je pouvais l'assurer au contraire que depuis mon arrivée, il n'avait tait aucune démarche qu'il pût lui reprocher avec justice et qu'il lui devait celle de ne lui avoir fait aucune représentation contraire à ses vues, depuis qu'il avait reçu de nouvelles instructions de sa République; que je m'étais servi de l'amitié qu'il a pour moi à empêcher qu'il n'informât sa République des justes sujets de plainte qu'il a eus ; que si je prends ses porteurs pour aller chez lui, M. de Boissieux, lorsqu'il pleut, c'est qu'il n'y en a pas d'autres ici, et que ce fut par occasion que je le vis avant lui lorsque j'arrivai.

Enfin M. de Boissieux persistant sur l'ombrage que mon intimité avec le marquis Mari, disait-il, causait aux députés, et dont il n'a pas été question pendant le séjour qu'ils ont fait ici, je lui dis qu'il était le maître de m'éloigner des affaires, et que, s'il le voulait. je m'éloignerais d'ici. Il me fit connaître à l'égard du premier chef qu'il était résolu de ne me communiquer chose au monde, et il me dit, quant au second, qu'il n'avait rien à me prescrire, que je pouvais partir si je voulais ; à quoi je répondis qu'il ne m'était pas permis de le faire sans la permission de Votre Grandeur, puisque j'étais venu ici par son ordre, que j'aurais l'honneur de vous la demander, puisque je lui étais désormais inutile. Mais pour que ma demande ne me fît pas soupçonner d'inquiétude, vu le peu d'empressement que j'ai témoigné de venir ici, je le priai d'écrire que l'ombrage que mon intimité avec le marquis Mari causait aux députés pouvait le gêner dans ses opérations. Il me le promit. J'attendrai avec impatience vos ordres à ce sujet, Monseigneur ; je suis persuadé que Votre Grandeur me mandera de me retirer, puisque je serai désormais inutile ici. En attendant, je continuerai à vous rendre compte de ce qui viendra à ma connaissance par des voies indirectes.

M. de Boissieux est un parfait honnête homme, mais qui s'est laissé prévenir par les Srs Peloux et Gourney en faveur des rebelles, au point qu'il ne les croit point capables de le tromper ; et ces messieurs, pour des motifs connus ici à tout le monde, m'y voient avec peine. M. Peloux a plus fait pour me brouiller avec le marquis Mari ; il lui fit dire par une personne en qui il croyait qu'il eût de la confiance, de se méfier de moi et que je le trompais.

Si M. de Boissieux lisait sans prévention la lettre que de Paoli et Giafferri lui ont écrite, il y verrait clairement qu'ils l'abusent. Les peuples demandent la paix et ne refusent pas de rentrer sous l'obéissance de la République. Les chefs au contraire cherchent à gagner du temps. Tout ce qui a été dit ici à leurs députés en faveur des Corses, la prévention contre les Génois qu'ils ont connue dans les Français qui les ont le plus fréquentés, les persuadent qu'on ne veut pas leur faire la guerre, et que s'ils sont obligés de se soumettre, ce sera aux conditions qu'ils voudront. C'est dans cette vue qu'ils temporisent et qu'ils accusent les prétendus émissaires de la République de leurs artificieuses longueurs. Etait-il nécessaire qu'ils appelassent les députés pour détromper les peuples, puisqu'il est vrai qu'ils n'ont été qu'à Casinca où les peuples ne se sont pas trouvés? L'assemblée dont parlent les chefs dans laquelle les peuples prendront de parfaits éclaircissements, est un prétexte pour retarder le retour des députés, puisqu'il n'est pas vrai que, si on tenait une assemblée, les peuples y fussent appelés.

Les chefs ne disent mot dans leur lettre de l'état où sont les choses de l'autre côté des monts ; on m'a cependant assuré que Luc Ornano et Durazzo ont été députés de la part des peuples pour apporter à M. de Boissieux des assurances de leur soumission sans réserve à la volonté du Roi et qu'ils étaient attendus le 26 à Casinca. Si cela est, je présume que les chefs de ce côté-ci se proposent de les détourner du parti que peut leur avoir fait prendre Arrighi de traiter de leurs affaires séparément ; leur salut, c'est ainsi qu'ils parlent, dépend de leur union et de leur bonne intelligence ; il se peut aussi qu'ils veuillent tâcher de réconcilier Durazzo avec Orticoni, et Arrighi avec Gafforio, ennemis mortels, et que ce soit là le véritable sujet du retardement des députés.

Avant de rendre compte de ce qui se passe à Votre Grandeur, j'ai écrit à M. de Boissieux la lettre suivante à laquelle il n'a pas répondu : « Monsieur, — Excusez la liberté que je prends en faveur du zèle que j'ai pour le service du Roi. Les chefs vous trompent, rien n'est plus évident ; je le vois dans la lettre artificieuse qu'ils vous ont écrite ; celles qui y étaient jointes et qu'ils ont dictées le prouvent. Je vous demande en grâce de les lire sans prévention. J'ai etc. »

J'ai l'honneur d'être, Mgr. — PIGNON.

On vient de me dire qu'un des chefs, avec beaucoup de gens armés, est allé demander raison aux pièves de Niolo et Venaco des actes de soumission qu'elles ont envoyés à M. de Boissieux.

(M. A. E. – Corse, Vol. I).

Lettre de Lucio Lucioni
jointe à la lettre de M. Pignon du 26 avril 1738.

Aff.mo mio Padrone,

Ho veduto la procura e lettera inviataci ; e questa mattina si sono avvisati li popoli, onde credo s'eseguirà con prestezza. L'altro ieri è arrivato per questi paesi il nostro Gio : Ger.mo Fucicchia con una supplica, facendola sottoscrivere ad alcuni dicendo che per li venti corrente sarebbono arrivate le truppe genovesi a Corte, e che l'inviati l'aveano avvisato tale in Corte, e che l'aggiusto non potea succedere atteso che vi era la richiesta delle armi ed ostaggi, sicchè mettendoci in gran spavento, alcuni lo sottoscrissimo, assicurandoci come parente, che ne sarebbe ridondato in nostro beneficio ; onde trovandomi tutto confuso, non so che dirmi, se non che non l'ho fallita ; ma l'assicuro che se va avanti, me ne darà conto, poiche credevo cercasse il mio decoro, e non il mio vitupero. Credo che il medemo sarà costi, al quale scrivo un biglietto di fuoco, acciò mi scassi ; procurate che gli venga in mano ; e se fosse possibile, farli levare quella suplicaccia, sarebbe a tutti di consolazione. La suplica, mi dice il P. Antonio Maria essere opera del Pe Pietro Paolo, come gia credo, perche è mano di suo cugino Pe Francesco Antonio. Questa volta mi hanno saputo burlare ; poichè tante altre mi ero difeso da impegni maggiori, anche dalli Panzani miei congionti ; buon pro mi faccia. La saluto con tutti gli altri patri, ed in specie il cugino, e mi soscrivo di V. E. etc.

LUCIO LUCIONI,
L. 1. Comandante della pieve di Rogna.

Piedicorte, 10 aprile 1738.

Réflexions ajoutées à la lettre par M. Pignon. — On peut croire que les chefs, voulant faire annuler l'acte de soumission de la piève de Rogna, ont écrit qu'il était plus humiliant que celui qu'ils les sollicitaient de dresser conformément à la formule qu'ils ont envoyée ; s'il était vrai que la crainte eût obligé la piève de Rogna de se soumettre, il s'en suivrait qu'elle aurait produit un bon effet.

Comme il ne conste pas que l'on ait parlé aux députés de désarmer les peuples ni de leur demander des otages, il est à présumer que les chefs, craignant qu'on n'en vienne là, l'ont artificieusement inséré dans une lettre qu'ils devaient envoyer à M. de Boissieux pour le prévenir qu'une telle demande lui ferait perdre le fruit de ses opérations.

(Id.).

Biglietto de Lucio Lucioni
joint à la lettre de M. Pignon du 26 avril 1738.

Sig. Giangei^{mo},

All'avuta della presente omninamente mi scuserete da quella supplica da voi malamente portata attorno, perchè si trova tutto falso il vostro operato ; e non sia fallo, altramente haverò occasione duolermi di voi, ve ne prego, ve ne supplico.

Lucio Lucioni,
L. I. Comandante della pieve di Rogna.

(M. A. E. — Corse, Vol. I).

Lettre des chefs Hyacinthe Paoli et Luigi Giafferri à M. le comte de Boissieux
jointe à la lettre de M. Pignon du 26 avril 1738.

(Sans date. On n'a pu avoir de cette lettre que la traduction).

Excellent Seigneur,

Tous les moyens imaginables qui peuvent contribuer au service et à la satisfaction de V. E. pour la conclusion finale de l'affaire publique dont elle est chargée par son souverain, sont notre unique étude et occupent toutes nos pensées. Nos réflexions ne nous en ont point fourni qui nous ait paru plus convenable et plus nécessaire que le retour de nos députés en ce lieu, afin d'instruire les peuples des très équitables intentions de S. M. T. C. à leur avantage, ce qui ne manquera pas de dissiper tous les nuages qui avaient commencé à s'emparer de plusieurs esprits en conséquence de ce que quelques ministres du commissaire génois ont parcouru sourdement quelques pièves et y ont donné de fausses et impies maximes de division qui, sous d'apparentes, mais captieuses raisons, tendaient à empêcher l'heureux succès de la bonne conduite de V. E. et à faire naître par conséquent pour notre malheur une rupture avec les armes de la France, en faisant tous les efforts par de faux exposés pour tirer des Anciens des différents lieux des procurations et des attestations différentes dont la fausseté et les inconvénients, ayant été développés, ont donné lieu à les rétracter. Seigneur Comte, ces artifices sont les productions de cette haine invétérée que les Génois conservent dans le cœur contre la nation Corse ; qui pourra donc jamais croire que notre réunion avec eux soit possible ? Mais la miséricorde de Dieu et la prudence du Roy Très Chrétien y pourvoiront. Au reste la zizanie que l'on sème n'aura pas l'avantage de croître parce que l'on prendra de parfaits éclaircissements dans l'assemblée qui se fera sur la fin du mois. Les procurations des pièves en deçà des monts sont déjà presque toutes entre les mains des députés qui seront dans peu de retour auprès de V. E. ; qu'elle se repose avec confiance sur notre continuelle attention à la servir en tout ce qui sera de son bon plaisir. Pour lui prouver notre zèle, nous avons ordonné un camp volant aux environs de Biguglia, pour purger ces lieux des malfaiteurs dont ils sont infectés, et nous avons expédié l'édit concernant la sûreté des gens qui iront couper le bois dans les endroits qui nous sont marqués. Nous demandons à V. E. ses nouveaux ordres ; nous nous faisons gloire de l'obéissance, avec laquelle nous avons l'honneur d'être etc.

Réflexions ajoutées par M. Pignon. — Les chefs fourbes et captieux, accoutumés à imputer aux Génois les difficultés qu'ils rencontrent, les justifient ici contre leur intention ; s'il est vrai, comme ils le disent, qu'ils aient sollicité les peuples de Rogna et de quelques autres pièves à se soumettre, ils prouvent mal qu'ils s'opposent aux opérations de M. de Boissieux, et qu'ils ont une haine implacable contre les Corses. On croira au contraire leur réunion possible, s'ils se soumettent véritablement à la République puisqu'elle les sollicite à la paix. Le terme de réunion, employé dans la lettre des chefs, fait présumer qu'ils pourraient bien prétendre de se faire déclarer confédérés de la République, et non sujets.

(M. A. E. — Corse, Vol. I).

Lettre sans signature jointe à la lettre de M. Pignon du 26 avril 1738.

Corte, le 26 avril 1738.

..... la spedizione che ero intenzionato di fare per Verde ed Alesani, e da Soveria fu spedita la formola della procura fatta qui in Talcini ; io mi giudicai spedire per altra parte, cioè per Rogna, Castello e Fiumorbo, ed il primo rincontro da Rogna ; leggeranno dalle qui inserte lettere gli infami attentati machinati dal Sig. Adriani e suoi aderenti. Il famoso, se dir non voglio meglio, il fumoso Arrighi è passato per il di là da Monti ; il Signor Iddio lo guidi, e gli dia meglior sorte. L'abbraccio ambi due con tutto l'animo e sto attendendo le notizie di mia consolazione e di comune sollievo, soscrivendomi con tutto l'animo etc.

Réflexions ajoutées par M. Pignon. — On voit le ressentiment des chefs contre Arrighi et contre Adriani : l'un a été chargé de remettre à M. de Boissieux les actes de soumission de Niolo et de Venaco et la lettre d'Arrighi, et l'autre a obtenu ces actes dans le temps même que les chefs écrivaient que les peuples de ces pièves ne voulaient pas se soumettre.

Lettre sans signature
jointe à la lettre de M. Pignon du 26 avril 1738.

R.do P.ne Colendmo,

Il Sig. Geronimo Focicchia è andato per questi paesi cercando procure a favore de'Genovesi, e ne ha ingannato molti dicendo assolutè che la pieve di Talcini, Rostino, Rogna ed altre pievi avevano ceduto l'armi e ostaggi alli Genovesi, onde ritrovandosi costì farà che tale procura le sia levata. Lucione ha fatta di subito la spedizione per li paesi, e si farà il tutto. La procura suddetta è stata opera del Casino; anzi va dicendo per questi paesi che la P. S. R. abbi scritto una lettera al Sig. prete Francesco in Altiani, dicendo nella medesima essere noi sotto il dominio de'Genovesi, e che per li venti di questo mese volevano l'armi e ostaggi, o s'intimarà guerra a parte del Re di Francia. Queste cose le va predicando per tutto, e ogn'uno l'ha quasi creduto, mentre asseriva esser veduto lettera di V. E., conoscendo tutti la P. S. R. buon Corso, e tutti l'hanno creduta; onde si prega mandare qualche avviso per disingannare detti popoli, e se sia vera che lei abbia scritto una tale lettera, e di grazia non sia falso, e con... con tutti mi dico etc.

Réflexions ajoutées par M. Pignon. — L'émissaire d'Arrighi avait obtenu l'acte de soumission de la piève de Rogna; les chefs en ayant été informés ont tâché de le faire révoquer, et ont sollicité les peuples par l'entremise de Lucioni d'en faire un autre conformément à la formule qu'ils ont dressée, dans laquelle la soumission des peuples n'est pas tout à fait si bien établie.

Il n'est pas vraisemblable que les peuples, naturellement

méfiants après neuf ans de révolte, se laissent persuader par un étranger que les pièves de Talcini, Rostino et autres qui leur sont limitrophes, ont remis les armes et donné des otages aux Génois. Il est plus probable que c'est une invention des chefs.

(M. A. E. — Corse, Vol. I).

Pignon à Amelot.

Bastia, le 30 avril 1738.

Monseigneur,

J'ai reçu la lettre que Votre Grandeur m'a fait l'honneur de m'écrire le 14 de ce mois.

Je suis bien mortifié que mes liaisons avec le marquis Mari aient déplu à S. Em. Si j'avais eu le moindre soupçon qu'elle ne les eût pas approuvées, je l'aurais vu le moins qu'il m'aurait été possible. Puisque Votre Grandeur me demande une explication à ce sujet, j'aurai l'honneur de lui dire que la conduite que le marquis Mari a tenue depuis mon arrivée justifie la mienne. Il a ôté les patrouilles des environs de la ville, quoiqu'il prévît que les rebelles en deviendraient plus insolents ; il a défendu les actes d'hostilité ; il a renvoyé les Corses qui étaient au service de la République ; il a dissimulé tous les sujets de plainte, contraires aux intérêts de la République, qu'on lui a donnés, et il est allé au-devant de tout ce qui pouvait faire plaisir à M. de Boissieux et faciliter l'heureux succès de ses opérations. Je ne dirai pas que ce soit l'effet de mes liaisons avec lui, quoique tous ceux qui me voient sans peine dans ce pays-ci le disent ; mais je crois pouvoir avancer que mes correspondances fréquentes avec le commissaire général de la République, n'auraient pas dû donner de l'ombrage à M. de Boissieux, d'autant qu'ils se voyaient presque tous les jours et qu'ils mangeaient souvent ensemble.

Je n'ai rien oublié pour gagner la confiance entière de M. de Boissieux. Je l'ai averti de tout ce que j'apprenais chez le marquis Mari, dont il pouvait tirer quelque avantage. Je l'ai informé des dispositions où était Arrighi de porter les peuples de la montagne à la soumission ; il a approuvé qu'il s'y employât. Je n'ai point paru dans cette affaire. Je me suis seulement entendu avec le Sr Adriani qui réside en cette ville, et pour éviter que M. de Boissieux ne soupçonnât que j'avais des intelligences à son insu, j'amenai le Sr Adriani chez lui, et il fut bien aise de le connaître. Comme je ne doute pas que M. de Boissieux n'ait rendu compte à la cour des lettres que lui a écrites Arrighi, on y verra la vérité de ce que j'avance. Cependant on me voit avec peine ici. Je souhaite d'en sortir si Votre Grandeur l'approuve, et que mon départ contribue à l'avancement des affaires.

Le marquis Mari, informé que des felouques lipariennes devaient apporter des secours en Corse, a pris les mesures qui dépendent de lui pour s'y opposer. A cet effet, il a augmenté les gardes qu'il tient sur la côte, et surtout celles des endroits où l'on soupçonne que ces felouques peuvent aborder.

J'ai l'honneur Monseigneur, etc.

PIGNON.

(Id.).

Pignon à Amelot.

Bastia, le 3 mai 1738.

Monseigneur,

M. de Boissieux ayant porté à quelques milles d'ici un détachement qui assurait sa correspondance avec les chefs qui se tiennent à une distance peu éloignée de ce détachement, et pour plus grande sûreté, ayant exigé du marquis Mari qu'il ne fît plus patrouiller pendant la nuit aux environs de la ville, les rebelles y sont venus de temps en temps faire des courses même presque dans les jardins, enlevant les bestiaux, des habitants, hommes et femmes, et commettant plusieurs autres hostilités, M. de Boissieux qui aurait dû faire défendre aux rebelles d'approcher de la ville où il réside, surtout après avoir fait supprimer les patrouilles des Génois, n'en avait témoigné aucun ressentiment jusqu'à dimanche dernier, 27 du mois passé, qu'il fut informé que le capitaine du détachement ayant envoyé un lieutenant avec 20 fusiliers pour obliger un groupe de rebelles de rendre 360 moutons qu'ils avaient enlevés pendant la nuit à un mille d'ici, et parmi lesquels il y en avait à M. de Boissieux, les rebelles couchèrent en joue le lieutenant et sa troupe, leur signifièrent de ne pas avancer, et déclarèrent qu'ils ne rendraient pas les moutons, sur le prétexte qu'on les leur avait pris, il y a un an. Le lieutenant trouva à propos de retourner à son poste et les rebelles continuaient leur route avec les moutons. M. de Boissieux véritablement irrité, se préparait à aller lui-même avec 12 à 15 cents hommes châtier la témérité de ces rebelles, s'ils ne lui donnaient pas satisfaction en réponse à la lettre qu'il avait écrite à ce sujet aux chefs. L'un d'eux en obtint la restitution à soixante près et deux des principaux habitants de la piève des rebelles qui avaient enlevé les moutons, sont venus en faire des excuses à M. de Boissieux.

Les habitants de la province du Nebbio, limitrophe de celle de la Bastia, qui s'étaient toujours maintenus dans l'obéissance de la République et dont les peuples en avaient obtenu des armes pour se défendre contre les rebelles, viennent de donner des marques de révolte par leur désobéissance aux ordres de la République, et ayant chassé le fiscal envoyé par la commission pour prendre des informations sur un assassinat commis dans leur pays, avec menace de le tuer s'ils ne se retirait.

J'ai l'honneur d'être, Monseigneur,

PIGNON.

(M. A. E. — Corse, Vol. I).

Pignon à Amelot.

Bastia, le 4 mai 1738.

Monseigneur,

Les députés viennent d'arriver, ils n'étaient attendus que demain ; ils ont été devancées par deux lettres des chefs Giafferri et de Paoli, écrites du deux de ce mois à M. de Boissieux, et d'une troisième que Luc Ornano, chef de l'autre côté des monts, a écrite à ces chefs.

Par la première lettre, Giafferri et Paoli donnent avis à M. de Boissieux qu'un personnage hollandais, appelé le baron Prosper de Matris, accompagné d'un de ses amis et suivi de trois domestiques, est arrivé dans l'île le 30 du mois passé, et ils le prient de compter toujours sur leur bonne foi, et sur celle des peuples envers S. M.

Cette lettre fait voir combien les chefs sont assurés de la confiance que M. de Boissieux a en eux. Le personnage hollandais dont il y est parlé est Théodore. Votre Grandeur verra plus bas qu'il a donné avis de son arrivée à Giafferri immédiatement après s'être débarqué, et qu'il le charge de la faire savoir aux peuples de cette île. Les députés devancent leur retour pour prévenir les soupçons que l'arrivée de ce prétendu Hollandais aurait pu faire prendre à M. de Boissieux. Ils ont apporté, à ce qu'on dit, toutes les procurations de ce côté-ci des monts et un tas de lettres qu'ils disent avoir interceptées, par lesquelles on tâcherait de détourner les peuples de la soumission aux ordres du Roi. Les chefs ont de tout temps supposé de semblables lettres.

Dans la seconde lettre, les chefs remercient M. de Boissieux de la défense qu'il a fait publier contre les homicides. Ils lui témoignent le chagrin que leur a causé l'affaire des moutons et ils en justifient les auteurs par la croyance où ils étaient que le détachement qui alla à eux pour faire rendre les moutons, était de troupes génoises, qu'ils avaient pris les moutons en représailles des bestiaux que la garnison de la Padulella a enlevés, de 4 Corses que les Génois ont arrêtés dans la Balagne, et de la citation faite au nommé Xavier Matra pour payer à la République la rente de onze ans d'une partie de ses domaines, dont il jouit.

Il est à remarquer que les rebelles qui avaient enlevé les moutons ont seulement allégué que les Génois les leur avaient pris il y a un an, sans dire qu'ils eussent pris nos soldats pour ceux de la République, comme le veulent les chefs. Il n'est ni vrai ni possible que les Génois aient arrêté 4 Corses dans la Balagne, puisqu'ils n'oseraient y entrer, et on ne doit pas plus ajouter foi à ce qu'ils disent des bestiaux pris par la garnison de Padulella sur les rebelles, puisque ceux qui ont enlevé les moutons n'en ont dit mot dans leur justification.

Luca Ornano, dans sa lettre a Giafferri et a Paoli, leur marque qu'il est après à ramasser les procurations et qu'il les aurait déjà apportées sans l'empêchement que met à ses opérations le commissaire d'Ajaccio par de continuelles hostilités.

Le style dans lequel est écrite cette lettre fait soupçonner que le chanoine Orticoni en est l'auteur ; les difficultés dont il y est parlé sont un prétexte pour gagner du temps.

On a reçu avis que Théodore, d'intelligence avec Xavier Matra, avait tenté de débarquer en deçà de la rivière d'Aleria, et qu'il avait envoyé deux mariniers de la felouque avertir Matra pour qu'il vînt avec ses gens pour assurer son débarquement, mais que les Srs Panzani, habitant dans le voisinage, s'y étaient opposés, qu'il y avait eu un combat entre leurs gens et ceux de Matra, et que Théodore avait été obligé d'aller chercher un autre endroit pour se débarquer.

Le commandant de la Padulella a donné avis à celui de S. Pellegrino que le 30 du mois passé, il parut dans les plages d'Aleria deux vaisseaux, une galiote et une felouque, que le même jour un neveu de Théodore, suivi de quelques personnes, était débarqué de la felouque, et que le neveu de Théodore avait dépêché un de ses gens à Giafferri pour l'informer de sa venue et pour qu'il en informât les peuples de cette île. Il n'y a pas lieu de douter que les chefs n'attendissent Théodore.

Un Corse de cette ville, qui est instruit des démarches des chefs, m'a assuré qu'ils attendaient Théodore depuis longtemps, et que c'est la cause de leurs longueurs, que le chanoine Orticoni avait écrit, il y a environ 10 jours, aux peuples de la Balagne d'avoir attention à ne laisser passer aucune lettre, et à se tenir prêts à marcher au premier ordre.

Le grand vicaire de la Balagne a écrit à son évêque (c'est celui de la Bastia) que les principaux habitants du lieu où il réside, lui avaient fait défense sous peine de la vie, de publier ni afficher aucun mandement, et lui avaient ordonné de leur communiquer les lettres qu'il recevrait.

Un Corse de Corte, arrivé aujourd'hui en cette ville, a déclaré que tous les chemins sont gardés qu'il a été fouillé et arrêté quelques jours à 36 milles d'ici, et qu'il n'a été relâché que sur les protestations qu'il a faites qu'il ne venait dans dans cette ville que pour y acheter des souliers et du sel.

La désertion s'est mise dans nos troupes; 9 soldats et un sergent du régiment de Nivernais désertèrent hier; plusieurs autres de différents régiments les avaient précédés. On ne doute pas qu'il n'y ait chez les rebelles où ils vont, des embaucheurs, espagnols ou napolitains. Les chefs n'ont voulu promettre à M. de Boissieux de rendre les déserteurs qu'à condition qu'on ne les punirait pas, à quoi M. de Boissieux n'a pas voulu consentir.

Je suis incommodé et je garde la chambre depuis 12 jours ; malgré cela, M. de Boissieux ne cesse de se plaindre de mes liaisons avec le marquis Mari, et il dit que j'ai mis le trouble jusque dans sa famille que personne ne connaît moins que moi. J'ai cherché inutilement le prétexte de ce reproche. Le commandant de la Romagère, lieutenant-colonel de la Sarre, qui ignore les termes où je suis avec M. de Boissieux et qui loge avec moi aux Jésuites, m'a dit que le soir que les rebelles vinrent faire des excuses au sujet des moutons enlevés, il avait demandé au secrétaire de M. de Boissieux les nouvelles qu'il pouvait débiter pour me les porter ; mais je n'ose me persuader que M. de Boissieux prît de là occasion de dire que j'ai mis le désordre dans sa famille.

Les députés m'ont fait visiter, et ils m'ont fait dire qu'ils viendraient bien volontiers chez moi, s'ils le pouvaient. Je ne suis pas la dupe de leur attention.

J'ai l'honneur d'être, etc.

Pignon.

(M. A. E. — Corse, Vol. I).

Boissieux à Amelot.

Bastia, le 4 mai 1738.

Monsieur,

J'ai reçu la lettre que vous m'avez fait l'honneur de m'écrire au sujet du Sr Pignon et du mécontentement que j'en ai témoigné. Il m'en a donné lieu, à son arrivée ici, par des lettres dont il était chargé pour plusieurs chefs des mécontents, de la part de l'abbé Salvini, qui leur marquait l'entière confiance qu'ils devaient avoir au S. Pignon chargé d'un nouveau plan de négociation, lequel se proposerait, et se traiterait, disait-il, de mon aveu, dans un village à trois lieues d'ici, entre le Sr Pignon et les députés.

Sa justification a été de n'avoir point eu de connaissance du contenu des lettres. Ayant reçu pour lors celle que vous me fîtes l'honneur de m'écrire à son sujet, je lui représentai que, s'il voulait se conduire dans la dépendance qui lui convenait et que vous lui prescriviez, je ne conserverais aucun soupçon, qu'il avouait lui-même être autorisé. Je lui en donnai des preuves en l'admettant aux premières conférences que j'ai eues avec les députés, à la seule considération, Monsieur, d'être envoyé ici de votre part ; mais sa conduite n'a pas répondu à ses promesses, ni à vos intentions ; d'ailleurs ses liaisons et son intimité avec M. Mari ont donné une telle méfiance aux députés qu'ils ne venaient chez moi qu'avec la plus grande répugnance, lorsqu'ils savaient qu'il y était. Il s'en est aperçu et m'a représenté, il y a dix jours, que sa présence ici étant désagréable aux mécontents il partirait dans deux jours pour Livourne. Je ne l'ai pas vu depuis, quoiqu'il soit dans cette ville, où il attend sans doute vos ordres. A mon égard, je les exécuterai toujours avec le plus grand zèle, mais je croirais nécessaire qu'ils fussent conformes à l'empressement que M. Pignon m'a témoigné de s'en retourner.

J'ai l'honneur d'être avec respect, Monsieur, votre très humble et très obéissant serviteur,

BOISSIEUX.

(M. A. E. — Corse, Vol. I).

Lettre des Corses au Roy adressée de Livourne le 5 mai 1738 à Son Eminence, par le prêtre Grégoire Salvini.

Sire,

Le débarquement des troupes de Votre Majesté dans ce Royaume, bien loin de nous faire craindre de quelque fâcheux succès, nous fait justement espérer être finalement arrivés à temps dont Dieu veut nous délivrer pour toujours de l'intollérable esclavage dans lequel nous avons véquus pendant plusieurs siècles, en convertissant à notre défense les armes qui injustement ont été incitées à notre offence ; ce sont ordinairement les traitements de la toujours admirable providence divine de protéger l'innocence par les mêmes marques dont on veu l'oprimer. Les Mrs de Gênes ont cru nous opprimer en employant Votre Majesté à se faire notre juge les armes à la main, et sans le vouloir ou s'en apercevoir, se sont fait nos libérateurs.

Il suffit seulement que la cause ne se discute partie non entendue, c'est à dire qu'il nous soit permis l'entrée de pouvoir nous humilier au très recte tribunal de Votre Majesté, et de représenter les évidents et très pesants mérites de la justice qui nous assiste, et pour lors nous sommes certains de la victoire, mais puisque V. M. voit bien ne nous être pas permis nous justiffier en personne, nous confions à cest effet que Sa Royale et Auguste Grandeur deignera de faire la grâce à ces très humbles papiers d'un coup d'œil benin, dans lesquels tout le Royaume vient en esprit, genoux à terre, devant l'Auguste Trône de Votre Majesté, implorant pas moins pitié que justice.

Nous ne nions pas, o Sire, que ce prudent pas moins que

généreux son général le comte de Boissieux, en segondant le génie pacifique et les ordres supérieurs de Votre Majesté, ne se porte à notre égard comme très aimable père, et qu'il ne prouve avec toutte la sagesse et engagement avec les plus courtois et obligeants traittements, conjoinctement à ses autres dignes officiers, de composer les très grièves et notables différences qui sont parmi nous et les Mrs de Genes ; mais parce que ne pouvant il manquer à la loys qui lui a été prescrite, il mest à cet effet pour premier préliminaire inaltérable de cet accord, de devoir indispensablement nous soumettre de nouveau au gouvernement de la République de Genes, aussy ecouttant avec révérence les projets qui nous sont faits, nous croyons d'autant plus nous être permis de nous humilier au Très Auguste Trône de V. M. qui est l'arbitre et des ordres et des loix, et d'exposer nos justes plaintes, très assurées d'être ecouttées par sa Royalle et Incomparable Clémence.

La fin glorieuse de tant de soins et de solicitations de V. M. est (comme tout le monde connaît) de rétablir à l'Europe affligée la paix autant nécessaire qu'elle se rejouit toutte d'une si noble enteprrise digne seulement de la grandeur de V. M. ; bien le fait connaître l'impatience de tous les peuples qui par des vœux très ardents en attendent la termination, notamment nous, Sire, qui pendant dix ans sans forteresses, sans armes, sans munitions et sans aucun secours, avons deu soustenir le siège et à la force continuelle des aimes non seulement domestiques, mais encore étrangères, et sommes tenus et voulons concourir à cette fin d'autant plus nécessaire à nous qu'utile aux autres. Mais parce que la politique de la république génoise est tout-à-fait opposée à la commune manière de gouvernement dont toutes les autres républiques, royaumes et empires se règlent, même les barbares et infidèles, ne joindra pas nouveau à V. M. que les moyens très efficaces à établir la paix dans tout autre royaume soient inutiles à l'établir dans le nôtre toutes les fois qu'il devra être gouverné par Mrs les Gennois.

Ceux-ci ont pour première maxime en regnant de n'être pas tenus à observer aucun pacte, loix, condition, avec leurs propres sujets, quoy que plus valable par la garantie des Monarques. Pour seconde règle de susciter des désunions et et guerres civiles parmis leurs sujets afin que désunis entre eux n'ayent pas à s'unir contre Prince. Pour troisième règle, d'empêcher directement ou indirectement chaque avancement ou de titre, ou de richesses ou d'honneurs dans touttes les familles. Pour quatrième règle, susser le bien et le sang des sujets en les infamant auprès de touttes les nations. Pour cinquième finalement, recueillir les denrées et blâmer auprès de tout le monde touttes les prerrogatives du Royaume pour se rendre plus seur les maîtres. Celle-cy, o Sire, est la politique de leur gouvernement; celle-cy est l'instruction donnée à tous les premiers ministres envoyés par la République dans ce Royaume, et mise par eux aussi bien en pratique pendant l'espace d'environ deux siècles passés par des actions aussi continuelles et aussi connues à tout le monde qu'il n'y a plus lieu à en douter par qui que ce soit, quoy que guere ou point du tout informé du gouvernement de Genes envers la Corse, et nous qui sur cela avons été instruits non pas par la publique voix, mais par la doleureuse expérience de deux siècles pourrons jamais nous flatter qu'il puisse y avoir une paix solide parmi la ditte Republique et ce Royaume.

Il est sans contredit, Sire, plus aisé que l'eau et le feu puissent s'unir en paix, l'obscurité avec la clairté de ce que la paix puisse être ferme, inviolable parmi la Corse et les Gennois, touttes les fois qu'ils devront en estre les maîtres; l'unique moyen pour l'esperer devrait être la formidable garantie de Votre Majesté. Mais quoy? Serait-il la première fois que la France, unie aussy avec l'Espagne, se serait renduc garante de la paix entre la République et nous, et qu'ensuite contre la fois publique d'une ainsi sacre inviolable garantie (sans quoy, dans le 1559, nos chefs estaient déterminés de plutost se sousmetre au Turc qu'à son gouvernement) autre effet ne s'en suivit que l'assassinement de tous les chefs, la dépression de tous les ordres, l'opression de tous les peuples, le pillage universel du Royaume ? L'on croirait tout cela favola, ou romances, quand même cent historiques en fissent mention, si depuis peu d'années les Messieurs de Genes n'eussent même, contre la plus saine politique et de leur propre intérêt, authentiqué à tout le monde que le premier fondement de leur gouvernement est comme nous disons, de n'être point tenus d'observer avec nous aucun pacte, loix et conditions authorisés même par la garantie des monarques ; le sçait toutte l'Europe qui s'estona d'entendre qu'après peu de temps que M^{rs} les Gennois avaient promi un sincère et général pardon regardé par les Corses pour sacre et inviolable, eu égard à l'entremise de la parole de l'Auguste César, firent conduire à Genes prisoniers les quatre chefs bien connus et renfermer dans les prisons destinées aux assassins les premiers sujets du Royaume appellés sous la bonne fois publique sous titre de plus solide ajustement ; le sçait bien la cour de Vienne, à qui la République effrontée envoya une disertation de ses théologiens, en quoy cela venait plutôt référé qu'aprouvé, afin de la persuader à lui laisser et sur eux et sur nous l'entière liberté. Tout le monde vit bien d'abord presque violées les loix, qui sont inviolables aussy auprès des barbares, en voyant destruire et faire mourir plusieurs de nos plus notables nationaux barbarement sacrifiés par la fureur des Gennois, et plus encore jusques à honnorer avec de récompenses et charges militaires tous ceux que avec une orible traison meurtrissaient ceux qui au temps de la gnerre avaient avec le zèle fait plus distinguer, deffendu la patrie et soi-même. Que si quelques villages attaqués à l'imprévu et sans armes par un détachement qui ne s'atendaient point, de trois cent cinquante soldats, ne se fussent mis sur le champ et fait prisonniers tous les aggresseurs et n'avaient ôté des mains du capitaine de cette esquadre une longue note que la République avait formé de tous les destinés au suplice, et que tout le peuple ensuite (en se voiant trahi sous la très haute protection de César) ne se fut mis dans un état de deffance, quel massacre ne se serait-il point vu par tout le royaume ?

Si Sa Majesté n'eût à temps fait délivrer les quatre chefs trahi, n'auraient-ils pas estés avec un éternel, public escandale, suspendus sur les places de Genes, sur un infâme échaffeau ? Si Rome n'eût interposé son authorité pour faire dellivrer des prisons tant et tant de vénérables religieux, ne gémiraient-ils pas encore misérablement dans les fers ainsy qu'il arrive à plusieurs autres pour n'avoir eu personne qui intercèdent pour eux ? Est-elle jamais croyable une pratique pareille, que tous les régnants de l'Europe ignoreraient, si ces mêmes Gennois par des actions si publiques et incontestables ne l'eussent rendu publique à tout le monde ? Comme pouvons donc à l'avenir espérer fidélité par qui jamais ne la pratiqua dans le passé, nonosbtant la garantie interposée par les premiers monarques du christianisme, et l'espérer à présent surtout que la République ayant épuisé dans cette guerre environ cent millions de livres, ayant de plus perdu la réputation et honneur auprès du monde, quelle tigresse furieuse et affamée, ne voit pas le moment de se laver les taches dans notre sang et sasier sa faim dans nos substances ? Elle est trop publique, o Sire, l'idée qu'ils ont de vouloir couronner tout l'entour des murailles de Genes, les villes et les villages du royaume, avec nos têtes coupées, de livrer au fil de l'épée nos femmes et enfants, de charger dans de vieux batteaux tous les Ecclésiastiques et Religieux pour les noyer dans la haute mer, et de rendre pas moins incapable à la génération qu'aux armes le restant du peuple, afin de s'en servir pour les plus vils et laborieux métiers, une fois qu'ils arrivassent avec la simple apparence de garantie, de pardon, de très honnêtes conditions à nous faire déposer les armes, et soumettre de nouveau notre col à leur cruel pouvoir, se protestant aussi que rien ne leur importe de perdre puis ensuite le Royaume avec la liberté, pourvu qu'il puisse leur réussir de satier leur soif, de passer leur rage avec notre générale extermination et désolation, telle étant la fureur, la haine implacable et la passion de vengeance qu'ils nourissent contre nous.

Mais quand même les Gennois changés par hazard de nature ne courrissent pas d'abord ainsy, pourtant qu'il n'y a pas de doutte, à des résolutions si précipiteuses, au contraire se faisant hors d'usage une héroique violence, peut-être pour ne point se rendre coupables au juste dédin de Votre Majesté, et aussy pour réparer au public en quelque façon leur conduite passée, administrassent sur le commencement la justice en apparence, nous admissent à quelque dignité vacante dans le Royaume, nous accordassent le commerce et ne sussitassent point les désunions civiles (ce qui est tout à fait impossible à eux de dissimuler non pas que d'effectuer, notamment dans les circonstances présentes de tant de vessations et des fraix qu'ils ont souffert, disent-ils, pour nous, et de tant d'impatience qu'ils ont de se venger) toutte fois il est sans contredit que sous de prétextes mendiés pour découvrir au monde la passion diabolique qu'ils ont nourri dans leur sein pour nous exterminer, iront peu à peu coupant tous les paveaux capables à leur faire ombre, à peu à peu confiscant tous les biens pour les répartir en marquisats et contées pour dédommager les dépens soufferts par le public et par le prince de Genes, et ainsi à peu à peu mettant sur le col de tous une chaîne aussi pesante qu'en peu d'années la condition du forzat des galères deviendrait de beaucoup plus heureuse, mais ce qui serait pire pour nous, c'est qu'ils ordiraient tellement leur venimeuse conduitte, qu'ils fairaient aussy paraître auprès de Votre Majesté pour sédicieuses et rebelles, touttes les victimes sacriffiées à leur vengeance, et par des actes d'une deue justice toutes les rapines de nos pauvres substances. Veut-on cela? Votre Majesté se dégnera de réfléchir que non seulement dans le premier, mais encore dans le second cas peut jamais être ferme cette paix ; puisque la Royalle clemence, sagesse et justice de Votre Majesté, sur la reflection même de l'infidellité expérimentée de la République, pour ne point nous envoyer tous à la boucherie, nous obligera bien à mettre à costé les armes, mais non pas à les déposer pour jamais dans les mains des Gennois, et il suffit, pour que nous, accertés par l'expérience à ne nous jamais fier au premier coup de clair de leur tirannie ordinaire et infidélité, courrions dabor a reprendre les armes, nous remettre sur la deffencive. Lorsque par leur imposture ordinaire nous vient coupé la voye d'être écoutés par Votre Majesté, nous jettons dans les bras de qui voudra invader notre Royaume, et voici dans des nouveaux troubles l'Europe.

Il ne manquera certainement pas qui ambitionnera d'avoir la courone de la Corse, dont l'estime et la valeur n'est plus caché ny secret, ainsy que les Mrs de Genes ont étudié de la tenir, mais bien découvert au publiq ; elle est, o Sire, une vive source de soixante mil hommes, propres à porter les armes, fidèles, genereux et fermes, et qu'il nous soit permis de le dire, non faits, mais nés aguerris à combattre et à vincre ; tels justement les reconnut le plus fameux guerrier et empereur du monde, Jule César, et pour tels les décanta par les éloges immortels qu'il leur écrivit de propre main : *Elogium missum Corsis a Cesare primo ; seu vincendum est belligerando seu moriendum.* Tels les ont reconus aussy l'Empire, l'Espagne, Venize, Toscane, et sur le tout la France, qui accueillit en tout temps sous ses glorieux estandars tant de nationaux, et les vit rejaillir en fidélité et valeur parmi les premiers héros, faisant mention les historiens que le célèbre Alphonse Ornano, pour taire de tout autre, ayant, avec son régiment seul des Corses, rompit un corp de cinq mil hugueneaux fortifiés dans les montagnes du Dauphiné, fit dire à Henri troisième d'heureuse mémoire qu'une pareille entreprise ne pouvait être exécutée que par un César, par un Charles-Quint ou par un François Premier, et fit pleurer le Saint Père de tendresse ; tels finalement les ont reconus et même toujours expérimentés en leur faveur et à leurs dépends les Mrs de Gennes, notamment dans la première occasion dont les Corses dans la glorieuse deffence d'eux-mêmes et de leur patrie ont soubstenu avec tant d'engagement et d'honneur la guerre pendant dix ans, non pas avec d'autres armes que fort peu de fusils pris peu à peu à leurs ennemis, et ce qui est plus ancore contre une République, que, pour avoir beaucoup d'argent et de malice, il ne lui a jamais manqué ny soldat ny munition, tant de guerre que de bouche, ny secours ; cela seulement sont d'autres preuves convincantes et plus que suffisantes de quelle force et courage soyent pourvus par la nature.

Au nombre ensuite et à la valeur des hommes, il faut ajouter la fertilité de la terre, la délice des campagnes, la situation propre, la bonté du climat, l'abondance des fruits et des animaux, les salines, les minières de l'or et de l'argent, du fer, du cuivre, du précieux diaspre et d'autres marbres très fins, la quantité des ports vastes, sûrs et comodes de tout côté et finalement leurs mers riches de corail et des poissons. Sans nous appeler en justification de l'exposé aux historiques sans pation qui prouvent tout cela et aux Génois même ainsy aveuglément engagés à en soustenir à tout prix la possession, quoy que avec beaucoup de perte d'honneur, de tranquillité et d'intérêt, il suffira réfléchir à la présente guerre soustenue pour dix ans, sans avoir jamais le Corse eu aucun soubtien et les vivres nécessaires d'aucune autre part que de la Corse même ; une île donc située dans le centre de la mer méditerranée, apte à devenir ainsy qu'elle fut antiquement, un des plus riches et puissants empores de l'Europe, fertile, délicieuse et munie de tout ce qu'on peut souhaiter, non seulement aux besoins, mais encore aux délices, conviendra à plus d'un sans doubte à en faire l'acquisition, et ce càs, voilà le nouvelle, voilà la guerre, voilà les gares, voilà le brouillement de l'équilibre parmis les puissances, et voilà par conséquent troublée cette tranquillité que Votre Majesté avec tant d'engagement, désir et gloire, tache d'asseurer fermement en Europe pour l'avantage universel du public et du particulier.

Pour oster donc les suites des si fatales et inévitables conséquences, Votre Majesté voit bien n'y avoir d'autre expédient que rende libre la Corse du joug de la République de Genes ; à Votre Majesté n'y manque point ny moyen ny motif, ni de très dignes subjets à qui en confier la souveraineté avec consentement, approvation et l'advantage de tout le monde catholique, à Votre Majesté dont nous recourons tous le supliant les genoux et le front à terre et avec le cœur sur les lèvres, afin qu'elle se dégne d'être notre glorieux libérateur. En effet à personne ne convient mieux qu'à Votre Majesté, soit par rapport au *jus* que sa courone a sur ce Royaume-ci, si l'on considère combien ce Royaume a souffert pendant environ deux siècles pour soubstenir ce même *jus* à la France. Le *jus* que la France a sur cette isle est incontestable ; elle fut conquérie par vos très glorieux encestres de Votre Majesté, Pépin et Charles Magne par deux fois des mains des Barbares, et ensuite donée au Saint-Siège.

Du depuis Henri second voyant que non seulement elle avait été heusurpée par les Gennois à l'Eglise même, mais que celle-ci ne pouvait en recouvrer ny en jouir pacifiquement la possession, expédia une armée qui à la fin de quelques années de guerre, chassa les Gennois de toute l'isle, qui l'avaient plus maltrettée que n'avaient fait les Serazins, et l'incorpora avec un nœud indissoluble à la courone de France. Peut-il se donner un *jus* plus justifié que celui-ci ? Que le monarque précédent la rendit ensuite aux mêmes Gennois, ce fut contre sa volonté, car forcé par l'Espagne, et sans consentement du Siège Apostolique, et à cet effet nul, comme d'ailleurs la raison naturelle enseigne, touttes les lois et tous les légistes. Combien ensuite ait souffert ce royaume pour soubstenir ses *jus* à la France et pour obéir à ses volontés, conste et parce que nous agîmes avec le sang, avec la vie et avec les soubstances en faveur de la même France, pendant toutte la guerre soubditte qu'Henry second mouveut aux Gennois pour recouvrer l'Isle, et parce que justement ensuite de nos opérations en faveur du précédent dans la même guerre, nous deumes souffrir pendant cent quatre-vingt ans, dont pour obéir aux souaits du même monarque, nous nous soubmismes au pouvoir des Gennois.

Le Roy Henry ne s'estait pas encore pour ainsi dire dépouillé de la possession de ce Royaume et ne nous avait pas encore entièrement assujetis au gouvernement de la République qu'au dépi de la paix et des honorables conventions abceptées et confirmées par des solannels sarments en notre faveur par la même République contre la publique foy, contre le droit des gents, contre le publique diplomes de ce souverain et les privilèges très ensiens du Royaume, Mrs les Gennois, outre avoir imposé l'insupportable poids du trois pour cent sur tous les capitaux, même sur les plus inutiles et extériles, et d'une livre par tête plus de l'ordinaire à payer, le tout annuellement par chaqu'un, oterent de vie tous ceux qui y avaient en quelque façon plus spécialement coopéré en faveur de la France, d'autres emprisonnés secrètement, d'autres estouffés dans les prisons, d'autres tués par les rues, d'autres coupés à morceaux dans les propres maisons, d'autres estranglés sur des echaffeaux, et ceux qui fuirent furent poursuivis par tout le monde, destruisirent les plus nobles et puissantes familles, ostèrent la racine de touttes les premières maisons, confisquèrent à tous les riches tous leurs biens, mirent toute la Corse en confusion, en exterminement et en ruine ; ils ne voulurent dans ce Royaume plus de marquisats, contées ny signorie ; cette sorte de noms sont devenus en Corse déjà barbares et quoy que quelques uns retiennent quelque fief, à personne cependant vient permis d'en prendre le titre que partout ailleurs n'est point refusé à des simples facteurs, et affin que la peine ne finit point seulement sur les personnes des Corses que pour lors vivaient et que seuls avaient favorisé la France, mais que elle persévérât encore éternellement dans leur postérité, avec plusieurs décrets du Sénat déclarant tous les nationneaux du Royaume point abiles et incapables à aucun titre, dignité et charge, à la réserve de quelque degré militaire autant nécessaire pour la deffence de leurs Etats, et en reffusant aux Corses tout ce que à toutte autre nation quoy que barbare, quoy qu'infidèle l'on accorde, osteirent tout à fait tous les ordres de noblesse, et des citoiens et les traittant tous de *plebei*, et comme du tout point nobles, et tellement s'avança leur haine qu'il estudièrent à les décréditer, de manière que touttes les nations de l'Europe crussent que ce fut une tache en quelque façon d'infamie d'être né dans cette isle. Affin que jamais les Corses puissent jetter à force par terre leur tyrannique joug, ou amener d'autres à se rendre maistres de ce Royaume, en premier lieu, à prix d'une mer de sang et de la ruine spirituelle des âmes innumérables tantèrent et tantent toujours plus les désunions et guerres civiles, à un tel point qu'on a accordé parfois par le ministre le prix de l'absolution aux homicides, même avant avoir comis le crime, et à tous les bandits du Royaume, n'obstant les exécrables homicides comis, la République a toujours accordé un sur azile, et employé dans la ville de Genes.

En second lieu banirent d'abord de tout le Royaume la

navigation, le négoce, les arts, les fabriques, le traffiq et le commerce, dévastèrent les salines, rendirent inutiles plusieurs forests, ce qui donnait du bois suffisant à fabriquer des armées navales entières, en deffendant avec des décrets répliqués et des peines, d'en couper ; deffendirent sous peine de la vie de chercher beaucoup et riches minières qu'il y a, en emportant hors du Royaume, tous les ans, les gouverneurs marchands, non pas ce qui l'avançait, mais encore ce qui s'y faisait besoin pour l'Isle, de vins, huiles, bleds, orge, chatagne, viande, fromages et autres vivres qui y abondent.

En troisième lieu finalement, sans parler de l'opression et vexacion de la justice en condannant, sans donner lieu à la défense, sans former procès même, en vertu d'une loi qui le permettait, les innocents, quoy que personnes qualifiées et publiques, actuels représentant le Royaume, augmentèrent à peu à peu les droits de cinq fois plus du concordat, en imposant de plus des gabelles sans légitimes facultés, en perpétuant les impositions temporelles et dérogeant à une infinité de privilèges. Si ensuite, en nous plaignant et supliant d'être quelque peu soulevés des poids, et réintégrés dans les anciens propres bénéfices et honneurs, nous avons toujours reçu une constante négation, nous produisant par raison avec un langage clair quoy que muet, ne s'estre pas encore la République rembourcée des depences faites dans la guerre contre Henri Second, et nous plaignant finalement des privilèges conculqués par la pression du peuple, des continuels excessifs maltrettements que nous recevions dans la vie et dans l'honneur, et dans la liberté, et dans le bien, non seulement ce Sénat rejettait touttes nos plaintes, nos supliements, mais nous menassant par les moyens de ses ministres, nous faisait resouvenir avec des reproches piquants n'être pas encore payée la peine de notre phellonie, nous jettant dans la guerre passée au Roi de France.

Sire, quand même nous n'eussions d'autres mérites que

celui-ci seulement, qui est d'avoir souffert une tirannie si barbare, pendant cent soixante et dix ans au sujet de la France, ceci seulement devrait mouvoir le grand cœur de Votre Majesté à nous délivrer entièrement du joug tirannique de Genes ; c'est ce que l'honneur, la justice, la pitié de votre auguste trône exige, dès que ce que nous aurons exposé jusques icy est très certain, ainsy que nous sommes très prêts à représenter par des preuves irréfragables ou est-il l'honneur de la France qui a interposé sa très puissante garantie, affin que tous les privilèges qui nous furent accordés nous soient maintenus de même que les conventions. Quelle plus grande justice qu'ayant les Génois acquéri notre Royaume, non pas en vertu de conqueste, mais seulement en vertu premièrement d'usurpation et puis de conventions garanties par le Roy Très Crestien, mais nous en soyons présentement dépouillés pour avoir rompu les conventions, conculqué la garantie, trahi la foi publique ? La pitié finalement à qui est plus deue de Votre Auguste Trône qu'à nous, vos véritables sujets sacrifiés par la violence de la raison de l'Etat, victimes malheureuses de la fureur de la Republique gennoise, opprimés, tyrannisés pendant environ deux siècles ?

Sire, pas moins les rebelles que les tyrans sont très indignes de pardon ; les premiers, attendu qu'ils troublent la paix universelle, les seconds, par rapport qu'ils sont ennemis du genre humain ; et à cet effet, ou nous sommes comme croient les Génois, rebelles, et voulons être sévèrement punis, ou eux sont des tyrans conus ; outre la voye publique, sommes prêts à justifier par des faits publics, incontrastables et sans nombre, et doit par conséquent tomber sur eux ce foudre que desseignent faire lancer sur nous. Comme pourtant c'est une entreprise très difficile de prétendre avec des caractaires subcints, dans une feuille de papier, abbatre la machine des impostures grièves de nos ennemis, accoutumés à couvrir et nier la vérité plus évidente par des faussetés, aussi nous sup-

plions Votre Majesté, qui se deigne nous permettre d'envoyer
deux de nos nationneaux au pied de son Royal et Auguste
Trône, affin qu'ils puissent personnellement confondre les
calomnies qui doivent naturellement avoir préjudicié le
mérite de notre cause, sachant combien puisse avoir été plus
puissante et plus efficace à persuader la vive voie des orateurs qui ont péroré avec étude contre nous que muets et
succints caractères de quelques feuilles de papiers, qui à
peine on peu toucher l'excenciel de nos raisons ; nous protestant cependant que, si la voix de nos embassadeurs n'aura
pas assez de force de se rendre plus claire pour ainsi dire, du
soleil même, de démentir et confondre nos avversères, nous
sommes contents de subir le fait le plus deur que leur cruoté
barbare estudiée puisse nous imposer. Mais si ensuite, o
Sire, nous serons reconnus pour innocents, et coupables seulement d'avoir trop tardé à jetter leur joug, umiliés très
humblement à Votre Souverain Trône, nous suplions et conjurons la très grande clémence, pitié et justice de Votre
Majesté, afin que considérant pieusement nos extrêmes misères, veuille se deigner au moins nous permettre que nous
puissions une fois nous délivrer de l'oppression qui nous a
tenus esclaves pendant tant de siècles et nous a rendus les
sujets plus malheureux de l'univers, priant le Seigneur
d'accorder à Votre Majesté un long règne glorieux et heureux.

(M. A. E. — Corse, Vol. I).

Gregorio Salvini au Cardinal de Fleury.

Livourne, le 5 mai 1738.

Eminenza,

Sento con tanta maggior consolazione che i malcontenti
di Corsica siano già disposti ad abbandonarsi nelle mani del

Re, che Dio lungamente feliciti, quanto che posso gloriarmi d'avervi notabilmente contribuito, in ossequio dei voleri di Sua Maestà e di Vostra Eminenza, significatimi da Monsieur Pignon, che mi fece tornar in fretta da Napoli per conferire qui seco. Questo contento però, Eminenza, mi viene amareggiato da un fiero sbigottimento che ha sorpreso tutti i miei nazionali nell'apprendere che la somma lor confidenza nel nome venerato di Francia non servirà che a restituirli sotto l'esecrato giogo di Genova, accusandomi d'interessata parzialità per la Francia, e di un falso zelo per la patria, e rimproverandomi d'aver cooperato ad un atto che si tirerà dietro il di lei esterminio. Sà Dio la purità delle mie intenzioni. Se io mi son determinato ad ubbidir prontamente i cenni del Re, è perchè l'ho considerato altrettanto potente per sottometterci reluttanti, quanto clemente per consolarci obbedienti; perchè il mio genio e carattere esigono le mie cure per terminare i mali d'una più lunga guerra; perchè finalmente mi son lasciato lusingare non senza ragione da un dolce pensiero, che mi fa sperar la sospirata redenzione da quella stessa mano e per quei stessi mezzi che paiono opposti.

Così però, Eminentissimo Monsignore, non l'intendono tutti i Corsi. Quei che sono nell'Isola si conducono a risoggettarsi alla Repubblica, come vittime al sacrificio; nè altro mai che la forza o l'adorato nome di Francia potea disporveli. Quei che trovansi in terraferma sono ancor più ripugnanti. Essi aveano distesa una lettera al Re per darla alla stampa; mi è parso bene d'oppormi e darli a vedere che potriasi incontrare la sua indignazione stampandola prima d'indirizzargliela. Gli ho persuasi, ma con patto d'assumermi l'impegno del ricapito. Io lo eseguisco con darmi l'onore d'acchiuderla all'Eminenza Vostra; supplicandola volersi degnare di farmi sapere per mio disimpegno così la recezione di essa, come se sarà del gradimento di S. M. che diasi alla luce. E umiliato al bacio della sacra porpora, col raccomandarmi all'alto suo patrocinio, mi do la gloria di ossequiosamente rassegnarmi,

· Di Vostra Eminenza, umilissimo, obbligatissimo e obbedientissimo servo,

GREGORIO SALVINI, *Prete.*

(M. A. E. — Corse, Vol. I).

Pignon à Amelot.

Bastia, le 7 mai 1738.

Monseigneur,

J'ai eu l'honneur d'informer Votre Grandeur de l'arrivée des députés en cette ville. Ils ont apporté les procurations de toutes les pièves de ce côté des monts, le mémoire de leurs griefs et des demandes que font ces peuples, et un tas de lettres interceptées, à ce qu'ils disent, qu'ils attribuent aux Génois, écrites à dessein de détourner les peuples de la soumission. A l'égard des procurations de l'autre côté des monts, le chef Luc Ornano se donnera tous les mouvements imaginables pour les obtenir des peuples, mais le commissaire d'Ajaccio le traverse par des hostilités continuelles, refrain ordinaire pour gagner du temps.

J'ai aussi informé Votre Grandeur de l'arrivée de Théodore à Aleria et que les chefs en étaient informés lorsqu'ils ont écrit à M. de Boissieux que c'était un baron hollandais appelé Prosper de Matris. J'ai appris depuis que Xavier Matra qui a favorisé le débarquement de Théodore, avait demandé aux chefs qu'on allât brûler les maisons des Panzani, qui s'y étaient opposés, et qu'Orticoni et Gafforio l'avaient empêché.

On ne saurait se persuader que Théodore soit venu dans ce pays à l'aventure ; il y a lieu de croire qu'il y a un parti, et si on doit ajouter foi au bruit public, son parti est plus fort de l'autre côté des monts que de celui-ci. Il se peut que sa venue ne change rien aux opérations d'Orticoni, s'il est vrai, comme on l'assure, que ce dernier a déterminé les chefs de concourir avec lui à faire dresser les procurations par les assurances qu'il leur a données que le Roi leur accorderait les privilèges et les exemptions qu'ils demandent par leur mémoire, et que restant armés, ils seraient toujours en état de prendre le parti qui leur conviendrait le mieux.

L'aversion de ces peuples pour les Génois est bien grande, mais ils sont las de la guerre. Leurs chefs au contraire perdront par la paix les avantages dont ils jouissent, et persuadés que la République en veut à eux et non aux peuples, ils en retarderont la conclusion tant qu'ils pourront. Ils auraient tort de ne pas le faire après les assurances qu'on leur a données tant de fois que le Roi ne voulait pas leur faire la guerre, et par la facilité qu'ils trouvent à persuader tout ce qu'ils veulent.

Si les chefs haïssent les Génois, ils haïssent tout autant la domination. Accoutumés à dominer eux-mêmes, ils ne s'accoutumeront pas au joug, quelque doux qu'il soit. Ce principe, qui est très vrai, une fois établi, on doit conclure que, si on ne désarme pas ces peuples, la paix ne durera que le temps que nos troupes seront ici. Je ne crois pas que cette opération mette les Génois en état d'empêcher dans la suite une nouvelle révolte ; ils le pourraient cependant s'ils savaient gouverner des peuples. Quand on examine la manière dont ils ont gouverné ceux-ci, on ne saurait se lasser de les blâmer et de dire qu'ils sont nés pour obéir et non pour dominer.

J'ai l'honneur, Monseigneur, etc.

Pignon.

(M. A. E. — Corse, Vol. I).

Lettre d'Ignace Arrighi Casanova à Adriani, jointe à la lettre de M. Pignon du 10 mai 1738.

J'ai fait résoudre la juridiction de Vico à se soumettre aux ordres de M. le comte de Boissieux ; elle a fait les procurations et nommé deux députés ; je compte qu'avant qu'il soit huit jours la piève de Cinarca, qui est la seule qui reste, aura fait les siennes ; donnez-vous la peine de solliciter les passeports de M. de Boissieux pour ces députés et pour les gens de leur suite ; je lui ai écrit pour le même sujet. Il est à observer qu'ils passeront par Calvi, y ayant trop de danger à voyager par la route ordinaire.

Je n'ai point de nouvelles de ce qui se passe aux environs de Corte, et quoique j'aie écrit plusieurs fois d'envoyer à M. de Boissieux les procurations de Rogna, Bozio et Castello, comme j'en étais convenu avant mon départ avec les chefs de ces pièves, j'ignore si la chose a été exécutée.

Le pays d'Ornano a fait les procurations et je crois que les chefs partiront incessamment pour Casinca, en ayant été sollicités par les chefs qui y sont. J'ai écrit au sieur Luc Ornano et je lui ai marqué la conduite qu'il doit tenir dans cette occasion ; mais il s'en laisse surprendre par les flatteuses espérances des chefs qui ne cherchent qu'à brouiller les choses et à gagner du temps. J'en ai compassion, et il faut attendre que l'expérience les désabuse.

Les chefs ont publié et fait publier dans toute l'île que je travaille à porter les peuples à dresser leur procuration en faveur des Génois, et cela, parce qu'ils voudraient établir les choses à leur gré ; mais ils se trompent ; j'agirai en honnête homme et je les couvrirai de confusion.

(M. A. E. — Corse, Vol. I).

Pignon à Amelot.

Bastia, le 10 mai 1738.

Monseigneur,

J'ai reçu la lettre que Votre Grandeur m'a fait l'honneur de m'écrire, le 22 du mois dernier.

Les peuples de cette île, lassés de la guerre, se soumettront pour la voir finir. Les chefs, au contraire, chargés de dettes, sans bien, et vivant aux dépens du public, employent toute leur industrie à retarder la paix ; mais ce n'est que depuis qu'on les a assurés qu'on n'était pas venu pour leur faire la guerre.

Il se peut qu'ils aient toujours eu en vue de gagner du temps ; mais ne pouvait-on pas soupçonner dans les commencements le peu de concert qu'il y a entre ces peuples, et la nécessité d'employer à les ramener ceux-là mêmes qui les avaient portés à la révolte et qui demandaient un certain temps. J'ai informé Votre Grandeur qu'il y avait de l'affectation dans les prétextes qu'ils apportaient pour excuser le retardement de l'envoi des procurations, lorsque je n'ai pas pu en douter.

Les députés rusés et fourbes ont profité des dispositions qu'ils ont fait naître ici en leur faveur, et comme on les croit incapables de surprendre la confiance qu'ils ont gagnée, ils ont inspiré tels sentiments qu'ils ont voulu contre la République et contre ceux des Corses qui lui sont attachés. Ils ont apporté à leur retour de Casinca toutes les procurations de ce côté des monts, et le mémoire de leurs demandes qui doit être envoyé à la Cour, et ils savaient que Luc Ornano avait les procurations de l'autre côté des monts, excepté celle de la juridiction de Vico que le lieutenant Arrighi a retirée, et dont il a donné avis à M. de Boissieux. Cependant pour gagner du temps, ils ont dit à l'égard du mémoire qu'il n'était pas dressé et qu'ils y travailleraient eux-mêmes ici ; et à l'égard des procurations, ils ont supposé une lettre de Luc Ornano, dans laquelle il est dit que le sieur Bernard Sopranis, commissaire de la République à Ajaccio, en retardait l'expédition par de continuelles hostilités. Rien n'est plus faux, comme Votre Grandeur le verra par la traduction ci-jointe de la lettre qu'a écrite le lieutenant Arrighi.

Toutes ces longueurs sont employées d'abord pour avoir le temps de faire la moisson, et serrer les grains avant l'arrivée des ordres du Roi en réponse à leur mémoire, et ensuite pour profiter des événements imprévus qui pourraient survenir. Ce mémoire et les procurations seront portés par un courrier que M. de Boissieux dépêchera incessamment. Comme il ne me sera pas communiqué, je ne pourrai pas en envoyer copie à Votre Grandeur ; mais, si ce qu'on m'en a dit est vrai, vous y verrez, Mgr., que la confiance des chefs est si grande qu'ils en sont devenus insolents. Ce sera par leurs prétentions que V. G. connaîtra s'il faut engager la force pour les soumettre,

J'ai l'honneur etc.

PIGNON.

(M. A. E. — Corse, Vol. I).

Pignon à Amelot.

Bastia, le 11 mai 1738.

Monseigneur,

Le lieutenant Arrighi Casanova a écrit le deux de ce mois à M. de Boissieux qu'il a déterminé les peuples de la juridiction de Vico à la soumission, qu'il allait faire la même chose dans la piève de Cinarca, la seule qui n'avait pas encore donné ses procurations, les autres les ayant remises au Sr Luc Ornano, et il l'a prié d'envoyer ses passeports pour les députés de ces peuples. Il ajoute qu'il ne doute pas qu'on ne lui ait envoyé les procurations de Rogna, Bozio et Castello, de ce côté-ci des monts, comme il en était convenu avant son départ avec les principaux habitants des pièves. Le Sr Adriani, de Corte, qui demeure dans cette ville depuis le commencement de la révolte, le même qui avait remis à M. de Boissieux les procurations des pièves de Niolo et Venaco, et la lettre du sieur Arrighi qui les accompagnait, s'est présenté pendant trois jours de suite chez M. de Boissieux, pour avoir sa réponse à la lettre qu'Arrighi lui a écrite le 2 de ce mois et les passeports qu'il lui a demandés. M. de Boissieux lui a dit que les procurations ne sont pas dans les termes qu'il les veut ; qu'il serait bien aise qu'elles passassent toutes par le canal d'Orticoni et qu'il voyait bien que le Sr Arrighi ne s'était employé à les obtenir que dans un esprit de haine et d'inimitié qui règne entre lui et Orticoni, qu'on ne lui envoyait pas les passeports qu'il demandait, mais qu'on lui écrivait.

J'ai eu l'honneur de vous informer, Mgr., que le Sr Arrighi s'est employé avec l'approbation de M. de Boissieux à ramener à la soumission les peuples des pièves que les chefs disaient ne vouloir pas se soumettre, et que M. de Boissieux lui avait marqué qu'il était satisfait de ses opérations, et de ce qu'il se proposait de faire de l'autre côté des monts. Le Sr Arrighi ne sera pas peu surpris d'apprendre que sa conduite est désapprouvée aujourd'hui. Il était en état de balancer la force des autres chefs dans la partie de l'île la plus difficile à soumettre, et de la manière dont il s'était livré, on pouvait en espérer des services considérables en cas de guerre. Cette conduite rendra les chefs plus audacieux.

On assure toujours que Théodore est chez le Sr Matra, en deçà des monts. Il a envoyé à Casinca son compagnon qui prend le nom de Mathieu Drost et trois autres personnes dont l'une se dit ingénieur. Les chefs les ont demandés pour avoir le prétexte d'écrire à M. de Boissieux que Théodore n'est pas venu avec eux.

M. de Boissieux doit expédier aujourd'hui son courrier pour porter à la cour le mémoire des Corses. Il n'a pas attendu pour le faire, d'avoir reçu toutes les procurations de l'autre côté des monts. Il est à propos que la cour voye ce mémoire au plus tôt ; comme elle y découvrira les intentions des chefs qui en sont les auteurs, elle prendra les résolutions convenables pour réduire la Corse avant l'automne, supposé qu'elle croie nécessaire d'employer la force. Je dois vous prévenir, Mgr., que les maladies d'automne dans ce pays-ci ne se font sentir qu'aux environs des étangs, et que l'intérieur de l'île où seraient les troupes en cas de guerre, n'y est pas sujet.

S'il importe à la France que la Corse reste aux Génois, non seulement il en faut désarmer les peuples, mais même laisser ici quelques bataillons pendant quelques années, pour que les Génois, fortifiés par leur présence, puissent y rétablir leur autorité. Si on ne désarme pas ces peuples, les Génois perdront la Corse immédiatement après le départ de nos troupes, et la perte n'en serait retardée, après les avoir désarmés, que jusqu'à ce que ces peuples eussent pu se pourvoir si on ne laissait pas de troupes.

Si la cour estime nécessaire d'envoyer des troupes, il faudrait qu'elle débarquassent à Calvi pour entrer dans la Balagne, d'où elles s'avanceraient vers Corte, en même temps que celles qui sont ici partiraient de S. Pellegrin pour ledit endroit. La marche n'est ni trop fâcheuse ni dépourvue de subsistances, ces contrées étant les plus abondantes de l'île. S. Pellegrin est un petit fort sur la mer ; il est au pouvoir des Génois. Il est éloigné de la Bastia de sept lieues. Le chemin en est beau, il est à huit lieues de Corte. Il y a de Corte à la Balagne dix-huit lieues. Les peuples n'attendraient pas pour se soumettre que nos troupes se fussent avancées dans le pays; il suffirait à leur arrivée de faire publier un pardon pour ceux qui se soumettraient et de promettre une récompense à ceux qui feraient la guerre aux rebelles. Le massacre serait grand à la vérité, parce qu'ils chercheraient de venger leurs querelles, sous prétexte de faire la guerre pour la France, mais la réduction en serait plus prompte.

Je crois M. de Boissieux un grand général, mais il n'est au fait de chose au monde qui concerne la Corse, et il est bien nonchalant. La désertion dans nos troupes continue toujours.

J'ai l'honneur etc.

PIGNON.

(M. A. E. — Corse, Vol. I).

Amelot à Pignon.

Versailles, le 13 mai 1738.

J'ai reçu, M., la lettre que vous avez pris la peine de m'écrire le 26 du mois dernier. Telle satisfaction qu'on puisse avoir des soins que vous vous êtes donnés jusqu'à présent, ce qui s'est passé en dernier lieu fait connaître que votre présence n'est plus aussi utile en Corse qu'elle aurait pu l'être en d'autres circonstances. Aussi Sa Majesté trouve bon que vous reveniez ici, et il convient même que vous ne différiez pas votre départ.

Je suis etc.

(Id.).

Pignon à Amelot.

Bastia, le 13 mai 1738.

Monseigneur,

J'ai eu l'honneur d'écrire à Votre Grandeur que M. de Boissieux devait faire partir le 11 un courrier pour porter à la cour le mémoire des demandes que les chefs se proposent de faire au Roy. Je le croyais avec tout le monde ; le bateau de la poste ayant été retenu pour passer le valet de chambre de M. de Boissieux, qui doit faire cette course, on apprit à quatre heures après midi que ce courrier ne partait plus. J'ignore si ce retardement vient de ce que les députés ont dit à M. de Boissieux qu'ils n'avaient pas pu achever de dresser leur mémoire, ou bien si ce mémoire ayant été remis à M. de Boissieux et l'ayant cru, il aurait cru ne devoir pas l'envoyer tel qu'il était.

J'ai eu l'honneur de vous informer que ce mémoire était fait dès avant le retour des députés. Je l'ai su par un des chefs qui l'écrivit ici dans ce temps-là à un de ses amis qui me communiqua sa lettre. Ce n'est que pour gagner du temps qu'ils ont dit à leur retour qu'ils allaient travailler à le dresser ; ils ne s'attendaient sans doute pas que M. de Boissieux eut voulu l'envoyer à la cour avant d'avoir reçu les procurations de l'autre côté des monts qui sont faites, il y a quelque temps, comme j'ai eu l'honneur de vous le marquer, et dont ils retardent l'envoi toujours sur le prétexte que les Génois, ne voulant pas la paix, traversent les démarches qu'ils font à ce sujet.

Si M. de Boissieux a cru ne devoir pas envoyer le mémoire tel qu'il était, il a compris sans doute que la cour n'aurait pas approuvé qu'il l'eût reçu, vu les demandes extravagantes qu'il contenait. Les Corses sont audacieux ; d'ailleurs on a tant fait d'amitié aux députés et on a marqué tant de confiance aux chefs qu'ils en sont devenus insolents au-delà de tout ce qu'on peut dire, et ne se persuadant point par la manière dont on en use avec la République que le Roi veuille rétablir sa domination dans cette île, il n'est pas de demandes qu'ils ne se croient permis de faire. Dans l'incertitude où je suis si V. G. aurait approuvé que je l'eusse informée de tout ce qui se passe ici, n'en étant pas chargé par ma mission, je n'ai pas osé le faire.

Un Corse des environs de Matra, où s'est arrêté Théodore, voulant s'assurer par lui-même si c'était effectivement lui, ou bien un sien neveu, comme plusieurs le disent, alla lui faire une visite, et comme il le connaissait, il n'eut pas de peine à le remettre ; assuré de son fait, il l'a écrit ici et il a ajouté qu'il a beaucoup vieilli. Il le trouva seul ; son compagnon et les trois domestiques conduits par le fils de Giafferri étaient alors à Casinca où les chefs les avaient fait aller pour pouvoir écrire aux députés, comme ils ont fait, qu'ils ont vérifié la fausseté du bruit qui s'était répandu de l'arrivée de Théodore, qu'il est vrai que les gens qui sont venus sont à lui, et qu'il a écrit par eux en date du mois de février, de Westphalie où il est, de lui envoyer de l'argent et quelques barons pour grossir sa cour, promettant de venir incessamment avec plusieurs vaisseaux. Il me semble que M. de Boissieux aurait dû s'assurer du fait et même obliger les chefs à lui livrer Théodore, s'il est arrivé, comme je n'en doute pas.

J'ai l'honneur etc.

PIGNON.

(M. A. E. — Corse, Vol. I).

Pignon à Amelot.

Bastia, le 14 mai 1738.

Monseigneur,

Les députés promettent leur mémoire pour le 18 de ce mois sans faute. Ce mémoire, qui était dressé avant leur retour, aurait dû être copié, pour long qu'il soit, en beaucoup moins de temps.

On a reçu avis que les députés de l'autre côté des monts arriveront ici ce soir ou demain. Ils apportent les procurations des peuples ; je ne sais s'ils ne voudront pas aussi dresser un mémoire pour gagner du temps.

Le camarade de Théodore, qui se fait appeler Mathieu Drost, et qui se dit de Westphalie, a écrit de Casinca, où les chefs l'ont fait venir, une lettre à M. de Boissieux en mauvais allemand que les officiers français qui parlent cette langue ont eu beaucoup de peine à deviner. Il lui marque qu'il est venu ici dans la pensée que ces peuples étaient toujours attachés à Théodore, attendu la fidélité qu'ils lui ont jurée, et les dépenses considérables qu'il a faites pour eux, mais qu'il a été fort mal reçu et qu'il souhaite de sortir de ce pays-ci, priant à cet effet M. de Boissieux de lui donner les passeports nécessaires pour lui et pour sa suite.

Nous avons vu ici une galère patrone du Roi de Sardaigne partie de Villefranche pour cette île où elle conduit 800 hommes d'infanterie pour en relever, à ce qu'on dit, un pareil nombre. Quelques-uns, au contraire, croient que le long séjour de nos troupes dans ce pays-ci a obligé le Roy de Sardaigne d'augmenter celles qu'il a dans ce Royaume.

J'ai l'honneur etc.

PIGNON.

(M. A. E. — Corse, Vol. I).

Pignon à Amelot.

Bastia, le 14 mai 1738.

Monseigneur,

Nous venons d'être informés qu'une tartane s'étant approchée de terre, il y a quatre jours, avait débarqué un homme dans le même endroit où s'étaient débarqué Théodore et les quatre autres qui étaient avec lui, lequel avait porté un paquet de lettres au nommé Buongiorno, Sicilien, l'un des principaux partisans de Théodore, qui est dans ce pays-ci depuis quatre mois. On assure que cette tartane doit revenir dans quelques jours pour embarquer Théodore qui se tient toujours chez Xavier Matra. Pour moi je crois que cette tartane avait été expédiée avant le départ de la felouque sur laquelle a passé Théodore, pour avertir ses partisans qu'il allait arriver, et que les vents contraires ont retardé sa navigation.

J'ai l'honneur etc.

PIGNON.

(Id.).

Traduction de la lettre des députés à Son Eminence le Cardinal de Fleury.

15 mai 1738.

Eminentissime Seigneur,

Le rétablissement de la santé de Votre Eminence nous dédommage par une grande joie du véritable chagrin que nous en avait causé l'altération, et de même qu'alors nous priâmes le Seigneur pour votre guérison, nous lui en rendons actuellement de très vives actions de grâces, sans cesser de lui demander par nos prières la saine conservation de V. E. pour la gloire de Dieu et la perpétuelle grandeur et félicité du Roi Très Chrétien notre maître, pour la paix de l'Europe et pour la rédemption et délivrance des Corses qui gémissent dans l'esclavage et l'oppression, et qui voient avec une profonde vénération dans la très pieuse et très équitable personne de V. E. leur juge et leur avocat.

Nous avons mis par écrit les griefs de notre cause aussi juste que digne de compassion ; mais le peu de temps qui nous a été donné pour le faire, ne nous a pas permis d'en mieux arranger ni polir ni compléter la description. Le seigneur général comte de Boissieux, qui joint à son admirable conduite la diligence et la patience, est obligé de suppléer par ses lettres à ce qui manque à l'exposé de nos raisons, pour nous avoir pressés de les lui remettre en l'état qu'elle sont, mal en ordre et pleines de fautes ; et il doit nous garantir en cela de tout préjudice que pourrait y apporter notre prompte obéissance.

Il nous est resté plusieurs autres particularités à raconter faute d'y faire l'attention qu'elles méritent, l'accommodement universel y perdrait beaucoup. Le commissaire que nous supplions nous être envoyé ici, d'un zèle et d'une probité invincible, pourra rendre toute justice aux équitables prétentions du public, et particulièrement à celles de la province de Balagne et autres pièces.

La Corse chargée du poids de ses injures et de ses droits, trouva au pied de l'auguste tribunal ses adversaires qui la détruisent et l'oppriment par leurs calomnies, sans y avoir aucune voix qui parle pour elle, et qui réponde aux calomnies dont on veut la noircir, de sorte qu'elle n'aurait pas lieu d'espérer de sa cause une bonne issue, si la pieuse pénétration et la justice de Votre Eminence ne nous assuraient pas en sa faveur de toute indemnité.

Inclinés avec une sincère soumission sous les yeux de Votre Eminence, nous la supplions de vouloir bien nous mettre aux pieds de Sa Majesté dans les sentiments où nous sommes d'une parfaite obéissance et confiance envers elle et d'être persuadés du respect très profond avec lequel nous avons l'honneur d'être etc.

Erasmo Orticoni et Gian Pietro Gaffori.

A Bastia, le très solennel jour de l'Ascension du fils de Dieu 1738.

(M. A. E. — Corse, Vol. I).

Pignon à Amelot.

Bastia, le 18 mai 1738.

Monseigneur,

Je n'ai pas vu M. de Boissieux, depuis le 23 du mois passé, parce que ce même jour il me fit connaître qu'il ne me voyait pas avec plaisir, et je ne suis plus sorti de chez moi pour lui ôter le prétexte de se plaindre de mes liaisons avec M. le marq. Mari.

Si je n'ai pas envoyé à V. Gr. copie du mémoire des chefs, c'est parce que M. de Boissieux n'a pas permis que personne le vît. Il n'en a pas parlé à M. Mari, et depuis le 26 du mois passé, il ne lui a rien communiqué, parce qu'il s'imagina, sur la lettre que je lui écrivis et que j'ai insérée dans celle que j'ai eu l'honneur d'écrire à Vot. Gr. le même jour, que le marquis Mari m'avait communiqué la copie de celle que lui avaient écrite les chefs, ayant oublié qu'il m'avait communiqué lui-même les originaux. Ainsi croyant m'ôter les moyens d'informer V. Gr., il ne communique plus rien au marquis Mari.

Plusieurs raisons me persuadent que je recevrai incessamment l'ordre de mon rappel et je le souhaite d'autant plus que je suis avec trop de désagrément dans ce pays-ci. Je supplie V. Gr. de se rappeler que, quand les troupes du Roi sont arrivées en Corse, les rebelles étaient disposés à se soumettre, M. de Boissieux y trouva, avec le mémoire ou journal que je lui avais envoyé des opérations des impériaux, plusieurs de mes lettres par lesquelles je l'informais de la disposition où étaient les Corses, des intentions de la République, de l'esprit et du caractère du marquis Mari, et je lui indiquais le moyen de savoir jusqu'à ses plus secrètes pensées.

Les choses en cet état, et le peuple étant réduit par la guerre dans une misère extrême, les chefs désunis par des querelles particulières et la présence de nos troupes qui les effrayait ne leur laissant espérer de salut que dans la clémence du Roi, ils se seraient soumis il y a longtemps sans faire des demandes téméraires, si on avait traité l'affaire avec dignité.

Les députés n'eurent pas été ici huit jours qu'ils se persuadèrent qu'on ne voulait pas soumettre la Corse à la République, mais seulement en faire la grimace par une paix plâtrée. Le langage que leur tenait M. de Boissieux les autorisait à croire qu'il avait peur qu'ils ne se soumissent pas, et et ils se confirmèrent dans cette pensée par la complaisance qu'il eut pour eux et par la confiance qu'il a en tout ce qu'ils lui disent, ne les croyant pas capables de le tromper.

La République se plaindra avec raison et de cette complaisance et de la trop grande confiance que M. de Boissieux a pour les chefs. Je n'entrerai pas dans le détail de ses griefs ; je dirai seulement que j'en suis honteux.

J'ai l'honneur etc.

              Pignon.

(M. A. E. — Corse, Vol. I).

Pignon à Amelot.

Bastia, le 18 mai 1738.

Monseigneur,

J'ai eu l'honneur de vous marquer que M. de Boissieux attendait le 13 et au plus tard le 15 de ce mois deux députés de l'autre côté des monts, avec les procurations de ces peuples. Sans doute qu'il aurait été bien aise d'avoir généralement toutes les procurations avant d'envoyer à la cour le mémoire des demandes des chefs de ce côté-ci. Ce mémoire lui fut remis le 14 à quatre heures après midi. Je ne crois pas qu'il diffère davantage de l'envoyer pour attendre les députés de l'autre côté des monts qui ne sont pas encore arrivés.

Le commandant de la Padulella a écrit que le 15 de ce mois, à 1 heure de l'après-midi, deux de ses soldats, qui étaient sortis de la place pour aller chercher du bois, avaient été blessés de coups de feu par des Corses qui faisaient route vers la tour Florentina, sur les plages d'Aleria, éloignées de cinq milles de la Padulella. Ces soldats, qui ont été envoyés ici, ont déposé que parmi ces Corses qui les avaient blessés, ils avaient reconnu le nommé Buongiorno, le fils de l'avocat Costa, deux des plus zélés partisans de Théodore, et ingénieurs, et qu'il y avait plusieurs étrangers qu'ils ne connaissaient pas.

Le 16, le commandant de Solenzara, étant arrivé ici, a déclaré que le 15 à 6 heures du soir, faisant route pour Bastia, il avait vu une tartane qui louvoyait près de la tour Florentina, et qu'ayant voulu la reconnaître, il avait vu qu'elle n'avait pas mis son pavillon. Ladite tartane avait pris le large, et le vent étant frais, il n'avait pas cru devoir la suivre, mais qu'un des matelots qu'il avait fait monter au haut du mât, lui ayant dit qu'il découvrait beaucoup de gens armés et une chaloupe sur le bord de la mer, il avait fait mettre la proue à terre, et en étant approché autant que le vent le lui avait permis, il avait vu plus de 150 personnes à terre, armées de fusils, parmi lesquelles trois religieux franciscains, aussi armés, et plusieurs personnes dans la chaloupe, outre l'équipage. Le patron du bâtiment sur lequel il était embarqué, a déposé la même chose, et il a ajouté que les passagers qui étaient dans la chaloupe devaient être embarqués sur la tartane, n'étant pas vraisemblable qu'ils y eussent resté si longtemps, s'ils avaient dû se débarquer à terre.

Il résulte de ces deux dépositions que la troupe qui blessa les deux soldats de la tour de Padulella à une heure après midi, est la même qui à six heures du soir favorisa l'embarquement, auprès de la tour Florentine, des personnes que les soldats blessés avaient reconnues et des étrangers qui étaient avec elles.

Il est étonnant que M. de Boissieux n'ait pas demandé qu'on lui remît ces étrangers, quand même il serait vrai que Thédore n'eût pas été du nombre. Outre qu'il convenait de s'assurer de leurs personnes, on aurait appris par eux les intelligences qu'il a dans ce pays-ci, et d'où il compte tirer les secours qu'il promet à ceux de son parti. D'ailleurs les différents rapports que les chefs ont fait à M. de Boissieux sur l'arrivée de ces étrangers qu'on a baptisés de différentes façons et qui sur le premier avis étaient cinq, et ensuite quatre, auraient dû lui faire prendre du soupçon. Mais il ne croit pas les chefs capables de le tromper.

On a intercepté deux lettres anonymes arrivées le neuf de ce mois par une tartane et sous l'enveloppe de Buongiorno, adressées l'une au comte Poggi, à Zicavo, et l'autre au comte Giabiconi à Taglay (?), par lesquelles on leur marque que Thédore est en mer, et qu'il arrivera incessamment pour venir prendre possession de son Royaume de Corse, que les Rois d'Espagne, de Prusse, de Sardaigne et la Hollande lui fournissent les secours nécessaires pour en chasser les Génois, que les Français ne veulent pas faire la guerre aux Corses, et qu'ils ne leur seront pas contraires, et qu'il compte que tous ses bons sujets seront charmés de sa venue. La tartane qui a apporté ces lettres et plusieurs autres de la même teneur, avait été expédiée avant le départ de la felouque sur laquelle était embarqué Théodore, mais elle aura été contrariée par les vents, ou les barques génoises qui croisent dans les mers d'Aleria l'auront empêché d'aborder avant ladite felouque.

On a appris de plusieurs endroits que les peuples avaient fait des feux de joie et plusieurs décharges de mousqueterie à l'arrivée de Théodore.

Le parti que cet aventurier a dans cette île étant fort petit, et les chefs n'ayant que peu ou point de crédit, je n'ai pas de la peine à croire que ceux du parti contraire ne les aient obligés de le faire rembarquer ; un plus long séjour dans l'île aurait pu faire découvrir à M. de Boissieux leur imposture et diminuer les avantages qu'ils se promettent de sa complaisance.

J'ai l'honneur, etc.

PIGNON.

(M. A. E. — Corse, Vol. I).

Traduction des demandes des Corses avec apostilles de M. de Boissieux sur les demandes.

(*Jointe à une lettre de M. de Boissieux du 18 mai 1738*).

Art. 1er. — Que le soulèvement dernier soit entièrement mis en oubli, afin que le souvenir et les ressentiments qui pourraient s'en conserver, ne puissent altérer ni troubler la tranquillité, supposé qu'elle puisse jamais prendre racine, dans notre île.

Qu'il ne soit point question d'un pardon général en faveur des Corses, ce qui ne convient qu'au crime et au repentir ; exempts de l'un, nous le sommes de l'autre, puisque c'est l'indispensable nécessité et la justice qui nous ont forcés à nous soulever.

Que le Roi oblige les Seigneurs Génois à payer non seulement ce qu'ils ont extorqué de plus que ce qui leur était dû par les Corses, mais à les indemniser de tous les dommages et torts qui leur ont été faits par les ministres de la Sérénissime République qui les a toujours choisis ignorants, imprudents, avares, a creusé par leurs mains le précipice des Corses, et allumé le flambeau de la guerre, dédommagement dont elle ne peut se dispenser sans encourir la damnation éternelle, la loi divine étant formelle, et le fait évident.

Apostille. — Le pardon et l'amnistie paraissent nécessaires de la part du souverain à l'égard de ses sujets ; cependant s'il était indifférent de substituer à ces termes celui d'oubli, l'on croit qu'il serait adopté plus volontiers.

Il y a quelque chose de captieux sur les articles à la fin de l'édit de pacification de 1733 ; celui qui sera rendu pour faire cesser les derniers troubles, ne doit rien laisser d'équivoque ni sur ce point ni sur les autres pour ne pas donner lieu aux mauvaises interprétations dans l'exécution.

La troisième demande peut être passée sous silence, ou entrer en compensation avec les désordres de guerre.

Art. 2. — Que l'ordre de la noblesse sera établi dans la Corse ; que les personnes et familles qui y seront inscrites seront choisies entre les 12 nobles et les 6 (1).

Qu'il ne sera pas nécessaire d'en obtenir l'approbation des Sérénissimes Collèges, ni d'aucun autre magistrat de Gênes ; mais que sur la liste qui sera donnée au gouverneur de l'Ile, des sujets à anoblir, l'enregistrement s'en fera par le chancelier, sans aucuns frais, et qu'ils seront admis dans l'ordre de la noblesse, pourvu que ce soit du consentement et par les suffrages du tiers des nobles 12.

Que ceux qui seront inscrits à la noblesse jouiront de tous les honneurs, privilèges et immunités qui conviennent et appartiennent à des personnes d'un tel rang.

Qu'ils ne puissent être sujets à aucune punition ignominieuse et ne puissent être condamnés à mort que par la plus grande partie des voix du Collége des 12.

Qu'ils soient déclarés habiles à exercer toutes charges, non seulement dans la Corse, mais encore dans Gênes celles de la République, comme furent admis nos ancêtres à celles d'Aragon et de Pise.

Que dans chaque famille noble le droit d'aînesse sera observé.

Que quiconque aura commis un homicide, de lui-même, ou par ordre, ou par conseil, ne pourra être inscrit à la noblesse, et s'il commet ce crime étant noble, qu'il soit dégradé.

Que les Seigneurs des fiefs dans le Royaume exercent leur juridiction sans aucune opposition ni empêchement de la part du gouvernement génois, et que pour l'exécution de leurs sentences contre leurs vassaux, le gouvernement soit obligé dans les cas qui le requerront à prêter la main de justice.

Qu'au cas que quelqu'un des seigneurs soit convenu du paiement de quelque dette, on ne puisse, à aucun compte, accorder au créancier un mandement pour se faire payer des vassaux mêmes, comme il est arrivé par le passé, mais que les vassaux soient toujours considérés comme un inviolable fidei-commis, sans être sujets à passer sous un autre seigneur, passant toujours de l'aîné à l'aîné, le droit d'aînesse devant être pareillement établi entre les seigneurs.

Que tous les évêchés du Royaume soient déférés à des prêtres Corses de nation, d'origine et nés en Corse ; et que sous le nom de Corses on ne comprenne jamais ceux qui auront été inscrits ou seront à inscrire dans l'ordre de la noblesse de Gênes, quoique nés et habitant en Corse. (2).

Que la République n'ait pas le droit de présenter elle-même des Corses à cette dignité.

Que pour parvenir à tout ce qui regarde cette matière, Sa Majesté, suivant notre très humble supplication, daigne porter le pape, notre Seigneur, à établir cet article par une bulle particulière ; de même qu'à appliquer tous les bénéfices simples à l'érection d'un Collége pour l'éducation de la jeunesse corse, qui sera fondé dans le lieu choisi à cet effet par les Douze Nobles, lesquels seront chargés de l'élection des maîtres et des élèves de tous pièves et lieux, qui devront y être reçus proportionnellement, sans que la République, en aucun temps que ce soit, puisse s'en mêler en aucune façon.

Apostilles. — (1) Par l'édit de 1733, cet ordre de noblesse est établi différemment ; ce que les mécontents demandent de plus, peut être comparé, pesé et examiné, ou renvoyé à un règlement particulier, après le rétablissement de la paix, de même que tout ce qui est contenu dans la suite de cet article concernant le relief et les prérogatives de la noblesse.

(2) Quant aux évêchés et bénéfices, il serait à souhaiter qu'ils ne fussent donnés qu'à des ecclésiastiques Corses, attendu que ceux-ci n'ont aucune part à ceux de Terre-ferme. La République ne doit pas s'alarmer de tout ce qui peut contribuer à donner quelque considération à ces peuples, et à les tirer de l'opinion qu'ils ont été méprisés et avilis par le passé.

Art. 3. — Que le gouvernement et le ministère du Royaume consistera en un gouverneur général qui sera élu avec toute sa cour par le Séréninsime Sénat ; de plus en un tribunal suprême composé de trois auditeurs, deux desquels jugent dans le civil, et l'autre dans le criminel, qui soient extranationaux et élus par les 12 Nobles, conjointement avec les procurateurs des pièves, ne devant être ni de la Ligurie, ni de la Corse, mais que leurs chanceliers soient Corses ; auquel tribunal, outre leur juridiction ordinaire dans le district de Bastia, ressortiront les causes d'appel des autres tribunaux inférieurs ; et que dudit tribunal suprême, il ne pourra être appelé qu'à la Rote de Gênes. De plus que le ministère consistera encore dans les autres cours subalternes qu'on appelait les lieutenants et commissaires, lesquelles cours seront distribuées pour la plus grande commodité des peuples, suivant le département et les collations qu'en feront les 12 Nobles, et que lesdites cours subalternes seront administrées par des juges sous le nom d'auditeurs qui soient Corses de nation, parmi lesquels on ne pourra recevoir ceux qui seront inscrits, ou à inscrire à la noblesse de Gênes, ou qui ne seront pas nés de parents Corses, en Corse même.

Que l'élection de tels auditeurs ou chanceliers se fera par les 12 Nobles, et par les 6, sans que la République s'ingère en rien de cette élection, et qu'en cela on ne sera obligé à rien qu'à la présentation qu'en devront faire les 12 Nobles au gouverneur, auquel il sera seulement réservé de donner les lettres patentes de l'office, sans pouvoir y apporter aucune opposition ni retardement.

Que les causes civiles devront être terminées dans l'espace de 6 mois, et que ce délai pourra être prorogé de trois autres par les auditeurs de la Rote de Gênes, pour une seule fois.

Que, par rapport aux affaires criminelles, quiconque commettra un meurtre avec quelque instrument que ce soit ou de propos délibéré, ou par querelle, sera sujet à peine de mort et proscrit de la vie sans rémission, et qu'il en sera de même de quiconque blessera seulement d'un coup de feu ou de poignard son prochain, quand bien même la mort du blessé ne s'en serait pas ensuivie. Qu'en outre le coupable soit sujet à la confiscation de ses biens, lesquels, une fois confisqués ne seront jamais rachetables en aucun temps que ce soit par le condamné ni par ses parents.

Que les faux témoins en calomniant subiront la même peine de mort.

Que le gouverneur général ne pourra admettre en son tribunal, ni s'attribuer personnellement les causes qui seront agitées dans les cours subalternes, ou dans la suprême, mais qu'elles suivront toujours leur cours ordinaire.

Que le même gouverneur ne pourra condamner qui que ce soit à aucune peine, quelque légère qu'elle puisse être, *ex informata conscientia,* et sans formalité de procédure.

Que le souvenir des soulèvements ne pourra aggraver d'un seul point à l'avenir quelque crime que ce soit.

Que les commissaires des places d'Ajaccio, Calvi et Bonifacio, n'exerceront aucune juridiction hors de leurs dites places, ces emplois devant être occupés par des gentilshommes génois, et que toute la juridiction de ces provinces passera entre les mains des auditeurs corses, qui seront employés dans la juridiction d'ycelles.

Apostille. — Tout ce qui est proposé dans cet article pour le gouvernement civil et l'administration de la justice paraît difficile à régler par l'édit de pacification, et s'il en est fait mention dans les dispositions qu'il renfermera, il semble que ce ne peut être que pour remettre à un examen particulier cette nouvelle forme de gouvernement.

Art. 4. — Que le Collége des 12 Nobles dans l'en deçà des monts, et des 6 dans la partie d'au delà, formeront comme un parlement, avec charge de veiller sur toutes les importances, privilèges et exemptions du Royaume, et que sans eux, il ne puisse rien être innové en la moindre chose par la République ou par ses ministres, concernant aucune nouvelle charge sur la nation, de quelque espèce ou matière que ce soit.

Que le même Collège sera servi par un chancelier qui conservera et enregistrera tous les actes qui y seront faits, sans que le gouvernement ni le magistrat de Corse ni les Sérénissimes Collèges puissent tirer de ces actes aucune copie ni expédition.

Qu'il sera permis au 12 Nobles de s'assembler en tel lieu de l'île qu'ils voudront pour traiter séparément et sans l'assistance d'aucun officier de la République, quelques affaires que ce soit concernant le Royaume.

Que les 12 Nobles de résidence à Bastia (autant que leur Collège même assemblé en corps) auront le premier rang et la première distinction auprès du gouverneur, et au-dessus de quelque personne que ce soit, publique ou particulière, génoise, nationale, ou étrangère, s'agissant de sujets qui représentent le Royaume et en qui réside l'autorité publique, et qui d'ailleurs exigent en particulier le même traitement, dans le cas où quelqu'un de ces 12 Nobles viendrait à être député au Sénat de Gênes, en qualité d'envoyé du Royaume, ou vers le magistrat de Corse, sans qu'on puisse lui disputer les honneurs de s'asseoir et de se couvrir partout où il se présentera soit à Gênes ou en Corse, et que ce même traitement sera dû à l'orateur du Royaume quand le Collège des 12 Nobles jugera à propos de continuer d'en envoyer un à Gênes, comme il s'est pratiqué par le passé.

Que les Corses auront une maison particulière, les fonds de laquelle consisteraient dans les confiscations des biens des coupables, et en tous les champs et bois dont s'était emparée celle (*la Camera*) de la République, et que la susdite maison soit proche le Collège des 12 Nobles et des 6, sous la garde et reddition de compte d'un caissier qui sera nommé par eux et en dépendra uniquement.

Que l'élection des 12 Nobles et des 6 se fera respectivement à Bastia et à Ajaccio, comme de coutume, à la présence, les uns du gouverneur, et les autres des commissaires, mais que ni l'un ni l'autre ne pourra recommander ou nommer aucun sujet qui sera *imbussolé* entre les candidats à extraire.

Qu'on ne pourra admettre parmi ces candidats que des sujets de bonne réputation et de bonnes mœurs, gens lettrés, de bonne et honorable maison, qui n'aient exercé aucun vil emploi, ni basse profession, et qui n'aient blessé ni tué, fait tuer ni blesser personne lâchement.

Apostille. — Le contenu de cet article est dans le même cas que le précédent, puisqu'il s'agit d'ériger un tribunal pour les nobles, tant pour juger en dernier ressort, que pour veiller à la conservation des priviléges du pays.

Art. 5. — Qu'à la fin de l'administration des officiers publics, laquelle sera de deux ans en deux ans, les officiers, ministres, juges et chanceliers, seront syndiqués et censurés par neuf sindicateurs, trois desquels, selon l'ancien style, seront gentilshommes génois élus par le Sérénissime Sénat, et les 6 autres, soit 3 nobles et 3 populaires Corses, seront élus par les 12 Nobles et par les 6 respectivement.

Que le sindicat se tiendra dans le lieu où se tiendra la cour particulière.

Que les suffrages des 6 sindicateurs ne seront pas de plus grand poids que ceux des 3 sindicateurs génois, mais reviendront au même.

Que si quelqu'un des officiers se trouve coupable pour avoir malversé dans son ministère, il sera déclaré pour toujours inhabile tant aux fonctions de sa charge qu'à celles de quelque autre emploi public que ce soit, outre la peine particulière due à sa malversation ; que, s'il se trouvait avoir commis une injustice avérée dans l'administration de son emploi pour de l'argent ou autre présent, il sera déclaré infâme, et condamné à payer le quadruple de l'argent ou du présent qu'il aurait reçu pour se laisser corrompre, et qu'un tel paiement se fera non au profit du séducteur, mais à celui de la Chambre de la République.

Que les criminels condamnés en Corse à la mort, à la galère ou à l'exil, seront également censés être bannis de

Gênes et de tout l'état génois. Que ceux qui seront condamnés à mort pour avoir tué, blessé, porté faux témoignage ou calomnié, ne puissent jamais retourner en Corse, ni être absous, quand ils auraient reçu le pardon des offensés ou blessés, et qu'ils auraient fait la paix avec eux.

Que la République ne pourra plus donner des amnisties générales ni particulières, afin que les scélérats, dans l'espérance de les obtenir un jour, ne se portent pas à commettre le crime.

Apostille. — Rien n'est plus digne d'attention que tout ce qui tend à maintenir le bon ordre et la pureté dans l'exercice des fonctions publiques ; c'est l'objet de cet article, et si ce qu'on demande n'est pas accordé en entier, on peut y avoir quelques égards, si ce n'est à présent, du moins dans la suite.

Art. 6. — Que les conventions, pactes et privilèges du Royaume seront remis en la même vigueur et observance que si le gouvernement de la Sérénissime République ne faisait que commencer, et en conséquence que la taille sera réduite sur le pied de l'établissement fondamental des 20 sous par feu, et que l'on abolira tous les autres impôts que l'on voit ne pouvoir subsister.

Que ce qui a été exigé au surplus des impositions, qui toutes n'ont été établies que pour un temps, et admises sous cette condition par le consentement des 12 Nobles, sera restitué à la Chambre particulière des 12 et des 6, faisant bon cependant de ce que la Chambre de la République, après tant de requêtes, paya à compte, il y a quelques années, aux 12 Nobles, ce qui fut employé à la construction de leur maison à Bastia.

Que le prix du sel sera réduit à 4 sous 1/2 ou au plus à 8 sous le bacin, dont le poids sera, comme il était, de 20 livres.

Qu'il n'y aura d'autres gabelles que pour les marchandises

qui seront introduites dans le Royaume, comme il en fut convenu dès le commencement, et qu'elle ne sera au plus que de 5 pour cent, ôtant tout à fait la gabelle de l'écu par muid et la *gabellette du vin* (qu'on appelle).

Qu'il sera libre à tout patron de bâtiment corse et à tel autre national que ce soit, d'aller d'échelle en échelle, de lieu en lieu, charger toute sorte de victuailles, sans être obligé d'en demander ni obtenir la permission ou traite, ni des Génois, ni du gouverneur, ni de quelque autre ministre que ce soit.

Qu'il sera libre à tout bâtiment, de quelque nation que ce soit, d'aborder en Corse et d'y charger toute marchandise de l'île, sans autre obligation que de payer l'ancrage, afin que des denrées qui excèderont ce qu'il en faut à l'entretien du Royaume, suivant le montant qu'en feront d'années en années les 12 Nobles et les 6, les particuliers puissent en retirer le profit en les vendant avantageusement, sans que la République vienne, pour ainsi dire, le leur étouffer dans les mains, et obliger les Corses à vendre ces denrées à bon prix aux Génois.

Qu'il ne sera pas permis aux maîtres ni aux agents des possessions appelées Procoi, appartenant aux Génois, d'y tenir boutique ni de faire d'autres achats ou acquêts d'autres effets, sous quelque prétexte que ce soit.

Qu'il ne sera pas non plus permis à quelque Génois que ce puisse être, noble ou populaire de la ville ou de l'Etat de Gênes, de faire, sous quelque titre que ce soit, aucune acquisition d'effets, quoiqu'il vécût ou qu'il eût une maison en Corse ; et s'il est créancier, il ne pourra exercer d'autre action pour se faire payer que de faire exécuter les meubles et prendre l'usufruit des immeubles hypothéqués qu'il louera jusqu'à fin de paiement de ce qui lui sera dû ; autrement, en peu de temps, tous nos biens passeraient sous le domaine des particuliers de Gênes.

Que la Sérénissime République ne procédera pas à priver la maison Matra des enfitéoses d'Aleria, mais que la souveraine Cour de France se réservera la connaissance et décision de cette cause, et des prétentions que la même famille de Matra peut avoir contre la République par contrats passés entre celle-ci et celle-là.

Qu'il sera inviolablement interdit et défendu aux marchands génois (qui absorbent la plus grande partie de l'argent provenant des marchandises dans toutes les plages du Royaume) de plus ouvrir boutique, et que seulement il leur sera permis d'aborder et de vendre sur leur bâtiment leurs marchandises en gros, sans qu'ils puissent s'ingérer à les faire entrer ni à les vendre en détail pour leur compte.

Apostille. — La réduction de la taille à 20 sous par feu, suivant son premier établissement, souffrira vraisemblablement de la difficulté, mais en la laissant à 4 liv. par feu, comme elle a subsisté longtemps avant les troubles, il ne serait peut-être pas hors de propos de faire espérer un soulagement, lorsque les besoins du gouvernement le permettront.

Pour ce qui regarde le prix du sel et les droits sur les marchandises, l'on pourrait de même donner à entendre qu'après un examen il y sera pourvu, comme aussi sur ce qui a rapport à la liberté du commerce.

Ce qui est dit pour interdire aux Génois la liberté de faire des acquisitions en Corse ne paraît fondé sur aucun privilège.

Il serait assez juste de relever la famille Matra des poursuites que la République a fait faire pendant la durée des troubles pour la priver de son enfitéose, faute d'en payer la rente, attendu les divisions et ravages de la guerre. Il en doit être des arrérages de cette rente, comme de ceux des impositions.

Art. 7. — Que la bouche soit fermée aux Génois sur la basse et méprisable plainte du petit revenu que leur Chambre, disent-ils, retire de la Corse, comme si ce Royaume était à estimer à raison de recette et de dépense comme une possession ou une marchandise, sans considérer qu'il est situé sur les embouchures de la mer d'Italie, entouré de ports sûrs et vastes, à la portée de la navigation du Ponant au Levant et *vice-versa*; que le terrain est très fertile en toutes sortes de fruits, pourvu qu'il soit cultivé ; que ce Royaume produit des hommes belliqueux qui ont tant de fois défendu la République contre des ennemis qui l'auraient renversée sans la force de nos armes ; que le motif pour lequel les Génois reçurent le Royaume des mains de nos ancêtres, fut qu'il servirait de rempart à la Ligurie contre les Catalans qui alors peu à peu la saccageaient, et que c'est la Corse enfin qui d'une couronne orna les tempes et ceignit d'une vaillante épée les flancs de la République, considérations qui auprès de tout autre prince l'emporteraient sur l'appât de quelque autre gain que ce fût.

Apostille. — Cet article ne contient que des considérations sur la possession de la République par les Génois.

Art. 8. — Qu'on ne pourra empêcher aucun particulier de l'île de s'embarquer pour la terre ferme, à moins qu'il ne fût accusé de crime, et qu'il ne sera point obligé de demander la permission, le seul billet de santé devant suffire.

Qu'on n'aura besoin d'aucune permission ni patente, et qu'on ne sera tenu à payer aucune chose pour le port des armes à feu ou de quelques autres armes que ce soit, excepté les armes courtes qui s'appellent *mazzagatti* et les couteaux génois.

Apostille. — La République pourra bien se porter sans répugnance à accorder ce qui est porté par cet article.

Art. 9. — Qu'on obtiendra de Sa Sainteté un visiteur apostolique de nation française, dont la prudence et le zèle soit au gré de cette Souveraine Cour, pour visiter les diocèses du Royaume, le plus tôt qu'il se pourra, afin d'en ôter les abus et de remédier aux inconvénients occasionnés par les évêques génois, avec autorité spéciale du Pape notre Seigneur ; d'établir encore 9 diocèses, y en ayant de trop étendus, au grand préjudice des peuples, par rapport aux exercices de religion et de piété.

Apostille. — Il y a lieu de croire qu'on n'aura pas de peine à faire consentir la République de procurer aux Corses un visiteur apostolique.

Art. 10. — Que tous ceux qui sont dans les prisons de Gênes ou de la Corse seront remis en liberté et rétablis sains et saufs dans leurs maisons et leurs emplois, avec tous les effets qu'on leur aura pris, de même que tous ceux qui auront été condamnés aux galères pour quelque cause et motif que ce puisse être, relatif au premier et au second soulèvement, depuis l'année 1729 jusqu'à présent : spécialement François Maria Gentile, seigneur de Brando, Sisco et Pietra Corbara, avec pleine restitution de son coffre, de son argent, de ses papiers et autres effets qui y étaient renfermés, et qui lui furent ôtés le jour même qu'il fut mis en prison ; de plus Carlo Francesco Alessandrini, de Canari, le P. Malta, des *Servi di Maria di Calenzana,* et tous autres pour les raisons susdites. Que du même élargissement jouissent encore le capitaine Colonna, seigneur de fiefs d'au-delà des monts, et le major Salvadori, de Balagne.

Apostille. — La paix doit opérer l'effet de cette demande en faveur de ceux qui sont détenus dans les prisons et aux galères, pour raison du soulèvement.

Art. 11. — Pour ôter toute occasion de nouvelles aigreurs et inimitiés, qu'il ne sera plus parlé en aucun temps d'aucun dédommagement, ni de la part des Corses contre la République, ni de celle de la République contre les Corses, à cause des saccagements faits de part et d'autre, en quelque manière ou lieu que ce soit, dans la conjoncture des troubles passés, quoique les Corses puissent prétendre avec justice être indemnisés des dommages qu'ils ont soufferts pendant cette guerre, aussi juste pour eux qu'elle a été injuste et condamnable pour la République.

Que les particuliers Génois, ni les Corses rebelles de la patrie, qui ont servi ou servent la République, ne pourront prétendre aucune restitution ni réparation des torts qu'ils y ont soufferts dans leurs maisons, dans leurs meubles, bestiaux, fabriques, arbres fruitiers, ou telle autre chose que ce soit, et qu'en outre tout ce qui se trouverait actuellement entre les mains de quelque Corse, quand bien même il serait reconnu avoir été pris aux Génois ou a des Corses rebelles, restera en sa possession.

Apostille. — Il convient que ce qui est proposé par cet article soit inséré dans l'édit de pacification, pour prévenir les prétentions réciproques qu'on pourrait élever à l'occasion des dommages soufferts pendant les troubles.

Art. 12. — Que la Corse entière demande librement, et en toute justice, à V. M. et non à d'autres, les règlements et dispositions de gouvernement qui seront par nous requis par la suite; et qu'il sera déclaré par un décret royal, que c'est uniquement à de telles conditions, pactes et privilèges, que passe entre les mains des Génois le Royaume de Corse, qui de cette manière se livre à la libre disposition de Votre Majesté. Nous la supplions de plus qu'elle daigne ne point le transférer en d'autres mains que sous la condition de le reprendre sous sa domination, toutes fois et quantes que le Règlement viendrait à n'être pas observé en tout ou en partie par la Sérénissime République, supposé que Votre Majesté, contre le gré des Corses, veuille lui transmettre ledit Royaume.

Que dans ce cas-là, il sera établi pour toujours par entretien et aux dépens de la République, un personnage français pour résider en Corse, homme intègre et d'une parfaite probité, qui non seulement écoutera et pourvoira aux prétentions ultérieures, requêtes et besoins de la Corse, avant que la dernière main ait été mise à l'arrangement de nos affaires, mais sera chargé de veiller par la suite continuellement à l'observation et exécution de ce qui sera établi.

Que pareillement il résidera en la Cour de France un sujet Corse qui y sera envoyé et choisi du nombre des 12 et des 6 au dépens du Royaume, avec charge de porter en cas de besoin nos plaintes à V. M.

Apostille. — Sa Majesté expliquera sans doute ses intentions sur cet article.

On finit ces observations par une remarque sur la remise qui doit être faite aux Corses des arrérages des impositions, quoiqu'ils n'en aient point parlé. Il est essentiel qu'elle soit accordée par l'édit de pacification. Ces peuples sont réduits dans un état si misérable que, si l'on n'y comprenait pas celle de l'année courante, ils seraient hors d'état de les payer. Ce ménagement est dû à leur situation, et il ne peut produire qu'un bon effet pour leur retour à l'obéissance de la République.

L'on ajoute encore que la cause ou l'occasion du premier soulèvement ayant été les abus et les exactions commises sur le désarmement, et sur les permissions du port des armes, il est nécessaire qu'il y soit pourvu avec d'autant plus de circonspection que, si l'on exigeait à présent avec rigueur un désarmement, l'on ne peut douter que les peuples ne se portassent à la dernière extrémité avant de s'y soumettre.

Voilà, Sire, ce qui peut procurer la paix aux Corses et les voici tous prosternés aux pieds de Votre Majesté, avec cette résignation qui est uniquement due à l'incomparable monarque de la France, qui, par ses ordres adorables et tout-puissants, remet les seigneurs Génois en possession d'un Royaume que par toute autre voie, ils ne pouvaient plus espérer et qu'ils sont trop heureux et trop contents de recouvrer au prix des demandes ci-dessus.

Vive éternellement Votre Majesté !

(M. A. E. — Corse, Vol. I).

Traduction des Griefs des Corses

(*Jointe à la lettre de M. de Boissieux du 18 mai 1738*).

Sire,

La pauvre Corse, en l'état où elle est, négligée, inculte, méprisée, opprimée, dépouillée, exténuée, se jette toute nue aux pieds de V. M. T. C., sans autre voile pour couvrir la honte qu'elle a de présenter à vos yeux un objet si misérable, que sa prompte obéissance jointe au doux espoir d'être bientôt, par vos ordres, entièrement revêtue, accoutumée qu'elle est à voir briser ses chaînes, et à recouvrer la liberté, l'abondance et l'honneur par les mains de votre Royale Cour. Elle baise à genoux par le plus humble des hommages, celles de votre redoutable et bienfaisante Majesté. Elle rend les plus vives actions de grâces au Souverain Génie de la France, qui, parmi ses augustes soins, n'a pas dédaigné d'admettre la très chrétienne pensée de la délivrer de ses misères. Sûre de ressentir les effets de cette favorable influence, elle supplie V. M. de vouloir bien donner audience au très fidèle récit des longs outrages qu'elle a soufferts et à l'exposé des raisons qui l'avaient enfin déterminée à vouloir s'en affranchir, raisons dont elle attend les solides fondements de sa restauration et de son soutien.

Le sage et vaillant général des armées de V. M., M. le comte de Boissieux, qui est posté à la Bastia, à la tête de vos troupes, par sa réponse du 28 février dernier à la lettre de nos chefs Paoli et Giafferri, nous assura que les armes qu'il commande n'avaient pour objet que de donner aux Corses la paix et la tranquillité, mais que pour l'obtenir, il demandait par ordre de V. M. qu'ils déclarassent être dans la résolution de se soumettre à leur légitime Souverain, en abandonnant avec une entière confiance et sans réserve leur sort entre les mains de V. M. Sur quoi nous expliquons, Sire, avec la dernière sincérité nos communs sentiments.

Sire, abandonner sans réserve notre sort à la libre et entière disposition de V. M., c'est le plus cher de nos désirs ; mais si, par nos légitimes souverains, il faut entendre les Sérénissimes seigneurs Génois (ce que nous ne pouvons concevoir), nous résoudre à baisser de nouveau la tête sous leur joug, c'est la plus cruelle de toutes les tortures que puisse éprouver la raison et la volonté d'autant d'êtres que nous sommes : *Durus est hic sermo, et quis potest illum audire?*

Quel moyen de pouvoir jamais espérer la paix et la tranquillité de la part des seigneurs Génois, si, pendant le cours de quatre siècles, nous n'avons éprouvé de leur gouvernement que guerre, que spoliation de tout bien, qu'affluence de tous maux, et si, eu égard aux maximes et à la constitution de cette Sérénissime République, toute voie nous étant fermée de pouvoir aspirer ni aux honneurs qui s'acquièrent dans les lettres, ni aux couronnes que donnent les armes, à aucun rang dans la noblesse, à aucune sorte de récompense, ni à aucune espèce de fortune, les Corses se voient par conséquent privés de tout objet, sevrés de toute attente ; si au contraire tout ce qui se trouve dans nos mains (fait pour nous) en nature d'honneurs, de dignités, de quantité de fertiles campagnes et de revenus, nous est entièrement, ou bien peu s'en faut, usurpé et ravi par les Génois, de sorte que nous seuls dans le monde, entre toutes les provinces soumises à des souverains, éprouvons le triste sort de nous voir exclu des biens que la nature, le droit, la règle et l'usage ordinaire des gens nous avaient destinés ; si enfin, pour comble de misères, notre sang même et nos vies ont été placés dans le tarif des fertiles revenus de ces gouverneurs vénaux et mercenaires, d'où il s'ensuit que le penchant des avides ministres à se laisser corrompre, la faiblesse de l'autorité publiq..., la facilité avec laquelle on peut chez nous se soustraire aux rigueurs de la justice, nous ôtent la crainte et le frein des lois salutaires, comment donc sera-t-il possible, ô très sage et très juste monarque que V. M. se porte à condamner les Corses au joug des Génois, sans ressources pour eux, ni du côté de l'espérance ni du côté de la crainte, qui sont les deux mains du Prince, dont il se sert également pour établir solidement sa propre sûreté sur le repos et la félicité de ses sujets? Sire, la piété de V. M. s'attristera un jour d'avoir fait franchir un tel pas à des peuples qui se font gloire de l'attachement le plus sincère et le plus affectueux envers elle ; qui tant de fois ont eu l'honneur de répandre leur sang au service de son auguste couronne, celui de s'être vus plusieurs fois délivrés des mains de leurs tyrans par les armes de la France ; que dis-je ? l'avantage même et la gloire de lui être incorporés, que, à la vue du monde entier, ils osent se flatter d'avoir bien mérité par leur valeur et par leur bonne foi.

Si l'on consulte nos annales aussi bien que ce qui est arrivé de nos jours, on trouvera que les Génois ont provoqué et forcé plus de douze fois les Corses à se soulever, tant par l'infraction des traités et des conventions établies en conséquence des fatales démarches qu'avaient faites nos ancêtres de se rassujettir, même volontairement, aux Génois, que par de continuelles oppressions de leur part, source intarissable de cette haine mortelle et réciproque qui a passé dans l'un et l'autre sang et qui est irréconciliable [autrement] que par un miracle.

D'ailleurs le chagrin que nos armes en dernier lieu ont causé aux Génois par tant de prodigieuses défaites et déroutes, n'est pas d'une nature à faire contre nous peu d'impression dans leur esprit pour plusieurs siècles ; ce sont pour nous autant de réflexions opposées à la fin pour laquelle les peuples se soumettent à la domination des princes, et c'est qui justifie la répugnance que nous avons à retomber sous un gouvernement si misérable, pour nous si lugubre et si rempli d'une perpétuelle amertume.

Pardonnez-nous, Sire, de ne pouvoir, sans exhaler de tristes plaintes, nous voir mener au sacrifice ; le nôtre est d'autant plus grand que c'est celui de la volonté même ; victimes uniquement réservées à la gloire de V. M., nous ne pouvons lui donner une plus forte preuve de cette vénération, de cet amour et de cette obéissance qui nous guident et que suit aveuglément et inséparablement notre sort.

Si donc vos ordres souverains nous obligent absolument de nous soumettre aux seigneurs Génois, allons, buvons à la santé du Très Chrétien et très invincible Louis ce calice amer et mourons. Mais, Sire, avant que votre auguste main nous le présente, que la Corse trouve grâce devant vos yeux ; daignez pour un moment les détourner des grands objets de la monarchie. Elle ne regrettera pas quelques-uns de vos regards jetés par pitié sur nous qui périssons (après avoir été autrefois un membre de la France, quoique le moindre de tous et le plus faible) pour considérer avec bonté :

Que les seigneurs Génois n'ont jamais eu d'autres droits sur la Corse que ceux que leur ont donnés volontairement et de plein gré nos ancêtres qui soumirent leur île à la *communauté de Gênes* vers l'an 1350, sous différents pactes et conditions dont l'une était que le tribut annuel serait de 20 sous par feu, sans aucune autre charge ou réaggrave pour tous les temps à venir.

Qu'étant ensuite survenu différentes guerres dans l'île, premièrement par les prétentions des Pisans, ensuite des Aragonais, des Ducs de Milan et enfin des Génois, les peuples, assemblés dans le désir du repos et de la tranquillité, résolurent de faire des conventions avec la maison de S. Georges en l'année 1453. Il lui députèrent des ambassadeurs qui proposèrent de soumettre le Royaume à son gouvernement. Cette offre fut acceptée. Les pactes et conventions conclus et établis furent entr'autres que la fixation du tribut serait le pied ci-dessus, que le sel se vendrait aux Corses 4 sous 1/2 le bacin, que les chancelleries des tribunaux seraient gérées et administrées par les Corses, qu'il ne se paierait aucune gabelle que pour les terres murées, et pour les seules marchandises qui entreraient dans le Royaume ; que les Corses éliraient chaque année 12 sujets de leur nation (qui depuis ont acquis le titre des 12 Nobles), avec charge et commission de veiller au maintien des privilèges, exemptions et indemnités de la nation et des nationaux ; que sans le consentement de ces 12, il ne se pourrait rien ordonner, altérer ni diminuer dans l'île ; que les podestats des pièves auraient la juridiction et le jugement des causes, et que pour *sindiquer*, c'est à dire faire rendre compte aux officiers de S. Georges qui auraient été dans le gouvernement de l'île, on joindrait aux sindicateurs Génois six autres sindicateurs Corses, dont 3 du corps de la noblesse et 3 de celui du peuple, qui dans les fonctions du sindicat auraient pareil nombre de suffrages et de la même force que ceux des Génois. Les règles et statuts d'un tel gouvernement furent créés et établis par les magistrats de S. Georges, conjointement avec les ambassadeurs de Corse.

Mais depuis et le renversement des lois et l'infraction des conventions firent naître différents tumultes et soulèvements par l'indignation qu'ils causèrent aux esprits des Corses, qui, en l'année 1553, profitant de l'occasion et se livrant à leur penchant et à leur dévouement naturel, se soumirent à la France dont les armes s'étaient portées dans l'île sous la conduite du général de Thermes. Notre Royaume eut alors le bonheur d'être fait et déclaré province de France et incorporé à l'Etat par les suffrages universels du Parlement.

Dans cet heureux temps le Roi Tr. Chr. Henri II, entre autres bienfaits, rétablit et remit en usage les privilèges et exemptions de l'île qui avaient pour la plupart été violés et abolis par la mauvaise foi des Génois, et l'évêché de Nebbio étant venu à vaquer, S. M. engagea la Cour de Rome à y nommer un religieux Corse de l'ordre de S. François.

Six ans après, la paix entre la France et l'Espagne ayant été conclue à Cateau Cambresis, par un des articles la Corse fut remise, contre l'avis des grands de la France, entre les mains des Génois, qui s'obligèrent par convention, sous la parole et garantie dudit Roi Henri II, de ne se ressentir jamais, ni directement ni indirectement, contre les Corses de ce qu'ils avaient suivi le parti de S. M.

Trois ans après, les seigneurs Génois, oubliant toutes leurs promesses solennelles, commencèrent à lâcher bride à cet esprit de vengeance qu'ils s'étaient fait la violence de retenir jusqu'en l'année 1563 ; ils imposèrent aux Corses, entre autres punitions, une capitation de 20 sous par tête, et le 3e denier par cent de tous les biens ; ce qui les ayant irrités, ils se soulevèrent sous le commandement du célèbre San Piero Ornano, mestre de camp des armées de France. Ils eurent recours à cette couronne, comme garante des traités violés ; mais le Royaume étant alors, par la minorité de Charles IX, sous la régence de la reine mère, qui était entièrement occupée à remédier aux guerres civiles et intestines, les Corses ne purent obtenir que la Cour se prêtât ouvertement à leur défense et délivrance, à quoi elle ne contribuait sous main que de quelques secours, tantôt d'armes, tantôt d'argent, de temps en temps, en les encourageant à combattre vigoureusement par une émulation particulière et en vertu de cette inscription : *Pugna pro patria*, qui était relevée en broderie sur chaque drapeau que la reine mère leur avait envoyé avec d'autres munitions, par Alphonse d'Ornano, qui depuis la mort du susdit San Pietro, son père, poursuivit la guerre, et ayant enfin été appelé en France, l'an 1569, y retourna, après avoir laissé l'île entre les mains des Génois sous de bonnes conditions.

Les choses remises par les Génois, à l'instance des Corses, sur le même pied qu'auparavant, la guerre cessa de part et d'autre, jusqu'à ce qu'en l'année 1729, le gouvernement de la République se rendit de nouveau entièrement insupportable aux Corses, outrés au dernier point et poussés à toute extrémité par tant de vexations, d'injustices, trahisons et mépris, qui font, dit l'Esprit du Seigneur, qu'un Royaume passe des mains d'une nation dans celle d'une autre.

La source de nos chagrins amers contre le gouvernement génois, était de nous voir dépouiller des biens qui rendent la vie aimable et sûre, exclus de tous les grades honorifiques dans l'ordre de la noblesse, dans celui des charges civiles et dans les emplois publics, privés de toute sûreté, réduits à la dernière pauvreté, livrés en proie aux inimitiés particulières et aux homicides, couverts de mépris et abandonnés à la dépravation des mœurs.

Quoique nous comptions parmi nous plusieurs familles très anciennes et très illustres, les Génois n'ont jamais voulu accorder aux sujets de ce Royaume ni rang, ni enregistrement dans le corps de la noblesse, sans considérer que plus de mille ans auparavant, ils y avaient été admis, comme il paraît par les lettres de St-Grégoire le Grand, et ensuite par celle de Grégoire VII, et d'autres Souverains Pontifes, adressées aux nobles de la Corse : maxime opposée à celle du gouvernement de la République de Pise, qui, après avoir admis nos ancêtres au rang de la noblesse et de la bourgeoisie pisane, les avait déclarés habiles à posséder les dignités qui étaient accordées aux citoyens naturels ; maxime contraire à celle du gouvernement du S. Siége, qui, à la réserve de la charge de gouverneur général, confiait toutes les autres fonctions publiques aux insulaires ; maxime enfin qui contraste avec celle du très admirable gouvernement de la France, puisque pendant l'espace de 6 ans (qui ne fut qu'un moment pour nous), elle traita avec honneur et distinction ceux qui le méritaient, décora l'île de plusieurs privilèges, la déclara membre naturel de la monarchie, l'exempta des tailles, voulut honorer les Corses dans un régiment d'infanterie dans les armées de la Couronne, anoblit plusieurs d'entre eux et les éleva à des dignités considérables, entr'autres Alphonse d'Ornano, chevalier des ordres et maréchal de France.

Pendant le cours de la longue domination des Génois, il ne se trouve qu'un seul Corse admis dans leur noblesse, Gian Pietro Ristoro, à qui l'on peut dire qu'il n'était pas moins dû qu'une statue dans le sénat, comme au restaurateur de la République expirante, à moins qu'on ne veuille encore faire nombre d'un autre Corse, nommé Pietro Casale, qui par récompense d'être l'ennemi de sa patrie, a été anobli depuis peu, et ce, dans le temps qu'une telle distinction se vendait à bas prix, pour remplir la caisse militaire, et fournir à la solde des troupes qu'on envoyait contre nous au carnage. A cette exclusion de noblesse était joint un insupportable mépris envers les meilleurs sujets de la Corse ; c'était peu de condamner aux galères les principaux citoyens et des gens de famille honorable, sans autre forme de procès et simplement *colla cosa d'informata coscienza,* les 12 Nobles, qui composent la première et l'unique du Royaume, subissaient eux-mêmes l'ignominieuse peine de galère, et les Podestats de la Bastia, au milieu de l'exercice de leurs fonctions, tout revêtus qu'ils étaient de la robe prétorienne, se voyaient traînés par les sbires et confondus dans les cachots avec les plus vils scélérats. Les seigneurs de nos fiefs, réduits à un petit nombre par l'extinction de la plus grande partie de ceux que contenait le Royaume, et qui étaient plus anciens en noblesse et en seigneurie que les Génois, étaient devenus dans leurs juridictions de simples juges en première instance, quoiqu'ils fussent, dans leur origine, souverains et indépendants, et ils éprouvaient d'ailleurs un traitement également injurieux et particulier par l'inobservation du droit d'aînesse dans les successions, d'où il s'ensuit qu'ils sont devenus pauvres et presque aussi avilis que leurs vassaux, attendu le partage successif qui se fait du fief noble entre les descendants. A toutes ces injustices à leur égard est jointe encore celle d'une exclusion perpétuelle de toutes les dignités, charges et emplois.

Depuis le départ des Français en 1559, aucun autre de nos ecclésiastiques n'avait été élevé aux charges épiscopales du Royaume, la bulle du Pape Nicolas V, Génois (qui à la sollicitation de ses compatriotes en avait donné l'exclusion aux prêtres Corses), ayant été remise en usage, par le regret qu'on avait de voir alors quelques personnages de notre nation revêtus de cette dignité dans les cathédrales de l'île ; ce qui nous a causé d'autant plus d'amertume que dans notre clergé, tant régulier que séculier, il se trouve beaucoup de sujets à qui les Génois revêtus de nos prélatures ne peuvent donner des leçons ni de piété ni d'érudition. Le prétexte dont se sert la République pour autoriser cette injustice est des plus frivoles. Il est vrai qu'elle n'a pas droit de présentation pour nos évêchés, mais il est vrai aussi que ne pouvant ignorer ni nier la capacité qui se rencontre dans le clergé corse pour remplir une telle dignité, elle devrait, par office de prince, s'employer auprès du S. Siège pour la procurer à ceux de nos prêtres qui en seraient dignes, et ne pas permettre que les cardinaux génois, épiant les vacances de nos églises, y proposassent et en obtinssent la préconisation pour leurs parents et amis de Gênes, ce qui à la vérité ne s'accorderait pas avec les principes de leur tyrannie et cette avidité qu'ils ont de tout envahir pour eux-mêmes.

Quant aux autres emplois laïques, aucun parmi nous ne s'est jamais vu honorer des charges nobles de judicature ou de commandement ; aucun n'a été employé dans les chancelleries, et comme si ce n'était pas assez que nous en fussions exclus, le sénat avait commencé d'avance par donner l'injurieux décret qui défendait aux Corses de les briguer, d'où il s'ensuivait que, si par nécessité il fallait donner à quelqu'un de nos notaires quelque chancellerie dans les juridictions subalternes (ce qui était rare) ou placer quelqu'un de nous dans le bas emploi d'*attuari* (copistes) qu'on appelle *giovini di scagno*, ce n'était qu'à force de supplications qu'on y parvenait, et en obtenant qu'il fût, par le cas de nécessité, et sans conséquence, dérogé audit décret infamatoire dans lequel tous les Corses étaient compris.

Les seigneurs Génois répondront peut-être que, si ce qu'il y a de beau et de bon en Corse se trouve aujourd'hui en leur possession, grand nombre de nos compatriotes remplissent dans la Ligurie des postes de capitaines et autres officiers d'infanterie, même de colonels ; mais quoi ? un pareil honneur et même des grades plus considérables ne nous sont-ils pas accordés vulgairement en France, en Espagne, à Venise et ailleurs ? La nécessité de garder et défendre la République que nous avons soutenue plusieurs fois, chancelante qu'elle était, l'expérience qu'elle a toujours faite de notre fidélité et de nos bons services, l'aversion naturelle des nobles et des gens du peuple et de tout l'État pour les dures fonctions et fatigues militaires, et non par la volonté paternelle de procurer du bien et des honneurs aux Corses, sont des motifs qui l'ont emporté sur la répugnance que sentent les Génois à répandre sur nous les moindres bienfaits, et qui nous ont produit la possession des emplois dont il s'agit. La ligne que nous avons décrite jusqu'à présent s'est toujours tirée vers l'occident ; aucun rayon d'espérance ne luit en notre faveur ; tous sont éteints l'un après l'autre ; toute voie nous est fermée pour parvenir à quelque sorte de fortune par le moyen des honneurs et les légitimes revenus des charges, forcés que nous sommes à subir dans notre propre patrie l'exclusion donnée aux étrangers.

Au mépris et aux dommages que nous souffrons dans la privation des premières dignités de nos églises, et des emplois de nos cours, se joignait encore l'onéreux fardeau d'être gouvernés par des ministres Génois, pauvres, ignorants, vénaux et mercenaires. Nous ne parlerons plus de la plus grande partie de nos évêques, morts ou vivants, pour ne pas faire horreur à la piété d'un Roi Très Chrétien, et pour garder le respect qui est dû à leur ministère et à leur caractère apostolique. Si Rome, à qui nous en porterons nos très humbles supplications, envoyait dans l'île un visitateur apostolique d'un zèle inviolable, il en reporterait avec lui la justification de nos plaintes.

A l'exclusion des gouverneurs généraux, les autres gouverneurs et officiers subalternes étaient députés des corps de la moyenne et pauvre noblesse, en qualité de vicaires, juges collatéraux du gouverneur pour le civil et pour le criminel, lieutenants et commissaires, juges dans les cours inférieures et le fiscal. Les deux vicaires devaient être docteurs ès lois, mais les seules qualités requises dans les autres étaient celles de nobles et de pauvres ; elles leur suffisaient pour aller avec de mauvais habits, les yeux baissés aux pieds des escaliers du palais royal de Gênes, implorer pour eux, leurs femmes et leurs enfants, la compassion des électeurs, et tâcher, à la vue de pareils mérites, d'obtenir les emplois dont le but était, non que les devoirs en fussent remplis, mais que les revenus qui en provenaient servissent à tirer celui qu'on y nommait du sein de la misère, aussi bien que toute sa famille affamée, de sorte qu'il était placé là pour piller et manger. Voilà de quelle étoffe étaient nos juges. Leur mauvaise administration, suite nécessaire de leur ignorance, de leur pauvreté et de leur avarice, a été la source intarissable de tous nos maux, de cette même guerre qu'il nous a fallu soutenir et (ce qui est le plus important pour nous et le plus criant) de la perte éternelle des âmes, qui, sans espoir de salut, périssaient par les meurtres dans le funeste esprit de la haine et des vengeances particu lières, la source, dis-je, de la continuelle et abondante profusion de notre sang dans les discordes civiles, des mauvaises mœurs, de la grossièreté et de la pauvreté des Corses.

Et comment les Sérénissimes Electeurs pourront-ils s'exempter de l'obligation où ils sont de nous dédommager de tant de maux que nous ont faits les ministres qu'ils ont élus les yeux ouverts ? C'est un devoir indispensable, une dette que nous réclamons, c'est une loi de Dieu écrite dans l'Exode, donnée par instruction à Moïse, à la vue de laquelle les docteurs condamnent un prince envers ses sujets à la réparation des dommages que leur aura causés son lieutenant qui n'aura pas été choisi avec les qualités de prudent, de savant, honorable, et ennemi de l'avarice.

Par l'ignorance de nos juges, les procès civils des juridictions subalternes étaient souvent renvoyés hors de cour et déclarés nuls, ce qui obligeait le demandeur à faire la dépense d'en intenter un second et souvent un troisième. Nous avons vu un lieutenant qui, ne sachant ce qu'il devait prononcer dans les causes, en remettait la décision au sort, en jetant en l'air une pièce de monnaie. Si la pièce tombait tel côté de l'empreinte, le coupable était absous ; si c'était l'autre, le plaintif avait raison. D'autres juges, dans les audiences publiques, ne sachant que décider sur les instances des parties, se tournaient vers le chancelier, et le faisaient prononcer ; en ce cas le bon chancelier, profitant de l'incapacité du juge, faisait son compte avec le plaintif et le coupable. Ces gens de justice savaient à peine lire et écrire, mais avec beaucoup de peine et fort mal.

Quant à l'avidité des officiers et des notaires, nous allons révéler ici les mystères d'un trafic perpétuel et général dans l'administration des lois. Ce récit, qui paraîtra calomnieux, nous mettra dans le danger de décréditer notre sincérité, et c'est malgré nous que nous le ferons, parce que non seulement il dévoile et rend publique la sordide et honteuse pratique dont nous avons été les victimes sous le ministère de la Sérénissime République, mais parce que cet affreux tableau doit paraître aux yeux de la Royale Majesté ; mais la nécessité de faire voir les véritables causes de nos misères et la justice de nos soulèvements, nous fait espérer qu'on ne nous fera pas un crime de l'exposition de nos plaintes.

Les causes civiles, dans lesquelles l'esprit d'un bon juge ne doit se plier que par le poids de ses obligations toutes nues et par celui des lois mêmes, se traitaient souvent au gré et se décidaient par la propre sentence de celle des deux parties dont la plus solide raison consistait dans la consignation d'une somme mise en dépôt pour gage d'une injuste prononciation en sa faveur.

On ôtait souvent, on supprimait des protocoles et des liasses, les pièces présentées en jugement, les décrets et les ordonnances qui étaient contraires à ceux qui, pour prix de cette soustraction, payaient une somme d'argent au chancelier ou au greffier.

Quand on intentait un procès, le premier soin des demandeurs était de gagner par des présents ou des offres ou en prêtant une somme d'argent, l'esprit et la volonté du juge et du chancelier ; mais il arrivait quelquefois que le coupable plus leste et plus en état de faire cette acquisition que le poursuivant, l'emportait sur lui par le moyen d'une plus grande largesse, de sorte que souvent la décision du procès intenté était mise à l'encan, et se prononçait en faveur du plus offrant et dernier enchérisseur.

Mais le fertile champ de la moisson réservé aux officiers de justice, c'était les causes criminelles. Les crimes les plus atroces prenaient entre leurs mains la forme des plus légères fautes, afin que la punition en fût de beaucoup au-dessous de celle qu'ils méritaient et conséquente aux formalités d'une procédure dans laquelle on altérait la déposition des témoins fiscaux, ou dans laquelle on admettait le rapport de faux témoins produits par le coupable. Le juge et le chancelier, d'accord entre eux, partageaient le prix du sang, et c'était celui-là qui leur servait à payer celui qu'ils devaient pour la taxe de leurs charges, c'est-à-dire pour la *quote* d'argent dont étaient tenus tous les mois, envers la chambre de la République, les juges tant suprêmes que subalternes, de toutes les cours du Royaume. Toutes les fois que l'offensé était plus puissant que l'offenseur, la cour prêtait les mains à aggraver l'affaire et à donner au procès une face susceptible d'une plus rigoureuse sentence. Les procès criminels qui étaient intentés dans les tribunaux qui n'ont pas pouvoir de condamner, étant présentés au suprême tribunal des vicaires du Royaume, offraient aux parties respectives de nouvelles routes pour corrompre le jugement des collatéraux ; les séductions les plus sacriléges trouvaient jour à parvenir à leurs fins : la rigueur, la modération ou l'exemption absolue des punitions, de quelque nature que fût le délit, se réglait sur le taux de l'argent que les plaintifs ou les coupables faisaient luire aux yeux des juges et des greffiers. Cette manœuvre journalière, publique et notoire, s'était acquis par un long usage, non interrompu, une espèce de couleur honnête et une prescription définitive contre les lois. Il se trouve encore aujourd'hui parmi les gouverneurs généraux qui sont assis au premier rang de la République, des personnages qui ont fait des profits immenses dans un pareil négoce, et qui, pour n'y pas paraître, avaient à leur dévotion, des agents (des forcimanes) dont les adroites manœuvres faisaient leurs plus précieuses récoltes. Un autre profit, aussi inique que considérable pour les officiers, se faisait à l'occasion des *commissariates*, c'est à dire commissaires envoyés sur les lieux où les crimes s'étaient commis pour y rester plusieurs semaines. Alors on obligeait pendant tout ce temps-là les parents des coupables à payer l'étape aux troupes, ne le fussent-ils qu'au 3e degré ou en minorité (par conséquent non sujets à la punition), et quoi qu'ils ne fussent nullement complices.

C'était cet usage monstrueux de pouvoir si facilement échapper au châtiment mérité qui donnait une libre carrière à la violence, à l'insolence, aux meurtres qui étaient si fréquents que pendant l'espace de deux ans que gouverna certain cavalier, il s'en commit, de compte fait, 1800 et plus de 26 mille autres sous l'administration de 16 autres gouverneurs, de 2 ans chacun.

Outre la facilité de corrompre les tribunaux, il en régnait une autre ; c'était de trouver à Gênes un sûr asile dans les troupes de la République, quelque grièvre que fût la condamnation du coupable, soit au bannissement, soit aux galères ou à la mort, en vertu des anciennes ou dernières lois. Bien plus, on a vu des bandits condamnés à mort se sauver du Royaume et se réfugier à Gênes, et loin d'y subir leur châtiment, servir par récompense, dans cette capitale, en qualité de capitaines ou d'autres officiers.

A cette seconde facilité succédait une troisième ; c'était de faire publier de temps en temps, de peu en peu d'années, une amnistie générale en faveur de tous les bannis et fugitifs (quelques crimes qu'ils eussent commis) par laquelle ils étaient rappelés dans le sein de la patrie, et rétablis chez eux à la vue de tous ceux qu'ils avaient offensés, le tout pour prix et somme d'une pistole par tête qu'ils payaient à la Chambre.

Nous ne pouvons que rougir de honte et de confusion dans l'aveu que nous faisons d'une si longue et criminelle effusion de notre sang ; nous ne pouvons tellement en attribuer la cause aux malversations des gouverneurs que nous ne confessions nous-mêmes avoir eu part au crime ; nous à qui la raison et la religion font une loi de la patience, de la douceur et de l'abstinence de tout mal, par amour pour la vertu ; mais cette vertu est donnée à peu de personnes ; faute du frein salutaire qu'oppose le châtiment aux passions, les âmes, inclinées au mal, se laissent entraîner à leur penchant naturel ; à la vue d'une punition sévère et inévitable, il en est peu d'assez insensés pour se livrer au crime.

Il faut convenir que nous avons eu plusieurs gouverneurs d'une droiture et d'une exactitude exemplaires dans l'obéissance des lois ; mais comme la plus part n'était pas de ce caractère, et ne laissait rien à redouter aux malfaiteurs, le torrent des crimes ne trouvant à son passage aucune digue, a bientôt inondé de sang et de meurtres notre misérable patrie. De là (comme d'une zizanie qui étouffe les semences) le dépeuplement du Royaume, la stérilité des campagnes, l'abandon de leur culture, la pauvreté et la disette de toutes choses.

L'exaction du tribut offrait encore une ample matière à leur injuste lucre. Ce tribut, qui dans le commencement était de 20 sous, s'était augmenté jusqu'à 5, 6 et 7 livres, différemment suivant les lieux, parce qu'on y avait joint malgré les instantes plaintes des peuples, la continuation des impositions, dont le temps était expiré, et qui n'avaient été précédemment établies qu'à la réquisition et du consentement des 12 Nobles, et simplement pour l'avantage du Royaume, c'est à dire pour fraïer à l'établissement de quelques fabriques, ou pour de semblables cas de nécessité. Les tarifs des tribunaux s'étaient grossis ; le prix du sel était monté au double ; l'ancienne et unique gabelle avait crû de moitié par les nouvelles qu'on y avait jointes ; ce n'était qu'extorsions sur les huiles, sur les graines et autres denrées, qu'on faisait supporter aux pièves voisines de la Bastia, du Nebbio, à la province de Balagne, à celle de Vico et autres parties ; ce n'était que nouvelles monopoles pour les gouverneurs et pour leurs domestiques.

De quelque côté que nous nous tournassions, nous n'apercevions que des mains génoises, toujours tendues et occupées à traire notre argent et nos denrées. Les abbayes, les bénéfices simples, les pensions ecclésiastiques, servaient la plupart du temps d'appannages aux ecclésiastiques génois ; les nôtres restaient derrière eux dans la concurrence auprès de la Daterie de Rome, parce que ceux-là envahissaient toute préférence en matière des collations de la Corse, comme si elle eût été pour nous un pays étranger et pour eux un patrimoine.

Dans toutes les plages de l'île, la plupart des marchandises se trouve entre les mains des Génois qui, avec l'usage qu'ils font de l'argent des riches gentilshommes de Gênes, ont toute la commodité nécessaire pour leur commerce ; ce qui a renversé celui de nos particuliers, et contribué à tirer encore de grosses sommes hors du Royaume. Ces négociants ont soin de s'entendre entre eux pour fixer de concert le prix des grains, des huiles et autres semblables denrées, ce qui nous force à les leur vendre à bas prix, et nous ôte, à leur profit, le gain honnête qu'elles nous produiraient en les vendant aux étrangers, parce qu'en même temps on leur refusait la permission de venir mouiller dans les ports de Corse pour les charger sur leurs bâtiments ; ainsi le commerce avec eux nous était entièrement interdit.

Les gouverneurs, vicaires, chanceliers et autres officiers, faisaient trafic, à l'envi les uns des autres, de tout ce que peut produire la Corse, et particulièrement des planches de châtaigniers, marchandise extrêmement préjudiciable au Royaume. Devait-il être permis qu'un homme pauvre et dans le besoin d'argent fît couper pour dix livres un arbre qui en valait 40 et en produisait 4 de revenu, ce qui a donné lieu à l'exploitation presque infinie des meilleurs et des plus fertiles du Royaume.

Plusieurs particuliers, gentilshommes de Gênes, possèdent les plus vastes et les plus fertiles biens dans les meilleures situations de l'île. Leurs ancêtres, ou gouverneurs ou évêques, avaient comme forcé les communautés et les particuliers à leur vendre des terres qu'ils ont depuis arrondies et étendues, en obligeant souvent ceux qui étaient voisins à leur céder ce qui les bornait.

Dans le terrain de quelques-unes de ces possessions qui aboutissaient au bord de la mer, il y avait une boutique de marchandises pour le compte des gentilshommes à qui ce bien appartenait, et ses facteurs absorbaient, pour un prix fixé à leur gré, les grains et autres sortes de denrées produits par les terres d'alentour, empêchant surtout qu'aucune autre marchandise n'approche du rivage, de sorte que les pauvres gens, obligés d'en passer par où ils voulaient, étaient obligés de leur jeter, pour ainsi dire, à la tête ce qu'ils avaient à vendre.

Si absolument Votre Majesté veut nous remettre sous le dur gouvernement des Génois, il faut que nous devenions tous leurs laboureurs, leurs gens de charrue dans la Corse, puisqu'ils n'ont pas de plus grande avidité que de nous dépouiller entièrement de ce qui nous reste. A l'heure même que les formidables armes des Français sont dans ce pays, leur étude et leur application consiste à méditer les moyens d'y parvenir. Ils ont commencé dès le mois de mars dernier à condamner (sans aucune procédure de justice) le nommé Xaverio Matra, personnage d'une des plus illustres, des plus anciennes et des plus opulentes familles de Corse, à payer 22 mille livres, en le déclarant déchu de ses emphytéoses d'Aleria, dans le temps qu'au vu et su de tout le monde, les conjonctures où nous sommes l'ont empêché et empêchent de payer le cens annuel et de répondre au tribunal. Ses ancêtres avaient vendu ce même considérable et magnifique fonds, avec le château de Guardia, aux officiers de la Maison de S. Georges, pour prix et somme de 1,000 livres, et aux conditions de nommer à une chancellerie du Royaume, et d'être inscrit, lui et sa postérité, à la noblesse de Gênes, outre plusieurs franchises et privilèges; mais les conventions par rapport à la noblesse, non plus qu'à la chancellerie, n'ont jamais été exécutées. Par la suite, les descendants de la famille de Matra avaient pris en emphytéose le même fonds de terre déjà vendu aux Génois pour 1,000 livres, comme nous l'avons déjà dit, quoiqu'il en valût plus de 60,000.

Peu d'années auparavant ce dernier soulèvement, deux gentilshommes génois, voulant entreprendre de s'emparer de nouveaux terrains dans les plages de Sagona et d'Olmia, et à faire en ces endroits une grande étendue de possessions, les peuples de Niolo, Calenzana et Mugale furent obligés de prendre les armes et de se soulever contre eux. Nous avons sans cesse à craindre de pareils événements pour l'avenir, si votre Majesté n'a pas la bonté d'imposer des bornes aux Génois dans les campagnes de la Corse, et les empêcher de s'y étendre davantage sous quelque prétexte que ce soit. Que ne vivent-ils le long de leur magnifique et délicieuse rivière de Gênes ! sans venir nous envier notre coin de terre, le rocher, comme ils disent, où la nature nous a placés. Ils devraient bien nous laisser en paix travailler à la sueur de notre front au défrichement de nos montagnes.

Voilà, Sire, quel était l'étroit labyrinthe des misères dans lesquelles nous avons été si longtemps enfermés. Pour en sortir, c'était en vain que nous avions fait par nos orateurs les plus humbles instances auprès du Sérénissime Trône ; nos supplications redoublées que portaient à ce tribunal nos 12 Nobles, les gens de bien et les zélateurs de la patrie, aussi bien qu'au Magistrat de ce Royaume, aux Gouverneurs, aux Syndicateurs, n'ont pas eu plus d'effet.

La République ne pouvait ignorer des maux aussi grands et aussi continuels, puisque, outre nos plaintes et nos requêtes, les tribunaux lui envoyaient tous les ans les copies de toutes les procédures, le registre contenant le détail des querelles, des blessures, des inimitiés particulières et des meurtres, les sentences, les condamnations, les noms des condamnés, le nombre des morts. Tout cela était porté au Magistrat de Corse qui faisait son rapport aux Sérénissimes Collèges de tout ce qui se passait et s'était passé dans l'île.

Les Etats de la République ne sont pas assez vastes dans la Ligurie et ailleurs pour s'attirer nécessairement et sans réserve toute l'attention des ordres du sénat et des magistrats, et quand ils seraient en effet aussi étendus que ceux de l'Arabie pierreuse, devait-on refuser quelques soins, devait-on négliger entièrement de pourvoir au bon gouvernement d'une province telle que la Corse qui en était sujette? La République ne connaissait pas moins les injustes oppressions sous lesquelles nous étions accablés que la solidité de nos droits.

Que nous soyons des peuples à elle soumis par conventions, que ces conventions soient dûment et valablement exprimées, c'est ce qui peut se voir clairement dans nos annales qui en matière de fait font foi; c'est ce qui est encore prouvé par la résidence qu'a faite, dans les plus anciens temps, notre orateur à Gênes auprès de ce Sérénissime Gouvernement, par l'existence du collège de nos 12 Nobles et des 6, qui formaient ensemble un Parlement et qui avaient été créés par nous dans la vue et l'objet de veiller à l'observance des lois du Royaume qu'ils représentaient, sans le consentement desquels on n'a jamais pu établir un impôt sur les peuples, et seulement dans le cas que le demandaient les avantages de l'île, à moins que ce ne fût quelque augmentation frauduleuse aux gabelles de la marine, et c'est ce que nous n'avons jamais souffert sans nous plaindre.

Une autre preuve sont les syndicateurs corses qui, par un ancien accord, étaient joints aux trois syndicateurs génois pour *syndiquer,* c'est-à-dire faire rendre compte aux officiers, à la fin de leur ministère, quoique la République ait eu la mauvaise foi d'interrompre et restreindre leur autorité, et ne leur ait laissé que celle de juges dans les causes d'appel. Le Très Chrétien Henri II fit observer ce droit de syndicateur pendant les 6 années de son précieux règne en Corse, en joignant 6 de nos syndicateurs à 3 autres qui étaient Français.

Une autre preuve encore, c'est que toutes les fois qu'ils ont tenté d'imposer de nouvelles charges à leur gré, il s'en est toujours ensuivi des tumultes et des soulèvements, entre esquels celui de 1563 est mémorable ; c'était l'imposition de la capitation à 20 sous et les 3 par cent sur tous les biens, qui l'avait fait naître. Le dernier trouble, qui se déclara en 1729, eut pour cause l'injuste exaction de deux fameux emplois.

Le droit de nos privilèges et conventions se manifeste encore partout dans le livre nommé *il Rosso di Corsica*, qui se garde dans les archives de la Bastia. Qu'on ouvre ces archives qui ne peuvent se fermer pour ce qui concerne les droits du Royaume, et nous y ferons voir que les Génois n'ont jamais exercé d'autres titres sur nous que ceux que nous leur avons donnés de notre plein gré et sous des conditions. S'ils disent autrement, qu'on examine si nous sommes leur conquête, qu'ils citent en quel temps ils nous ont subjugués ou vaincus, quelle fut l'année où ils triomphèrent de la Corse. Les annales même ecclésiastiques font mention de l'époque à laquelle nos ancêtres s'assujettirent à la République. Elle ne peut nier que non seulement elle a payé le canon annuel au Saint-Siège, en reconnaissance de son haut domaine, mais que quand il s'est agi de la confirmation des fiefs du Cap-Corse aux seigneurs feudataires en 1..., ils renvoyèrent les vassaux à la cour de Rome pour en obtenir l'approbation.

A quel titre donc avoir tenté, il y a peu de mois, de porter les peuples soulevés à se rassujettir, en leur prescrivant une formule par laquelle les Corses déclareraient que la République est leur prince naturel ? Quel fondement a une prétention si hardie, qu'elle savait ne pouvoir obtenir, parce que les Corses répandraient plutôt la dernière goutte de leur sang que de renoncer aux droits et privilèges du Royaume ?

Qu'aucune de nos premières dignités ecclésiastiques, aucune de nos charges publiques ne nous aient été conférées, et que cependant il y ait toujours eu dans le Royaume des sujets capables de les posséder, c'est une vérité manifeste et qui n'a pas besoin de preuve.

Que pour juges des cours subalternes nous n'ayons jama[is]
eu que des gens dont le moindre défaut était une ignoranc[e]
crasse dans toute sorte de lois ; que pour vicaires, chance[l]-
liers, fiscaux et tous autres officiers, nous ayons toujours v[u]
chez nous des affamés, des avares, des âmes vénales, de vo[-]
races mercenaires, profanateurs des statuts et des lois, vendr[e]
publiquement la justice et l'injustice à l'enchère, que dis-je
des gouverneurs généraux souiller eux-mêmes leur ministèr[e]
par ces abominables manœuvres, c'est ce que nous pouvon[s]
constater aux yeux de toute l'Europe par un procès verba[l]
dans lequel nous pouvons les dénommer tous personnelle[-]
ment, l'un après l'autre, autant que notre mémoire peut four[-]
nir, avec la citation de l'année, de la cause et du prix qu'il[s]
ont reçu. Nous nous abstiendrons cependant d'un tel détail
par respect pour les yeux infiniment purs de V. M. qui e[n]
auraient horreur, et pour ne pas donner en spectacle à tou[t]
l'univers la longue suite des noms de nos tyrans dont un[e]
partie cependant vit encore.

Pour faire voir que les gouverneurs génois mettaient [à]
profit l'impunité des crimes, il suffirait, pour le présent, d[e]
faire dans les archives de la Bastia l'affreux calcul des meur[-]
tres et des assassinats.

Il est évident que les Sérénissimes Seigneurs, en élisant l[es]
officiers, étaient bien et dûment informés de leur pauvreté [et]
de leur avarice; il est notoire que la République était instrui[te]
du déplorable état où gémissait la Corse.

De toutes ces vérités, il faut conclure nécessairement qu[e]
la République, de propos délibéré, ne voulait pas y rémédie[r]
ou qu'elle en négligeait le devoir, ou qu'elle n'en avait pa[s]
le pouvoir.

Si c'était de propos délibéré qu'elle ne voulait pas remédie[r]
(ce que l'esprit humain ne peut se résoudre à croire), voilà l[a]
tyrannie non seulement *matérielle*, déjà suffisamment prouvé[e]
par les maux qu'enfantait le gouvernement, mais encore *fo*[*rmelle*]

melle et *morale,* puisque son objet était l'avilissement, la pauvreté, l'oppression, la perte et destruction des sujets ; nous ne pouvons pas dire par quel motif, nous savons seulement que tant de calamités que nous avons souffertes étaient le levain de l'honneur, du profit et de l'avantage de nos gouverneurs, et qu'ils représentaient en même temps et le Prince et le ministère, étant vrai de dire que le droit de la principauté à Gênes est renfermé dans le cercle de ces gentilshommes qui tous (si on fait la revue des familles et des sujets qui la composent) ont administré comme à tour de rôle, et de temps en temps, nos officiers publics faisant du Royaume comme d'une chose dont ils pouvaient disposer au gré de leurs intérêts.

Si c'était par négligence que la République manquait de porter remède aux maux de la Corse, une telle négligence en matière du dernier grave, est semblable à la supercherie. Il faudrait accorder par complaisance qu'elle négligeait, mais soit qu'elle ne voulût pas ou qu'elle négligeât, l'un ou l'autre supposé, elle ne laissait pas, autant par cette raison-ci que par celle-là, d'être la cause déterminée de l'oppression, et d'influer à nos malheurs.

Si elle n'avait pas le pouvoir d'y mettre ordre (ce dont on ne peut convenir sans faire injure à une République dont la sagesse égale le poids), ce prétexte ne la rendrait pas moins coupable, puisque malgré la connaissance de sa propre faiblesse, l'avidité de régner lui faisait poursuivre le cours de sa domination et de son gouvernement contre les ordres de Dieu, qui défendent les fonctions de juge à qui n'a pas la vertu d'extirper le mal, et contre l'intention des gens qui ont établi sur elles l'autorité du Prince, afin de fonder sur lui la conservation des sujets.

C'était au milieu des périls et des massacres que nous traînions une vie si pénible, si triste et si indigente. Que faire en de pareilles extrémités ? Point d'espérances, point de ressources du côté du gouvernement pour notre sûreté ; nous crûmes cependant avoir trouvé le moyen de mettre fin à la tragique et continuelle destruction de nos compatriotes : ce fut d'obtenir qu'on ôtât des mains des Corses toutes les armes à feu. Nous fûmes plus de 50 années à en solliciter sans relâche, par les plus humbles requêtes, la prohibition, et enfin nous parvînmes à l'obtenir.

Ce qui avait causé la longue répugnance que les Sérénissimes Seigneurs avaient eue de nous accorder cette grâce, c'était le préjudice que l'on considérait devoir en résulter au trésor et au ministère ; désarmer les Corses, c'était extirper pour ainsi dire la pépinière des crimes ; les crimes venant à manquer, point de fruits pour les juges, point de champ à leurs injustices dans les causes criminelles, plus de prospérité pour ces gentilshommes dans l'exercice de leurs charges.

Ce désastre s'étendait sur celles du chancelier et sous-chancelier que l'on sevrait du gain considérable que leur apportaient les procédures criminelles, dont la forme dépendait du présent qu'ils recevaient de l'une ou de l'autre des deux parties ; le même revers attaquait la fortune du greffier même qui devenait alors presque insolvable à la *maison publique,* de cette taxe prodigieuse d'argent qu'ils étaient tenus d'y remettre tous les mois, et la maison publique avait à crier d'ailleurs qu'on la dépouillait d'un gros revenu par la suppression des armes à feu, puisque la permission accordée de porter un fusil leur produisait tous les ans 6 livres 14 sous.

Mais pour dédommager cette chambre de la perte qu'elle endurait par cette suppression, les peuples consentirent à leur payer tous les ans deux *seini* par feu, qui font les 2 tiers de la livre de Gênes. Il fallut nous assujettir à cette contribution, sans laquelle la République ne pouvait se résoudre à nous accorder la permission de ne pas nous exterminer les uns les autres, et ce ne fut pas peu pour nous de pouvoir racheter notre sang à prix d'argent. Nous convenons en cela de notre bon marché, puisqu'en échange d'un tribut de sang, nous n'avions plus à fournir à la banque des seigneurs Génois que celui d'une monnaie dont le prix n'est pas comparable au premier. Quelle grâce, à la fin ! Elle ne laissa pas cependant d'être goûtée par les Corses avec une espèce d'amertume, quand ils réfléchissaient que la République, par son appréciation, mettait la vie et les âmes des Corses à plus bas prix que l'infâme et sacrilège profit de la chambre des gentilshommes.

Dans l'édit de prohibition des armes, il était observé que chaque fusil qui serait rapporté, serait estimé et marqué au nom de chacun de ceux qui venaient les remettre aux dépôts publics, avec promesse de payer tous les ans la valeur de 150 de ceux qu'on en retirerait, jusqu'à l'entier paiement du total.

En conséquence de cet arrangement, les Corses rendirent avec joie cette année-là toutes leurs armes à feu, qui montaient au nombre de quantité de milliers, et les consignèrent loyalement et distinctement aux officiers de la République. Combien croira-t-on qu'il en fût payé depuis ? 150 au plus, dénouement inévitable de tous les engagements que prend la République envers les Corses.

Elle avait pareillement été suppliée que, pour tenir la main au perpétuel désarmement des peuples, il fût expédié dans chaque paroisse tous les ans des commissaires, avec charge de retirer toutes les armes à feu qui se seraient de nouveau introduites dans l'île ; mais cet expédient ne servit qu'à celui d'en repourvoir les scélérats ; les sordides inspecteurs (gentilshommes et bourgeois de Gênes) retiraient d'une main le fusil d'un particulier, sans le lui payer, et le revendaient à un autre à leur profit. Ainsi peu à peu, voilà les assassins armés et les meurtres à recommencer de plus belle, ce qui excitait les cris et les plaintes des gens de bien contre ces ministres d'iniquité qui, quelque voie que nous prissions pour marcher en sûreté, affectaient de nous y traverser, et de faire voir le désir qu'ils avaient de nous voir totalement détruits.

Dans ces misérables circonstances, il arriva en 1729, qui fut le commencement de notre dernier soulèvement, qu'un certain homme de Bozio, vieux, pauvre, estropié, mais qui était dédommagé des infirmités de son corps et de sa mauvaise fortune par l'innocence de ses mœurs, et par le zèle d'une âme remplie d'honneur, s'avança au milieu du peuple, et élevant la voix en présence des exacteurs des deux *seini,* se mit à dire qu'il y avait plus que de la barbarie à prétendre des Corses une telle contribution, à laquelle ils n'étaient tenus et ne s'étaient obligés que pour se voir délivrer des malheurs causés par les mêmes armes que les Génois semaient ouvertement partout, non seulement par l'avidité d'en tirer la valeur, mais dans le désir de faire renaître par là les massacres et de retourner en possession des exécrables revenus de notre sang. — Un tel discours eut tant de force sur les esprits qu'il porta unanimement les peuples à refuser en face aux exacteurs le paiement du droit dont ils faisaient la recette.

Pinelli, gouverneur général, eut depuis le désagrément de voir repousser jusqu'à la Bastia une troupe de 60 soldats qu'il avait détachés pour aller forcer cette piève à contribuer, et peu après un autre plus considérable détachement fut désarmé dans un autre lieu, où l'on avait fait la même entreprise.

Alors tous les autres peuples, prenant de là occasion de se livrer sans frein à leur indignation contre les oppresseurs, se mettaient à l'envi les uns des autres, à fondre sur les postes des Génois pour y piller les armes publiques, jusqu'à ce que les Sérénissimes Seigneurs ayant envoyé en Corse le commissaire Veneroso, personnage fort agréable aux Corses, ils lui présentèrent très humblement les plaintes et griefs du Royaume ; mais il n'y fut pas pourvu que 6 mois après, d'une manière si peu favorable à leurs demandes que les mécontents ne firent que s'aigrir davantage. Cependant nous gardions le silence et restions tranquilles ; mais étant survenu un autre commissaire nommé Gropallo, sa conduite ralluma nos ressentiments. Il commença par nous refuser tout à coup le sel dans le temps que nous y pensions le moins. Il fit mettre le feu dans les terres de Furiani et de Biguglia, et envoya au mois de décembre 150 soldats pour s'emparer du château de Corte, qui, au passage de Vivario, ayant été attaqués par 16 des nôtres seulement, obtinrent par grâce de s'en retourner désarmés et dépouillés à travers les neiges à Ajaccio.

Les peuples ensuite s'étant assemblés, se consultèrent avec les plus sensés, et considérant que ces continuelles requêtes portées solennellement un peu auparavant par les mains de Veneroso au Sérénissime Trône, pour obtenir le soulagement de la dernière vexation, n'avaient eu aucun effet, ils déclarèrent qu'une telle extrémité les mettait en droit de s'en défendre, et prirent le parti d'implorer la médiation du Pape régnant, à ce que S. S. voulût bien engager les Génois à établir une forme de gouvernement fondé sur la justice et la raison. Le Pape employa ses bons offices paternels auprès de la Sérénissime République, mais en vain. On s'adressa ensuite à d'autres cours, mais on n'en reçut pas plus de soulagement.

Cependant les Corses considéraient que les Seigneurs Génois avaient non seulement rejeté les instances du Royaume, mais encore la médiation du Pape, à qui, comme au Seigneur principal de qui relève la République vassale, et comme au maître et père commun de tous, ils avaient recours.

Sur ces entrefaites, les Génois informés que la Corse ne

voulait pas apprendre à se laisser vaincre par la force de leurs armes, eurent recours à celles du Très Auguste Empereur régnant. Sa Majesté Impériale, sur l'exposé qu'on lui avait fait, que nos soulèvements étaient injustes, déraisonnables et de pure révolte, se porta à accorder un grand nombre de troupes à la République, desquelles Dieu ne permit pas que nous fussions vaincus ; ce qui fit faire de sa part de nouvelles instances à l'Empereur pour en obtenir un plus grand nombre. Mais sa très équitable et très pieuse Majesté, instruite de la justice de notre cause par des lettres de quelques-uns de notre nation, et se conformant aux sentiments de toute l'Europe, ne voulut lui accorder une seconde expédition de troupes qu'avec un ordre exprès qu'elle donna au prince de Wirtemberg qui les commandait, de commencer par mettre en avant pour notre sûreté et l'exécution de nos justes prétentions, sa garantie impériale et la foi de sa parole. Mais cet ordre ne fut point exécuté. A peine les armes des Impériaux eurent-elles mis le pied sur la plage de Calvi, qu'elles marchèrent deux fois contre nous, et deux fois furent, grâces à Dieu, repoussées ; ce qui fit ouvrir les yeux au général Wirtemberg, de sorte que le chagrin qu'il eut d'avoir été contraint de se retirer, lui fit en même temps sentir et la faute et la punition d'avoir désobéi aux ordres de son souverain. Les périls évidents qu'il avait courus lui firent prendre un parti plus sensé que les fières inspirations des Génois : ce fut de faire publier un édit au nom de l'Empereur, par lequel il offrait sa garantie pour notre sûreté contre tous les ressentiments de la République, et sa parole impériale par laquelle il nous était promis que cette même République pourvoirait en notre faveur à tout ce qui serait de la justice et de l'équité, à l'effet de quoi les peuples nommeraient des Procurateurs pour présenter au général les griefs et requêtes du Royaume, mais qu'il fallait pour cela commencer par rendre les armes et donner des otages.

Cet édit qui nous fixait l'espace de 5 jours pour prendre notre parti, fut suivi d'un autre dans la même forme et teneur, dont nous envoyons ci-jointe la copie véritable, sans aucune limitation de temps ni exception de personne.

Plusieurs lettres particulières du même Wirtemberg et d'autres commandants par son ordre, adressées à nos chefs de ce temps-là qui étaient André Ceccaldi, Luigi Giafferri, Dr Raffalli et le piévan Aitelli, nous assuraient toutes du même arrangement en notre faveur.

Les Corses, se reposant sur une scrupuleuse observance des offres et promesses solennelles qui leur étaient faites, consignèrent leurs armes et donnèrent des otages ; voilà de notre côté les conventions exécutées. Voyons à présent quelle fut la fidélité des Génois à les remplir de leur part, sous l'amnistie et parole sacrée de Sa Majesté Impériale.

Nos susdits chefs se présentèrent au général Wirtemberg de même qu'à Rivarola, plénipotentiaire de la République, et tout de suite ils furent arrêtés. Frappés d'un trait dont la perfidie fait horreur et n'ayant plus d'armes pour le venger, il ne nous restait que des larmes pour pleurer notre malheureuse confiance. Ils furent menés dans les prisons de Bastia, de là, dans celles de Gênes, et ensuite dans la forteresse de Savone, d'où à la fin ils furent renvoyés par l'ordre de l'Empereur. Son équité rompait les mesures de la République qui, à quelque prix que ce fût, voulait leur mort.

Les peuples ne nommèrent point de procurateurs, comme il avait été promis dans l'édit. Il n'y eut que quelques otages envoyés à la Bastia, qui furent faits procurateurs de quelques pièves ; ceux-là exposèrent les raisons des Corses, mais sans commission de la part du Royaume. Wirtemberg ni Rivarola ne voulurent écouter ni tous ces griefs ni les principaux. Au contraire, ils menacèrent de la plus sévère punition Giacinto Paoli, personnage le plus élevé et le plus éclairé dans la nation de nos droits, s'il continuait à les mettre en écrit pour les leur présenter ; et pour avoir fait avec les autres otages un mémoire adressé au Très Auguste Empereur garant, concernant nos demandes, le même Paoli, Antoine Marengo, Simon Fabiani et autres sujets de considération, dont quelques-uns étaient procurateurs des pièves, chargés spécialement d'en représenter les prétentions qui nous étaient communes, furent mis en prison pour 3 mois.

La colère de la République que nos armes avaient longtemps retenue captive, ne se repaissait pas d'une si légère satisfaction, et ne pouvait s'empêcher de se déchaîner à la face des Impériaux qui avaient pris le public engagement de la tenir en bride. Sans égard, ni circonspection, plusieurs des nôtres furent condamnés comme rebelles, et l'avocat des pauvres venant à représenter que leurs actions n'avaient pas mérité la mort, le juge lui répondit seulement qu'il eût à garder dans une cassette que les Sérénissimes Seigneurs lui avaient fait mettre entre les mains, un autre procès capital. On fit tuer d'un coup d'arquebuse, en plein midi, un prêtre proche d'un poste, et l'on fit mourir sourdement celui qui en avait porté l'ordre, de peur qu'il ne fût révélé. Les cachots furent remplis de prisonniers ; on y traîna Carlo Francesco Alessandrini qui fut pris dans une église avec plusieurs religieux et prêtres. Francesco Maria Gentili, seigneur de Brando, Sisco et Pietra Corbara, ayant été appelé à Gênes sous un prétexte honorable, y fut mis en prison, après l'avoir dépouillé d'une grosse somme d'argent et des plus importants papiers de son illustre maison. Le seul crime qui était suivi de tant de châtiments (crime sans rémission), c'était celui du soulèvement ; l'amnistie, qui en avait été promise sous la garantie de Sa Majesté Impériale, en augmentait l'atrocité.

Wirtemberg étant parti depuis, en laissant ce Royaume si maltraité contre l'intention de l'Empereur son maître, et si peu pourvu de sûreté, il survint de nouveaux règlements dictés par l'industrie captieuse des Génois, et confirmés par

S. M. Imp. Ils furent publiés à Bastia sous l'autorité du chevalier de Wachtendonck, commandant des troupes allemandes en Corse. Les Corses en entendirent les articles, mais pas un sans en être troublé, les trouvant si différents de ceux auxquels ils s'étaient attendus suivant la justice promise, mais si peu rendue à nos raisons, à qui toute audience, attention et satisfaction était refusée contre toute espérance, et ce pour prix d'avoir mis bas nos armes, non abjectes, ni vaincues mais honorables, intrépides et justes.

Un tel règlement ne pouvait manquer d'être pour nous la semence d'une oppression plus criante que jamais ; nous avions supplié que, le temps fixé pour les dernières impositions étant expiré, la taille fût remise sur le premier pied de 20 sous, et il fut obtenu qu'au lieu de 4 livres nous en paierions 6.

Nous avions demandé la réduction du prix du sel à celui de 8 sous, comme il avait été établi, et on nous répondait avec raillerie qu'on ne nous laisserait pas manquer de sel, sans parler du prix.

Nous avions demandé d'être admis aux charges honorables, et on nous accorda celle de garde du port à Bastia, emploi jusqu'alors exercé par les sbires.

Nous avions demandé que nos privilèges reprissent leurs ancienne vigueur, et il fut arrêté qu'il serait libre à la République de pouvoir dans ses besoins établir de nouvelles charges sur la Corse, pourvu que ce fût par délibération du Grand et du Petit Conseil, de la même manière qu'il est observé à l'égard des impôts sur la ville capitale. Cette concession portait le masque d'une grâce bien honorable, par la comparaison qu'elle faisait de notre traitement avec celui de Gênes même, la majesté du Grand Conseil voulant bien d'ailleurs se compromettre à notre égard. Mais à travers du cadeau qu'on nous faisait, il était aisé de dévoiler le piège ; c'est ainsi qu'on voulait nous jeter de la poudre aux yeux, après avoir continuellement tenté les moyens de les éteindre, et ce, par la promesse de ne point charger le Royaume d'impositions sans le consentement exprès des 12 Nobles.

De tels règlements, non plus que les autres, ne purent être entendus, comme nous avons dit, sans jeter une consternation générale dans les esprits, et sur le champ nous aurions eu recours aux armes ; mais nous les avions remises entre les mains des Impériaux qui étaient encore présents. Cependant (qui le croirait ?) ce n'était que pour peu de temps que les Génois voulaient que nous en fussions dépourvus. Une année après le départ des Allemands, qui fut en 1734, les Génois eux-mêmes nous les remirent entre les mains. On ne pouvait pas dire avec vérité qu'il y eût alors aucun motif de craindre de nouvelles révoltes. Il est vrai qu'une exaction préméditée de la taille contre les coutumes ordinaires, avec bruit d'armes et de tambours, et les extravagantes précautions que le commissaire Pallavicini prenait ouvertement, et qui ne provenaient que d'un reproche de conscience sur la transgression de la foi publique, nous avertirent que nous étions menacés de quelque nouvel orage.

Aussi les personnes les plus importantes parmi nous étaient sur leurs gardes, et se dispensaient d'entrer dans aucun lieu où se tenaient les cours ; entre autres Giacinto Paoli, Francesco Saliceto, Gian Giacomo Ambrosi et Ignazio Aitelli, tous de la piève de Rostino, appelés à la Bastia par le commissaire, refusèrent de s'y porter, si on ne leur envoyait les sûretés publiques, tant pour y venir que pour s'en retourner, ce qui leur fut refusé. Une infinité de manquements de foi leur avait appris à manquer de confiance. David, lui-même qui avait éprouvé la haine de Saül, ne voulut plus écouter son invitation, ni se rendre auprès de lui.

Sur ces entrefaites, nous découvrîmes le dessein qu'avaient formé les Génois de faire sauter les têtes des plus considérables, des plus accrédités et plus distingués du Royaume. Ils entreprirent de commencer par le plus difficile, afin qu'en étant venu à bout, le reste fût plus aisé à exploiter. La commission de mettre en œuvre tout ce qui avait été projeté fut envoyée au commissaire d'Ajaccio, à celui de Calvi, au lieutenant de Rogliano (qui s'en ouvrit à un de nos gens, son ami et confident), et enfin aux autres lieutenants des provinces ; mais Dieu, qui veille sur les pauvres opprimés, couvrit de honte et de confusion les premières démarches d'un tel attentat.

On vit tout à coup 150 soldats détachés de Calvi, autant de Bastia, sous le commandement du capitaine Gagliardi, et 60 autres du château de Corte, commandés par le capitaine Pipo. Ces trois troupes étaient également destinées à aller prendre les 4 personnages de Rostino, dont nous avons parlé. Le capitaine Pipo fut le premier à arriver, et le premier à rendre avec toute sa troupe les armes à 7 hommes seulement de nos gens qui fussent armés. Gian Giacomo, sans perdre de temps, n'eut pas plutôt appris que le capitaine Gagliardi marchait avec 160 soldats, que, dans la crainte que le bruit de la défaite du premier ne le fît retourner sur ses pas, il partit avec les mêmes armes dont il venait d'être redevable à la générosité de la bonne infanterie génoise, le rejoignit, l'enferma, et lui fit rendre toutes ses armes dans le couvent de S. Antoine, à la Casabianca ; et comme il ne voulait que se mettre en état de résister à l'implacable haine de la République, qui commençait à éclater ouvertement, il renvoya le capitaine Pipo sain et sauf avec toute sa troupe, et aussitôt on mit en liberté celle de Gagliardi, en retenant seulement sa personne avec quelques officiers, pour en faire un échange avec quelques femmes qui étaient enfermées dans le château de Corte. Le détachement de Calvi avait, heureusement pour lui, fait une marche plus lente. Sitôt qu'il eut appris, à 15 milles de Rostino, tout ce qui s'était passé, il prit la fuite et se sauva, ce qui fait que nous ignorons le nom du commandant.

Cet événement nous fit voir qu'il n'y avait désormais d'autre salut pour nous que de n'en point espérer de la part des Génois. Nous avons depuis jusqu'à présent fait tous nos efforts et soutenu les plus rudes fatigues pour ne pas retomber sous leur insupportable gouvernement, résolus, tous tant que nous sommes, de les endurer jusqu'au dernier soupir dans la juste et nécessaire loi que nous nous sommes faite de délivrer de la tyrannie notre malheureuse nation.

Maintenant, Sire, les armes de la France (mais que dis-je, les armes de la France ?) pourraient-elles nous livrer à une mort plus cruelle qu'au joug des Génois ? Disons plutôt, les doux retentissements de l'adorable nom du monarque des Français, font implorer aux Corses la pitié de Votre Majesté ; un aiguillon plus pressant pour nous que vos armes formidables, c'est notre obéissance, notre véritable soumission, c'est notre amour, mille fois plus fort que la mort.

Nous supplions Votre Majesté de ne pas croire que l'extrême répugnance que nous avons pour le gouvernement génois provienne d'une haine mal placée, qui nous porte à désirer leur préjudice et leur détriment ; non, Sire, qu'ils vivent heureux, et que, réveillant leur ancienne valeur, ils volent à une seconde conquête des provinces de la Thrace, de l'Asie Mineure, de la Palestine et des Iles de l'Archipel, qu'ils s'étaient autrefois si glorieusement soumises ; mais qu'ils vivent loin de nous.

Les profondes, sanglantes et crucifiantes atteintes qu'ont reçues d'eux nos vies, nos âmes, notre honneur et nos biens, nous font frémir d'horreur à la seule pensée de les revoir nos maîtres ; c'est ce que nous ne pouvons déguiser à Votre Majesté, de qui nous attendons notre salut, et c'est avec vérité que nous protestons être pénétrés d'une véritable consternation dans la nécessité de montrer du doigt les mains qui nous ont si cruellement déchirés.

Pour échapper et ne plus rester en proie à leurs serres

mortelles, notre dernier refuge a été de prendre les armes ; pendant neuf années entières nous avons soutenu la guerre à travers mille maux ; la pauvreté, la misère, les privations des choses les plus nécessaires à la vie n'ont pas été capables de nous les faire quitter, enfermés que nous étions dans notre île et séparés du commerce de toutes les nations étrangères, mais contents de faire face à nos persécuteurs et de soutenir leur choc, de marcher pieds nus au combat, et vêtus, tant le noble que le roturier, comme de pauvres bergers.

Dieu s'est déclaré pour nos généreux efforts en donnant plusieurs fois à une centaine des nôtres la gloire de défaire et mettre en fuite mille Génois, soit en pleine campagne, soit qu'ils nous prissent au dépourvu, ou à la faveur de la nuit, ou qu'ils fussent enfermés dans leurs retranchements et dans des forts, sans que d'une si grande quantité d'actions on puisse compter une seule victoire pour eux ; nous en prenons à témoin ceux mêmes qui sont venus soutenir leur parti. Dieu veuille que depuis ils n'aient pas encore été punis d'avoir prêté les mains aux tyrans des Corses !

Aujourd'hui néanmoins, Votre Majesté veut que nous forcions tous les obstacles de notre juste répugnance pour nous rassujettir à la République de Gênes, qui nous a traités d'une manière si barbare. et de qui nous ne pouvons espérer un traitement moins dur. La description de son gouvernement et des maux qu'il a fait endurer à nos ancêtres et à nous, est de la dernière sincérité. Il en est de même de l'exposition de nos droits.

Si les Génois osent le nier, nous sommes prêts à le leur prouver en face, sous les yeux de la Souveraine Cour de France, en présence des commissaires de Votre Majesté en Corse, et ce, avec tant d'évidence que nous espérons qu'elle portera sa très auguste équité à établir solidement et mettre le sceau de son autorité royale à l'extérinement de nos requêtes ci-jointes, aussi raisonnables qu'elles sont humbles et remplies de soumission, aussi bien qu'aux autres que nous aurons l'honneur de vous faire présenter, Sire, après l'expédition de celles-ci par les mains du général comte de Boissieux, rendant au surplus les vives actions de grâces à Votre Majesté, de nous avoir donné à traiter de notre importante affaire avec un si noble et si grand homme, en qui nous voyons reluire l'éclat de tant de vertus.

Notre soumission et obéissance pour les ordres de V. M. et le désir jaloux que nous avons de ne pas déplaire à ses yeux, ne peuvent manquer d'arrêter religieusement notre main ; mais ces sentiments dont nous sommes pénétrés ne peuvent exiger que l'amertume de nos cœurs contre les Génois se radoucisse jamais, si les règlements que nous proposons dans la requête ci-jointe ne sont établis convenablement aux droits du Royaume et à la réparation des outrages qui nous ont été faits.

Afin donc qu'à l'avenir nous n'ayons pas encore à garder avec plus d'aigreur le souvenir d'avoir été forcés de vivre dans notre patrie sans aucun rang dans l'ordre de la noblesse, sans le lustre et sans l'avantage attachés aux honorables et lucratives charges, sans aucune administration directe dans le gouvernement, sans un juste arrangement concernant l'utile et le commode ;

Nous adressons à Votre Majesté les très humbles supplications contenues aux articles dont il s'agit, et dont le but est une véritable paix fondée sur la bonne économie, construction et proportion des différentes parties du gouvernement, sur la justice enfin qui seule peut le rendre solide et durable.

(M. A. E. — Corse, Vol. I).

Pignon à Amelot.

Bastia, le 25 mai 1738.

Monseigneur,

Les députés de la juridiction de Vico arrivèrent en cette ville le 23 de ce mois ; ce sont les mêmes pour qui le lieutenant Arrighi avait demandé des passeports à M. de Boissieux qu'il ne voulut pas accorder. Ils ont apporté des procurations de dix-huit bourgs ou villages qui composent ladite juridiction. Comme M. de Boissieux avait écrit à Arrighi qu'il voulait que toutes les procurations passassent par Orticoni et Gafforio, il ne les a pas trop bien reçus. Les autres procurations d'en delà les monts ne sont pas encore arrivées ; Orticoni et Gafforio disent qu'ils ne reçoivent point de nouvelles de Luc Ornano et ils en font les fâchés. Ce retardement est concerté sans doute, puisqu'on a appris par des lettres du 2 de ce mois que les procurations étaient faites.

Rien n'a transpiré jusqu'à ce jour sur les demandes des Corses ; M. de Boissieux en fait encore un mystère au commissaire de la République. On assure seulement qu'elles contiennent neuf grandes feuilles de papier. Il est juste de redresser les griefs qu'ils allèguent depuis la dernière paix ; quant aux antérieurs, l'édit de pacification des Impériaux y avait pourvu.

J'ai là un mémoire qu'on m'a assuré avoir été envoyé à la Cour. L'auteur s'efforce de prouver que le seul moyen d'empêcher les Génois de tyranniser les peuples, est de ne pas les désarmer. J'ai eu l'honneur de vous marquer, Monseigneur, qu'il est d'une nécessité absolue de les désarmer, si on ne veut pas que les Génois perdent la Corse, tant les chefs sont ennemis de la domination depuis qu'ils dominent eux-mêmes ; ils auront besoin aussi que le Roi leur laisse des troupes.

Si le Roi laissait quelques troupes en Corse, il faudrait que les Génois donnassent une place pour les y tenir. On choisira, d'Ajaccio ou de Calvi, celle qui conviendrait le mieux. Je crois qu'il faudrait prendre la première. Il est vrai que l'air n'y est pas tout à fait si bon qu'à Calvi, mais la ville est plus grande et le château bâti par les Français. Le port ou rade peut contenir de gros bâtiments et beaucoup. L'autre est petit et a peu d'eau. Les naturels du pays sont de génie français. Nos troupes n'auraient pas besoin de sortir de la place pour contenir les peuples de l'autre côté des monts ; il suffirait qu'elles y fussent, et dans la suite ce serait assez qu'on y laissât un bataillon. On y ferait autant de recrues qu'on voudrait. Nos corsaires, sans beaucoup courir, assureraient notre commerce depuis la Provence jusqu'en Barbarie, et ils seraient à portée de troubler celui des ennemis du Roi dans cette mer et dans celle d'Italie.

La désertion continue. Il est à présumer qu'elle augmentera. On aurait pu l'empêcher, mais on craint de déplaire aux chefs. Ceux-ci, persuadés qu'on n'enverra pas d'autres troupes, n'oublient rien pour faire diminuer celles qui sont ici.

J'ai l'honneur etc.

PIGNON.

(M. A. E. — Corse, Vol. I).

Pignon à Amelot.

Bastia, le 26 mai 1738.

Monseigneur,

M. Courtois, capitaine de grenadiers dans le régiment d'Auvergne, ayant vu chez moi une copie de lettre d'Hyacinthe Paoli et de Giafferri écrite à d'autres chefs, il y a un an, dans laquelle on voit plusieurs manœuvres artificieuses qu'ils se proposaient d'employer pour empêcher le peuple lassé de la guerre de se soumettre, vint deux jours après me prier de la lui prêter pour la montrer à M. de Contades. Sans doute que M. de Contades l'a communiquée à M. de Boissieux qui, ne croyant pas les chefs capables de le tromper ni d'aucun artifice, s'est répandu en invectives contre moi, et a dit que je voulais lui faire prendre du soupçon contre des gens qui vont de la meilleure foi du monde. Je voudrais qu'il en eût pris sur cette lettre que je ne lui ai pas envoyée, que je ne croyais pas devoir lui être communiquée, et qui est écrite longtemps avant son arrivée en ce pays-ci, puisque mes représentations sur la conduite des chefs n'ont pu le faire. Il a dit pour preuve de leur bonne foi, que n'ayant pas voulu lui livrer Théodore sous le nom d'un baron allemand pour ne pas violer l'hospitalité, ils l'avaient obligé de se rembarquer.

J'ai l'honneur etc.

PIGNON.

(Id.).

Pignon à Amelot.

Bastia, le 30 mai 1738.

Je reçus hier par voie de Livourne la lettre que Votre Grandeur m'a fait l'honneur de m'écrire le 13 de ce mois. Je l'aurais reçue plus tôt, si elle avait été dans la malle de Corse que M. de Boissieux a fait venir en droiture de Gênes où il avait envoyé son valet de chambre par la felouque qui est établie pour porter la malle de Livourne ici. Je pars aujourd'hui en exécution de vos ordres.

M. de Wachtendonck m'a envoyé copie d'une lettre qu'il a reçue de Porto Ferrajo en date du 18 de ce mois, dans laquelle il est dit que le 16 il est entré dans Porto Longone un bâtiment avec pavillon français qui peut-être était d'une autre nation ; qu'il y avait dans son bord 22 soldats français désertés de la Bastia, n'ayant ni habits, ni souliers, et que le patron de ce bâtiment les avait vendus au régiment Royal-Italien, en garnison à ce même endroit, qui est en fort mauvais état, pour le prix de cent dix sequins. J'en ai donné avis à M. de Boissieux. La désertion continue.

Le chanoine Orticoni et Gafforio ont reçu des lettres de Luc Ornano, principal chef de l'autre côté des monts ; il leur marque que les députés de ces peuples chargés de leurs procurations partiront incessamment pour se rendre à la Bastia, s'il ne survient pas quelque empêchement.

J'ai l'honneur etc.

PIGNON.

(M. A. E. — Corse, Vol. I).

Le Cardinal de Fleury
aux SS. Erasmo Orticoni e Gio. Pietro Gaffori.

6 juin 1738.

Non può essersi più sensibile di ciò che io lo sono, miei Signori, all'interesse che vi compiacete pigliare del ristabilmento di mia salute, e le espressioni delle quali vi servite per manifestarmelo sono così lusinghevoli per me che non posso se non farvene i miei ringraziamenti, assicurandovi del sincero desire che io ho di meritare la buona opinione che avete della rettitudine di mie intenzioni. Per certo io non abuserò della confidenza che mostrate d'avere in me, e non me ne servirò se non per impiegarmi più sicuramente e con maggior efficazia a ristabilire, per quanto sarà possibile, una perfetta tranquillità nella vostra patria.

Affine però di riuscirvi, non posso dispensarmi di stabilire ciò che è fondato in principj certi, su quali deve esser fondata la vostra negoziazione, e sarebbe un ingannarvi, Io che son ben lontano di voler fare, se ve li nascondessi, con cercare di lusingarvi nelle speranze che alcuni fra voi, animati da zelo troppo vivo e poco misurato, possono aver concepito. Voi siete nati sudditi della Repubblica di Genova, e sono vostri padroni legittimi. Non si tratta di andar ruminando de'tempi antichi la costituzione primitiva del vostro paese, e basta che i Genovesi ne siano riconosciuti da più secoli pacifici possessori, perchè non si possa più contrastare loro il sovrano dominio della Corsica.

Son succeduti in cotesta Isola, come in ogni altro paese del mondo, delle turbolenze, de'cambiamenti, delle rivolte, e delle dissenssioni intestine; i vostri cittadini hanno dimandato sovente delle riparazioni de'gravami dei quali si lamentavano contro i Governatori che pretendevano avere abusato della loro autorità, ed hanno creduto alla fine avere motivi bastevoli per dimandarle colle armi alla mano, e per sottrarsi dal dominio della Repubblica, abbenchè la religione ci insegni che non è mai lecito di resistere alle potenze che Dio ha stabilito per governarci e che l'ubbidienza che loro dobbiamo sia un articolo fondamentale di nostra fede. Io non sono vostro giudice, nè pretendo condannarvi nè giustificarvi, ma solamente vi prego di consultare l'esperienza e di riflettere sulle ingiustizie, e sopra tutti gli orrori che necessariamente porta una guerra civile; paragonateli con tutti gli aggravi de'quali vi dolete, e sono persuaso che indipendentemente dalla soddisfazione che trovasi in adempire li doveri di fedeli sudditi, troverete che gli inconvenienti d'una rivoluzione sono mille volte più a temersi che que'dell'ubbidienza, qualunque amarezza e qualunque incommodo ella possa costare.

Comunque sia, si tratta del vostro riposo e del vostro sollievo. Portata la Repubblica a riguardarvi come suoi figli, ha voluto rimettervi al Re, di cui ella ne conosce i sentimenti ripieni di giustizia e di zelo per la tranquillità de'suoi vicini, affine di cercare i mezzi di ristabilirla nel vostro paese. Essa medema ha proposto di proclamare una sospensione d'ogni ostilità ed Ella avanza la clemenza sino a promettere sotto la garanzia di S. M. e dell'Imperatore una generale oblivione di tutti i torti e violenze, che sono state commesse nella Corsica.

Non bisogna lusingarvi ; il Re non può e non deve avere altro principio nelli ufficii che è disposto presentare a'vostri cittadini, che quello di rimetterli nella legittima ubbidienza a loro sovrani, ma nel tempo medemo S. M. non esita a promettervi in nome della Repubblica, le di cui intenzioni, piene di bontà per i suoi sudditi, gli son note, che essa è pronta a render giustizia sopra i legittimi gravami che li rappresenterete e che ella non pensa, se non a ristabilire fra voi una pace solida e fondata nella sicurezza delle vostre persone e beni.

Se voi siete ben determinati a conformarvi a questi principj, il Re si impiegherà con tutta la possibile premura a rendervi quella tranquillità da un pezzo perduta, e non esigerà altra ricompensa che quella d'avere contribuito alla felicità d'un paese, che gli è sempre stato caro, siccome a' suoi gloriosi antenati. Il Sig. Conte di Boissieux, di cui mostrate esser contenti, vi spiegherà più diffusamente le intenzioni di S. M., e potete esser certi che la Repubblica concorrerà per rendervi il giogo dell'ubbidienza non solo soffribile, ma ancora suave e leggiero.

Mi stimerei io poi ben fortunato nel mio particolare, se potessi lusingarmi di contribuire al riposo d'un paese di cui per un gran numero di anni sono stato sì vicino, e per il quale ho conservato sentimenti pieni d'affetto e di considerazione.

(Lettre rapportée par Accinelli dans ses *Memorie Istorico-Geografico-Politiche del Regno di Corsica*, manuscrit inédit de la bibliothèque de l'Université de Gênes).

Le prêtre Francesco Taddei
à un des ses cousins.

S. Lucia di Talcini, li 9 luglio 1738.

Signor Cugino carissimo,

So che V. S. sarà curiosa sapere quanto è risultato dalla consulta fatta in Corti, il giorno delli 7 e 8 del mese corrente luglio; perciò ho stimato dargliene una sincera ed intiera notizia. Sono stati dunque a questa consulta li capi Giacinto Paoli, il Giafferri, Gian Giacomo Castineta, Tommaso Poggiale e Gian Vincenzo Garelli, ambi capi della pieve d'Alesani, un prete di Balagna di cui non so il nome, alcuni di Niolo e molti della pieve di Talcini, ed altri pochi di diverse pievi, e fra questi il Padre Pietro Maria di Venaco, lettore di Teologia, ed il Padre Bonaventura Rossi di Corti, ambidue Frati Osservanti di S. Francesco, ed il dottor Anton Domenico Mariani di Corti, quali tutti entrarono in consulta nel convento di S. Francesco di Corti, il giorno dei 7, ove fu presente il dottor Gio: Pietro Gafforj, che fu il primo a parlare e disse: « Io sono venuto qui, carissimi patriotti a portarvi una cattiva nuova, e dirvi che gli affari della nostra patria non vanno bene, come noi ci credevamo, perchè il generale francese ci ha intimato che il Re de' Francesi vuole che la Corsica sia sotto il dominio della Repubblica di Genova, e vuole, ciò che molto mi dispiace, gli ostaggi. » A questo dire li frati sopradetti ed in specie il dottor Mariani, seduttore di questi, e li capi d'Alesani dissero: « Ciò non seguirà mai. » E perciò in quel giorno non risultò altro che discorsi inutili. Il giorno delli 8 furono parimente alla consulta, ove li capi di Soveria e di Omessa della pieve di Talcini dissero che non era bene dare ostaggi. Tuttavia dopo un longo discorso, il dottor Gafforj disse che, se non si risolveva, li bisognava che ritornasse in Bastia a riferire al generale francese ciò che era seguito, e che avrebbe procurato alla meglio di licenziarsi e ritornarsene in montagna con fucile alla mano per dar l'ultima goccia del suo sangue; ma che prima di far questo, stimava bene che si dasse qualche apparenza d'ubbidienza al generale francese. Per tanto fu risoluto di dar facoltà alli capi d'estraere e nominare l'ostaggi, che prima di mandare gli ostaggi in Bastia si scrivesse da'capi una lettera ben studiata al generale francese per prender tempo per ponere in cauto tutti li grani e la raccolta e dire che ci vuol tempo per far l'appanaggio per l'ostaggi, e che pure si dica nella lettera che intendono che gli ostaggi non siano soggetti ad alcuna pena in caso che nell'Isola seguisse qualche disordine. Questo è quanto mi è stato rifferto dal sargente Guigl. Maria Alberti di Corti, la sera delli 8 del mese presente, per esser stato lui in consulta, e tanto mi è stato rifferto da tre uomini della Croce, villa della pieve Ampugnani, che erano in compagnia di Gio: Tommaso della Croce, molto aderente de'capi, ed è stato presente a tutta la consulta. Le malizie de'capi sono diaboliche, e non cercano che longhezza di tempo per tiranneggiare li popoli di Corsica. Il tempo sarà la pietra del paragone, se io dico il vero o nò. Il tutto spero che si vedrà presto se scrivo la verità, e vi saluto.

Prete FRANCESCO TADDEI. di Soveria.

(M. A. E. — Corse, Vol. I).

Notizia ricevuta da altra persona circa il resultato del congresso tenuto in Corte.

La consulta fatta in Corti si è chiusa ne'termini seguenti: La Balagna ha scritto che il suo ostaggio era pronto.

Dal di là da'monti non v'è comparso alcuno.

Il Sig. Gafforj espose li sentimenti della Francia per l'aggiustamento del Regno. Alcuni risposero che loro non erano in sentimento di proporre gli ostaggi.

Nel martedì mattina si è convenuto di dimandare al generale francese a spese di chi dovranno andare gli ostaggi, se della Francia, se della Repubblica o della Corsica, dopo di che saranno pronti.

Hanno intanto eletto otto diputati per aggiustare le inimicizie che sono nel Regno, e fra questi Tomaso per la pieve d'Aleria; Gio: Tomaso per quella d'Ampugnani; Gian Giacomo per Rostino; Gianni Maria per Orezza; Dr Felici per Talcini.

(Id.).

Le Clergé corse au Roi.

Corse, le 12 août 1738.

Eminentissimo e Revmo Principe,

Il clero secolare e regolare di Corsica umilmente espongono alla E. V. come mediatore delle pendenti difficoltà fra questa nostra nazione e la Repubblica di Genova, che voglia l'E. V. degnarsi ordinare alla suddetta Repubblica che li tre vescovati d'Ajaccio, Aleria e S. Fiorenzo, si debbano dare alli patrizii Corsi, restando alla Repubblica per li suoi patrizii Genovesi, li due vescovati di Calvi e Bastia. In questo modo le paci saranno durabili. Quando dunque l'E. V. così gradisca, con il voto della sua retta giustizia, ne potrebbe tenere ragguagliato il Sig. Ambasciator di Francia in Roma, acciò ne tenga ragguagliata la S. Sede, chè non potrà essere la giustizia di V. E. defraudata da'Genovesi.

In Corsica li 12 agosto 1738.

(Id.).

Résultat de la conférence tenue aujourd'hui, 6 octobre 1738, sur les affaires de Corse.

1º M. Brignole, envoyé de Gênes, remettra un projet d'édit pour la pacification des troubles de l'île, ensuite duquel sera couchée la garantie du Roi et de l'Empereur qui sera signée par M. de Lichtenstein et un ministre de Sa Majesté. Après quoi M. Brignole déclarera au bas du même acte qu'il accepte cette garantie au nom de la République et en vertu du pouvoir dont il est revêtu, promettant que l'édit sera incessamment expédié par la République et envoyé au commissaire général en Corse, et consentant cependant que Sa Majesté en fasse faire la publication dans l'Ile quand elle le jugera à propos et sur la pièce qui restera signée de M. Brignole.

2. Cet édit revêtu de la garantie sera envoyé en copie collationnée par un secrétaire d'Etat à M. de Boissieux. Le paquet qui le contiendra sera cacheté et M. de Boissieux aura ordre de ne l'ouvrir qu'en présence de M. Mari et du commissaire ordonnateur du Roi, et c'est seulement dans le cas où il y aura lieu de le faire, suivant ce qui sera dit ci-après.

3. Comme il ne conviendrait pas, tant que Théodore sera dans l'île, de rendre publiques les conditions du règlement, M. de Boissieux commencera par faire publier une ordonnance par laquelle, après avoir annoncé que le Règlement attendu est entre ses mains, il enjoint aux Corses de courir sus à Théodore, de se saisir de sa personne, et de le remettre en son pouvoir ou au moins de l'obliger à sortir de l'île, le tout dans huitaine à compter du jour de la publication de l'ordonnance dans chaque lieu principal, faute de quoi et après ce temps passé, le règlement sera renvoyé ici et S. M. regardera les Corses comme rebelles et ses ennemis, et les

obligera par la force et par toutes les rigueurs de la guerre, soit sur leurs personnes ou sur leurs biens, à subir telles conditions qu'elle jugera à propos de leur imposer.

4. Si les Corses obéissent, le règlement sera publié et on agira en conséquence ; sinon, le paquet qui le contient sera renvoyé cacheté, comme on l'aura reçu.

5. Dans le cas de désobéissance et suivant les nouvelles qu'on recevra journellement, on fera ici les dispositions nécessaires pour faire passer au plus tôt 10 bataillons dans l'île, et on armera incessamment quelques frégates pour croiser pendant l'hiver autour de la Corse.

(M. A. E. — Corse, Vol. I).

Garantie de l'Empereur et du Roi de France.

Le 18 octobre 1738.

Li torbidi che agitavano dopo molto tempo l'Isola di Corsica, hanno obbligato Sua Maestà Imperiale e Sua Maestà Cristianissima a passare di concerto una convenzione fra loro per conservare alla Serenissima Repubblica di Genova il possesso di quell'Isola; in esecuzione della quale S. M. Cristianissima, tanto per essa come a nome dell'Imperatore, ha fatto un trattato con la detta Serenissima Repubblica li 10 novembre 1737 per ridurre li popoli di questa Isola sotto l'ubbidienza del loro legittimo Sovrano. La sommissione che li Corsi hanno testimoniato alla volontà di S. M. Cristianissima tanto in viva voce che per li scritti, come anco con ostaggi che li hanno mandati, rimettendosi assolutamente alla suddetta Maestà di confidar in quella la loro sorte, ha determinato la Serenissima Repubblica a facilitare l'accettazione de' suoi sudditi per un'amnistia generale, piena ed intiera a tutti coloro che hanno prese le armi, accordandole parimente delle nuove grazie per l'editto che ella ha fatto per compire al disopra ordinato progetto. E la medesima Repubblica, come altresì li abitanti della medesima Isola, avendo pregato S. M. Imperiale e S. M. Cristianissima di garantirne l'esecuzione, noi, sottoscritti ministri plenipotenziarii di S. M. Imperiale e di S. M. Cristianissima, dopo aver esaminato il detto editto, di cui eccone il seguente tenore :

Doge e Governatori della Repubblica di Genova.

Ancorchè tutti quei de'nostri popoli dell'Isola di Corsica, che hanno avuta parte ne'nuovi moti incominciati in detto Regno l'anno 1733, siansi resi immeritevoli e decaduti dal beneficio delle generose dimostrazioni di clemenza da noi precedentemente usate a quei popoli col generale indulto e con le altre remissioni, grazie e condiscendenze pubblicate ne'nostri editti, ad ogni modo la paterna affezione, con cui non sappiamo scordarci di tuttavia riguardarli e la fiducia che il loro ravvedimento e sommissione alla nostra ubbidienza sia non meno pronta che sincera, ci hanno determinati a dar loro ancora le più manifeste e finali riprove della nostra moderazione ed amore con le seguenti concessioni :

I. Per mezzo d'un generale indulto e perdono rimettiamo pienamente alla nostra grazia tutti quei di detti popoli che ne sono decaduti in occasione de'suddetti ultimi moti principiati in detta Isola l'anno 1733, condonando e ponendo in totale obblio tutti i loro trascorsi e delitti commessi in tale occasione, compresi quegli ancora per li quali fossero stati inquisiti o condannati, tanto in contumacia come diffinitivamente, da che in detto anno 1733 sono principiati detti ultimi torbidi, sino e per tutto il mese di ottobre dell'anno corrente, e con rinnovare in oltre in favore de'medesimi, a cautela e per quanto sia di bisogno, il generale perdono espresso nel nostro editto de'23 gennajo 1733, secondo il suo contenuto e tenore.

II. — Condoniamo parimente ai detti popoli tutte le grandiose spese da noi fatte sino al presente per ristabilire la tranquillità nell'Isola, di modo che per esse non possano nè in comune nè in particolare venir già mai molestati, e confermando in oltre e rinnovando la remissione fatta ne'nostri editti de'23 e 28 gennajo 1733, di tutte le taglie ed altre imposizioni inesatte e de'sussidi ed imprestiti somministrati in varii tempi, tanto in danari che in viveri, alle città, comunità e luoghi di detto Regno ; rimettiamo di bel nuovo a'popoli di detta Isola liberalmente tutte le altre taglie ed imposizioni da essi dovute in appresso ed inesatte sino e per tutto il mese di settembre dell'anno corrente, in modo ed ad effetto che, estinto ogni conto antecedente per dette taglie, imposizioni, sussidij ed imprestiti, si formi dall'ultimo giorno di detto settembre in avvenire un conto nuovo a debito di essi popoli.

III. — In conformità dell'accennato editto de'23 gennajo 1733 condiscendiamo a consolare i desiderij di questi popoli con istabilire in Corsica un ordine di nobiltà a cui saranno inalzati quei che da noi si sceglieranno fra le famiglie più considerabili dell'Isola a nostro giudizio e nella forma seguente : cioè nel corrente anno saranno da noi promosse a questo grado 4 famiglie, e continueremo indi a far dette promozioni di 4 altre famiglie per ciascun anno, sino a che siano almeno 20 famiglie elevate a questa nuova dignità nelle differenti provincie, o sia distretti dell'Isola.

Goderanno detti nuovi nobili ne'nostri stati de'privileggi de'quali godono i nobili delle città subalterne di Terraferma, e sarà in loro facoltà, come pure de'feudatarij nell'Isola, di stabilire nelle loro famiglie l'ordine di primogenitura, per via di fideicommissi perpetui, che ogni uno di essi potrà costituire, salvo l'altrui diritto e ragione, e salvo il nostro a riguardo de'feudatarij a tenore delle investiture.

I feudatarij suddetti eserciteranno la loro giurisdizione in conformità delle loro investiture, ed i nostri comandanti ed ufficiali nell'Isola saranno da noi incaricati a prestar loro braccio forte per esecuzione degli atti della loro giustizia, allorchè da essi ne saranno richiesti.

IV. — Sarà da noi favorita, in conformità dell'articolo 7° del nostro editto (1) de'23 gennajo, in Corte di Roma, la promozione degli Ecclesiastici Corsi a'vescovati dell'Isola, e sin d'ora abbiamo commissionato il Magistrato sopra gli affari del Regno di Corsica per esaminare i mezzi di stabilire dei Collegi nell'Isola per educazione della gioventù Corsa, in conformità dell'articolo nono di detto editto; e similmente confermiamo e rinnoviamo tutte le altre concessioni espresse nel medesimo editto de'23 gennajo 1733, in tutto quello non sono variate o diversificate dal presente.

V. — Per sempre più assicurare l'amministrazione della giustizia, in vece de'due giudici di nazione forastiera instituiti nell'articolo 13 del detto nostro editto de'28 gennajo, ci siamo determinati di erigere alla Bastia un tribunale superiore, composto di 3 auditori versati nella giurisprudenza, e di nazione straniera da eleggersi da noi unitamente col minor consiglio, i quali giudicheranno in ultima instanza le cause d'appellatione da'Giusdicenti inferiori dell'Isola, salvo sempre il ricorso alla nostra suprema autorità; e perchè la maggiore spesa di questo nuovo tribunale sia di meno aggravio al Regno, sarà nostra sollecitudine di ripartirla fra un determinato onorario e sportule o in altro modo, a nostro giudizio.

Quanto alla giudicatura civile, dichiariamo che gli articoli 25 e 26 del sopraccennato editto de'28 gennajo restano nel-

---

(1) Le décret du 23 janvier est rapporté tantôt en 16, tantôt en 17 articles, suivant que le préambule est compté ou non pour un article. On a vu plus haut que les Corses dans leurs *Remarques* comptaient 17 articles; les Génois n'en comptaient que 16. L'article indiqué ici comme le 7° était le 8° pour les Corses. (V. pag. 29).

l'istesso vigore e fermezza in cui erano al tempo che furono pubblicati, se non che i rispettivi auditori delle pievi potranno in avvenire giudicare le cause civili di prima instanza dalle lire 20 sino all'importare di lire 500 e non più, nulla nel rimanente innovandosi per ora circa le cause eccedenti detta somma di lire 500, e le cause criminali.

VI. — Per estirpare la frequenza degli omicidij nell'Isola, stabiliamo la pena di morte contro i rei d'omicidio e contro quelli ancora che avessero attentato alla vita altrui, ancorchè non ne sia seguita morte. E per impedire ancora le grazie, quanto possa permetterci l'indispensabile riguardo di nulla pregiudicare alla sovrana autorità della nostra Repubblica, dichiariamo di non voler mai in avvenire concedere grazia a' Corsi rei di omicidio, eccetto che per l'omicidij involontarij, o ne' casi di una legitima difesa, a nostro giudizio.

Vietiamo al nostro General Governatore in detta Isola di condannare in avvenire solamente *ex informata conscientia* persona alcuna nazionale in pena afflittiva; potrà bensì far arrestare ed incarcerare le persone che gli saranno sospette, salvo di renderne poi a noi conto sollecitamente.

E parimente togliamo al nostro Governatore la facoltà di evocare le cause civili e criminali, affinchè resti libero il corso della giustizia in tutti i tribunali, dove le medesime saranno respettivamente introdotte.

VII. — Tutti gli ufficiali pubblici di detto nostro Regno di Corsica, finite le loro cariche, saranno soggetti a sindicato, secondo il solito, e non solo incarichiamo precisamente i sindicatori che di tempo in tempo saranno destinati dal nostro governo, di punire gli ufficiali da essi riconosciuti colpevoli, a misura de' loro reati, ma vogliamo ancora che i Nobili Dodeci del di quà e i Nobili Sei del di là da' monti, o quei di essi che si troveranno ne' luoghi dove sarà tenuto il sindicato, siano in obbligo di manifestare a' sindicatori le malversazioni ed altri abusi che avessero riconosciuti nella condotta di essi ufficiali.

I colpevoli condannati in Corsica alla morte o altra pena afflittiva, vogliamo che siano reputati egualmente rei e soggetti alla stessa punizione in tutti i nostri stati.

I tribunali, ufficiali, o giusdicenti destinati dal nostro governo ad esercitare la giurisdizione criminale in Corsica, potranno, in vigor dell'autorità che loro conferiamo, punire i colpevoli all'esiglio, non solo dall'Isola, ma ancora da tutto il nostro stato di Terraferma.

E per togliere vieppiù a' delinquenti la speranza dell'impunità, ordiniamo che in avvenire non si tenga in alcun conto, e si reputi affatto nulla e di niun valore, ogni e qualunque amnistia, tanto generale come particolare, che per avventura fosse fatta a favore de' nazionali Corsi, o di alcuno di essi, se la stessa amnistia non sarà deliberata da noi unitamente col minor consiglio, con le quattro quinte parti de' voti de' congregati, e con la precisa dichiarazione da farsi pure da noi col detto minor consiglio e con l'istesso numero di voti, che il caso di quella amnistia sia urgente ed interessi il ben pubblico.

VIII. — Vogliamo che sia libero a ciascuno abitante dell'Isola di uscirne per gli affari del suo commercio o per altra causa con prendere un biglietto di sanità ed una licenza in iscritto da' rispettivi nostri ufficiali, da darsegli l'uno e l'altro gratis, salvo sempre, se fosse inquirito o condannato per alcun mancamento e salva l'autorità del general Governatore in coerenza dell'artico 6º del presente editto.

Vietiamo agli stranieri ed ancora a' mercanti Genovesi, che verranno in Corsica, di potere aprirvi bottega senza la permissione de' respettivi magistrati de' luoghi.

IX. — Tutti gli atti fatti dinanzi a notari durante i torbidi, saranno eseguiti, come se fossero stati fatti in tempo di tranquillità, e non potranno essere impugnati, se non per le strade legali e del diritto.

X. — Dichiariamo che il regolamento per l'elezione de'

Nobili Dodeci contenuto nel nostro editto de'13 decembre 1715, la diminutione delle antiche tariffe e la suppressione de'diritti del Generale Governatore, espresse nell'articolo 2º dell'editto de' 28 gennajo 1733, come gli articoli 3º, 4º, 5º, 6º e 7º del medesimo editto, che riguardano le imposizioni ed introiti pubblici in tempo di tranquillità, e ciò che si produce dal paese, e per fine tutti gli altri seguenti articoli di detto editto de'28 gennajo 1733, restano nell'istesso vigore e fermezza in cui erano al tempo della rispettiva pubblicazione de'medesimi editti, e come se i tumulti in appresso accaduti nell'Isola non fossero mai occorsi ; e quanto all'elezione de'Nobili Sei del di là da'monti, si farà secondo il consueto.

XI. — Desiderando finalmente di perpetuare la quiete e felicità in quei popoli, qualora le presenti misure rimangano indebolite, e si rendano forse anche inutili dalle vicende de'tempi, e delle cose, o non siano da noi conosciute opportune a detto fine, daremo in progresso di tempo quelle providenze che verranno consigliate dalle contingibili mutazioni, o che giudicheremo più conformi all'esigenze del Principato, ed alla quiete, sicurezza e felicità del Regno.

XII. — Tutti gli abitanti della Corsica saranno tenuti di rapportare, dentro il termine che sarà da noi in appresso prescritto, le loro armi da fuoco nelle rispettive piazze del Regno che pur da noi verranno indicate, dove saran poste in deposito, appresso le persone che a tal effetto deputerà il nostro General Governatore o sia Commissario, con farsi inventario delle armi rapportate da ciascuna pieve e comunità, restando nel rimanente ferme ed inviolabili per l'avvenire le prohibitioni che vi sono di tenere e portar armi da fuoco, in tutto a tenore dell'articolo 15 del nostro editto de'28 gennajo 1733.

XIII. — In seguito del general indulto conceduto nel presente editto, ordiniamo che, subito che sarà eseguito il contenuto del presente regolamento, siano posti in libertà tutti i nazionali Corsi che attualmente si trovano nelle carceri e galee all'occasione de'torbidi cominciati nell'Isola dal 1733, e che a'medesimi sieno restituiti i loro effetti che si troveranno esistere.

XIV. — Come il sincero ravvedimento che ci promettiamo da'Corsi ci ha mossi a farli godere gli accennati graziosi effetti della nostra amorevolezza e moderazione, quelle communità perciò, città, luoghi o particolari che non si diportassero in avvenire verso la Repubblica come conviene a sudditi obbedienti e fedeli, s'intenderanno affatto decaduti dal beneficio dell'indulto, remissioni e grazie loro concedute nel presente editto, e rinasceranno alla nostra Camera e fisco le antiche e primiere azioni di procedere contro de'medesimi, come resi indegni della nostra generosità e clemenza.

XV. — Dopo le magnanime dimostrazioni che Sua Maestà Cristianissima si è degnata darci della sua reale affezione, ci assicuriamo appieno che uniformemente alle nostre rispettose instanze ed alle sue gloriose promesse, si compiacerà, di concerto con Sua Maestà Cesarea e Cattolica, garantire il nostro presente editto in tutto quello ed in quel modo che nulla può pregiudicare il libero ed indipendente esercizio della sovranità della nostra Repubblica nell'Isola di Corsica, e tutti i nostri comandanti, ufficiali e ministri della medesima.

Abbiamo in virtù delle nostre plenipotenze dichiarato e dichiariamo che S. M. Imperiale e S. Maestà Cristianissima garantiscono il contenuto del presente editto : Promettendo di procurarne la piena ed intiera esecuzione; promettendo parimente di opporsi alle contravenzioni che potrebbero esservi fatte tanto per parte degli abitanti dell'Isola di Corsica, che delli rappresentanti della Repubblica, che li rimedierà, subito che detti abitanti gliene averanno fatto le loro rispettevoli rimostranze. Intendendo nientedimeno le suddette MM. che questa garanzia non avrà luogo, se li detti abitanti non eseguiranno dalla lor parte fedelmente e esattamente il contenuto nel presente regolamento, e se non si porteranno verso la Repubblica come fedeli sudditi verso il loro legittimo sovrano.

In fede di che noi abbiamo segnato il presente atto di garanzia, le di cui ratificazioni saranno cambiate a Versailles fra il spazio di 6 settimane o più presto, se sarà possibile, e vi abbiam fatto apporre il sigillo delle nostre armi.

Fatto a Fontanablò, li 18 ottobre 1738.

    Giuseppe, *principe di Lichtenstein*,   Amelot,
        L. S.   L. S.

Noi, sottoscritto ministro plenipotenziario della Serenissima Repubblica di Genova, dichiariamo in virtù del podere di cui ella ci ha munito a questo effetto che, senza pregiudizio della sua Sovranità, ella accetta la garanzia di sopra detta dall'Imperatore e da S. M. Cristianissima, che ella farà spedire in la forma più autentica, e mandare al suo commissario generale nell'Isola di Corsica l'editto tale in tutti li suoi punti ed articoli, in cui si trova come sopra segnato sotto la garanzia delle loro MM. Imperiale e Cristianissima, e che la Repubblica acconsente nientedimeno che il Re Cristianissimo facci pubblicare nell'Isola il detto progetto d'editto munito della detta garanzia e dell'accettazione che la Repubblica ne fa, quando lo giudicherà a proposito.

In fede di che noi abbiamo segnato il presente atto, del quale noi promettiamo di cambiare le ratifiche della Repubblica con quelle che le loro MM. Imperiale e Cristianissima vogliono darle della presente garanzia, e l'abbiamo munito del sigillo delle nostre arme.

Fatto a Fontanablò li 18 ottobre 1738.

                                      I. Fr. Brignole Sale.

(L'acte précédent, qui existe sans doute en entier dans les archives du ministère des affaires étrangères, mais ne nous est pas jusqu'à présent tombé sous la main, a été tiré du manuscrit d'Accinelli intitulé : *Memorie Istorico-Geografico-Politiche del Regno di Corsica*. Comme on le verra plus bas par *l'article séparé*, la partie renfermant la garantie de l'Empereur et du Roi de France a été rédigée en français. Nous n'en avons trouvé que deux extraits que nous allons rapporter ; ce sont d'ailleurs les plus importants).

(M. A. E. — Corse, Vol. I).

15 octobre 1738.

Avons en vertu de nos pleins pouvoirs déclaré et déclarons que S. M. I. et Sa M. T. C. garantissent le contenu du présent édit, promettant d'en procurer la pleine et entière exécution et de s'opposer aux contraventions qui pourraient y être faites tant de la part des habitants de l'île de Corse que des Représentants de la République, qui y remédiera aussitôt que lesdits habitants lui en auront fait leurs respectueuses remontrances ; entendant néanmoins lesdites Majestés que cette garantie n'aura lieu qu'autant que lesdits habitants exécuteront de leur part fidèlement et exactement le contenu au présent règlement, et se conduiront à l'égard de la République comme de fidèles sujets envers leurs légitimes souverains.

En foi de quoi nous avons signé le présent acte de la garantie dont les ratifications seront échangées à Versailles dans l'espace de six semaines ou plus tôt s'il est possible, et y avons fait apposer le cachet de nos armes.

Fait à Fontainebleau le 18 octobre 1738.

(Copie, les signatures manquent).

(Id.).

(Article séparé)

Le 18 octobre 1738.

L'acte de la garantie accordée par l'Empereur et par le Roi Tr. Chr. à la République de Gênes et aux habitants de l'île de Corse, qui a été signé ce jourd'hui, ayant été composé et rédigé en langue française, contre l'usage ordinairemen observé entre Sa Majesté I. et S. M. T. C., cette différence ne pourra être alléguée pour exemple ou porter préjudice en aucune manière que ce soit, et l'on se conformera à l'avenir à tout ce jui a été observé dans de semblables occasions, l'acte de garantie signé aujourd'hui ne laissant pas d'avoir la même force et vertu que s'il était en langue latine.

Fait à Fontainebleau le 18 octobre 1738.

(Copie. Les signatures manquent.)

(Id.).

Proclamation du Comte de Boissieux.

Le 31 octobre 1738.

Luiggi, conte di Boissieux, Barone etc., Tenente Generale delle armate di S. M. Cristianissima, Inspettore Generale dell'infanteria, e Generale delle truppe di Francia nel Regno di Corsica.

In seguito de'sicuri avvisi da noi avuti che la persona conosciuta sotto nome di Teodoro sia stata tanto ardita di comparire nanti le spiaggie di questo Regno, anzi che farvi lo sbarco e di sua persona e d'altri suoi seguaci, e come che questo avvenimento ha cagionato qualche commozione fra popoli sempre facili a lasciarsi sedurre dalle novità, noi per tanto in conseguenza degli ordini che in data de'20 del corrente mese abbiamo ricevuti dal Re nostro Signore, ordiniamo alle comunità e pievi dell'Isola di Corsica d'andare contro di Teodoro e di lui seguaci, se tuttavia si trovano nell'Isola, ed arrestarli per doverne fare la consegna alla Bastia o al comandante del porto il più vicino al luogo, ove sarà seguito l'arresto.

Intendiamo che il presente ordine debba eseguirsi nel termine di giorni otto da quello della pubblicazione che ne sarà fatta ne'primarij luoghi di questo Regno, in falta di che espirato detto termine, se sarà scoperto che il detto Teodoro o altro de'suoi seguaci fosse ancora in Corsica, dichiariamo a nome del Re che il regolamento di pacificazione, il quale trovasi attualmente presso di noi, sarà rimandato in Francia, che i popoli non saranno più ammessi ad alcuna rappresentanza nè composizione, e che S. M. userà dei mezzi che ha alla mano per obbligare i Corsi con la via dell'armi, e con tutti i rigori della guerra, che saranno esercitati tanto contro alle persone, quanto de'loro beni, a subire quelle condizioni che S. M., di concerto con la Serenissima Repubblica di Genova, giudicherà a proposito di loro imporre ; dichiarando di più che le case ove il Teodoro e suoi seguaci d'ora in avanti si ritirassero, saranno demolite e li proprietarij di esse puniti come rei di Stato e così ancora gli abitanti delle comunità e pievi dove detto Teodoro ed i lui seguaci fossero ricevuti, che in avvenire vi avessero corrispondenza, sia in voce che in scritto.

Bastia, 31 ottobre 1738.

(Rapporté par Accinelli. *Memorie* etc.)

Déclaration faite au Consulat d'Alicante par le nommé François Vastel.

Le 7 novembre 1738.

Ce matelot a déclaré qu'étant à Amsterdam, au mois de mars 1738, il fut embarqué forcément sur le vaisseau de guerre hollandais le *Briderose*, commandé par le capitaine Alexandre Frensel, qui partit le 1er juin suivant du Texel avec deux navires marchands de transport, aussi hollandais, faisant route en droiture pour Malaga ; qu'ils y arrivèrent le 5 ou le 6 du mois de juillet à environ une heure et demie au large de l'est de cette ville, où ils firent de l'eau, et après que le second capitaine du vaisseau le *Briderose* y eut parlementé deux fois et conféré avec le consul de Hollande, ils en partirent le 9 du même mois, faisant route pour Alicante où ils arrivèrent le 12. Ils y restèrent jusqu'au 17 et n'y firent qu'un peu d'eau. Pendant ce séjour, le capitaine et le second capitaine du vaisseau le *Briderose* descendirent à terre sept à huit fois et furent dans la maison du consul de Hollande, qui à son tour fut sur le vaisseau, où il dîna trois différentes fois en compagnie du capitaine Frensel, des officiers du bord et du baron de Neuhoff, qui ne se donnait d'autre qualité que celle de baron, et il se retirait en son particulier à la fin du repas. Il appelait souvent François Vastel pour causer avec lui, et même il lui fit présent de deux ducats. Entre autres choses, il disait qu'il passait en Corse, où il avait une compagnie, et qu'il pourrait y devenir colonel ; que s'il voulait aller avec lui, il emploierait ses amis pour lui faire donner le commandement d'un navire. François Vastel ayant eu dispute avec le premier lieutenant du vaisseau le *Briderose* sur ce qu'il voulait l'obliger d'assister à leur prêche, il s'en excusa en disant qu'il devait en être exempt, attendu qu'il était catholique, apostolique romain, et que ses fonctions de matelot n'avaient rien de commun avec leur culte. Le baron de Neuhoff, s'en apercevant, parla au capitaine Frensel pour qu'on le laissât libre en sa religion ; et on ne l'inquiéta plus là-dessus. Le vaisseau le *Briderose*, avec les deux navires de transport, ayant appareillé de la rade d'Alicante ledit jour 17 juillet, ils firent route ensemble pour Alger ; que le 9 août sur les 4 heures après midi, étant à environ 20 milles à la vue de terre de ce port, le vaisseau le *Briderose* y entra seul et les deux navires de transport louvoyèrent sur ces parages pendant 21 ou 22 jours, que le vaisseau le *Briderose* resta au port d'Alger, où il trouva en y arrivant deux autres vaisseaux de guerre hollandais; qu'immédiatement après avoir mouillé l'ancre, le consul de Hollande de cette ville fut à bord dans un canot portant pavillon hollandais, armé de 20 Maures, et d'un esclave français appartenant à ce consul, qui ne l'eut pas plutôt abordé qu'il fut reçu à l'escalier par le capitaine Frensel, qui l'introduisit dans la chambre où il parla avec le baron de Neuhoff, ce capitaine présent, sans qu'il y eût aucun autre officier du bord. Ils y restèrent ensemble l'espace de trois heures, après quoi le consul de Hollande se retira et il fut accompagné par le capitaine Frensel, le baron de Neuhoff n'ayant jamais monté sur le pont depuis qu'il s'est embarqué sur le *Briderose* ; que pendant les 21 ou 22 jours qu'il a resté au port d'Alger, le consul de Hollande a mangé quatre fois dans le bord et y a resté à la galerie en conférence avec le baron de Neuhoff pendant deux jours entiers; et le capitaine Frensel débarqua de son vaisseau pendant ce temps pour un des autres navires de guerre, quantité de vivres, une ancre et un câble ; que le *Briderose* appareilla du port d'Alger le 6 septembre, à une heure du matin, avec les deux autres vaisseaux de guerre, et firent route ensemble jusqu'à huit heures du matin du même jour; que l'un de ces deux vaisseaux la changea pour Livourne, l'autre pour Malaga, et le *Briderose* pour Sardaigne. Deux heures après que ce dernier vaisseau se fut séparé des deux premiers, les deux navires de transport le joignirent et furent tous trois ensemble à Cagliari, où ils mouillèrent l'ancre le 18 dudit mois de septembre, dans le même temps qu'une frégate hollandaise de 40 canons abordait le port, sans que le commandant de l'île de Sardaigne voulût permettre qu'aucun d'eux quatre eût communication avec la ville, ni qu'on leur donnât aucun rafraîchissement ; qu'après y avoir resté jusqu'au 26 du même mois de septembre, ils en appareillèrent ensemble sur les deux ou trois heures du matin de ce jour, et six heures après, le *Briderose* avec la frégate mouillèrent l'ancre à la côte de Sardaigne, à environ 20 milles de Cagliari, où les deux navires de transport louvoyaient, et y ayant fait de l'eau, le vaisseau le *Briderose* avec la frégate en appareillèrent le soir dudit jour 26 septembre, et furent joints par les deux navires de transport. Le 8 octobre ils se trouvèrent les quatre à la hauteur de l'île de Mayorque, 60 milles au large, et comme sur le vaisseau le *Briderose* il mourait quantité de monde de maladie, le baron de Neuhoff qui y était demanda à se débarquer et à s'embarquer sur la frégate. Les ordres ayant été donnés pour cela en faisant abattre les voiles du *Briderose*, sous prétexte d'attendre les deux navires de transport qui étaient alors un peu éloignés, ce baron se débarqua par la galerie et par un escalier qui y fut placé auprès pour sa commodité à descendre, et passa avec le canot dudit vaisseau le *Briderose* sur la frégate, accompagné de deux domestiques ; qu'immédiatement après, ces quatre bâtiments firent route pour l'île de Corse ; qu'en étant à 21 milles le 12 dudit mois d'octobre, le capitaine Frensel, commandant le vaisseau le *Briderose* qui continuait à perdre beaucoup de monde par les maladies qui y régnaient, donna ordre au capitaine de la frégate sur laquelle était pour lors le baron de Neuhoff, de faire route pour Corse avec les deux navires de transport et ils se séparèrent le même jour 12 octobre, à 7 heures du matin, après que le capitaine Frensel eut fait venir à son bord le capitaine de la frégate, et qu'il lui eut remis des paquets en lui disant d'aller en Corse, et que, puisque son équipage était attaqué de maladies, il se rendrait à Port-Mahon pour lui donner des rafraîchissements, mais qu'aussitôt qu'il serait rétabli, il irait le rejoindre en Corse ; que le 20 dudit mois d'octobre le vaisseau le *Briderose* arriva au dit Port-Mahon, où le 28 du même mois il aborda une frégate hollandaise d'environ 18 canons, dont celui qui la commandait témoigna sa surprise de ce que le capitaine Alexandre Frensel ne se rendait pas avec le vaisseau le *Briderose* en Corse. Finalement le 29 dudit mois d'octobre, à deux heures du matin, François Vastel se sauva à la nage de ce vaisseau qui était mouillé à Port-Mahon, et fut se réfugier sur la tartane le *S. Antoine,* commandée par le patron Alexandre Boyer, de Martigues, sur laquelle il s'est rendu à Alicante le 6 novembre 1738.

(M. A. E. — Corse, Vol. I).

Confirmation de l'acte de garantie du 18 octobre par le Roi de France.

Le 26 novembre 1738.

Louis, par la grâce de Dieu roi de France et de Navarre, à tous ceux qui ces présentes lettres verront, salut. Comme notre amé et féal, le Sr Amelot, conseiller en tous nos conseils, ministre et secrétaire d'État et de nos commandements et finances, aurait en vertu des pleins pouvoirs que nous lui avions donnés, conclu, arrêté et signé à Fontainebleau, le 18 du mois d'octobre dernier, avec le Sr Prince de Lichtenstein, ambassadeur auprès de nous de notre très cher et très aimé frère l'Empereur des Romains, pareillement muni de ses pleins pouvoirs, l'acte de garantie dont la teneur s'ensuit, etc.

Nous, ayant agréable le susdit acte de garantie et tout son contenu, avons icelui accepté, approuvé, ratifié et confirmé, et par ces présentes signées de notre main, acceptons, approuvons, ratifions et confirmons, promettant en foi et en parole de Roi de le garder et observer inviolablement, sans jamais aller ni venir au contraire directement ou indirectement en quelque manière que ce soit. En témoin de quoi nous avons fait mettre notre sceau à ces dites présentes.

Donné à Versailles le 26e jour de novembre, l'an de grâce mil sept cent trente-huit et de notre règne le 24e.

(M. A. E. — Corse, Vol. I).

Rapport du Commissaire provincial des guerres la Villeheurnois.

Sur la fin du mois de novembre 1738, M. le commandant de Sabran a envoyé d'Ajaccio à Bastia par le S. Laur, son pilote costier, le capitaine Jean Godefroy Vater, Marie Rivier sa femme, Jean Bernard, leur fils, l'enseigne Jean Gottlieb Russe, l'enseigne Tobie-Frédéric Boller et le caporal Gaspard Weirts, les susdits venus d'Amsterdam en Corse à la suite de Théodore.

Résumé de leur rapport fait les 29 et 30 novembre 1738. Un vaisseau de guerre des Etats Généraux de Hollande, appelé le *Preterod*, de 60 canons, commandé par le capitaine Alexandre Frentzel (1), et deux vaisseaux marchands hollandais, l'un

---

(1) Le vaisseau a été, dans la déclaration du 7 novembre, appelé *Briderose* et le capitaine *Frenzel*.

nommé l'*Agathe,* armé de 12 gros canons et de 4 petits, commandé par Adolphe Peresen, l'autre appelé la *Jacob et Christine* de 12 canons, commandé par Corneille Roos, ont été armés à Amsterdam.

Le *Preterod* qui a paru n'être que pour convoyer les deux autres et porter Théodore qui s'y embarqua avec son neveu le baron de Neuhoff de Danemark, et quelques domestiques, partit le 20 mai d'Amsterdam avec la *Jacob et Christine*, et fut mouiller au port de Texel, éloigné de 20 milles seulement d'Amsterdam. L'*Agathe* partit le 23 dudit mois de mai et se rendit au Texel, d'où lesdits appareillèrent de conserve le 1er juin. Plusieurs officiers et domestiques de la suite de Théodore étaient embarqués sur les deux petits bâtimentss, qui étaient chargés de munitions de guerre, souliers, bas etc.

Dans le temps de leur départ d'Amsterdam, on y armait un autre vaisseau marchand de 44 canons appelé l'*Africain*, commandé par le capitaine Pierre Ketmann ; il a été chargé de canons, mortiers, boulets, bombes, fusils, poudre et autres attirails de guerre.

L'armement et chargement de ces trois bâtiments marchands monte à quatre millions de florins de Hollande ; il paraît que cette dépense a été faite par des négociants ; les Sieurs Vandermeel et Boonen passent pour être du nombre des intéressés.

Jonius von Bessel, de Prusse, secrétaire de Théodore, actuellement avec lui, et le capitaine Lidik, aussi Prussien, déclaré être en prison à Amsterdam pour dettes, étaient les principaux agents pour engager des officiers et soldats au service de Théodore.

Les susdits trois bâtiments, partis du Texel le 1er juin, après 20 jours de navigation, ont mouillé à Malaga où ils ont resté cinq jours. En étant partis, ils rangèrent la côte de Barbarie. Le *Preterod* est entré dans le port d'Alger et y est resté 14 jours ; deux tailleurs, embarqués alors sur ce bâtiment, ont rapporté que le capitaine de Frentzel avait ordre d'y aller pour conclure un traité de paix entre les Etats Généraux, le Roi d'Alger et le Bey de Tunis ; que le Roi d'Alger est venu plusieurs fois à bord du *Preterod*, pendant que ce vaisseau a été dans le port d'Alger, les deux petits bâtiments restés sans voiles courant des bordées pour l'attendre.

Le 14 août lesdits trois bâtiments ont mouillé à Cagliari en Sardaigne à dessein d'y attendre le vaisseau l'*Africain* dont il est parlé ci-dessus, et il y arriva le surlendemain.

Théodore, et ce qu'il avait de sa suite sur le *Preterod*, fut et resta sur l'*Africain*. Quelques jours après, les 4 bâtiments ont appareillé. A petite distance de Cagliari, le *Preterod* a fait une autre route que celle des trois autres bâtiments, qui ont pris celle de Corse et sont arrivés le 15 septembre proche Portovecchio et ont mouillé à un port que les déposants appellent Rossi, qui, suivant les apparences, est Sorraco. Théodore a été trois fois à terre en cet endroit. Il y est resté environ 3 heures à chaque fois ; il s'y est trouvé jusqu'à trois mille Corses, dont des chefs, à la tête desquels était Luc Ornano, traité de généralissime. Il fut crié : Vive notre Roi! Il a fait délivrer gratis à différentes fois 4 à 5 mille fusils, 300 barils de poudre, 19 saumons de plomb de 100 à 150 livres chaque et 3 barils de pierres à fusil. Il fit passer par les armes à terre le capitaine Wicmanshausen, qu'il accusait de trahison. Lorsqu'il fut mort, Théodore dit : C'est ainsi que je traiterai ceux qui ne m'obéiront pas. Les déposants ne croient pas que les quatre petits bâtiments siciliens aient été forcés à servir Théodore. Le capitaine de l'*Africain* leur déclara qu'il ne serait que sur la défensive avec les Génois et qu'il ne les attaquerait jamais. Le sieur Théodore et capitaine Ketmann ont eu quelques paroles d'aigreur ensemble, ce qui occasionna l'embarquement des officiers de Théodore sur les barques siciliennes.

Lorsqu'ils ont été prêts de mettre à la voile pour le golfe

de Sagone, 4 des principaux Corses, du nombre desquels était un prêtre, se sont embarqués sur *l'Africain*. Ce sont les patrons des bâtiments Trapanais qui, à la vue des galères de Gênes, ont contraint les 34 officiers et autres de la suite de Théodore à descendre à terre. On croit à propos de mettre ici les noms de ceux qu'on a pu apprendre, leur pays et sur quel bâtiment ils sont partis d'Amsterdam (1).

Les déposants ignorent les noms des deux tailleurs dont un a sa femme et une servante, et ceux des domestiques ; tous les susnommés, à l'exception des trois déposants, sont à Ornano où ils publient qu'ils attendent Théodore qui doit revenir avec 24 vaisseaux.

Nous, commissaire provincial des guerres, certifions que le présent extrait ne contient rien qui ne soit dans les déclarations à nous faites par les sieurs Vater, Reusse et Boller cy-dessus nommés.

Signé : LA VILLEHEURNOIS.

(M. A. E. — Corse, Vol. I).

Le Cardinal de Fleury aux Corses (2).

(Sans date).

On ne peut être plus sensible que je le suis, Messieurs, à l'intérêt que vous voulez bien prendre au rétablissement de ma santé, et les expressions dont vous vous servez pour me

---

(1) Nous laissons de côté cette liste qui ne présente aucun intérêt. Elle contient les noms de 5 capitaines, 7 lieutenants, 2 enseignes, 7 caporaux et 3 trompettes.

(2) Cette lettre n'est pas datée dans le Registre du M. A. E.; mais elle est du 6 Juin 1738, ainsi qu'on peut le voir plus haut par le texte italien que nous avons rapporté à cette date. Comme le texte italien, n'est presque sûrement, qu'une traduction, nous jugeons à propos de donner ici la pièce originale en français.

les marquer, sont si flatteuses pour moi que je ne puis que
vous en faire mes remerciements, en vous assurant du désir
sincère que j'ai de mériter la bonne opinion que vous avez
de la droiture de mes intentions. Je n'abuserai certainement
pas de la confiance que vous paraissez avoir en moi, et je ne
m'en servirai que pour travailler plus sûrement et plus efficacement à rétablir, autant qu'il sera possible, une parfaite
tranquillité dans votre patrie.

Pour y réussir, je ne puis me dispenser de poser des principes certains sur lesquels doit être fondée notre négociation,
et ce serait vous tromper, ce que je suis bien éloigné de vouloir faire, si je vous les déguisais en cherchant à vous flatter
dans les espérances que quelques-uns d'entre vous, animés
d'un zèle trop vif et peu mesuré, peuvent avoir conçues.

Vous êtes nés sujets de la République de Gênes, et ils sont
vos maîtres légitimes. Il ne s'agit point d'aller fouiller dans
des temps reculés la constitution primitive de votre pays, et il
suffit que les Génois en soient reconnus depuis plusieurs siècles paisibles possesseurs, pour qu'on ne puisse plus leur
contester le domaine souverain de la Corse.

Il est arrivé dans cette île, comme dans tous les autres
pays du monde, des troubles, des changements, des révoltes
et des dissensions intestines. Vos citoyens ont demandé souvent la réparation des griefs dont ils se plaignaient contre des
gouverneurs qu'ils prétendaient avoir abusé de leur autorité,
et ont cru enfin avoir des motifs suffisants pour la demander
les armes à la main, et pour se soustraire à la domination de
la République.

Quoique la Religion nous enseigne qu'il n'est jamais permis de résister aux puissances que Dieu a établies pour nous
gouverner, et que l'obéissance que nous lui devons soit un
article fondamental de notre foi, je ne suis point votre juge
et ne prétends ni vous condamner ni vous justifier. Mais je vous
prie seulement de consulter l'expérience et de réfléchir sur

toutes les injustices et les horreurs qu'entraîne nécessairement une guerre civile. Comparez-les avec tous les griefs dont vous vous plaignez, et je suis persuadé qu'indépendamment de la satisfaction qu'on trouve à remplir le devoir de sujets fidèles, vous trouverez que les inconvénients d'une révolte sont mille fois plus à craindre que ceux de l'obéissance, quelque amertume et quelques peines qu'elle puisse coûter.

Quoi qu'il en soit, il s'agit de votre repos et de votre soulagement. La République portée à vous regarder comme ses enfants a bien voulu s'en remettre au Roi, dont elle connaît les sentiments remplis de justice et de zèle pour la tranquillité de ses voisins, pour chercher les moyens de la rétablir dans votre pays. Elle a proposé elle-même de proclamer une cessation de toute hostilité, et elle pousse la clémence jusque à promettre, sous la garantie de Sa Majesté, un oubli général de tous les torts et violences qui ont été commis dans la Corse.

Il ne faut point vous flatter. Le Roi ne peut et ne doit avoir d'autre principe dans les bons offices qu'il est disposé à rendre à vos concitoyens, que celui de les remettre dans l'obéissance légitime à leurs souverains ; mais en même temps Sa Majesté n'hésite pas à vous promettre, au nom de la République dont les intentions remplies de bonté pour ses sujets lui sont connues, qu'elle est prête à vous rendre justice sur les griefs légitimes que vous lui représenterez, et qu'elle ne pense qu'à rétablir parmi vous une paix solide et fondée sur la sûreté de vos personnes et de vos biens.

Si vous êtes bien déterminés à vous conformer à ces principes, le Roi travaillera avec tout l'empressement possible à vous rendre une tranquillité que vous avez perdue depuis longtemps, et ne demandera d'autre récompense de ses soins que celle d'avoir contribué au bonheur d'un pays qui lui a toujours été cher aussi bien qu'à ses glorieux ancêtres.

M. le comte de Boissieux dont vous paraissez être contents vous expliquera plus au long les intentions de Sa Majesté et vous pouvez compter que la République entrera dans tous les expédients raisonnables qui pourraient lui être suggérés pour vous rendre le joug de l'obéissance non seulement supportable, mais encore doux et léger.

Je m'estimerais très heureux en mon particulier, si je pouvais me flatter, Messieurs, en exécutant les ordres du Roi, de contribuer au repos d'un pays dont j'ai été si voisin pendant un grand nombre d'années et pour lequel j'ai conservé des sentiments d'affection et de considération.

(M. A. E. — Corse, Vol. I).

Mémoire contenant ce qui s'est passé en 1738, après l'envoi de l'édit concernant les Corses.

(Sans signature).

Le 20 octobre, M. d'Angervilliers envoya à M. le comte de Boissieux le règlement qui avait été dressé ici de concert avec l'envoyé de la République. On était alors dans le doute si Théodore n'était pas dans l'île et on jugea qu'il ne serait pas convenable de publier le règlement sans être sûr qu'il en fût sorti.

Il fut écrit à M. de Boissieux :

1º Qu'avant d'ouvrir le paquet, il devait faire publier l'ordonnance dont on lui envoyait le modèle pour obliger les communes et pièves de courir sus à Théodore, s'il était dans l'île, et de se saisir de sa personne pour le remettre à Bastia sept ou huit jours après la publication de l'ordonnance, faute de quoi et après ce délai passé, s'il était découvert qu'il fût encore dans l'île, il était déclaré que le règlement de pacification qui était actuellement entre les mains de M. le comte de Boissieux, serait renvoyé, que les peuples ne seraient plus admis à aucune représentation etc.;

2. Qu'il verrait l'effet que produirait cette première démarche, et que, s'il lui revenait de différents côtés que Théodore se fût éloigné de l'île, alors il ouvrirait le paquet en présence de M. Mari et de M. Peloux, qu'il en tirerait le règlement qu'il ferait imprimer et qu'il l'enverrait partout où besoin serait.

3. On réglait la forme de l'acceptation qu'il exigerait.

4. On prévoyait le cas où les mécontents, sur la publication de l'ordonnance qui devait précéder, se mettraient en armes ou témoigneraient de l'éloignement pour obéir, et dans ce cas le paquet devait être renvoyé cacheté.

Le comte de Boissieux fit publier l'ordre dont on vient de parler, le 1er novembre suivant. Il manda le 15 qu'il était arrivé plusieurs podestats de la partie d'en deçà les monts pour dire à M. Mari qu'ils n'attendaient que le règlement pour s'y soumettre.

Le 17, les choses paraissant favorablement disposées, le comte de Boissieux et le marquis Mari décachetèrent le paquet qui contenait les règlements,

Le 18, on le lut aux députés qui, dès le mois de mars, avaient été envoyés à Bastia, savoir : deux pour la partie d'en deçà les monts, et un pour la partie d'au delà. Ces députés étaient munis de procurations passées devant notaire pour les habitants de chaque communauté, qui leur donnaient pouvoir de se soumettre absolument à tout ce que le roi exigerait d'eux. M. de Boissieux et M. Mari remirent à ces députés des copies du règlement pour qu'ils l'envoyassent à leurs commettants, en les chargeant de leur en fournir l'acceptation en forme dans le terme marqué.

Le lendemain, 19 novembre, M. de Boissieux fit prendre les armes à six compagnies de grenadiers et, tous les habitants de Bastia s'étant rendus sur la place, M. de Boissieux et M.

Mari y firent lire le règlement. Au défaut d'imprimerie, on fit faire à la main un nombre suffisant de copies.

Les habitants de Bastia, même ceux qui étaient le moins affectionnés à la République, parurent contents des dispositions de ce règlement. On ne laissait pas de prévoir de la difficulté au désarmement ordonné. Ce article de l'édit portait que les habitants seraient tenus de rapporter, dans le terme qui serait prescrit, leurs armes à feu dans les places du Royaume qui seraient indiquées par la République et où elles seraient mises en dépôt entre les mains des personnes que le commissaire général députerait à cet effet, et qu'il serait fait un inventaire des armes rapportées par chaque piève et communauté.

Le 10 décembre, le comte de Boissieux reçut une lettre des magistrats et principaux de la Balagne pour l'assurer de la soumission et obéissance de cette province ; il y eut dans le même temps une quinzaine de députés de différentes pièves qui vinrent faire la même soumission.

Quelques jours auparavant, M. Mari avait fait publier une ordonnance pour indiquer les lieux où les armes devaient être rapportées dans 15 jours.

Pour accélérer l'exécution de cette ordonnance de la part de plusieurs communautés principales qui s'étaient soumises au règlement, M. de Boissieux plaça le 7 du même mois de décembre, au village de Borgo, à quatre lieues de Bastia, un détachement de 400 hommes sous le commandement d'un lieutenant colonel. Ce détachement, partagé en trois postes, fut attaqué le 12 par une troupe de rebelles de la montagne. M. de Boissieux, sur l'avis qui lui en fut donné, marcha à la tête de 1400 hommes et retira le détachement. Il y eut de notre côté trois officiers blessés et 22 soldats tués ou blessés.

Le comte de Boissieux manda le 20 décembre qu'après cette aventure les chefs des rebelles, à la tête de 12 à 15,000 hommes, s'étaient mis à parcourir toutes les pièves qui avaient donné des marques de soumission, ayant même brûlé les maisons des Podestats qui étaient venus à Bastia au nom de leurs communautés se soumettre au règlement. Il joignit à cette lettre la traduction d'un édit des rebelles portant défense à toute personne d'avoir à l'avenir aucune communication avec les ennemis, de ne passer ni dans leurs places ni dans leurs postes, leur enjoignant de se pourvoir chacun d'un fusil etc.

Sur cette conduite de la part des rebelles, on abandonna la suite de l'édit de pacification et on ne songea plus qu'à les soumettre par la force, et les députés qui étaient auprès du comte de Boissieux eurent ordre de sortir dans 24 heures des pays qui reconnaissaient l'autorité de la République. Ils s'embarquèrent le 14 janvier pour aller à Livourne.

On sait qu'ensuite les troupes du Roi s'étant mises en campagne, elles n'ont trouvé pour ainsi dire aucune résistance. Mais M. de Maillebois n'a pas cessé de mander que l'idée des Corses était de se soumettre aux armes du Roi et qu'ils conservaient toujours un éloignement absolu pour la domination génoise, jusqu'à dire, en remettant leurs armes, qu'ils n'en avaient pas besoin quand ils n'auraient à faire qu'à cette puissance.

Le neveu de Théodore avait formé quelques pelotons de bandits qui ont été longtemps réfugiés dans les montagnes. Il vient de s'embarquer avec les principaux. Le reste est dissipé ; en ce moment la tranquillité est entière.

(M. A. E. — Corse, Vol. I).

Estratto delle domande de' Corsi,

E risposte della Serenissima Repubblica di Genova sopra le domande de' Corsi ribelli comunicate dal Real Ministero al Marchese Brignole.

(Sans date).

Le richieste avanzate da'Corsi in occasione de'primi tumulti, e quelle che in oggi aggiungono, manifestano una verità di cui si fa gloria la Repubblica, cioè che il loro sottrarsi dalla sua ubbidienza non ha mai avuto impulso da torti o aggravij che soffrissero, ma dalla cupidigia de'capi animati da una ingiusta ambizione di usurpare al Sovrano l'essenziali prerogative del comando e divider seco le funzioni del Principato.

Questo istesso mette in riposo la Repubblica, assicurata nelle reali promesse, di non soffrire che la di lei dignità sia posta in compromesso, nè lesa la sua sovranità in qualunque maniera che si sia, come si è degnata spiegarsi Sua Maestà nel trattato con essa Repubblica.

Egli è però indubitato che la preventiva deposizione e consegna dell'armi è il solito e maggior contrassegno del sincero ravvedimento de'sudditi che ritornano all'ubbidienza del loro Principe; onde non solo interessa la gloria della M. S. in sostenere la dignità della Repubblica, ma è altresì indispensabile per ottenere e conservare la tranquillità della Corsica, i cui popoli in quell'atto specifico della loro umiliazione dovranno riconoscere la benignità di S. M. che li costringe a vivere in pace.

Articolo 1º

1. Che l'ultima sollevazione sia totalmente posta in dimenticanza; il che sarà espresso in termini che non contengano

cosa alcuna di troppo duro e disonorevole sulla condotta de'Corsi.

2. Che i Corsi siano reintegrati di tutti i danni e torti stati lor fatti da'ministri della Serenissima Repubblica.

Risposta al n° 2. — Questa dimanda non può essere ascoltata.

Art. 2°

1. Che l'ordine di nobiltà sarà stabilito nella Corsica.

2. Che le persone e famiglie, le quali vi saranno descritte, saranno scelte fra i Dodeci Nobili e i Sei. Che sopra la lista che verrà data al governatore dell'Isola de'soggetti da nobilitarsi, saranno i loro nomi scritti nel libro a ciò destinato senza spesa alcuna, e le stesse saranno ammesse nell'ordine della nobiltà, purchè ciò sia di consenso e coi voti del terzo dei 12 Nobili.

3. Che quei saranno ascritti alla nobiltà goderanno di tutti gli onori, privilegi ed immunità che convengono ed appartengono a persone di un tal rango.

4. Che non possano essere soggetti ad alcuna pena ignominiosa.

5. Nè possano essere condannati a morte se non dalla maggior parte de'voti del Collegio dei 12.

6. Che siano dichiarati abili ad esercitare tutte le cariche non solamente nella Corsica, ma eziandio in Genova quelle della Repubblica.

7. Che in ciascuna famiglia nobile sarà osservato il diritto di primogenitura.

8. Che chiunque avrà commesso un'omicidio o volontariamente o per ordine o per consiglio, non potrà essere ascritto alla nobiltà. E se commette un tal delitto essendo nobile, sia degradato.

9. Che i Signori de'feudi nel Regno esercitino la loro giu-

risdizione senza opposizione alcuna, e che per l'esecuzione delle loro sentenze contro i loro vassalli, il governo genovese somministri il braccio di giustizia ne'casi che lo dimanderanno.

10. Che nel caso che alcuni de'Signori sia convenuto del pagamento di qualche debito, non possa concedersi al creditore un mandato per farsi pagare anche dai vassalli, ma che i vassalli siano sempre considerati come un inviolabile fideicommisso, senza esser soggetti a passare sotto un altro Signore, passando sempre da primogenito in primogenito, mentre il diritto di primogenitura dovrà parimente essere stabilito fra i Signori.

11. Che il Papa sarà supplicato di disporre de'vescovati del Regno in favore de'preti Corsi di nazione e d'applicare tutti i beneficij semplici all'erezione d'un collegio per l'educazione della gioventù corsa.

Risposta al n° 1. — L'ordine nobile fu stabilito in Corsica dalle concessioni graziose pubblicate nel 1733, coll'interposizione della Cesarea garantia. Ed han solo che dolersi que' popoli d'esserne dicaduti per la nuova rivolta.

Al n° 2. — La creazione de' nobili è una delle maggiori regalie riserbate alla sovranità, nè senza manifesta lesione può togliersi al Principe per attribuirla a sudditi; e troppo ripugna alle regole elementari del politico ed alla sicurezza del principato che i popoli riconoscano altronde che dal loro sovrano le principali grazie ed onori.

Al n° 3. — Alle prerogative di questa nobiltà ristrette nella sfera di suddito han proveduto le dette concessioni di 1733, considerando i nobili Corsi sul piede degli altri nobili delle città subalterne di Terraferma. E se non tendono a deporre la veste di suddito per divenir membri costitutivi del Principato, possono gloriarsi di conseguir in un istaute dalla munificenza del loro Principe, ciò che il decorso di più secoli e l'esempio delle altre città suddite d'Italia rende stimabile ne'nobili delle città di Terraferma.

Al n° 4. — Si ripete la precedente risposta, avendo già provveduto le accennate concessioni in questo proposito tutto ciò sia sperabile da un nobile suddito.

Al n° 5. — Ma i gran lumi del Real ministero riguarderanno quanto sia avanzata la stravagante pretensione di sottrarre i Nobili dalla giusta punizione del loro Principe che lascerebbe d'esser tale a loro riguardo, tosto che cessi in esso il libero esercizio della pubblica autorità, di punir di morte i loro eccessi e reati.

Al n° 6. — Non basta a'Corsi l'indipendenza del Principato; con la presente dimanda aspirano non solo ad abbolire ogni essenziale distintivo di suddito, ma ad occupare in Genova e Terraferma una gran porzione del Principato, con entrar essi a parte del governo, Consegli e Magistrati della Repubblica, ciò che non avrà inteso senza orrore il Real Ministro.

In prova nondimeno dell'affezione con cui gli ha sempre riguardati la Repubblica, non men che gli altri suoi popoli, ha ella di tempo in tempo ascritti alla nobilità genovese quei soggetti Corsi che la fede verso il Principe e la virtù ha resi meritevoli di questa distinzione.

Al n° 7. — Impossibili ad esaudirsi sono non meno le richieste offensive della giustizia che del Principato. Essendo i beni de'Corsi di lor natura liberi ed affetti alle ipoteche de'creditori, ed al jus di successione attribuito dalle leggi e costumi egualmente a figli primogeniti e cadetti, non può il Principe spogliare del loro diritto e jus quesito i figli viventi, nè i creditori, e solo per l'avvenire, secluso il pregiudizio de'terzi, può ciascun privato, se gli piace, sottoporre i suoi beni a perpetuo fideicommisso e stabilire nella sua famiglia il diritto di primogenitura. Al che non si oppongono le leggi, nè le intenzioni della Repubblica.

Al n° 8. — In questa degradazione che abbraccia del pari gli omicidij premeditati e i rissosi, non si osservano le regole della giustizia distributiva.

Al n° 9. — Non ha mai ostato la Repubblica a che i suoi feudatarij di Corsica esercitino la giurisdizione che a limiti delle loro investiture è stata lor conferita. Nè ha ricusato di dare a'medesimi braccio di giustizia, sempre che lo richiedono a norma delle leggi. Onde è vano questo loro timore e ingiurioso al Principe di farne un articolo.

Al n° 10. — Già si è rilevata l'ingiustizia di pregiudicare alle ipoteche acquistate sopra i beni e vassalli, che secondo le leggi e costumanze sinora osservate, soggiacciono all'esecuzione de'creditori. Nè la Repubblica può usare altra condiscendenza nè dare a'suoi feudatarij l'assenso affinchè essi possano a loro talento sottoporre per l'avvenire i feudi e vassalli a vincolo di primogenitura, salvo il suo jus, come padrone diretto, a'limiti delle rispettive investiture, e salvo il jus quesito in qualsivoglia modo a'terzi sopra de'medesimi feudi e vassalli.

Si vede bensì dall'indole di questa ed altre simili domande dirette a pregiudicare l'universale in vantaggio di pochi, che non provengono dal commune desiderio del popolo, ma dall'umor torbido di alcuni che hanno in vista il solo proprio interesse e la continuazione de'disordini, e non il vero bene dell'Isola.

Al n° 11. — Dipendono i beneficij ecclesiastici dal Sommo Pontifice; e la Repubblica manifestò le sue intenzioni al N° 9 delle concessioni graziose.

Art. 3.

1. Che il governo e il ministero del Regno consisterà in un governatore generale, il quale sarà eletto, con tutta la sua corte, dal Serenissimo Senato.

2. Di più in un tribunale supremo composto di tre auditori, due de'quali giudicheranno nel civile, e l'altro nel criminale, i quali siano forastieri;

3º Eletti da i 12 Nobili congiuntamente co' Procuratori delle pievi, non dovendo essere nè dalla Liguria nè dalla Corsica, ma che il loro cancelliere sia Corso. Al qual tribunale, oltre la giurisdizione ordinaria nel distretto di Bastia, ove essi faranno la loro residenza, saranno devoluti gli appelli dagli altri tribunali inferiori.

4º Che dal detto tribunale supremo non potrà appellarsi senon alla Ruota di Genova.

5º Che il ministero consisterà ancora nelle altre corti subalterne, che si chiamano i luogotenenti e i commissarij, le quali corti saranno distribuite per maggiore commodità de' popoli secondo la divisione e la collazione che ne faranno i 12 Nobili. E le dette corti subalterne saranno amministrate da giudici, sotto il nome d'auditori, i quali siano Corsi di nazione.

6º Che l'elezione di tali auditori o cancellieri si farà da i 12 Nobili e da i Sei, i quali ne presenteranno la lista al General Governatore per dare le patenti dell'ufficio.

7º Che le cause civili dovranno essere terminate nello spazio di sei mesi, e che questo termine potrà essere prorogato di tre altri dagli auditori della Ruota di Genova per una sola volta.

8º Che rispetto agli affari criminali, chiunque commetterà un omicidio con qualsivoglia stromento o premeditatamente o in rissa, sarà soggetto a pena di morte e bandito di vita senza remissione. E dovrà stabilirsi lo stesso contro chiunque ferirà solamente o con armi da fuoco o con pugnale il suo prossimo, quando anche non ne seguisse la morte del ferito. Che in oltre il reo sia soggetto alla confiscazione de'suoi beni i quali, una volta confiscati, non saranno mai redimibili in alcun tempo dal condannato, nè da'suoi parenti. Che i calunniatori e i falsi testimoni subiranno la medesima pena di morte.

9º Che il Governatore Generale non potrà ammettere al suo

tribunale nè attribuirsi personalmente le cause che saranno agitate nelle altre Corti ; ma che esse seguiranno sempre il corso ordinario.

10. Che il medesimo Governatore non potrà condannare chi che sia ad alcuna pena per leggiera che possa essere *ex informata conscientia*, e senza formalità di processo. Che la memoria della sollevazione non potrà in avvenire aggravare d'un solo punto qualsivoglia delitto.

11. Che i commissarj d'Ajaccio, Calvi e Bonifacio non eserciteranno alcuna giurisdizione fuori delle dette lor piazze, queste cariche dovendo essere occupate da gentiluomini Genovesi; e che tutta la giurisdizione di queste provincie passerà in mano degli auditori Corsi, i quali saranno impiegati nella giudicatura di esse.

Risposta. — Succedono le domande concernenti il reggimento dell'Isola. La gran comprensiva del Real ministero avrà presente che il governo de' popoli, l'autorità legislatoria del Principe, l'economia e la norma d'amministrar giustizia, non possono dipendere dal concorso d'altra volontà, che dalla sola del sovrano, senza distruggere da' fondamenti il Principato e la libertà del governo, il quale, a misura delle esigenze de' tempi e della naturale incostanza delle cose, deve a suo giudicio dare le provvidenze che, proficue in un tempo, diventano inutili o perniciose in un altro : *Proprio ex judicio, non ad normam actorum et perpetuorum statutorum, sed prout rerum conditio videtur exigere.*

Ora ritenuto questo preliminare indispensabile alla conservazione del suo dominio, disposta la Repubblica ad entrare nelle misure più conducibili alla felicità di quei popoli, non sa scorgere alcun vestigio di questo lodevol fine nelle dimande che si propongono.

Al n° 1. — Si suppone un mero sbaglio la richiesta che il governatore si elegga dal Senato in vece de' Consiglj della Repubblica, conforme al praticato finora ; non appartenendo ai Corsi che si elegga da maggiore o minor numero, nè l'alterare la costituzione del governo di Genova.

Al n° 2. — Si eleggono a tenore de' nuovi ordini due auditori stranieri per giudici d'appellazione, l'uno per il di quà, l'altro per il di là da' monti, ove rispettivamente risiedono per amministrare giustizia con pari facilità e minor dispendio a' popoli di ambedue le provincie, a' quali deve ugualmente provvedere la Repubblica senza moltiplicare cariche inutili e dispendiose.

Al n° 3. — Sempre più si scorge il gran punto di vista a cui tendono le dimande dirette ad usurpare e ristringere in alcuni pochi, sotto nome di Nobili Dodeci, le maggiori regalie, qual si è la creazione de' Magistrati, prerogativa inseparabile dal Principe, se non ha a divenire un nome inutile e di sola apparenza.

Al n° 4. — Può sembrare indifferente alla Repubblica che le ultime appellazioni si devolvano più alla Ruota di Genova che ad altro tribunale, se ancora questa linea non fosse dirizzata al punto di stabilire la tirannia di pochi con l'oppressione non solo del Principato, ma dell'universale de' popoli. L'elezione ed il sindacato dei magistrati dell'Isola, che vogliono usurpare alla Repubblica, è un mezzo potentissimo per tenere i Giudici in un'intiera dipendenza, e solo restava a malintenzionati l'invenzione di rigettare l'ultime appellazioni alla Ruota di Genova, perchè non vi sia in Corsica chi possa tenerli a freno, e i più deboli da essi oppressi non abbiano che un ricorso lontano, ed in conseguenza difficile e dispendioso.

Per riparo di questo disordine, le leggi della Repubblica lasciano in elezione dell'appellante di ricorrere al General Governatore o a' futuri sindicatori, o all'altro auditore forastiere, o per fine alla Signoria di Genova, onde chi si stima gravato possa aver in pronto più tribunali d'appellazione o nell'Isola o in Genova, a suo piacimento. Ciò che dà a divedere quanto siano salutari e sollecite della felicità de' popoli le provvidenze della Repubblica.

Al n° 5. — Nell'accennato Regolamento del 1733, n° 26, sono istituiti gli auditori nazionali per le cause civili sino alla somma di lire cento, quantità che poche liti sogliono eccedere. E questi devono eleggersi da' Corsi con l'approvazione del Generale Governatore. Con che ha stimato la Repubblica far una nuova sperienza, se la giudicatura civile possa confidarsi in qualche parte a quegli Isolani, ancorchè la esperienza e le istanze fatte dagli stessi popoli ne' tempi addietro faccian conoscere esser loro insoffribili i giudici Corsi. Ma l'esercizio d'una giurisdizione più ampia nel civile, e l'autorità criminale sopra i connazionali è affatto incompatibile col loro genio e costumi, a' quali mirabilmente conviene l'espresso divieto che ne fan le leggi del comune diritto : *Ne nimiá indulgentiá illis parcant, aut veteri odio præter modum in illos sæviant.*

Al n° 6. — Tutte le dimande conchiudono in ispogliare il Principe delle maggiori regalie da esso inseparabili. La dignità, sicurezza e sovranità della Repubblica non possono permettere che si creino da' sudditi i magistrati senza schiantare i cardini del Principato. E quella specie d'aristocrazia a cui aspirano pochi sotto nome di nobili Dodeci e Sei, con voler attribuirsi prerogative riserbate al sovrano, è opposta diametralmente alla base fondamentale del trattato di far rientrare que' popoli rivoltati, di una maniera stabile e durevole, sotto la dominazione della Republica.

Al n° 7. — I più volte citati ordini al n° 24 dimostrano quale sia stata l'attenzione della Repubblica per la spedizione delle cause civili e per la più equa prorogazione de' termini.

Al n° 8. — Interessa solo questa dimanda la giustizia che deve la Repubblica avere per norma delle sue leggi. Già vi sono le più severe contro gli omicidij dolosi premeditati, ma l'estenderle a gli omicidij rissosi contro chi non è autor della rissa e molto più per le sole ferite non mortali ed alle pure calunnie, s'apprende ripugnante alla giustizia distributiva, che rattempera le pene secondo la diversa qualità de' delitti. Onde si uniformerà la Repubblica ai prudentissimi e sempre retti sentimenti del Real Ministero.

Al n° 9. — L'evocazione delle cause è un attributo essenziale di cui non può spogliarsi la sovranità e l'esercizio che ne ha il Generale Governatore ; è conforme all'esempio delle nazioni ed alle regole più essenziali di buon governo ; e solo la vista di stabilire in Corsica una intiera indipendenza può renderla odiosa a quei pochi che ad essa aspirano, per rompere ancora questo freno della loro soggezione.

Al n° 10. — L'uso di questa autorità è troppo necessaria, attesa particolarmente l'indole e passioni de' Corsi ; e ne' Governatori supremi delle provincie è giustificato dal costume d'altri paesi.

Al n° 11. — Men male che si contentano di lasciare un poco di giurisdizione agli ufficiali della Repubblica limitata ne' presidij di sole tre piazze, mediante il trasporto di tutta la giurisdizione di quelle provincie da farsi a' Corsi. Somiglianti proposizioni son troppo ardite, e non attendono risposta.

Art. 4.

1. Che il Collegio de' Dodici Nobili nel di quà da monti e de' 6 nella parte di là invigilerà sopra tutte le cose importanti, privilegi ed esenzioni del Regno, e che senza di loro non possa essere innovata veruna cosa concernente alcuna nuova carica di qualunque specie. Che lo stesso Collegio sarà servito da un cancelliere, il quale conserverà e registrerà tutti gli atti che vi saranno fatti.

2. Che sarà permesso ai Dodeci Nobili di radunarsi in qualunque luogo dell'Isola vorranno, per trattare in particolare qualsivoglia affare che riguardi il Regno.

3. Che i Dodeci Nobili di residenza in Bastia, siccome in loro Collegio radunato in corpo, avranno il primo posto e la

prima distinzione appresso il Governatore e appresso qualunque persona : 4. e il medesimo sarà loro praticato in caso che alcuno di questi Dodeci venisse ad essere deputato al Senato di Genova in qualità d'inviato del Regno, o verso il Magistrato di Corsica, senza che possino contrastarsegli gli onori di sedere e coprirsi ovunque egli si presenterà, sì in Genova che in Corsica. E sarà praticato lo stesso per l'oratore del Regno, quando il Collegio de' 12 Nobili giudicherà a proposito di continuare ad inviarne uno a Genova, com'è stato solito per il passato.

5. Che la Corsica avrà una cassa particolare, il fondo della quale consisterà nelle confiscazioni de' beni de' colpevoli, ed in tutti i campi e boschi che sono in mano della Repubblica, sotto la custodia e rendimento di conto di un cassiere, il quale sarà nominato dal Collegio de' 12 Nobili e de' 6.

6. Che l'elezione de' 12 Nobili e 6 si farà rispettivamente in Bastia ed in Ajaccio secondo il solito, alla presenza gli uni del Governatore e gli altri del Commissario ; ma che nè l'uno nè l'altro potrà raccomandare a nominare alcun soggetto che sarà imbussolato fra i candidati da estrarsi.

Che non potrà ammettersi fra detti candidati che soggetti di buona riputazione e di buoni costumi, persone letterate e di buona ed onorata casa, che non abbiano esercitato alcun vile impiego nè bassa professione, e che non abbiano ferito nè ucciso, fatto uccidere nè ferire con superchieria.

Risposta. Al n° 1. — Ecco ristrette in pochi termini e persone tutta l'autorità ed incombenza d'un Parlamento di Londra, a risalva che nemmeno si contentano lasciare al loro sovrano la disposizione delle cariche ed altre prerogative che alcuna nazione del mondo non ha mai contrastato alla sovranità più circoscritta, non che ad un Principe libero, indipendente ed assoluto, qual è sempre stata la Repubblica in Corsica.

Al n° 2. — Passano nondimeno a maggiori stravaganze, e nella libertà di congregarsi a loro piacimento per trattare di tutti gli affari del Regno, aspirano ad una suprema indipendente autorità, che solo in tempo della più funesta anarchia e deplorabile rivolta ha preteso esercitare il parlamento di Londra.

Al n° 3. — Circa gli onori co'quali debba distinguersi la nuova nobiltà e l'oratore del Regno, provvedono le concessioni graziose pubblicate in 1733 ai numeri 4, 6, 10.

Al n° 4. — Fra i maggiori attributi della sovranità che pretendono usurparsi, non si scordano della prerogativa più splendida, consistente nel diritto di spedire inviati del Regno, *jus legationis*.

Al n° 5. — Dopo aver essi preteso arrogarsi l'autorità del loro Principe, non fa maraviglia che aspirano ad usurpare il patrimonio. E si ravvisa tanto più ingiusta questa dimanda che al n° 3 de'nuovi ordini, il reddito de'boschi camerali, fitti, stagni, ed ogni altro pubblico introito è assegnato a beneficio de'popoli, per dover dedursi dal totale delle spese della manutenzione dell'Isola che sono a loro carico.

Al n° 6. — Dovendo seguitarsi per l'elezione de'Nobili Dodoci e Sei l'antico costume, deve pure questo osservarsi circa le nomine solite a farsi rispettivamente dal General Governatore e commissario di Ajaccio, quando non si vogliano affatto escludere da ogni ingerenza annessa alle loro cariche.

Art. 5.

1° Che alla fine dell'amministrazione degli ufficiali pubblici, la quale sarà di due in due anni, gli ufficiali, ministri, giudici e cancellieri saranno sindicati e censurati da nove sindicatori, tre de'quali secondo l'antico stile saranno gentiluomini genovesi eletti dal Serenissimo Senato, e i sei altri, tre de'quali nobili e tre popolari Corsi, saranno eletti da i 12 Nobili e da i 6 rispettivamente.

Che il sindicato si farà nel luogo ove si terrà la Corte particolare ; che i voti dei sei sindicatori Corsi non saranno di maggior peso che quei dei tre sindicatori genovesi, ma riverranno allo stesso.

Che se alcun degli ufficiali si truovi colpevole per aver malversato nel suo ministero, sarà dichiarato per sempre inabile tanto alle funzioni della sua carica, quanto a quelle di qualsisia altro impiego pubblico, oltre la pena particolare dovuta alla sua malversazione ; che se si trovasse avere egli commessa una ingiustizia, e venisse provata, nell'amministrazione del suo impiego per denaro o altro regalo, sarà dichiarato infame e condannato a pagare quattro volte l'importare del denaro o del regalo che avesse ricevuto per lasciarsi corrompere ; e che un tal pagamento si farà non a pro del seduttore, ma a quello della Camera di Corsica.

2. Che i rei condannati in Corsica alla morte, alla galera, o all'esilio saranno egualmente considerati esser banditi da Genova e da tutto lo stato genovese.

3. Che quei che saranno condannati alla morte per aver ucciso, ferito, portato falso testimonio o calunniato, non possano mai ritornare in Corsica, nè essere assoluti, quando anche avessero ricevuto il perdono dagli offesi e feriti, ovvero avessero fatta la pace con essi loro.

4. Non saran più date amnistie generali nè particolari ; affinchè gli scellerati, nella speranza di ottenerle un giorno, non si portino a commettere delitti.

Risposta. Al nº 1. — Tutte le regole della prudenza civile abboriscono di sottomettere le azioni de'giudici al sindicato degli stessi popoli soggetti alla loro giurisdizione.

Al nº 2. — Questa richiesta potrebbe essere consolata circa i proscritti a pena di morte.

Al nº 3. — Già si è osservata l'ingiusta severità nell'accomunare l'istessa pena di morte a gli omicidij rissosi per chi non è autore di rissa, e più ancora alle semplici ferite non mortali, ed alle calunnie.

Al n° 4. — Le amnistie e le grazie sono le più splendide prerogative del Principe, nè senza gravissima offesa della sovranità può privarsene.

Egli è vero che può il Sovrano obbligarsi con giuramento a non usare in certi delitti della sua suprema autorità, secondo il glorioso esempio del Re Cristianissimo nella sua consecrazione.

E questa promessa fatta a Dio, la qual cade solo sopra l'esercizio e non sopra la facoltà, nulla diminuisce il suo assoluto impero, perchè astringe puramente la sua coscienza, non sospende l'ossequio de' sudditi, nè attribuisce ad alcuno il *jus* di esigerne l'osservanza, e rende puramente ingiusto e non nullo l'atto che fosse fatto in contrario.

Ma deve bene avvertirsi che regolare una tal promessa negli accennati precisi termini a carico della sola coscienza del Sovrano è ben lontano dal fornire alcun diritto ad altri per non offendere sostanzialmente la sovranità; e la Repubblica nell'angustia del suo principato e somma difficoltà di radunar truppe al bisogno, verrebbe a privarsi del mezzo più pronto e felicemente praticato per l'addietro di soccorrere all'imminente necessità, con chiamare al servigio i banditi di Corsica per mezzo degli indulti.

Art. 6.

1. Che le convenzioni, patti e privilegi del Regno saranno rimessi nel medesimo vigore ed osservanza, come se il governo della Serenissima Repubblica non facesse che cominciare.

2. Ed in conseguenza, che la taglia sarà ridotta sul piede dello stabilimento fondamentale di soldi venti per fuoco.

3. E che si aboliranno tutte le altre imposizioni.

4. Che il di più che è stato esatto delle imposizioni, le quali tutte sono state stabilite per tempo limitato e ammesse sotto questa condizione col consenso de' Nobili 12, sarà resti-

tuito alla Camera particolare de' 12 e de' 6, facendo buono in questo mentre ciò che la Camera della Repubblica, dopo tante istanze, pagò qualche anni sono ai Nobili Dodeci, che fu impiegato nella fabbrica della loro casa in Bastia.

5. Che il prezzo del sale sarà ridotto a soldi 4, 6 o al più a soldi 8 il bacino, il peso del quale sarà, com'era, di venti libre.

6. Che non vi sarà altra gabella se non per le mercanzie che saranno introdotte nel Regno, e che essa non sarà al più che di 5 per 100, togliendo affatto la gabella dello scudo per moggio, e la gabella del vino.

7. Che sarà libero ad ogni padrone di bastimento corso o a qualsivoglia altro nazionale di andare di scalo in scalo, di luogo in luogo, a caricare ogni genere di vettovaglie, senza essere obbligato a domandare la permissione o sia tratta.

8. Che sarà libero ad ogni bastimento di qualunque nazione l'approdare in Corsica e caricarvi qualsivoglia mercanzia dell'Isola senza altra obbligazione che di pagare l'ancoragio, e 9° affinchè i generi che eccederanno il necessario al mantenimento del Regno, secondo il calcolo che ne faranno i Dodeci Nobili e Sei, possano i particolari tirarne del profitto vendendoli con vantaggio.

10. Che non sarà permesso ai padroni nè agli agenti delle possessioni chiamate Procoi, appartenenti a Genovesi, di tenervi botteghe, nè farvi altre compre o acquisti d'altri effetti, sotto qualsivoglia pretesto.

11. Che non sarà neppur permesso ad alcun Genovese nobile o popolare della città o dello stato di Genova, di fare sotto qualsivoglia titolo verun acquisto di effetti, abbenchè egli vivesse o avesse alcuna casa in Corsica. E s'è creditore, non potrà esercitare altra azione per farsi pagare che di far esecutare i mobili e prendere l'usufrutto degli immobili ipotecati, che egli affitterà sino alla fine del pagamento di quanto gli sia dovuto.

12. Che la Serenissima Repubblica non procederà a privare la casa de'Matra dell'enfiteusi d'Aleria, ma che la Corte di Francia si riserverà la cognizione e decisione di questa causa e delle pretensioni che la stessa famiglia de'Matra può avere contro la Repubblica.

13. Che sarà proibito a'mercanti Genovesi di più aprir bottega, e solamente sarà loro permesso di approdare e vendere su' loro bastimenti le loro mercanzie in grosso, senza che possano farle entrare nè vendere a minuto per conto loro.

Risposta. Al nº 1. — È un mero artifizio, con cui è riuscito a capi sediziosi di sorprendere la simplicità de'popoli, disseminare che la Corsica abbia convenzioni con la Serenissima Repubblica che n'è sempre stata assoluta sovrana. In tutti i tempi ha ella esercitato sopra quell'Isola il suo dispotico dominio; e senza ricercare la pruova della più oscura antichità, non possono i Corsi contrastare una verità riconosciuta da più secoli da'loro maggiori ne'reiterati atti e giuramenti di fedeltà, soggezione ed ubbidienza fatti al loro Principe, e nelle supplice allo stesso umiliate, e particolarmente nell'anno 1563, allorchè la Corsica dal dominio della casa di S. Giorgio fu restituita a quello della Serenissima Repubblica, e nell'anno 1569, quando furono intieramente sedate le rivoluzioni eccitate da Sampiero Corso.

Con la stessa ingannevole invenzione tentarono i Corsi nell'occasione dell'antecedente rivolta, di conciliarsi il compatimento della Corte di Vienna, che si avvide assai tosto della loro malizia, e dell'incontrastabile diritto della Repubblica.

Al n. 2. — Una delle gran conseguenze di suddetta illusione si è lo spargere che vi sia in Corsica un antico invariabile sistema di taglia fissata a soldi venti per fuoco. E per iscoprirne il visibile inganno, basta avvertire che lo ricavano dagli statuti di quell'Isola formati e stabiliti in Genova dalla sola autorità della Repubblica, e di tempo in tempo corretti e variati ad arbitrio della medesima ; senza far d'uopo il soggiungere che gli statuti medesimi, oltre la taglia ordinaria, lasciano a quei popoli l'incarico assai connaturale di contribuir alla guardia e difesa dell'Isola ; talchè hanno solo ad ascrivere alla clemenza del loro Principe la moderazione di non esigere da un paese più volte sottomesso e racquistato con l'armi e con eccessivo dispendio, che i puri mezzi di conservarlo in pace.

Al n° 3. — Non v'ha alcun paese suddito fra i più privileggiati, che, oltre il necessario alla propria conservazione e difesa, non contribuisca ancora qualche cosa alla sussistenza del Principe e del Principato. Ma la Repubblica, per convincere i Corsi con un finale disinganno, si è determinata ne' citati nuovi ordini del 1733 di pubblicare al mondo a qual piccola somma ascende il totale dell'annuo introito della Corsica, e la sua risoluzione di ristringere l'ordinaria esigenza dell'isola, dopo un espediente il più moderato che giammai siasi inteso ed assolutamente decisivo. La somma equità della Maestà Sua deve essere persuasa che in qualunque supposizione più vantaggiosa a que' popoli, saranno ingiustissime e ripugnanti al diritto di natura, non che alla ragione delle *Gens*, tutte le dimande dirette a sottrarsi dal fornire a' mezzi indispensabili della propria loro salute e sussistenza.

Al n° 4. — Transandate le altre repliche convincenti l'erroneità di queste asserzioni, basta in pruova sovreminente la decima quinta fra le richieste di molte principali pievi dell'Isola, presentate in decembre 1732 al General Commissario, la quale fu esaudita nelle concessioni graziose. Si legge nel seguente tenore : « Col dovuto rispetto ed umiltà del cuore si dimanda l'assoluzione di tutti i debiti camerali, contratti in qualunque tempo, tanto di taglie inesatte, quanto di sussidij, attesa la povertà estrema in cùi si trova il Regno.

Al n° 5. — È veramente inutile indicare le variazioni che di tempo in tempo ha avuto il prezzo del sale nell'Isola, conforme al costume degli altri Regni nell'uso di questa regalia, sempre regolata da' Principi a norma delle indigenze de' loro stati, poichè a tenore di detti nuovi ordini, il provento del sale non meno che d'ogni altra gravezza, reddito e gabella, si deduce a beneficio de' Corsi dal totale delle spese necessarie alla manutentione dell'Isola.

Al n° 6. — Occorrono gli stessi riflessi. E dovendo per ogni diritto i popoli supplire alle spese necessarie alla loro conservazione e riposo, è di minor aggravio all'universale il ricavare una parte dalle gabelle ad esempio di tutte le altre nazioni, in vece di ripartire tutto il peso in collette e tributi.

E per fine può lusingarsi la Repubblica di avere date le maggiori dimostrazioni di quanto le sia a cuore il minor aggravio de' Corsi nella condescendenza espressa al n. 6 di suddetti nuovi ordini, affinchè non possano in avvenire caricarsi di nuove imposizioni, eziandio ne' più estremi bisogni del Principato, se non osservate quelle forme più difficili a adoperarsi nelle deliberazioni de' Consigli di essa Repubblica, che le sue patrie leggi habbian saputo rinvenir per allontanar la gravezza da suoi stessi cittadini e patrizj.

Al n° 7. — Conservano i citati nuovi ordini al n. 8 la libertà del commercio ed estrazione da luogo a luogo dell'Isola, ordinando che le licenze richieste puramente per regola di buon governo si diano affatto gratis.

Al n° 8. — E non men si scorge da' medesimi ordini al n. 9 la pubblica sollecitudine per la libertà del traffico ne' soliti scali dell'Isola. E le leggi della Repubblica permettono l'accesso ad ogni nazione amica, col pagamento de' diritti consueti. Ma l'economia d'un buon reggimento non può tollerare che in un'isola in molte parti disabitata, sia libero l'adito in ogni parte e seno più rimoto per li disordini facili a prevedersi.

Al n° 9. — Come l'abbondanza fa la maggiore felicità de'

popoli, e mostra l'esperienza che il maggior incentivo alle rivolte e sedizioni è sempre stata la carestia delle cose necessarie all'uman vivere, non può il Principe abbandonar ad altri una sì importante sollecitudine senz'azardo del suo stato. A questo fine vietano gli allegati nuovi ordini, n. 7, l'estrazione delle vettovaglie per tutto il mese di settembre, per aver campo in questo intervallo di calcolare la quantità del raccolto e provvedere all'indigenza dell'Isola. E dopo il detto tempo permettono indistintamente ad ognuno, pagati i soliti diritti, e tratte, se qualche particolare accidente non obbligherà la Repubblica in qualche tempo di proibirle, a suo giudizio.

L'osservanza di tutti i paesi più culti del mondo dimostra la necessità di queste provvidenze e dell'immediata ispezione che deve il Sovrano o il Governatore della provincia aver sopra l'annona, che non può abbandonarsi a sudditi, la malizia o negligenza de' quali ridurrebbe lo stato all'estremità troppo pericolosa.

Al n. 10.—Interdicono severamente i suddetti nuovi ordini, al n. 9, qualunque specie di monopolio, o altro impedimento de' privati al libero traffico, vendite ed estrazioni, con incarico a promotori delle arti e traffico nazionali Corsi d'invigilare affinchè siano puniti i trasgressori, come sarebbe seguito in caso di contravvenzione, se avessero essi compito al loro debito.

Nel resto, la pretensione che si vieti generalmente a' possessori genovesi di tenute, e loro agenti, ogni commercio e compra innocente, è un'ostilità ripugnante alle leggi dell'umana società.

Al n° 11. — Ciò non è proponibile.

Al n° 12. — Hanno avuto i Matra a titolo di locazione perpetua ed enfiteusi certi beni nel territorio d'Aleria della Camera della Serenissima Repubblica nell'anno 1698, per l'annua pensione o sia canone di lire mille settecento, e con patto che cessando essi Matra o loro discendenti ed eredi di pagare detta annua pensione per tre anni continui, ricadano detti beni con tutti i loro miglioramenti alla stessa camera o sia fisco patrimoniale della Repubblica, in sua elezione, a risalva delle fabbriche utili e necessarie che vi fossero di nuovo costrutte, le quali debbano rilasciarsi al loro erede, overo bonificarsene il valore secondo l'estimazione corrente al tempo della caducità incorsa, e con arbitrio al detto erede di dichiarare fra sei mesi prossimi dal giorno della caducità incorsa, prorogabili per altri mesi sei dall'istesso tribunale camerale, di voler egli essere preferito nella nuova investitura con pagare l'intiero laudemio, ed accrescere l'annua pensione sino a lire mille ottocento cinquanta, e con altri patti, de' quali nel contratto.

Ora avendo mancato i detti Matra di soddisfare l'annuo canone non solo per tre anni continui, ma per più d'anni nove, il Fiscale o sia il procurator della Repubblica ha data la sua petizione per la caducità di detti beni, alla forma del pattuito in detto contratto, innanzi il Tribunale camerale della Corsica, giudice di questa causa alla forma delle leggi secondo il convenuto nel contratto medesimo. Onde non sa la Repubblica comprendere alcuna ragione, con cui si pretenda rimuovere la cognizione di questa causa dal suo giudice naturale e stabilito per espressa convenzione; tanto più che è tale la moderazione ed indifferenza della Repubblica, che avendo i Matra alcun giusto motivo di ricusare i soggetti del tribunale, non avrà essa riparo di commettere la cognizione a giurisperiti e persino agli auditori forastieri della Ruota civile.

Al n° 13. — Qui si ripete la risposta data al numero 11.

Art. 7.

(Questo articolo non è di nessuna conseguenza).

Art. 8.

1. Che sarà in libertà d'ogni particolare dell'Isola, esclusi coloro che fossero accusati di delitto, l'imbarcarsi per la Terraferma col solo biglietto di sanità.
2. Che non si avrà bisogno d'alcuna permissione nè si sarà tenuto a pagare cosa alcuna per portare armi da fuoco o qualsivogliano altre armi, escluse le armi corte che si chiamano mazzagatti e i coltelli genovesi.

Risposta al n° 1. — Contradice questa domanda al buon ordine del governo e più ancora a se stessa. Riconoscendo per giustissima la precauzione d'impedire la fuga a'malfattori, vuole distruggere un'antichissima legge sempre osservata nell'Isola, con la di cui osservanza può unicamente conseguirsi il fine desiderato, comprendendosi facilmente che per vietare l'imbarco agli indiziati di delitti, fu d'uopo una legge universale, la quale riduca chi vuol partire alla necessità d'impetrar licenza, col qual mezzo possono solo discernersi i rei che fuggono dagli innocenti che partono ed impedirsi agli uni la fuga, nel mentre che si permette agli altri la partenza.

A. n° 2. — Dopo di aver manifestate in più guise le loro intenzioni tutte dirette all'indipendenza, propongono i mezzi di conservarla, che sono le armi alla mano. E si avanzano a voler farne un articolo con visibile offesa della sovrana autorità, a cui è riserbato l'armare e disarmare i suoi popoli.

Come però il capitolare questo uso indipendente dell'armi ripugna all'essenza del Principato, la tolleranza che di fatto li ritengano nell'indisposizione in cui durano verso il loro Principe, dopo due contumaci rivolte, è non meno opposta al grande oggetto e base fondamentale del trattato che si è degnata Sua Maestà di fare con la Repubblica per la stabile e durevole riduzione di quei popoli all'ubbidienza del loro Principe,

Art. 9.

Che si otterrà da Sua Santità un visitatore apostolico per visitare il più presto che fia possibile le diocesi del Regno, affin di levare gli abusi e rimediare agli inconvenienti, con autorità speciale del Papa di stabilir ancora nuove diocesi, essendovene di troppo estese con gran pregiudicio de'popoli, rispetto agli esercizij di religione e di pietà.

Risposta. — Ha in tutti i tempi la Repubblica promosso il culto della religione ed il buon ordine degli ecclesiastiaci, e nel particolare che si richiede l'ha manifestato al N. 8 delle graziose concessioni.

L'idea però che prentendono imprimere nella real Corte della troppo vasta estensione di quelle diocesi, svanisce a confronto del tenuissimo alimento che ne ricavano i vescovi colà stabiliti sin da'tempi antichissimi.

Art. 10.

Che tutti coloro i quali si troveranno nelle prigioni di Genova o della Corsica saranno riposti in libertà e ristabiliti sani e salvi nelle loro case ed impieghi con tutti gli effetti che si saranno presi loro; siccome che tutti quei che saranno stati condannati in galea per qualsivoglia cagione e motivo relativo alla prima o seconda sollevazione dell'anno 1729 sino al presente, specialmente Francesco Maria Gentili, signore di Brando, Sisco e Pietra Corbara, con piena restituzione del suo baule, del suo denaro, delle sue scritture ed altri effetti che vi erano racchiusi e che gli furono tolti lo stesso giorno che ei fu messo in prigione;

In oltre Carlo Francesco Alessandrini di Canari, il P. Malta de'Servi di Maria di Calenzana e tutti gli altri per le sopradette ragioni. Che della stessa liberazione godano parimente il capitan Colonna, Sig. de'feudi del di là da'monti, e il maggiore Salvatori di Balagna.

Risposta. — Circa la liberazione de'prigionieri e condannati, già è stato fatto presente con quanta circospezione debba procedersi per le perniciose conseguenze ne sono risultate. E circa gli espressamente specificati, l'inviato della Repubblica ha esposto in voce le ragioni per le quali in verun modo non può aderirsi, e ne darà ancora maggior distinzione quando bisogni.

Art. 11.

1. Per levar ogni occasione a nuovi dissapori ed inimicizie, che non sarà più parlato in alcun tempo d'alcuna indennizzazione nè dalla parte de'Corsi verso la Repubblica, nè da quella della Repubblica contro de'Corsi per cagione dei saccheggi fatti dall'una e dall'altra parte in qualsivoglia luogo e modo nella congiuntura delle turbolenze passate.

Che i particolari Genovesi, nè i Corsi rebelli della patria, i quali hanno servito e servono la Repubblica, non potranno pretendere alcuna restituzione nè riparazione de'torti da essi sofferti nelle loro case, mobili, bestiami, fabbriche, alberi fruttiferi o qualsivoglia altra cosa ; e che inoltre tutto ciò che si trovasse attualmente nelle mani di qualche Corso, quando anche fosse riconosciuto essere stato preso a Genovesi o a Corsi ribelli, resterà in suo possesso.

2. Che tutti gli atti di notari fatti durante la guerra avranno tutta la loro forza e virtù, e saranno sempre riguardati come legittimi e validi, senza essere soggetti in alcun tempo a cassazione per essere stati formati nelle congiunture di cui si tratta.

Risposta. — Al n° 1. L'equità ed incomparabile giustizia che venera il mondo nelle ammirabili azioni di Sua Maestà dispensa dal replicare ad una domanda sì odiosa qual si è privare i particolari de'loro beni ed azioni, e l'autorizzare i furti e rapine.

Al n° 2. — Se la presente richiesta non è che una semplice precauzione per la validità degli atti leciti e permessi dalle leggi, rogati in tempo della rivolta da notari creati con autorità legittima, è ammissibile. Ma qualora con ingannevole apparenza si aspiri ad autorizzare le usurpazioni e tutti gli atti illegittimi ed ingiusti, purchè siano rogati da notari, ella è una proposizione che non può ascoltarsi.

Art. 12.

Che sarà stabilito per sempre con intrattenimento ed a spese della Repubblica un personnaggio francese per risedere in Corsica, il quale non solamente ascolterà e provvederà alle pretensioni ulteriori, richieste e bisogni della Corsica, prima che sia data l'ultima mano all'accomodamento de' nostri affari, ma sarà incaricato d'invigilare per l'avvenire continuamente all'osservanza ed esecuzione di ciò che sarà stabilito.

Che parimente risederà nella Corte di Francia un soggetto Corso, il quale vi sarà inviato del numero de' 12 e de' 6, a spese del Regno, con incarico di portare, bisognando, le nostre querele a Sua Maestà Cristianissima.

Risposta. — È diametralmente opposta questa dimanda all'articolo separato del trattato che a Sua Maestà Cristianissima è piaciuto di contrattare con la Repubblica, e non meno incompatibile con la condizione de' sudditi della stessa Repubblica.

(Ici se terminent les documents du volume : *Corse, vol. I, de 1733 à 1738,* des archives du Ministère des Affaires Etrangères.

Manifesto

di Giacinto de Paoli e Don Luigi Giafferri, Capi e Comandanti del Regno di Corsica nella presente rivoluzione, intorno al negoziato avuto con i Francesi.

La Repubblica di Genova, venuta in costernazione dall'insufficienza di resistere alle forze dei sollevati, ancorchè poveri di stato e senza disciplina, solamente guidati dalla potente mano di Dio per la giustizia dei loro dritti, rivolse l'animo all'altrui assistenza; con le sue colorite menzogne, indusse il Ministro di Francia a persuadere al Re Cristianissimo l'impegno di ridurre i Corsi sotto la di lei dominazione, tentando di fargli omettere quel riguardo per cui pareva indispensabilmente tenuto di protezione verso il Regno di Corsica dacchè egli venne incorporato a quella corona da Enrico secondo di avventurosa ricordazione, e dacchè i Corsi in poi a quella nazione hanno sempre reso un tributo d'un genio più che singolare e d'un'affettuosa venerazione, a segno di sentir le di lei vittorie e progressi come un loro proprio vantaggio. Nè tantosto venne in campo la pubblicità di un tal ricorso, che si viddero comparire nella città della Bastia le truppe francesi sotto il comando e direzione del conte di Boissieux. Quindi noi, cui era data la reggenza del pubblico affare, consigliati dall'innata devozione ereditata da'nostri antichi progenitori verso l'augustissima casa dei re cristianissimi, ci femmo a prevenire quel comandante con una ufficiosissima lettera, la quale fu poi riscontrata da lui con espressioni di gradimento, e con l'offerta di mediazione e garanzia del suo sovrano, con che i popoli dovessero preliminarmente dichiarare la volontà di risoggettarsi a'loro legittimi sovrani.

Questo duro comandamento risuonò lo stesso che una

minaccia di morte, perchè i Corsi appresero egualmente il morire che il vivere sotto il fatal governo dei Genovesi, e ne seguì pertanto un universal combattimento d'animo. Pure cedendo alla saggia riflessione sopra lo stato miserabile delle nostre cose presenti e alla speranza ancora di ricever da quel monarca un compassionevole sguardo alle nostre calamità, si prese consiglio di spedire, come si fece, a quel rappresentante tre inviati colla richiesta frattanto di un armistizio e libertà di commercio, per ridurre gli animi esasperati ad una per allora necessaria reconciliazione. Ma venne allegata l'inconvenienza di questa dimanda sino alla chiara intenzione e rassegnamento dei popoli. Sicchè apprendemmo espediente il persuadere con tutto lo sforzo e sicurezza dell'animo alle pievi l'atto delle richieste procure, che fu poi rogato in tal tenore che i popoli di Corsica riponeano tutta la loro sorte nelle mani del Re Cristianissimo ; lasciavano alla disposizione del suo sovrano arbitrio le vite, le sostanze e l'onore, ma colla espressa repugnanza di risoggettarsi al fatal dominio della Repubblica, in quelle parole : « Contro la propria volontà, come andare alla morte. »

L'espressione di questo atto non fu presentanea nè volontaria ; ciò nonostante fu gradita ed accettata l'offerta, ed inviati tutti gli atti alla Corte con una lunga memoria a Sua Maestà Cristianissima dei nostri gravami e dritti e convenevoli richieste affine di respirar una volta un'aura di felicità.

Con tutto ciò non venne mai concesso il promesso armistizio, benchè seguita la richiesta dichiarazione ; anzi vieppiù da' Genovesi nemici si procedeva alle solite ostilità, quali per necessaria conseguenza doveansi esercitare vicendevolmente d'ambe le parti.

E qual uomo, anche di schietta semplicità, non farà questo pensamento sopra il fine dei Signori Genovesi di far insorgere dalla procedura di tali inconvenienti qualche rottura colle armi di Francia, e restaurare le perdite della Repubblica con la ruina del Regno, onde venisse adempito l'ardente desiderio della vendetta?

Pure in questa situazione di vicende, la nostra generosità non mancò d'ossequio ai Francesi con la permissione del pubblico traffico nelle nostre terre, ove si sono provveduti d'ogni sorte di viveri, e la venerazione al nome francese portò l'esigenza d'un sommo rispetto anche dei ladri o facinorosi.

Quando si aspettava con ansietà l'esito fortunato del trattato giusta il tenore di tante promesse, poichè anche per parte di noi avea ricevuta perfezione con tutte le preliminari condizioni, ecco l'inaspettata domanda degli ostaggi, che quasi sconcertò il sistema del negoziato; imperocchè i popoli si fecero apprensione che da questo antecedente ne avessero da seguire le conseguenze che già ne sono avvenute, e che ne avverrebbero di nuovo, se la mente non si fosse svegliata ad impedirne l'illazione.

Nulladimeno in una generale assemblea con le nostre persuasive si superò ogni ostacolo; e se ne fece l'elezione per mantener l'equità di noi stessi all'intrapreso affare con questo ultimo atto d'obbedienza, sull'aspettazione anche del promesso armistizio, passati che fossero in Tolone gli ostaggi, e su la sicurezza che questi in qual si voglia evento non caderebbero mai in potere della Repubblica, in conformità della lettera del regio Ministro, che conserviamo presso di noi. Ma che? in vece del promesso armistizio ne succede più rigoroso l'uso delle ostilità e restrizione di commercio anche per opera dei Francesi, che servivano di Ministri alla Repubblica per togliere la robba ai Corsi che surrettiziamente estraevano dalla città per mezzo del loro denaro.

Inseguito si niega la permissione di spedire alla Corte di Francia un inviato, ad effetto di fare presenti con la viva voce le nostre ragioni al Re Cristianissimo, ed intenderne più chiaramente la sua regia volontà; anzi i tre deputati in

Bastia si son veduti privi di libertà e ristretti con le sentinelle di vista, contro l'aspettazione della pubblica fede, e ragion delle genti. Orrida e scandalosa corrispondenza del fine a quel principio in cui furono accolti con tanta esquisitezza di cortesia ! Se non che può rendere scusabile la degenerazione del tratto l'idea di non lasciar traspirare a noi l'inganno con cui volevano illaquearci.

Che ammirazione dunque può recare ai consapevoli di queste vicende la mossa che fecero i popoli intorno allo sbarcamento del Baron Teodoro eletto Re? È certo che vedendosi delusi di quella speranza che aveano sì vivamente conceputo, ebbero giusto motivo di andare in traccia di quel sussidio che li era stato negato dalla crudele avarizia dei Genovesi : e con tutto che noi a consiglio dei nostri inviati ne tentammo la reprensione, ed il divertimento del moto popolare, nullameno il General francese, contro la giustizia di questo nostro sincero operare, ci considerò autori di quella mossa, e ci fè intendere che per lasciar in libertà i popoli di accettar la pace, era di mestieri l'imbarco di molti capi per Terraferma, e che a tale effetto gli avrebbe provveduti di bastimento e sicurezza per il libero trasporto. Inteso poi l'oracolo del marchese Mari (che così ne accade il credere), si cangiò di proposito, e soggiunse coi nostri rappresentanti che, essendo i suddetti capi disegnati incorsi nel delitto di lesa Maestà, perchè andati incontro al succennato sbarco, non vi era altro mezzo di salvarli che portarsi in Parigi a piedi del Re, a chieder perdono. Di che? di una, diremo così, colpa immaginaria ; nulla badando al dispendio e durezza del passaggio, non che all'innocenza del fatto. Che più ? Manifesta il nuovo regolamento ai nostri inviati, al di fuori chiuso e sigillato, con ordine inviolabile della Corte, diceva egli, di non aprirlo, se prima non si aveva la sicurezza che il baron Teodoro non si avesse d'intorno o dentro all'Isola, e se i popoli non lo accettavano alla cieca prima di comprendere quel che vi si contenesse o di buono o di malo per il Regno ; chi era escluso dal perdono dovesse, fatta l'accettazione, implorar la pietà di Sua Maestà Cristianissima. Povero Regno ! Riposto in tanta abbiezione e considerato sì vile e colpevole che si vuole percuotere ad occhi bendati con il *prophetiza, quis te percussit ?*

Ora si ascolti di grazia, ma senza riso, la mutazione degli ordini regj, o, direm piuttosto, della volontà del Conte di Boissieux, che l'ha fatta veramente da Re nell'Isola di Corsica, non sappiamo se per deludere noi o pur sè stesso, come più verisimile dall'esito delle sue operazioni.

Ecco fra pochi giorni pubblicato il regolamento con il perdono generale, senza l'adempimento delle succennate condizioni ; ed ecco svanita l'ombra reale con cui ha sempre coperto l'inganno nella sua condotta. Non può giovarli in discolpa la scusa di esser venuto altr'ordine dalla Corte per la pubblicazione, se si riflette alla brevità del tempo fra cui si manifestò e pubblicossi il suddetto regolamento, non essendovi trascorsi da un termine all'altro se non soli giorni sedici, ove vi abbisognava l'agilità di un Angelo per il riporto da Parigi a Corsica.

Ma seguitiamo a spiegar tutta la tela ben tessuta d'inganni. Si assegna il termine di soli giorni quindeci per l'accettazione, con che il silenzio dei popoli fra suddetto spazio si avesse per un espresso rifiuto. E perchè ? per occasionarne l'irresolutezza, la quale non potea meno di non succedere nella maggior parte, stante la situazione dell'Isola che rimira con lacrimevole sguardo la disseminata posizione delle pievi e villaggi, per la destruzione delle antiche città non mai riposte dalla noncuranza e poco amore dei Genovesi. Che però si accelerò da noi una gran consulta nel convento di Orezza ad oggetto di esplorare la volontà dei popoli radunati, intorno al beneplacito del regolamento.

Ma quando si stava sul punto della conclusione, ecco la

nuova dell'avanzamento di truppe nei villaggi del Borgo e Lucciana, per dar principio al disarmamento per cui avea il Commissario Mari assegnato soli giorni quindeci per il riporto dell'armi da fuoco nelle rispettive piazze del Regno, avvisandosi che venutogli a seconda il disegno nei primi paesi, ne sarebbe accaduto in seguito l'adempimento in tutti gli altri, per il timore delle minaccie, nell'eseguire sì strepitosamente. Ma l'alta provvidenza di Dio, così ci giova il piamente crederlo, ve ne frappose l'ostacolo a riparo della nostra inevitabile sciagura, perchè disarmati e senza perdono, spirato il termine, saressimo restati vittime della rabbia genovese. Risvegliò l'ardire nella gioventù congregata, che si avanzò sotto la condotta dei nostri tenenti generali alla fronte delle truppe postate nei suddetti villaggi.

Eppure l'ardire e frenesia del moto contro l'immatura ed impertinente mossa nemica non tolsero ai nostri il riguardo di passare all'arrivo le debite convenienze, poichè fecero intendere al Comandante di quel battaglione che, s'egli era Francese, ne dimostrasse la divisa, che l'avrebbero riverentemente inchinata, ed indi permesso libero e sicuro il recesso in Bastia, perchè non intendevano impugnar l'armi contro le insegne di quel monarca, a cui professavano tutto il rispetto ed amore. Ma non vedendo comparire alcun segno, lo credettero genovese o mercenario, e così si appiccò la zuffa; ed ancorchè venuta in soccorso tutta l'armata della città, vennero tutti fugati e costretti al ritorno in presidio con l'abbandono e rilascio di quelle armi che avevano tolte ai due villaggi, nonostante la promessa fattali di non disarmarli se non cinque giorni dopo l'universale disarmamento del Regno, per aver l'entrata senza contrasto in quei paesi. Or chi sarà di sì corta intelligenza o di volontà sì proterva, se non è qualche appassionato Genovese, che voglia tacciar d'inconveniente un tal fatto, come che seguito per mera necessità, non per elezione?

Chi mai, udita la storia di queste varie e fraudolenti operazioni, potrà trattenersi sulle labbra lo sfogo delle seguenti giuste esagerazioni : Le promesse del Conte di Boissieux nelle sue lettere, che il Regno avrebbe provata una tranquillità e felicità incognita, hanno avuto al di fuori il sembiante vivo ed indorato, come i pomi di Sodoma, ma al di dentro cenere morta. Ed in vero l'eleganza del suo primo volto, così affabile e cortese, ce lo diede a credere un nuovo Mosè spedito dal suo sovrano per tirarci, diremo così, dalla schiavitù di Faraone, al godimento della felice terra di promissione. Ma dopo di essere stati confortati per sì lungo tempo con la manna della speranza in questo deserto di tribolazioni, ci vedemmo, al ritorno, alle cipolle d'Egitto.

Potrebbe rendere alquanto incolpevole la qualità di questa sua condotta la troppo facilità nell'aver creduto ai consigli dei Genovesi e dei loro partitanti, se non fosse stato preventivamente instruito da noi di buoni avvertimenti. Ma lasciamo lui e veniamo al regolamento (1), ove si svilupperà maggiormente il gruppo degl'inganni, con la sua spiegazione ed appuntatura. Egli è lo stesso in sostanza che quello del trenta tre, fatto in tempo degl'imperiali ; vi vuol poco a ravvisarlo tale sotto il trasparente velo d'altri speciosi termini : anzi per correggerci nel detto, in alcuni capitoli è più ingannevole e mancante di quello.

L'assegnazione del nostro asserto demerito, e le finali riprove della decantata generosità e clemenza della Repubblica, vengono smentite dalla parsimonia delle sue concessioni ed ingannevoli promesse, che hanno causato sovente l'inquietudine del Regno.

Nel primo capitolo, che non si trascrive siccome gli altri, per provvedere alla brevità e perchè dalla loro appuntatura se ne può comprendere il tenore, il perdono che si concede

---

(1) Ce règlement a été rapporté plus haut, p. 272 et suiv.

dalla Repubblica, non è sì generale e di tanta chiarezza che non si debba appuntare, anzi mostrarne quell'incerto modo e oscurità che ne cuopre l'inganno. Non comprende, in quanto alla generalità, il maggior Gentile, il Colonna e l'Alessandrini, fatti prigionieri prima del trenta tre. ed alcun altro non rimesso in grazia nell'antecedente rivolta, come, a cagione d'esempio, Marc'Aurelio Raffaelli, che dovevano essere stati tutti inclusi per lo stabilimento della total quiete.

Rispetto poi alla chiarezza, non si estende più del mese d'Ottobre, in specie per gl'inquiriti e condannati, come si dice, e così essendosi differita la pubblicazione sino alla metà circa del seguente mese di Novembre, può dirsi ragionevolmente svanito il privilegio d'una tale remissione per i suddetti inquiriti ed altri, che segretamente si sa essere stati processati dopo suddetto termine, e tali ponno essere tutti i sollevati che non hanno in così stretta brevità di spazio accettato il regolamento. E quindi dal procedere al disarmamento, finito il termine assegnato, si comprende chiaramente che si voleva fare uno strascino dei Corsi, come un branco di pecore, al macello, e dar l'ultimo colpo alla vittima.

Nel secondo capitolo ove si condonano tutte le grandiose spese, taglie inesatte, sussidj ed impresliti, la condonazione non è figlia di quella liberalità che si decanta. Potrebbesi dire un dettame di coscienza per la restituzione di quel che la Repubblica ha malamente tolto al Regno, e per l'impulso che diede al moto popolare, allorchè intese, per mezzo dei suoi ministri, far prigionieri i principali capi dell'Isola senza motivo di veruna colpa in questa seconda sollevazione, se un più vero riflesso non ci desse a vedere che pare si condoni apertamente, ma vieppiù ha presa cauzion del credito coll'esorbitante accrescimento della taglia, sicchè ci vien lecito il dire che la Repubblica con una mano assolve e con l'altra turbescamente si paga. Ma il ripentimento è sì pungente e sensibile, che non può a meno di non sentirlo chi che sia, anche di senso ottuso e non delicato.

Il terzo capitolo merita anch'egli di essere appuntato, con tutto che appaia onorifico. La scelta delle famiglie per l'ascrizione alla nobiltà si farà senza dubbio a beneplacito del Senato, e conseguentemente verranno prescelti quei che avran tenuto il partito genovese, o segreto per timore, o palese per proprio interesse, con l'esclusione di tutte le famiglie dei sollevati, se si vuol far ragione ai termini con i quali viene espressa la suddetta concessione.

E qui cade in acconcio la doglianza di non aver provveduto alla giusta richiesta delle cariche ed ufficiature subalterne dell'Isola. Doveasi determinare un numero d'uficj da conferirsi precisamente ai Corsi, secondo il generoso costume di chi presentemente governa l'altre isole e regni. Nè può rilevare il suffragio, il privilegio che avranno a godere i nobili eletti, come gli altri nobili delle città subalterne di Terraferma, come si dice nel suddetto capitolo; poichè gli ufficiali di giudicatura nel Regno sono stati sempre e saranno sempre per l'ordinario della città di Genova. Nel resto i nazionali Corsi in concorso coi Genovesi, che prelazione avranno ? che intento sortiranno ? pensate voi.

Lo stesso può dirsi del quarto capitolo de'Vescovati di che si promette favorirne la promozione presso la Santa Sede, imperciocchè tutti fiori di promesse e speranza che non portano a suo tempo verun frutto. Questa disperazione ce la insinua l'esperienza passata, per l'ostacolo che vi hanno sempre frapposto i Genovesi, e vieppiù l'odio loro cresciuto di presente a dismisura.

· Nel resto non si niega che lo stabilimento delle leggi criminali, comprese anche le primiere degli statuti, non sia santo e conforme all'esigenza dell'Isola; ma se ne biasima l'esecuzione, che è stata sempre diabolica. Le corruttele dell'amministrazione della giustizia, gl'indulti, le grazie di sovente concesse, ed il ricetto nella dominante dei banditi, ne hanno impedito l'intiero e dovuto esercizio, e data causa a'maligni di frequentare gli omicidj, sulla sola speranza della solita rimessione; e così sarà difficile sradicarne l'abito in avvenire, e ne'ministri e nella Repubblica, perchè, secondo il proverbio napoletano, chi ha imparato a nuotar bene una volta, non si scorda mai ; e si aggiunge che ove non si toglie la facoltà al governatore *pro tempore* di condannare *ex informata conscientia*, gli si permette di arrestare e catturare i sospetti ; e qui siamo ai guai : e chi non comparirà sospetto nel numero dei sollevati, per la diffidenza che avranno o fingeranno di avere sempre di noi, la cui immagine sarà fomentata e mantenuta viva nella fantasia del perpetuo sdegno dei Corsi ?

Il decimo capitolo, ove si confermano i capitoli terzo e sesto del primo regolamento del mille sette cento trenta tre, dirò che ha tutta la macchina dei nostri privilegi ; e nel terzo vi si nota la taglia nel numero di otto mila quattro cento cinquanta nove doppie e soldi, che ripartite a fuoco, fanno il peso di lire dodeci, poco meno, a famiglia, data l'esenzione, giusta il solito, alle città, presidj, provincia di Capo Corso, ed altre persone particolari privilegiate. Ora si rivolti lo sguardo all'antico tributo di soldi venti, per non parlare degli accrescimenti temporanei, stabilito nel nostro statuto, privilegio garantito dalla Francia nelle guerre di Sampiero, e si vedrà l'empietà, per parlare con la frase di San Tommaso, dell'accrescimento. E qui i Signori Genovesi pare che abbiano preso dimenticanza di quella professione d'aritmetica che è tutta loro propria, mentre par non abbiano saputo moltiplicar le doppie in lire, che sarebbe stato il conto più dettagliato e sincero, e così non avrebbono lasciato a noi luogo di sospettare ch'essendo queste doppie vaghe per la diversità delle marche, potranno nel ripartimento appigliarsi a quella che gli apparirà di maggior profitto, e servirsi ancora dell'accrescimento che talora ne accade.

Nel sesto parimente confirmato, vi si toglie il più rimarchevole privilegio che abbia il Regno, che è la constituzione antica dei Dodeci, perchè senza l'assenso di questi la Repubblica non ha mai potuto innovare cosa alcuna sopra i popoli di Corsica. Ne induce l'abolizione il Senato di Genova artificiosamente, sotto la coperta di un riguardo che apparisce clemente e grazioso, dacchè si protestò di non gravarci il Regno nemmeno in estremo bisogno senza l'intervento del maggiore e minore consiglio, siccome suol praticare coi suoi cittadini di Genova. Ora chi non può vedere che questa finta clemenza e grazia ci feriscono crudelmente nella più delicata pupilla, con toglierci graziosamente la più preziosa prerogativa?

Nel duodecimo si comanda il disarmamento dell'Isola, ch'è lo stesso che desolarla. Le armi da fuoco non si toglieranno mai tutte, e però ne seguiranno dell'accuse dell'uno contro l'altro, poichè l'odio per le successe inimicizie vorrà far le sue parti, e la venalità dei Ministri le rimetterà di nuovo nelle mani de'discoli, come per l'addietro, e quindi i Genovesi ne prenderanno la desiderata occasione di castigare con incendj, prigionie e morte, ed altri strapazzi anche innocentemente, che saranno i semi onde ripullulerà un'altra nuova rivolta. Inoltre si approfitteranno della comodità di mantenerci a suo talento conforme il passato, allorchè ci vedranno inermi da non potere usare la necessaria difesa. Dio buono! pare che si voglia con questo mezzo tener sempre viva l'occasione di nuova guerra. Noi così parliamo con tutta purità, instrutti dai passati eventi; trasandiamo l'interesse grandioso che ne risulterebbe della somma di presso un milione di lire, che tuttavia si soffrirebbe, quando vi si scorgesse il vantaggio della comune quiete.

Nel decimo quinto si legge meramente futura la garanzia; e quel che fa stupire è la limitazione che li si dà dalla superbia della Repubblica, quando vi avesse ad intervenire, in quelle parole: « Si compiacerà Sua Maestà Cristianissima di

» concerto con Sua Maestà Cesarea e Cattolica garantire il
» presente nostro editto in tutto quello che nulla può pre-
» giudicare il libero ed indipendente esercizio della sovranità
» della nostra Repubblica nell'isola di Corsica, e la dipen-
» denza che da noi unicamente devono avere e riconoscere i
» popoli della detta isola. » Sicchè dovrà conchiudersi superflua e di niuna sicurezza per noi suddetta garanzia, quando vi rimanga assoluto ed indipendente il dominio della Repubblica, per far le sue vendette, sì nelle vite che nelle sostanze con nuovi aggravj.

Queste sono le concessioni, o per dir meglio sottrazioni dei nostri antichi privilegj, deliberate piuttosto a dettame di una Repubblica sdegnata che d'una mediazione componitrice. Chi mai dei Corsi, se ha fior di senno in capo e generosità di spirito nel cuore, non chiamerassi altamente offeso dall'ingiuriosa qualità di un tal regolamento alla sua patria, che già si vergogna di mettere a paragone con le altre nazioni sollevate, le quali se non hanno fatto avanzamento nella sollevazione, non hanno perduto la prima sorte; laddove la Corsica, invece di migliorare le stato, si vede anzi deteriorata quella prima condizione con cui vivea, onde presentemente può rassomigliare al camello, che chiedendo le corna a Giove vi perdè l'orecchie?

Ora chi non ravviserà la deformità della fraude contro la rettissima mente di Sua Maestà Cristianissima, e in sommo pregiudizio di questo Regno? Ben si comprende che la macchina di questo grand'affare ha ricevuto per intelligenza motrice la sola volontà del Principe genovese, senza il comando del supremo motore che è il Re Cristianissimo. Nella sfera di quest'opera i Signori Genovesi sono andati e vanno deludendo la giustizia della nostra causa, con false rappresentanze alle Corti d'Europa, che l'Isola di Corsica non è intieramente unita nella rivoluzione, e ci diamo a credere che quest'asserta disunione la vadano insinuando nelle menti dei principi con falsi attestati e procure estorte con l'incussione del timore in alcuni paesi vicini ai presidj, e che soffriamo assai minore gravezza degli altri popoli, tacendo la povertà a che essi l'han ridotta colle ingiuste estorsioni e gravami, e coll'obblio delle antiche convenzioni ; e studiando però di farli conspirare tutti contro di noi, benchè nel numero de'veri oppressi, dei quali ogni principe deve intenderne il sollievo per giusto comandamento di Dio. Ed è certo che l'avremmo a sperar per sicuro, se accadesse alle potenze di gettare lo sguardo sopra questi poveri popoli, e mirarne ocularmente il moto e scontentezza universale del governo genovese, e la miseria e fatal condizione di vivere sotto il dominio d'una Repubblica che non ha forze sufficienti a frenare un regno, reso libertino per la mala educazione di chi l'ha retto per l'avanti senza il necessario freno della giustizia ; nè similmente ha modo nè amore, ch'è quel che più rilieva, da fargli provare gli effetti di quella beneficenza che provano tutti gli altri regni da'loro giusti ed amanti reggitori.

Se mai questo scritto incontrasse la buona sorte di penetrare nei gabinetti dell'Europa, e specialmente in quello del Re Cristianissimo, in cui sta tuttavia riposta la nostra umile e rispettosa confidenza, non resterebbe luogo a dubitare d'un giusto compatimento e protezione. Ma se poi per nostra disgrazia ne trovasse chiusa l'entrata, e non venissero udite le nostre giuste querele, allora resterà in noi la sola speranza nella protezione del Dio degli eserciti, che almeno c'infonderà questo vigore e maschia risoluzione di morir piuttosto gloriosamente in guerra, che sopravvivere con ignominia, spettatori oziosi di quei gran mali che si avranno a trasfondere nei nostri posteri, giusta quel generoso ed onorato sentimento dei Maccabei lib. 1e Cap. 3e v° 59 : *Melius est mori in bello quam videre mala gentis nostræ.*

(M. A. E. — Corse, Vol. II).

Précis de l'extrait du journal de voyage du nommé Riesenberg (Allemand de nation).

L'auteur du journal s'engage au service de Théodore et part d'Amsterdam au mois de mars en 1738.

Le vaisseau où il s'était embarqué s'appelait *Marie et Jacobé*, le capitaine du vaisseau *Cornélie Rose*. Le capitaine du navire était un marchand. Le vaisseau avait 12 pièces de canon.

L'auteur du journal ayant demandé au capitaine à combien se montait la cargaison du vaisseau, a obtenu pour réponse que, quand la charge du vaisseau est entière, elle se montait à 13,200 livres, poids de navire. Il y avait 10 personnes qui s'y étaient embarquées.

Le 28 mai, un vaisseau nommé *Agathe*, portant pavillon hollandais joint celui de l'auteur du journal. Dans ce vaisseau il y avait plusieurs officiers de Théodore.

Le 29, le capitaine Cornélie Rose montre à l'auteur du journal le vaisseau de guerre et de conserve, appelé *Brederode*. Ce vaisseau, qui avait 65 canons et contenait 300 hommes, était commandé par le capitaine Alexandre Frenzel.

Le 1er juin, tous les trois vaisseaux lèvent l'ancre au Texel et partent.

Le 14 août, ils entrent au port de Cagliari.

Le 16, le navire *Kothenau*, dit l'*Africain*, les joint.

Le 19, le vaisseau *Agathe* et celui où était l'auteur du journal mettent à voile. Le vaisseau *Brederode* et *Kothenau* ou l'*Africain*, restent pour ne pas faire semblant d'être du convoi.

Le 21, le *Brederode* les rejoint.

Le 25, il les quitte et s'en retourne en Hollande sous prétexte que les ordres qu'il avait de la République de Hollande ne lui permettaient pas d'aller plus loin. Théodore, qui était dans ce vaisseau, le quitte et se transporte sur le navire *Kothenau*.

Le 29 août, on transporte du vaisseau l'*Africain* dans celui où était l'auteur du journal, 300 tonneaux de poudre. Ce vaisseau fait voile pour aller en Corse.

Le 14 septembre, deux barques siciliennes viennent le joindre au port de Rose.

Le 17, quelques autres barques siciliennes en font autant.

Le 18, à huit heures du matin, tous les officiers qui se trouvaient dans les vaisseaux et dans les barques descendirent en Corse. Théodore s'y rendit pareillement à 3 heures après-midi.

Sur le soir, après avoir fait distribuer aux paysans de Corse plus de deux mille fusils, il s'en retourna au vaisseau l'*Africain*.

Le 19, le général Ornano de Lucque (Luca Ornano), accompagné de deux prêtres et de quantité de Corses, vint au camp.

Théodore y revint l'après-dînée. Il reçut les respects du général et des prêtres et s'entretint avec eux des affaires secrètes.

Le soir, on distribua encore quantité de fusils, et Théodore avec le général et les prêtres retournèrent au vaissseau l'*Africain*.

Sur la brune, deux ou trois mille Corses vinrent former une espèce de camp.

Le 20, le nombre des Corses augmenta de plus en plus. On leur distribua encore jusqu'à concurrence de deux mille fusils et pistolets.

Le 22, plusieurs officiers et paysans se transportent sur 4 barques siciliennes et s'imaginent qu'on les destine pour Portovecchio.

Le 23, les vaisseaux l'*Africain*, *Jacobé*, *Agathe* et les 4 barques siciliennes mettent à la voile.

Le 26, les barques étant près d'Ajazzo et les vaisseaux les ayant quittées, il parut 6 galères génoises. Ceux qui étaient dans les barques ayant voulu se retirer à terre, les matelots les rassurent et les engagent de rester disant qu'on n'oserait leur faire aucun mal, parce qu'ils ont le pavillon espagnol.

(La première partie du journal s'arrête ici ; la deuxième reprend au 24 février et raconte encore une fois ce qui a déjà été dit avec quelques détails complémentaires, mais qui n'intéressent pas la Corse. A partir du 14 septembre, le journal continue ainsi) :

Le 14 septembre, plusieurs Corses attachés à Théodore se présentent au rivage avec des drapeaux blancs. Ils demandent à être transportés sur le vaisseau du Roi. Théodore leur envoie une chaloupe. Ils font plusieurs décharges de coups de fusil, et témoignent une joie extraordinaire à son arrivée. Ils crient : *Vive le Roi!* Ils sont admis à son audience. Le Roi les congédie et leur fait à chacun le présent d'un fusil et d'une cocarde verte.

Vers le soir, deux barques siciliennes viennent joindre le vaisseau et le saluent avec plusieurs coups de canon.

Circonstance particulière qui doit s'être passée au vaisseau nommé l'*Africain*. Le jour précédent, ce vaisseau étant entré au port de Rose pour y jeter l'ancre, un oiseau venant des terres de Corse vole contre le mât et tombe mort aux pieds de Théodore. Dans le même instant, le vaisseau heurte contre un écueil caché sous mer et manque d'y périr. Le Roi relève l'oiseau ; il s'aperçoit qu'il a un plumage de toutes sortes de couleurs vives. Il le montre à ses officiers et le reprend dans ses mains. Quelques heures après, l'oiseau commence à respirer ; le Roi l'expose à l'air. L'oiseau prend son essor et s'envole sur le territoire de Corse dont il était venu. Plusieurs personnes en tirent un mauvais augure. L'auteur du journal s'en moque avec raison.

Le 17, quelques barques siciliennes viennent encore joindre le vaisseau. Le même jour, l'auteur et les coembarqués reçoivent ordre de mettre demain pied à terre en Corse.

Le 18, tous les officiers dans les vaisseaux et dans les barques descendent en Corse à huit heures du matin. Le Roi s'y rend à trois heures après-midi. Sa descente se fait au bruit des canons et des acclamations des Corses qui le saluent par une décharge de mousqueterie.

Après que plusieurs personnes de distinction l'ont complimenté sur son arrivée et se sont entretenues avec lui sur des affaires secrètes, le nommé Wickmannshausen (1) est exécuté à mort par trois Corses que le Roi fait détacher pour le passer par les armes. Théodore s'adresse aux Corses après l'exécution et leur dit : « Vous voyez comme je punis mes propres officiers ; que ne ferais-je à votre égard, si vous vous avisiez de me manquer de fidélité ? »

Le 19 et le 20 septembre, comme plus haut aux mêmes jours.

Le 21, le matin, il se fait un détachement de Corses pour aller devant Porto Vecchio.

On reçoit l'avis qu'ils ont coupé à la ville la communication des eaux et qu'ils ont attaqué et mis en fuite un parti ennemi.

Le 22, comme plus haut au même jour.

Le 23, les vaisseaux l'*Africain, Jacobé, Agathe*, et les 4 barques mettent à voile, mais comme ils passent Porto Vecchio, l'auteur et ses compagnons ne savent que penser de la course, d'autant plus que par un vent le plus favorable, ils se trouvent aussitôt en Sardaigne.

---

(1) C'était un capitaine que Théodore avait fait arrêter sur l'*Africain*, le 27 août. On lui reprochait de se qualifier de baron, tandis qu'il n'avait été en Westphalie qu'un simple cafetier. On le soupçonnait d'avoir voulu brûler le vaisseau. Des lettres d'Amsterdam assuraient qu'il avait eu dessein de tuer Théodore dans cette ville, mais que n'ayant pas trouvé le moyen de mettre son projet à exécution, il voulait l'effectuer sur le vaisseau.

Ils y veulent jeter l'ancre, mais voyant que les autres vaisseaux s'en retournaient et faisaient toujours voile entre la Sardaigne et la Corse, ils les suivent et les rejoignent bientôt. Une couple d'heures après, ils passent près le port de Bonifacio.

La barque où est l'auteur du journal s'appelle *Jésus, Marie, Joseph, l'anime del purgatorio*. Le patron se nomme Io : Rocco Malato.

Le 24, étant proches du vaisseau l'*Africain*, les pilotes reçoivent ordre de s'y transporter. A leur retour, celui de la barque où était l'auteur amène 2 tailleurs et la femme de l'un, avec un chasseur et la blanchisseuse de Théodore. Il leur donne des vivres pour quelques jours et leur fait part que dans peu on les exposera dans un village où le Roi viendra les rejoindre.

Les vaisseaux l'*Africain, Jacobé et Agathe* se mettent en mer. Les paysans qui étaient sur la barque sont exposés à terre. Un capitaine des Corses et un enseigne restent dans la barque.

Le soir on jette l'ancre près d'Aiazzo. Le lieutenant Runsweig remet au colonel Neuhoff une lettre écrite par le secrétaire Bessel qui porte : que le roi Théodore ordonne qu'on descende le lendemain pour joindre le général Luca ; qu'au surplus le Roi se rapportait aux ordres que lui, colonel, avait déjà reçus touchant la manière avec laquelle on se doit comporter. Le colonel se fâcha de cette lettre. Il répond n'avoir reçu aucun ordre, et qu'il ne voyait pas ce qu'on pouvait faire sans argent et sans vivres. L'auteur du journal et les personnes qui sont avec lui, font là-dessus diverses réflexions.

Le 25, les vivres commencent à manquer sur sa barque. Les officiers dans les autres barques sont dans le même cas et viennent à tout moment au bord pour y mendier du pain.

Le 26, il se répand un bruit que Théodore et ses vaisseaux

avaient fait voile vers Livourne. Vers le soir paraissent six barques génoises qui causent des inquiétudes aux barques de Théodore. Le colonel Neuhoff ordonne de gagner la terre pour se dérober aux Génois pendant la nuit. Le capitaine corse et les matelots sont d'avis qu'on doit rester dans les barques, attendu le pavillon espagnol contre lequel les Génois n'oseraient exercer des hostilités. L'ordre du colonel l'emporte sur la sagesse du conseil. On met incontinent pied à terre.

L'auteur du journal s'en moque en disant : Tout le corps de l'armée de Théodore consistait en 18 officiers en pied, 7 subalternes, 3 trompettes, 3 tailleurs et un lapidaire. C'est avec cette force redoutable que nous devions chasser du pays les Génois et résister à la multitude de ceux qui venaient d'arriver dans les six barques.

Peu de temps après, le capitaine corse persistant toujours dans un sentiment contraire à celui du colonel, on tient conseil avec les officiers ; on retourne aux barques que l'on avait quittées, on y demeure à l'abri de toute hostilité.

Le 28, les barques font voile et vont en pleine mer. A peine y sont-elles arrivées qu'on aperçoit trois vaisseaux que l'on croit être ceux de Théodore. Le vent contraire cependant ne permet pas de les approcher, et l'on est forcé de s'en retourner aux côtes les plus proches de Corse.

Le 29 septembre, on remet encore à la voile pour chercher les 3 vaisseaux, mais cela se fait sans succès. Il survient l'orage le plus terrible ; tout est en danger de périr.

Le 30, pluie affreuse. Les matelots des barques déclarent qu'ils ne se seraient jamais exposés à tant de risques, si le roi Théodore ne leur avait promis que les barques les suivraient, et comme depuis si longtemps on ignorait ce qu'il était devenu, ils ne savaient plus qu'en penser ; qu'ils étaient résolus de mettre à terre les personnes qui sont dans les barques, sauf à elles de se pourvoir ainsi qu'elles aviseraient. Le même jour, les matelots laissent les embarqués sans nourriture. Enfin sur des prières souvent réitérées de leur part, ils leur promettent encore de quoi manger jusqu'à ce qu'on ait pu joindre Théodore.

Le 1er octobre, plusieurs Corses viennent à bord et achètent du fer et du sel qu'il y avait dans les barques.

Le 3, après avoir fait voile, on jette l'ancre sur le soir devant Sagone.

Le 5, rencontre de 5 galères génoises. Les matelots conseillent à ceux qui sont dans les barques de mettre pied à terre et de se retirer dans les montagnes. On suit leur conseil. L'auteur met son uniforme, prend son fusil, laisse le surplus de ses hardes et gagne la terre avec ses compagnons. Après une marche d'environ 5 milles d'Italie, le capitaine corse et l'enseigne proposent le village de Vico pour s'y mettre en sûreté.

Dans le chemin qui mène à ce village, les paysans sont sous les armes ; ils examinent les nouveaux venus. Après leur déclaration, ils les laissent passer, et les mènent à la porte d'un ecclésiastique pour les loger. L'ecclésiastique s'oppose à cela. On lui montre les brevets signés de la main de Théodore. Il les méprise, parce qu'il est du parti génois.

Les paysans, voyant le manque de respect pour Théodore, veulent forcer la porte de l'ecclésiastique. Les nouveaux venus les en dissuadent et sont logés dans l'église des Franciscains où ils se couchent devant les autels.

Le 6, quantité des paysans de Vico viennent au couvent des Franciscains ; chacun d'eux a un fusil, un pistolet et un grand coutelas à l'entour du corps. Ils demandent aux nouveaux débarqués quand le roi viendrait, et s'il apportait des armes pour eux, leurs femmes et leurs enfants. Des jeunes moines y ajoutent qu'aussitôt que le Roi arriverait, ils se mettraient aussi en campagne contre les Génois.

Le 7, il faut quitter ce couvent par ordre du prieur et sous prétexte qu'au défaut de l'arrivée du Roi, les Génois ne manqueraient pas de faire connaître du ressentiment. L'auteur du journal et ses camarades concluent de là qu'on doutait de l'arrivée du Roi, et qu'en secret le couvent était attaché aux intérêts des Génois.

Le 10, arrive un *Frater* du couvent en question qui donne avis que le chanoine Ilario de Quango, proche parent du général Ornano, était venu au couvent avec quantité de paysans pour chercher ceux qui y avaient logé et les mener en son quartier. Le colonel Neuhoff, à ce sujet, lui fait faire des compliments par un officier. Cet officier de retour avertit que le chanoine viendrait lui-même dans la matinée.

Le 11 octobre, Ilario arrive en effet avec beaucoup de paysans, et après qu'il eut promis des vivres et tout le nécessaire, on songe à faire la marche qu'il propose. Quelques-uns font difficulté de le suivre par principe de méfiance ; on part pourtant et on arrive au village de Murcia. Les officiers, à leur arrivée, y sont logés chez différents paysans qui sur le soir leur portent beaucoup de petits pains et des écuelles remplies d'huile pour les y tremper. Ce mets, selon l'opinion des Corses, est le plus excellent. Ils ne font aucun cas des vaches, moutons, porcs et chèvres, qu'ils laissent courir dans les montagnes et dont ils ne se servent guère pour la nourriture.

L'ecclésiastique de Murcia vient après souper voir l'auteur et les officiers qui sont avec lui. Il leur déclare qu'ils auraient mieux fait de rester à Vico, qui est plus proche de la mer, que de s'avancer vers le quartier du chanoine où était l'amas des fripons et des filous ; qu'il ne fallait pas se fier à ses promesses ; qu'au lieu de vivres, il leur fournirait tout au plus des châtaignes et de l'eau ; qu'en un mot, il se passerait à peine une couple de jours qu'ils connaîtraient la qualité des intentions du chanoine. L'auteur et ses camarades sont ébranlés par cette confidence ; ils balancent s'ils se rendraient au quartier du chanoine. L'ecclésiastique les régale et leur fait mille politesses. Ils couchent la nuit chez lui.

Le 12, on marche néanmoins avec le chanoine à Quango. Pour y arriver, on trouve les montagnes les plus affreuses. On se loge dans la maison du chanoine, qui présente aux nouveaux arrivés un petit pain avec un morceau de fromage. Après l'avoir mangé, on les fait loger chez les paysans, où ils sont obligés de vivre misérablement.

Le 13, 14, 15 et 16, l'auteur ne reçoit pas un morceau de pain. Il est contraint à se nourrir de châtaignes et d'eau. Sa santé pâtit de cette nourriture. Pour y remédier, il vend son fusil à Aurélius Legat (Lega?), comte de Corse, qui demeure au même endroit, et qui l'achète pour 6 écus. Les camarades de l'auteur suivent son exemple.

Le 22, l'auteur et le capitaine Vater se logent chez ce comte. Voyant que Théodore ne venait point, ils forment tous deux le projet de s'en retourner à Vico le plus tôt qu'ils pourraient, et d'écrire au consul français d'Ajazzo pour avoir un sauf-conduit et se mettre sous sa protection.

Le 1er novembre, le colonel Neuhoff emploie toutes sortes de menaces pour engager l'auteur, Vater et Boller à joindre Ornano. Le comte, duquel ils implorent la protection, les garantit des voies de fait dont le colonel veut user contre eux. Après le départ du colonel et de sa troupe, de laquelle le caporal Würtz se détache pour joindre l'auteur, ils s'en retournent à Vico. Le comte et son fils les y conduisent et s'exposent à perdre la vie pour eux.

Le 2 novembre, l'auteur et ses camarades étant arrivés à Vico, les deux comtes prennent congé d'eux. A peine étaient-ils partis que les paysans se moquent des nouveaux venus, et qu'ils leur refusent tout secours. Un ecclésiastique à la fin en a pitié et les loge.

Le 4, ils reçoivent avis que les deux comtes, leurs anges gardiens, sont heureusement de retour à Quango et que pour se venger du chanoine Ilario, ils lui avaient tué deux ânes devant sa porte.

A cette occasion, l'auteur du journal fait le portrait de la nation Corse, disant qu'elle est barbare, vindicative, vaillante, et d'un tempérament fort et robuste ; qu'elle monte avec une vitesse prodigieuse jusqu'aux sommets des montagnes les plus élevées, que la nourriture des personnes de distinction, aussi bien que celle du peuple, consiste en châtaignes et en eau ; que leur passion dominante se réduit aux armes, aux pierres à fusil, à la poudre et au plomb, et qu'ils donneraient jusqu'à leurs femmes pour en avoir ; que la nation était partagée dans des familles et qu'il n'y avait aucune justice, si ce n'est celle qu'elles se rendent elles-mêmes par des voies de fait.

Le 5, le général Boissieux, qui commande 5 bataillons français dans l'île de Corse, y publie un ordre, à ce que les paysans aient à lui remettre les armes que Théodore leur avaient données, sinon et faute de ce faire, qu'on mettrait tout à feu et à sang. Par cette même ordonnance il est enjoint aux paysans de faire la recherche des officiers du rebelle Théodore et de les livrer au fort le plus proche.

La publication de cette ordonnance met l'auteur du journal et ses camarades dans la crainte. L'ecclésiastique qui devait la publier aussi dans l'endroit où ils étaient, voyant leur crainte, promet de retarder la publication jusqu'à ce qu'ils eussent reçu la réponse du consul français d'Ajazzo.

Le 7, le même ecclésiastique leur remet la réponse qu'ils attendaient. C'était une lettre de la part du consul, par laquelle il marquait avoir communiqué leur dessein au commandant d'Ajazzo, qui d'abord n'avait pas voulu s'y prêter, mais lequel cependant s'était rendu à ses remontrances et donné parole qu'ils pouvaient venir en toute sûreté ; que M. de Sabran, chevalier de Malte et commandant du vaisseau *La Flore*, qui est au port d'Ajazzo, lui avait pareillement donné sa parole qu'il ne leur arriverait aucun mal, et qu'ils eussent à venir plus tôt que plus tard, parce que son vaisseau mettrait à la voile dans quatre jours.

Le 11, l'auteur et ses camarades n'ayant pas encore pu partir de Vico, l'ecclésiastique leur remet une nouvelle lettre du consul d'Ajazzo, par laquelle il se plaint du retard où ils sont.

Le 14, ils se rendent à Ajazzo. On les y mène au corps de garde et on leur ôte leurs épées.

Le 15, le pilote du vaisseau de guerre *La Flore* vient les chercher avec une chaloupe. Ils sont transportés sur le vaisseau *La Flore*. M. de Sabran, le commandant, les y régale à déjeûner. Le consul d'Ajazzo survient. On leur fait quelques questions. Le commandant de Sabran leur promet au nom du Roi de France une entière liberté. Il ajoute qu'il les ferait transporter à Bastia chez M. de Boissieux et que ce général les ferait remettre sur terre ferme, sans qu'il leur en coûtât la moindre chose. Ils reçoivent mille politesses de M. de Sabran ; ils dînent et soupent magnifiquement dans son vaisseau.

Le 18, on les transporte à Bastia dans une chaloupe. Ils essuyent un orage qui les menace de périr.

Le 19, ils arrivent à la tour du diable et y jettent l'ancre.

Le 20, le pilote les présente à l'officier commandant de cette tour, qui les reçoit bien.

Le 21, ils arrivent à S. Boniface (Bonifacio) et font leur visite au commandant qui les fait loger et bien nourrir.

Le 23, ils arrivent à Bastia. On les mène chez le commissaire de guerre Français, qui les reçoit avec politesse. Ils sont logés dans le voisinage et bien nourris pendant trois jours.

Le 26, le commissaire de guerre les mène chez M. de Boissieux où ils sont examinés. Il leur promet toute liberté et la nourriture, mais il ajoute qu'il était obligé d'avertir le Roi de leur arrivée et qu'il croyait qu'après la réponse de la cour, ils seraient transférés à Paris.

Le 30, le secrétaire de M. de Boissieux leur donne vingt livres de viande.

Le 2 décembre, on les loge chez Biatelli.

Le 8, M. de Boissieux leur donne de l'argent.

Le 12, arrivent plusieurs autres personnes qui ont quitté le service de Théodore et se sont mises sous la protection de la France.

Le 13, on reçoit la nouvelle que les paysans ont entouré les retranchements des Français de manière qu'ils n'en peuvent plus sortir. Pour y remédier on envoie des secours et plusieurs pièces de campagne.

Le 14, les troupes françaises qui devaient forcer les paysans corses à rendre les armes, reviennent.

Il en est de même de ceux qu'on a envoyés hier au secours, lesquelles après avoir tué le chef des paysans rebelles, ont été obligées de se sauver et d'abandonner leurs pièces de canon.

L'auteur du journal et ses camrades s'offrent à faire la campagne contre les rebelles. M. de Boissieux se contente de leur bonne volonté et ajoute qu'il sera obligé de les envoyer à Paris.

Le 19, l'auteur et sa compagnie reçoivent ordre de se rendre à Florence.

Le 20, ils sont transportés sur la frégate appelée *la Flore*. Le commandant de Sabran les y reçoit très bien.

Le 22, ils partent de Florence.

Le 24, ils arrivent au port de S. Jean près d'Antibes, où ils remarquent un vaisseau de guerre avec quatre régiments français destinés pour la Corse.

Le 26, ils arrivent à Toulon ; on les mène chez le gouverneur, il leur promet tout le nécessaire en attendant qu'il ait reçu des ordres de la cour.

Sur le soir, on les traite en qualité de prisonniers.

Le 27, le major de la place vient les voir, leur donne de l'argent et de la nourriture pour cinq jours et leur fait espérer une liberté prochaine en disant que dans 10 ou 15 jours on recevrait de Paris la réponse sur leur sujet.

Le 1er janvier 1739, ils célèbrent la nouvelle année dans la prison.

Le 6, l'auteur reçoit 50 sols.

Le 11, 16 et 21 autant.

Ici finit son journal.

(M. A. E. — Corse, Vol. II).

Les otages corses de la citadelle de Marseille au Cardinal de Fleury.

Le 24 janvier 1739.

Noi protestiamo all'Eminenza Vostra che siccome al nostro partir di Corsica avemmo una ferma intenzione di soggettarci all'ubbidienza del Re, cosi mantenendoci continuamente nel medesimo proposito, accettiamo con tutta la quiete dell'animo il ritegno che ci si fa in questa cittadella; e brameremmo che ciò sia un motivo valevole a richiamare in istrada quei traviati Corsi che hanno osato prendersela co'loro benefattori, cioè colle truppe francesi. Noi siamo rimasti, a dir vero, fuor di noi stessi all'udire un simil trascorso. Prima che seguisse, non abbiamo cessato colle nostre lettere insinuare a'popoli l'ubbidienza dovuta al Re; dopo seguito, abbiam replicato da Tolone, e poi da qui con tutto il calore che ci è stato possibile, non mancando di por sott'occhio, nella miglior maniera, tutto ciò che può avvenir di male agli ostinati. La misericordia di Dio illumini quei ciechi. Quanto a noi saressimo pronti a servir d'istrumenti alla lor salute in tutte quelle foggie che lo stesso Dio, ed il Re stimeranno convenirsi.

Con quest'occasione facciamo presenti alla V. E. due nostri bisogni, pregandola de' più opportuni rimedij. L'uno è il nostro slargamento da questa cittadella; e l'altro la continuazione del supplimento della regia cassa dello scudo al giorno per ogn'uno, giacchè qui per governarci bisogna spender di più. Diciamo ciò perchè questo pubblico tesoriero ne ha suggerito non doversici più di trenta soldi. E quì supplicando sua Divina Maestà per la conservazione di Vostra Eminenza e per ogn'altro buon frutto, e precisamente per sollievo della nostra patria, con tutta la propension dello spirito, le baciamo la sagra porpora segnandoci con il più profondo ossequio,

Di Vostra Eminenza, umilissimi, devotissimi ed ubbidientissimi servidori,

Gio: Tommaso Giuliani, Alerio Francesco Matra, Filippo Maria Costa, Antonio Istria, Antonio Buttafuoco, Colonna.

Dalla cittadella di Marsiglia, 24 gennaio 1739.

(Id.).

Les mêmes otages au Cardinal de Fleury.

Le 30 janvier 1739.

Chiediamo scusa all'Eminenza Vostra dell'incomodarla tutti i giorni colla lettura di nostre lettere, e nell'istesso tempo la preghiamo a compatirci, sul riflesso di esser noi a ciò obbligati dalle nuove emergenze.

Qui si vocifera aver rotto ne'scogli qualche barca di quelle che portavano le truppe in Corsica, e che i soldati francesi salvatisi dalla tempesta siano stati poi spogliati da alcuni malviventi e ingrati Corsi. Noi vogliamo sperare che per misericordia di Dio questa nuova non sarà vera; ma quando mai ciò sia successo, noi non possiamo che a dismisura dolercene, e quindi presagirne le più infauste conseguenze a danni di quel povero Regno. Oh Dio! e con qual cuore, con quai principij, con quai fini opera questa gente mal consigliata in prendersela contro chi veglia a suoi vantaggi, ed è suo si gran benefattore, cioè il non men glorioso che piissimo Re delle Francie! Certamente chi dà le mosse ad azioni simili altro non è che in empio e capriccioso acciecamento, che toglie la luce a quei miseri nel più fitto merigio. Dio sia quello che per influsso della sua providenza illustri a quei ciechi l'intelletto e muti a questi ostinati il cuore! Noi ne lo preghiamo incessantemente, giacchè a lui solo ci rimane ricorrere, dopo che conosciamo di niun frutto e le persuasive fatte a bocca a quei traviati prima del nostro venir qui, e l'insinuazioni, tante volte loro trasmesse per lettere dopo d'essere in queste parti.

In questo deplorabile stato di cose, noi non cessiamo temere che la Corte possa in qualche parte aversela male con noi, i quali benchè di sentimenti affatto diversi, pure negar non possiamo d'essere membri di quella mal condotta Isola. Per isgombrare dunque la medesima Corte, avanziamo a V. E. la presente lettera sulla quale, premessa, come habbiamo fatto, la protesta della nostra sensibilità per un accidente così infelice, quando mai sia successo, passiamo poi a rappresentare per ogni buon fine le particolarità di nostra ostaggiatura. Di grazia, Eminentissimo Signore, ella impieghi per breve ora sua attenzione in ciò che siamo a sinceramente rilevarlo.

Penava da gran tempo tra gli incendij di furibbonda guerra la sfortunata Corsica, quando mossa da un raggio della divina clemenza del potentissimo Re de' Galli, pensò al più opportuno rimedio d'un tanto male, cominciando dalla spedizione colà delle sue truppe sotto la savia condotta del prudentissimo conte di Boissieux. All'arrivo de' Francesi, come forieri d'una sospirata pace, non cessarono i Corsi o almeno fra essi i più sensati di vivamente gioire, e quindi con rispettose lettere diedero saggio al conte del loro interno giubilo; rispose egli a termini di sua innata compiutezza, e nell'istesso tempo manifestò a' popoli che Sua Maestà non avrebbe abbracciata la mediazione prima che essi non si fossero dichiarati di volere assogettarsi senza riserva a ciò che la prefata Maestà avesse di loro stabilito, e soggiunse che d'una volontà così uniformata dovessero essi popoli darne sufficiente documento colle leggittime loro procure da farsi nelle persone del canonico Orticoni e del Dottor Gafforj. Fu similmente progetto assai dibattuto tra le comunità, delle quali i cattivi e poco amanti della quiete non volevano a niun patto acconsentirvi. Pure superando il partito de'buoni furono formate esse procure nella maniera che la Corte ha potuto vedere. Possiam dire con verità che alla costruzione di queste procure, noi sei che siamo qui, contribuimmo a tutto potere, non solo per quello riguarda al nostro personale, ma anche rispetto a tutti quei che in qualche modo dipendevano da noi, come può testificare il prefato conte, che di tutto è a capo.

Ciò fatto, furono richiesti dal Re gli ostaggi in numero almeno di sei. Qui insorse fra i Corsi un notabile disparere. I nemici del pubblico riposo, vaghi di continuare il libertinaggio e la ruberia, ne dissuadevano la missione, intavolando de'dubbij e de'timori ; le persone timorate di Dio e inclinate alla pace consigliavano l'andata e spianavano ogni difficoltà. Frattanto la nomina caduta in noi sei, ci portammo a cenni del conte in Bastia, cioè primieramente i quattro del di qua da'monti, e poi i due dal di là ; ivi assicurati più espressamente del gusto di Sua Maestà, c'accinsimo a dargli essecuzione. Quando si trattò d'incontrare il genio del Re, noi con tutta allegrezza c'imbarcammo credendo anche coll'esempio di questa nostra prontezza e di secondare i buoni del Regno, e di ridurre al buon camino le velleità de'disviati.

Restava per noi di provederci di una doverosa quantità di quattrini per nostro sostentamento ; ma perchè le galee avean pressa di partire, si riservò a più comodo tempo l'essigere dalle comunità una congrua tassa per nostro mantenimento. Per viaggio sulle galee e nella nostra dimora in Tolone noi siamo stati continuamente trattati con distinzione da ogn'uno precisamente dagli ufficiali di Sua Mestà, e di più siamo stati soccorsi dalla cassa regia in tutto il bisognevole, di che non abbiam parole valevoli a debitamente ringraziare il Re. Saputosi la missione del nuovo regolamento in Corsica, garantito dalle Maestà Cristianissima ed Imperiale, già parcaci vedere il tutto in calma, quando contro ogni nostra aspettazione s'intese la mossa fatta da Corsi mancadori di parola sino de' tredeci dello scorso decembre contro le truppe francesi; e si sente anche la seconda in adesso, se mai si verifica, che Dio non voglia. Noi ci persuadiamo che quegli istessi i quali, prima anche del nostro partire dall'Isola, davan segni della loro mala intenzione, siano al presente i promotori di questi torbidi e che a loro sia riuscito d'ingrossare il partito, facendo con apparenti sofismi comparire alla plebe minuta per svantaggioso quel sistema, che realmente è di vantaggio al Regno. Questi tali che, conculcate le leggi del giusto e dell'onesto, non si han fatto scrupolo di mancar la parola al primo Re del mondo, come mai si moveranno per riguardo nostro a ravvedersi? Anzi noi teniamo per fermo che ad essi sia per piacere tutto ciò che a loro riguardo potesse accadere di mortificazione qui a noi, come quelli che hanno idee totalmente opposte alle nostre.

Eminentissimo Signore, dal detto sin qui, che tutto è vero, può V. E. agevolmente rimarcare la rettitudine di nostre intenzioni, e la devozione che abbiamo verso il Monarca delle Francie; essa tanto dureracci nell'animo, quanto il cuore nel petto. Di tutto quello si fa di noi, non solo lo soffriamo con allegrezza, ma ne ringraziamo Sua Maestà. Volesse Dio che le nostre persone potessero supplire a tante mancanze de nostri infedeli compatriotti, e si potesse per nostro mezzo rimediare al poco rispetto che essi hanno usato verso il Re! Ma noi ci consoliamo sul riflesso che questo giustissimo Re saprà altrettanto vendicarsi sopra i colpevoli, che sollevare gli innocenti e suoi devoti. Eminenza, siam qui ristretti in questa cittadella, ove non cessiamo replicare sia benedetto Dio, sia benedetto il Monarca di Francia, alla cui volontà ben volontieri uniformiamo la nostra. E qui continuamente pregando lo stesso Dio per la maggior gloria del medesimo Re, ci raccomandiamo caldamente alla potentissima protezione dell'E. V., la cui consumata prudenza e cristiana pietà non ci lasciano temer di nulla ; e con questa confidenza augurandole ogni più bramata prosperità ci avanziamo al bacio della sagra porpora, e col più rispettoso ossequio ci segniamo.

Dell'Eminenza Vostra etc.

Dalla cittadella di Marsiglia li 30 gennaro 1739.

(Les signatures sont les mêmes que plus haut).

(M. A. E. — Corse, Vol. II).

Instruction pour M. le Marquis de Maillebois.
(*Sans signature*).

Le 14 février 1739.

J'ai l'honneur, Monsieur, de vous envoyer une instruction que le roi m'a commandé de vous expédier sur le commandement que vous allez prendre des troupes qui sont dans l'île de Corse. Je répondrai en même temps aux notes que vous m'avez remises et que je vais parcourir.

La première regarde l'honorifique pour la garde, l'ordre et le mot ; cela est réglé par le traité que le Roi a fait avec la République et dont il vous sera remis un extrait.

Sur la question de savoir par qui un Corse ou un Génois, ayant commis un attentat sur un Français, doivent être jugés, c'est sans difficulté par le commissaire général ou ses officiers de justice ; et de même un Français qui aurait commis un crime doit être jugé par le conseil de guerre ou le prévôt suivant l'exigence des cas.

Vous pouvez faire publier pour les troupes de France tels bans que vous jugerez à propos. Il est à croire qu'en vous concertant avec le commissaire général, il sera la même chose pour les troupes génoises.

Il est sans difficulté que vous devez diriger les opérations de guerre et en décider, ayant cependant attention de les communiquer au commissaire général.

Il ne paraît pas convenable de promettre une gratification aux soldats pour les fusils qu'ils apporteront des Corses, parce que ce serait les induire à aller piller dans les endroits où ils croiraient en trouver.

Si vous trouvez moyen de détacher les principaux chefs en leur promettant soit de l'argent ou de l'emploi, vous pouvez les écouter ; mais vous devez informer le roi de leurs propositions avant que de conclure.

Vous pouvez faire entendre aux mécontents, si l'occasion s'en présente, que le Roi est disposé à assurer sa garantie en laissant des troupes dans l'île pendant plusieurs années.

Si la ville de Bastia est insultable, vous devez engager la République à la mettre en état.

L'intention du Roi est qu'il y ait toujours des bâtiments qui croisent autour de l'île ; vous serez plus particulièrement instruit de ce détail par M. le Comte de Maurepas.

Je crois avoir fait satisfait à tout ce que vous désirez.

J'ai l'honneur d'être etc.

(M. A. E. — Corse, Vol. II).

Instructions

pour M. le Marquis de Maillebois, lieutenant général des armées de Sa Majesté, qu'elle a chargé du commandement des ses troupes en Corse. — (Probablement du comte de Maurepas).

14 février 1739.

Sa Majesté ayant connu par les dernières démarches des révoltés de l'île de Corse, que les témoignages d'équité qu'elle vient de donner à ces peuples par le règlement qu'elle a engagé la République de Gênes de faire publier et dont Sa Majesté s'est déclarée garante conjointement avec l'Empereur, n'ont servi qu'à rendre plus audacieux ceux qui par violence se sont établis chefs de la révolte, Sa Majesté, en conséquence des engagements qu'elle a pris avec la République, a résolu d'employer la force de ses armes à faire rentrer ce pays sous l'obéissance de son légitime souverain.

Elle a pour cet effet fait passer dans l'île deux bataillons et elle se propose d'y en envoyer six [autres] et trois escadrons de hussards au mois d'avril prochain.

Il y aura de plus un train d'artillerie de campagne avec les officiers et soldats nécessaires pour la servir.

On joint ici plusieurs états depuis le n° 1 jusques au........ pour instruire le marquis de Maillebois des troupes, munitions de guerre, vivres et autres attirails qui sont déjà dans l'île ou qui doivent y passer au mois d'avril.

Le Mis de Maillebois devant partir incessamment, il arrivera dans l'île avant les dernières troupes qu'on y destine.

Comme la saison ne permettra pas encore d'entrer en action et que d'ailleurs il ne serait pas de la prudence de commettre les troupes du Roi avant le renfort qui suivra, le Mis de Maillebois doit employer ce premier temps à se mettre au fait de la situation des affaires dans l'île, de la force des révoltés, du nombre d'hommes à peu près qu'ils peuvent mettre sous les armes, de la situation des montagnes où ils établissent le siège principal de leur retraite, des moyens d'y pénétrer et de la disposition en général des esprits.

On assure que ce serait une chose essentielle de se rendre maître de la province de Balagne qui est la plus fertile. Il sera de sa prudence de voir s'il peut y parvenir même avant l'arrivée du nouveau secours. Des gens qui connaissent le pays assurent que trois bataillons suffiraient pour s'avancer dans la province de Balagne, occupant le lieu appelé Montemajor, qui domine une grande partie de la province. Il conviendra de faire en même temps un établissement solide au lieu de Calenzana qui est resté fidèle à la République.

Lorsque le marquis de Maillebois aura reçu les six derniers bataillons, il pourra s'avancer dans l'intérieur du pays, attaquant les révoltés par deux endroits, qui sont celui de Calenzana dans la Balagne et celui de Casinca par Bastia ; mais il sera surtout essentiel de tâcher d'établir une communication entre les deux corps qui doivent agir séparément. Il conviendra cependant de mettre bien en sûreté les derrières surtout par les côtés de la Balagne, afin d'éviter que les révoltés se glissant par la montagne ne troublent la liberté de nos convois ; il faut les assurer par des forts de terre ou retranchements dans les endroits les plus étroits. Il y aura dans l'île cinq ingénieurs aux ordres du général et une quantité d'outils suffisants.

Ces ouvrages doivent être faits principalement par corvées des paysans soit amis ou ennemis, Sa Majesté voulant bien payer de ses deniers les dépenses de la main d'œuvre qui ne pourront être faites que par des gens du métier.

M. de Maillebois en arrivant dans l'île doit faire publier la déclaration que S. E. a pris la peine de dresser elle-même, et ne point oublier de faire connaître aux Corses que c'est un dernier acte de la clémence du Roi, et que, s'ils n'en profitent pas, ils doivent s'attendre à être traités sans aucun ménagement et à subir toute la rigueur que méritent des révoltés opiniâtres, observant que depuis qu'ils ont eu la témérité de commettre des hostilités sur les troupes du roi, ils sont également coupables envers Sa Majesté, comme à l'égard de leur souverain légitime.

Si les Corses paraissent venus à résipiscence, le marquis de Maillebois doit les écouter sur ce qu'ils auront à proposer. Le dernier édit de la République, dont on joint une copie, étant muni de la garantie du Roi et de l'Empereur, doit être accepté, et on ne peut y admettre aucun changement ni modification dans les principales dispositions. On sent que l'article du désarmement est celui qui a paru faire le plus de difficulté. On pourrait donner quelque adoucissement sur ce point ; pourvu que l'on trouve quelque autre moyen d'empêcher les particuliers de reprendre les armes toutes les fois qu'ils le voudront.

Il ne faut pas négliger de chercher à gagner les chefs, soit au moyen de quelque somme d'argent ou quelque pension, à condition qu'ils sortiraient de l'île et iraient vivre ailleurs, même en France, si cela leur convient.

En général, on peut annoncer aux Corses que la garantie du roi sera d'autant plus réalisée que Sa Majesté est résolue de laisser des troupes dans l'île même après la pacification.

S'il arrive que les rebelles persistent dans la révolte, il ne s'agira plus que de prendre des mesures convenables pour les obliger par la guerre à obéir.

Le Roi ne s'attend pas que son général puisse agir vivement avant que d'avoir reçu le renfort des six bataillons et les trois escadrons de hussards qui doivent s'embarquer au mois d'avril : il y aura pour lors 8,000 combattants au moins à ses ordres. Il est vrai qu'en comptant tous les habitants qui peuvent porter les armes dans l'île, les révoltés sont en nombre supérieur ; mais outre qu'ils manquent d'armes, la seule difficulté des subsistances les empêchera toujours de former un corps considérable. On pourra donc les attaquer en détail avec avantage.

Il paraît nécessaire de tâcher de molester les communautés les plus opiniâtres en faisant des dégâts dans leurs habitations et les ruinant. Néanmoins, comme un parti trop extrême à cet égard pourrait donner lieu à des inconvénients, il sera de la prudence du Mis de Maillebois de ne faire usage de cette rigueur que lorsqu'il se croira assez fort pour n'avoir aucun retour ni représailles à craindre.

Il faut surtout éviter autant qu'il sera possible que les troupes du Roi ne reçoivent aucun échec en détail. Il conviendra que les détachements, lorsqu'ils marcheront, soient toujours soutenus, et qu'à mesure qu'on avancera, les communications soient rendues libres et assurées.

Quant au détail sur la manière de se comporter avec le commissaire général de la République et autre commandant subalterne, comme aussi pour le service de campagne et des places, Sa Majesté s'en rapporte à ce qui est contenu en l'instruction ci-devant au comte de Boissieux et dont on joint une copie.

Fait etc.

M. G. — Registre 2889.

Teodoro all'Illmo tenente generale il conte Zenobio Peretti, comandante generale di Zicavo.

2 marzo 1739.

Illustrissimo nostro Tenente Generale,

Mando nel Regno mio cugino Gio : Federico, barone libero di Neuhoff, Signor di Rauschenburg, per assicurarvi tutti del mio pronto ritorno ; ma operate ed ad ogni costo impossessatevi di Portovecchio e fate guarnire le torri.

Per altro disbarco averete in questi giorni altre mie lettere con munizione e assicuratevi che per certo si procurerà quanto fa di bisogno, con tutto ciò che certi Corsi.... in terraferma, e trattate quelli come perfidi e traditori a me ed alla patria, che cercheranno insinuare simile passaggio. Operate e vi sia a cuore il procurare l'unione tra voi altri tutti, e siate sicuro che sono tutto vostro.

            TEODORO.

Del resto mi rimetto a quanto sentirete dal mio auditore Teodorini.

(M. A. E. – Corse, Vol. II).

Maillebois à Amelot (?)

            Grenoble, 11 mars 1739.

Monsieur,

Le temps des voyages donnant le loisir aux réflexions, j'ai imaginé qu'il pourrait être utile au bien du service du Roi en Corse d'être informé par M. le marquis de Puisieux de ce qui pourrait se passer dans le pays où il est et qui pourrait avoir quelque rapport à cette affaire.

Si vous jugez cette idée convenable, je vous prie de lui donner vos ordres en conséquence; je lui ai écrit à tout hasard que je partais demain pour m'aller embarquer à Toulon et que j'avais eu l'honneur de vous faire cette proposition.

J'ai celui d'être avec un respectueux attachement, Monsieur,

  Votre très humble et très obéissant serviteur,

            DE MAILLEBOIS.

(Id.).

Lettera di Teodoro all'Ill.mo Conte Paolo Francesco d'Ornani, colonnello d'infanteria, a S. Maria d'Ornani.

Illustrissimo Conte e colonnello nostro,

11 marzo 1739.

Con somma mia soddisfazione ho ricevuta la vostra del 21 gennaro, e vedo le misure prese per inserrare l'inimico. In Ajaccio anche si deve continuare ad essere attento e non guardare in faccia a nessuno.

Quanto prima spero, a dispetto di tante trame e tradimenti, di rimettere li piedi a bordo d'una buona nave, e di poter ritornare ben provisto.

In tanto mando mio cugino Gio : Federico, baron libero di Neuhoff, Signor di Rauschenburg, per assicurarvi tutti del mio prossimo ritorno, che a tutto provederò per la mia venuta e partenza ; questa parte non ho potuto effettuare per tanti imbrogli che mi hanno fatto colle mie lettere e cambi ; infine un poco di pazienza. Operate intanto e siate sicuro che riconoscerò tutti li vostri fedeli servizi ; siate atteso che quanto prima vi arriverà una nave nella vostra parte ; che la distribuzione di tutto si faccia con amore regolarità e non da salvaggi, che un simile trattare fa un torto grandissimo. Mi creda.

Altra lettera vi ho scritto per altra spedizione che verrà, se puole, ancor nella parte vostra si, o in Balagna e Niolo. Infine intendetevela con il marchese vostro zio, e con il mio auditore Teodorini, e dove resterà il mio cugino, secondo le sue dimande, mandategli li miei ufficiali lasciati e altri, e che siano proveduti di cavalli e che loro sia restituito quanto così malamente loro è stato levato, che non lo posso capire ; siate dunque di buon animo, operate e siate sicuro che sono con vero affetto tutto vostro.

TEODORO.

(M. A. E. — Corse, Vol. II).

Théodore à son premier Chapelain Gio. Maria Balizone-Teodorini.

14 marzo 1739.

Illustrissimo e Reverendissimo nostro Cappellano Maggiore e auditore,

Con somma mia soddisfazione vedo dalle vostre lettere del 21 gennaro il vostro salvo arrivo con li compagni nella Corsica; ma il padrone delle feluche si è molto lamentato; questo non dà credito nè animo di ritornare. Con tuttociò si è lasciato persuadere e lo rimando col mio cugino carnale Gio: Federico, baron libero di Neuhoff, Signor di Rauschenburg, e piacendo a Dio, sbarcheranno in Alleria e in Alessani. Si fermerà con il suo seguito sintanto che disbarchi tutta la mia robba lasciata in Napoli, la quale ivi sarà caricata sopra un bastimento per portarsi nel Regno, come anche farà un'altra nave mia ritornata in Tunisi, e fracassata dalle tempeste avute sopra le coste. In fine è bisogno pensare ad ogni costo di pigliare Portovecchio e guardarmi quel posto munito di gente fidata. Procurate anche per qualche stratagema di aver Campomoro. Porti vi vuole assolutamente, e poi un trattare da huomini onorati e disciplinati, e non da salvaggi e ladri, come, a mio gran ramarico, è successo sin quì a tutti li disbarchi. Infine, flemma con speranza e fiducia che si ravederanno e mi saranno costanti e fedeli.

Ricevo per la medesima occasione lettera del colonello baron di Neuhoff, lamentandosi non poco. È possibile infine di vedermi obbligato di sentire simili tratti per quanto ho fatto e fo, e in luogo di accreditare il Regno e attirarsi ajuto e assistenza d'ufficiali esperimentati, si faccia tutto il contrario adesso? A questo si deve rimediare; se non, prevedo flagello;

e le mie leggi voglio vedere rispettate e messe in esecuzione senza esclusione di nessuno. Quel nome di perfido ed altro che il Genovese dà al Regno, voglio sradicare con l'aiuto di Dio. Per fine, caro conte Teodorini, quello ho sofferto io dopo la mia partenza a narrarvi sarebbe troppo longo... Totalmente mi hanno chiusi li passi che non posso passare avanti nè indietro ; tutte le mie lettere scritte da Napoli in differenti parti mi sono tutte state levate ; solo le mie del 15 gennaro hanno cominciato a pervenire. Anzi fra brieve aspetto altre navi, se non, devo cercare modo a passare in persona per abbreviare il tutto. Intanto spero essere con più fedeltà servito in questa parte per la spedizione d'ajuto. Assicuratevi e assicurate li popoli che non tralascio nè tralascierò nulla per la loro liberazione ; ma ubbidienza e fedeltà vi vuole, observare la legge inviolabile mia, e punire subito di morte li infidi corrispondenti ed aderenti col nemico ; procurare poi un'unione fraterna, sincera e perfetta, e lasciare il barcheggiare, e credetemi che se li Corsi vengono assicurati dell'unione e dell'irrevocabile risoluzione delli popoli a voler mantenere la loro elezione, come devono, in persona mia, saremo appoggiati ed ajutati ; ma entrare in trattati, poi volersi dare tanto all'uno, tanto all'altro, come ancora si contratta per certi infidi in terra ferma, ognuno si raffredda e tardano li soccorsi anche li miei commessi, che quanti io ho ricevuto, han servito per mandare in Morea, poi in Tunis et Porto Maon, e li quotidiani sono assai grandi ; così non posso rimettere quanto m'accennate per li 3 negozianti, et anche se lo mandassi, a che servirebbe che a dar mano a più disordini e disobbedienze ? Tocca ad ognuno di operare per il bene pubblico e so che li popoli pagano le decime, perchè non prevalersene per le spese come anche delle confische? Spero che in Ajaccio non si manderà più nulla, e che di più si serrerà di tal maniera la piazza, che se vogliono bevere e mangiare li Genovesi, se lo faccino venire da Genova. Se pure, una volta s'obbedisse come tante volte ho ordinato, vedereste presto cascare l'animo alli Vittoli, come anche alla piazza ; ma tanto ch'ognuno cercherà operare per l'utile suo proprio, resteranno li popoli sempre nella miseria e tiranneggiati dal nemico, e tutte le mie spese e strapassi a nulla serviranno. Pregate e fate pregare l'altissimo che l'illumini una volta e piglino vera risoluzione di sradicare li ostacoli del bene e quiete commune, e riconoscano quanto faccio per loro, e quello mi devono secondo la legge divina e umana.

Scrivo al general marchese Ornani ancora per questo, come anche di levare ogni comunicazione col [nemico e di mandare tutti li miei ufficiali da per loro a cavallo con le loro armi in Alessani dal mio cugino, ch'io poi provederò al tutto, e si faranno rimesse per pagare la gente necessaria ad occupare posti, e a non lasciare così il tutto alla discrezione del nemico. Nell'avvisi pubblici si è messo che la più gran parte de'schioppi e munizione da me regalati in Soraco, è stata ricomprata a 24 sino a 30 soldi la libbra di polvere, e 20 a trenta lire il schioppo da mandatari ed aderenti delli Genovesi ; or vedete che onore e bella riputazione è questo per li popoli.

L'abbate dottore Giuseppe Giannoni si è tanto esibito di volere sacrificare per il mio servizio che gli ho mandato l'ordine a consegnarsi 100 barili di polvere e 16,000 libbre di piombo che aveva in Livorno, e gli ho mandati ancora lettere per tutti et un piego grosso per voi. Spero che sarà salvamente disbarcato, non sentendo nulla di contrario. In quel mio piego vi scrissi d'animare li popoli e portarli a mandarmi un dono gratuito con due deputati, e questo per far conoscere veramente a tutto il mondo che mi sono costanti e vogliono liberarsi. Infine mi rimetto al contenuto in detta lettera.

Al capitano della nave che verrà con la mia robba e altro, farò consegnar altre lettere per voi ; dove farà il suo disbarco non lo so ; così attenti alla marina, ma porti sicuri si vogliono per le navi e guardarli. Scrivo ancora per questo al conte Zenobio Peretti, al conte e cavaglier Panzani, al cavalier Cuttoli ed al dottor Ilario di Guagno, come al marchese e conte Ornani e al baron di Neuhoff, affinchè passi con il restante della mia gente in Alessani. State attento che possino fare il loro passaggio da per loro, e che non senti più simili tratti al mio ritorno. E venendo in quelle parti alcuni disertori tedeschi, mandateli al mio cugino, che pagherà la spesa, e loro darà le paghe. Animate il conte Carlo Francesco Ornani e assicurategli che riconoscerò li suoi fedeli servizij, come anche il conte Cittarini e conte Giorgi di Zicavo. Procurate nelle vostre parti 3 a 4 buoni cavalli per me ; mandateli a mio cugino per drizzarli un poco ; alla mia venuta li pagherò. Mando il mio cugino in Alessani, e questo per aver inteso il mal procedere fatto alli miei ufficiali in quella vostra parte. Tutti gli avvisi contano questo tratto. Al fine Lusinchi e il colonello Fabiani hanno avuta la patente, Lusinchi come capitano. Se mai avessero l'ardire di passare nel Regno, state attenti, fateli arrestare e punire subito in nome mio, come feloni, come anche quelli se l'intenderanno con loro. Incaricate di questo il conte Paolo Ornani in Zicavo, e nella Rocca il conte Panzani. In luogo di procurare gente in ajuto, perfidi traditori vogliono ancora indebolire il Regno con subornare i miei fedeli. Toccante il Domenico Rivarola e suo fratello Frediano, continuano in Roma con paga de'Genovesi a far la spia, e poi per imbrogliare, offrir il Regno tanto all'uno che ad un altro.

Conviene in ogni conto di persuadere gli abitanti d'Ajaccio di fare li vespri siciliani con la guarnigione e darmi in mano la città e cittadella, assicurando l'abitanti d'un perdono generale, e che non saranno saccheggiati nè in verun conto molestati ; continuare la mia corrispondenza con li Greci, assicurandoli del perdono e paga, che la voglio continuare non solo a questi, ma farò venire uno o due reggimenti di Greci, e che si restituerà li loro beni confiscati, e si darà ancora altri denari. In questo intendetevela col D.r Ilario di Guagno e cavaglier Cuttoli e con segretezza totale. Questo certo, se avessimo Ajaccio, tutte queste navi olandesi ed inglesi che si trovano in questi mari vi verrebbero, ma far li loro disbarchi in spiaggia e luoghi deserti, non lo vogliono sentire. Così operate dalla parte vostra.

Il Console ha accusata sua nuova patente di Console Generale residente in Napoli. Le navi di notte tempo si sono scappate; li tre perfidi tenitori dei libri loro complici in Amsterdam sono in carcere e condannati a riformar il tutto. Non ci perderò nulla, fuori questo benedetto tempo. È alcun oro già formato e tagliato per doppie che non li mancherà che il mio cugno che tengo, e questo oro troverà, benchè informe, nel fondo della nave in due barillotti, sotto nome d'acciaro.

Fate restituire alli Sartenesi li 5 cavalli miei, e mandateli al mio cugino e procurateli qualche bovi per me che li pagherò.

Adesso che la Corte di Francia ha assicurato quella d'Inghilterra di non voler mandare più soccorsi in Corsica a favor dei Genovesi, che la Francia anche ha rifiutato il detto desiderato di 40,000 uomini per bruggiare e amazzare quanti viventi vi siano nel Regno, come li detti Genovesi si sono avanzati di dire, adesso abbandonati vogliono e hanno offerto di vendere alla Francia il Regno, riservandosi però li loro beni che pretendono d'avere; già le potenze marittime non permetteranno tal compra, ma se fusse, credo che quelli ci aderiranno conosceranno d'aver li Genovesi sempre li primari con li loro pretesi beni; averanno da fare a un Vice Re, altri comandanti e ufficiali tutti li due anni affamati. Constanza dunque e fedeltà per me; tutti le altre potenze saranno in nostro favore, e questo per la sicurezza della loro navigazione al commercio.

Abboccatevi con il marchese d'Ornani, cavalier Cuttoli e Dr Ilario, e fate il tentativo risoluto sopra Ajaccio, e che il general Panzani, con il general Zenobio faccino quello di S. Bonifacio. Sono certissimo che riusciranno. Concertate il tutto con segretezza e pronta risoluzione. Dunque non dubitate e siate sicurissimo che non perdo tempo ad avere ajuto da diverse parti per mantenerci a dispetto di tutti. Fate pregare l'Altissimo per la mia salute ; non dubitate, la vinceremo e sarò per sempre vostro aff. e di cuore tutto vostro.

TEODORO.

(M. A. E. — Corse, Vol. II).

Teodoro all'Illustrissimo e Reverendissimo Conte Balizone Teodorini.

16 marzo 1739.

Dalle mie lettere ricevute da Livorno e Genova vengo assicurato che li popoli miei fedeli habbino deposto dal comando Giacinto Paoli. Molto mi rallegro di sentire che li popoli infine si sono raveduti et habbiano riconosciuto che questo Giacinto Paoli, Erasmo Orticoni, Gregorio Salvini, Ignazio Arrighi e tre altri procuravano di precipitare e me ed il Regno tutto, in restituire il Regno nelle catene di Genova. Infine tutti li loro ragiri vi sono noti ; così per questa medema lettera alli capi tutto approvo e confermo la deposizione in tutto del Giacinto Paoli, il quale per li suoi ragiri è colpa di quanto s'è passato. Mi rimetto nel resto al contenuto delle qui accennate, e siate sicurissimo del vero affetto che vi professo.

TEODORO.

Che si faccia l'abblocco di Ajaccio e s'impossessino di Portovecchio. Deve essere passato il tempo di barcheggiare. In questo entrante mese vi manderò soccorso e per tutto maggio sarò in persona nel Regno.

(Id.).

Geoffroy à Amelot.

Toulon, le 21 mars 1739.

Monseigneur,

M. le Marquis de Maillebois qui va commander en Corse arriva en cette ville le 18 du courant sur les cinq heures du soir et s'embarqua le 19 avec M. le Marquis Du Chatel à 3 heures après midi du lendemain, et ils mirent à la voile par un vent assez favorable ; mais ayant trouvé le temps contraire au-dessus des îles d'Hyères, ils furent obligés d'y relâcher et d'y demeurer jusques à ce matin, d'où ils sont partis par un vent du Nord-Ouest si bon qu'il les mènera infailliblement en Corse encore aujourd'hui. Les bâtiments qui doivent passer les troupes sont dans le port tout prêts à mettre à la voile pour se rendre au golfe Jouan.

J'ai l'honneur, Monseigneur etc.

(Id.).

Amelot à Maillebois.

Versailles, le 24 mars 1739.

J'ai reçu, Monsieur, la lettre que vous m'avez fait l'honneur de m'écrire le 11 de ce mois. M. le Marquis de Puisieux n'aurait certainement pas manqué, dès qu'il aurait pu vous supposer arrivé en Corse, de vous informer de ce qu'il aurait appris, concernant les affaires qui vous y appellent, et il en a usé ainsi avec feu M. le comte de Boissieux. Cependant pour plus grande précaution, je le préviens sur le désir que vous m'en marquez, et comme toutes les apparences sont qu'il ne fera pas encore un long séjour à Naples, je l'exhorte à recommander au secrétaire qui demeurera après son départ chargé de l'exécution des ordres du Roi en cette Cour, de vous mettre en état de vous louer de lui à cet égard.

Je souhaite apprendre bientôt que vous serez heureusement arrivé en Corse, et je vous assure qu'on ne saurait être plus parfaitement que je ne suis etc.

(M. A. E. — Corse, Vol. II).

12 avril 1739.

Supplique des Corses au Roi Louis XV dans laquelle ils résument les négociations qui ont eu lieu entre leurs chefs et la Cour de France et les espérances que la Corse avait conçues. Les récriminations ordinaires contre les Génois sont reproduites ici. Cette pièce est suivie de réflexions très diffuses formulées par les Corses sur les divers articles du règlement publié à Bastia le 18 novembre 1738.

(Id).

16 avril 1739.

Lettre écrite de Rome au Roi Louis XV par Domenico Rivarola pour implorer sa bienveillance en faveur de la Corse. (Rien de saillant à relever).

(Id.).

Notizia col mezzo di lettera avutasi dal M⁰ Mari da Casinca, stata scritta a' 16 aprile 1739.

Erano arrivati avvisi in Corsica a questo tenente generale di dover venire un nuovo generale di Francia per accomodare il Regno, ma però senza forze, e poi doveva venire il Re Teodoro, di che mi pare la verità; poichè subito arrivato il generale, secondo dicesi per le cannonate intese, eccoche subito compare un bastimento con armi da fuoco e polvere, a prendere terra in spiaggia di Verde, ed ivi tutto distribuisce. Dicono abbia sbarcato a terra un barone e sia cugino di Teodoro et assieme 30 ufficiali con quantità di lettere a capi, e ne è arrivato in Tavagna ed in Casinca ad un frate. È di subito partito il medemo con il tenente generale con altri per andar a ricevere detti ufficiali e barone. Dicono esserne arrivata altra al Ciavaldini d'Orezza del Re, e dice esser seco il Luigi suo figlio et Andrea Ceccaldi e dicesi per tutto maggio dover essere in Corsica, onde posso dirle credersi poco queste cose, ma molto credersi dover aver durata la guerra di Corsica.

(Id.).

17 avril 1739.

Pleins pouvoirs accordés à l'abbé Salvini par les gouverneurs de la Balagne.

(Id.).

Maillebois à Amelot.

25 avril 1739.

Monsieur,

J'ai reçu celle dont vous m'avez honoré de Versailles le 24 mars dernier, par laquelle vous me marquez que M. de Puisieux, et en son absence son secrétaire, aura attention à me mander de Naples ce qui pourra avoir rapport à la besogne dont je suis chargé, et en conséquence, j'ai reçu une lettre de M. de Puisieux qui me marque son départ et qu'il a laissé ses ordres en conformité à son secrétaire.

L'on a intercepté dimanche dernier des lettres de Théodore

aux chefs des rebelles, dont j'ai cru devoir vous envoyer les copies ci-jointes (1). L'article du rétablissement du consul de Hollande à Naples, et l'emprisonnement des teneurs des livres ordonné par cette République me paraissent mériter attention. Je profite de cette occasion pour vous renouveler etc.

De Maillebois.

(M. A. E. — Corse, Vol. II).

Orticoni au Cardinal de Fleury.

Roma, li 10 maggio 1739.

Eminenza,

Dacchè fu interdetto per ordine di codesta sovrana Corte, sì a me che agli altri due deputati di Corsica l'ulterior trattato, precettati a tragettar incontanenti da Bastia, sotto comminazione di dover esser considerati come nemici della Francia, il che accadde sin da' 14 dell'ultimo gennajo, io nulladimeno mi son dato fin qui a sperare che la celebre pietà e prudenza dell'Em. Vostra fossero per prendere alcun grazioso temperamento, da cui le credute mancanze de'Corsi dassero nella sorte di un generoso compatimento, ed in tal maniera si rendesse loro la sospirata quiete. Essendomi lasciato lusingare dal pensiero che non minor gloria risulterebbe al Cristianissimo Monarca e non men chiaro fregio a V. E. dal tirar soavemente l'afflittissima Isola in quella pace, la quale S. M. per mezzo della di lei saviezza mirabilmente diffonde in ogni altra parte di Europa, che dalla sconfitta e dal trionfo di quell'angusta provincia, che si è resa deplorabil'oggetto di compassione; angustiata, sprovveduta da

---

(1) Ce sont celles qui sont rapportées plus haut, écrites à divers personnages pendant le mois de mars 1739.

tutto, o abbandonata, e perseguitata, e quasi inerme, quando anche alla medesima non restasse luogo a scusarsi della supposta contumacia, sulla quale par che si fondi la machina sterminatrice che se gli prepara contro. Ma, povero me, e povera la mia povera patria! le mie speranze si sono inaridite.

Le recenti spedizioni di armi e di armati, le insorte ostilità, la orribile recisione di numerose speciosissime olive, e tante e si frequenti rimostranze di sdegno risoluto, mi danno a vedere che questo è'l secolo e questo è l'anno primo, unico, fatale ed estremo in cui la Corsica non solo decade dalla grazia giammai finora interrotta, ma insieme cade perduta dalle armi di Francia.

Degnisi, di grazia, V. E. conceder questo respiro alle mie vere angoscie. Io ben vedo che l'esecrabil effusione del sangue civile, per cui li Corsi da gran tempo sonosi fatti rei di total esterminio, ha finalmente provocato l'ira di Dio a non volerli più soffrir impuniti. Queste sono le colpe e le sole colpe di Corsica, in abborrimento delle quali mi pare di dover dire che voglia il Signore farla comparire agli occhi di S. M. e del Supremo Ministero, convinta d'altri gravi reati, benchè ne sia immune, e che sotto la sembianza di questi venga ad esser condannata, e così subisca la pena di quelle.

Ma, se miro alla nuda caosa, per cui sola si pretende di perderla, io ardisco protestar a V. E., colla sincerezza di vero sacerdote evangelico e d'uomo ingenuo ed onesto, che la mia nazione, o si parli delle sue mosse contro i Signori di Genova, o rispetto agli Imperiali, o di quanto è accaduto dall'arrivo delle truppe di S. M. nell'Isola, si è portata non solo in maniera da non irritar la Francia, ma da meritarne l'approvazione e l'assistenza. La cosa è puramente così. Nè io lascierei già di pigliar prestamente camino per giugnere e presentarmi all'adorabil cospetto di V. E., e sarei ben sicuro allora di dimostrarle l'incontrastabile sussistenza di quanto mi do l'onore di solamente indicare con questa. Ma l'aspetto delle presenti cose non solo mi fa temere che gradita non verrebbe la mia comparsa costì, che anzi mi niega insieme ciò che richiedesi alle spese del viaggio ed alla sicurezza di mia persona.

La luce di questa verità che non potrà più lungamente tenersi rinchiusa, dovrà trappoco trasplender al di fuori, e scuoprir a V. E. che tra tutte le altre imprese di sommo suo compiacimento e decoro, di questa sola di Corsica debba rincrescerle; ma non voglia Dio, in tempo, che le ruine di quella siano per render o più amara per l'E. V., o inutile per essa la rincrescenza.

Eminentissimo Signor Cardinale, spettabil esempio dello spirito ecclesiastico o della vera onestà e polizia, accordi, la supplico, una brieve considerazione sulle mie sincerissime ed umili rappresentanze. L'affare è dell'ultimo peso. Il distruggimento che si medita, è di un Regno, piccolo bensì, ma considerabile, perchè segnalatamente favorito per dieci secoli continuati da i Re Cristianissimi, perchè divoto e bene merito loro, perchè già stato incorporato nella monarchia, perchè intieramente cattolico, e perchè finalmente non conosce per qual misfatto o delinquenza contro di quella, subir debba l'eversione dall'istessa corona, che due volte avealo liberato dalla tirannia e profanazione de'Saraceni e dato in dono alla chiesa Romana, cui oggi stesso per ciò ne compete liquidamente l'alta Signoria; che in oltre ad una sola chiamata e comparsa, se'l vidde prontamente seguace contro i di lei nemici, all'oppressioni de'quali prima il sottrasse, e poscia rilasciollo; ed i quali dipoi in vendetta della divozione e fedeltà de'nostri maggiori verso la Francia, hanno condannato l'Isola alle stragi, all'avvilimento, al saccheggio per censessanta anni continui, contro la pubblica fede data solennemente al Cristianissimo Arrigo Secondo per la indennità de'Corsi; li quali alla fine costretti da inevitabile necessità, hanno per iscampo ultimamente prese l'armi di onesta difesa.

Tanti e sì speciosi riguardi e pregi di benemerenza, de' quali la Corsica comparisce adorna dinanti all'augustissimo trono delle Gallie, non dovranno dar tanto di splendore che basti a dissipar l'oscurezza del delitto, di cui è calunniosamente accusata, e quando anche fosse rea inescusabile di maggior fallo? Dio, in considerazione di quanto avea per inanzi meritato Josaphat, re di Giuda, si dichiara di perdonarli il grand'errore di aver unite e date in ajuto le sue armi a quelle dell'empio Re Achab. Vagliano per tanto i lunghi meriti de'Corsi per una sola, se pur è colpa.

Se queste verissime note non hanno potuto muovere l'armi di Francia a proteggere l'infelice Isola dagli oppressori, nè ritenerle dal farsi imitatrici di quelli, vagliano almeno a sospenderle sol fin tanto che mi si conceda assistenza e sicuro passaporto, come ansiosamente prego la clemenza dell'E. V., che senz'indugio m'incaminarò, col voler del Signore, affine di portar io stesso alle di lei giustissime orecchia, se di tanto vorrà onorarmi, il vero stato delle cose; da cui abbiasi a scuoprir la Corsica non colpevole, ma calunniata ed innocente, e sottrarla così alla condannazione, riporla in buona veduta degli occhi reali nel gradimento di V. E. e renderla alli voti universali di tutta l'Italia disinteressata, dell'Europa ed infine della Francia medesima, che la compiangono, gridando contro i calunniatori. Il grande Artaserse, appena scoperta la facilità e la frode del greco accusatore, Aman, e l'innocenza degli Ebrei, si recò a gloria di revocar solennemente la data sentenza di morte e riporli nella real grazia. Come non dovranno i Corsi riportare dal Cristianissimo de i Re una simil sorte in un simil caso?

Ripieno di speranza, perchè animato dalla sincerezza e dalla giustizia, e profondamente inchinato, presento alle viscera compassionevoli e alla rettitudine di V. E. la mia cadente afflittissima patria, supplicandola si degni rappresentarla genuflessa a piedi della sapienza e della misericordia di S. M., ed attendendo la degnazione de' suoi venerati comandamenti, prendo il glorioso carattere col rassegnarmi, di Vostra Eccellenza, umilissimo, devotissimo, obbligatissimo servidore,

ERASMO ORTICONI.

(M. A. E. — Corse, Vol. II).

Extrait d'une lettre de M. S. L. V. à M. le Marquis de Maillebois, général des troupes de France à Bastia.

Le 13 mai 1739.

La situation actuelle de cette île est plus scabreuse que ne peuvent l'imaginer ceux qui ne sont pas bien au fait du caractère de ses peuples et de la tournure du pays.

Le soulèvement dont la cause n'a jamais été bien connue par les ministres de la République dans ses principes, a été fomenté plus de 6 mois avant que d'éclater; il a dégénéré peu à peu en une guerre ouverte, parce qu'on n'y a pas apporté assez tôt le remède qui convenait; cette guerre est soutenue présentement par toute la nation qui par un aveuglement et un préjugé indéfinissable est prête à sacrifier biens et vies pour se soustraire à la domination des Génois.

L'on ne sent que confusément dans le mémoire que les Corses ont envoyé à la Cour, les causes et les motifs qui les ont armés; je crois que peu d'entre eux en ont compris la véritable raison, car les impôts ne sont qu'un vain prétexte: l'ambition des chefs, l'inconstance naturelle au peuple, et l'oisiveté me paraissent en avoir été le principe; ensuite la faiblesse de la République, reconnue, le mépris qu'elle a inspiré à cette nation qui a senti sa force, et la situation inaccessible de ses montagnes l'ont enorgueillie comme un taureau échappé du joug qui reconnaîtrait la faiblesse de l'homme contre toute sa vigueur.

La République crut pourvoir à ce désordre par le règlement publié en 1733, sous la garantie de l'Empereur, et ensuite par celui de 1738, ménagé par la France et publié sous la garantie du Roi et de Sa Majesté Impériale ; mais les Corses qui n'ont presque point vu de différence entre ces deux règlements et que le dernier ne satisfaisait pas sur leur plus grand désir, qui est de cesser d'être sous la domination de Gênes, loin de le recevoir avec le respect dû à leurs souverains et aux plus augustes garants de l'Europe, se sont encore plus obtinés à secouer entièrement le joug, dans le vrai, trop doux des Génois, mais que l'aversion antipathique de ces insulaires fait trouver dur et pesant. A examiner de près, c'est plutôt la domination que les Génois qu'ils haïssent ; leurs chroniques prouvent qu'ils n'ont pu rester tranquilles sous aucune puissance ni forme de gouvernement.

La défiance des chefs sur le pardon promis que leur conscience et l'excès de leurs crimes leur fait craindre ne devoir pas être réel, le commandement et le pillage dont ils ne peuvent se déshabituer, l'idée qui a été inspirée au peuple que Théodore n'agit que par les ordres des cours d'Espagne et de Naples qu'ils croient presque d'accord avec celle de France sur ses manœuvres, leur fait penser que le secours que le roi donne à la République, n'est pas sérieux, et enfin ils espèrent toujours, pour me servir de leurs termes, qu'ils passeront la mer rouge sans trouver une grande opposition de la part des troupes de France qui sont venues, disent-ils, en Corse pour tout autre motif que pour les soumettre à l'obéissance de la République ; que quand cela ne serait pas, leur pire aller sera d'être reçu au pardon qui a été offert tant de fois. Ajoutez à ce que dessus la prévention des Corses sur leur courage (qui n'est cependant pas tel qu'on le croit) et leurs forces que l'expérience de dix années de guerre leur a fait connaître, qui sont plus importantes qu'on ne pense, par leur façon de combattre, relative à la situation presque impénétrable de montagnes plus âpres que les Alpes.

Leur antipathie contre les Génois qui est montrée au point de les unir tous, malgré les inimitiés particulières qu'ils ont entre eux, ce qui n'a point été dans les soulèvements précédents, prouve leur acharnement et leur aversion insurmontable contre leurs légitimes souverains dont ils méprisent la faiblesse et dont ils savent qu'ils sont craints. Quelques-uns d'entre eux qui affectent du zèle pour la République, sont les plus dangereux ennemis ; j'en sais quelques manœuvres qui peuvent servir d'exemples de fourberie et de ruse.

Il faut convenir que la conduite de la plupart des ministres génois est rebutante ; ils ont toujours avili et tenu les Corses dans l'abaissement ; la justice a été faible et souvent mercenaire ; les moindres grâces se sont vendues ; l'insolent est recherché ; le bon et celui qui opère bien est oublié ; ils sont comme certains médecins appelés pour la guérison ; leur avarice leur fait appliquer les remèdes contraires.

Vous m'avez fait l'honneur de me demander, M., le portrait de ces insulaires ; il faudrait un Apelles pour tracer les clairs et les ombres nécessaires, pour exprimer les contradictions qui entrent dans le caractère de cette nation indéfinissable.

Le Corse en général est fourbe, cherche toujours à ruser et à tromper ; c'est ce qui le rend défiant ; il ne doit pas être recherché sur ce qu'on désire de lui, si l'on veut réussir ; opiniâtre et constant dans ses desseins, se raidissant contre la difficulté, extrêmement prévenu de toute façon sur ce qu'il croit valoir, pensant pouvoir séduire par son éloquence ceux avec qui il peut traiter, en ayant réellement, pénétrant, devinant même souvent ceux qui lui parlent, peu sincère dans les faits, en supposant et en fabriquant lorsqu'il les croit nécessaires à ses désirs, il offre, promet tout et ne tient rien, manquant à sa parole sans aucune délicatesse, superstitieux sur la religion, charitable et hospitalier pour les moines et les étrangers, faisant scrupule de manger du beurre un jour maigre, tuant de sang froid son plus proche parent qui l'aura contredit ; il volera cinq sols à celui dont il aura refusé un louis offert par reconnaissance. Le Corse veut être écouté, il aime presque mieux être condamné après avoir été entendu que gagner son procès sans être ouï ; lorsqu'ils sont plusieurs ensemble, ils parlent tous à la fois ; rampant, souple et bas avec celui dont il a besoin, insolent avec celui à qui il est nécessaire, inconstant, paresseux, patient dans ce qu'il faut souffrir pour exercer sa vengeance ; avare, libéral etc, car je ne finirais pas. Le caractère de ces insulaires est un composé bizarre de ceux des Sarrasins, dont ils conservent quelques superstitions et cérémonies ; des Espagnols, dont ils ont la rodomontade et la vanité ; de l'Italien, dont ils pratiquent les ruses et le peu de sincérité ; oserais-je le dire ? des Français, dont il a l'inconstance.

C'est avec ces idées que le commerce que j'ai eu avec les Italiens et les Corses m'a inspirées que j'ai traité les différentes affaires dont vous m'aviez chargé, M., à Ajaccio. J'ai déjà eu l'honneur de vous rendre compte de ce qui concerne mes demandes au marquis de Soprani, et sur quoi on peut s'assurer au sujet des fourrages etc. Je joindrai à la fin de ce mémoire un état des chefs et principaux nobles de la partie de là des monts, un tableau des troupes que la République y a, et une espèce d'itinéraire détaillé et projets d'opérations, avec les plans d'Ajaccio et autres. Si vous le souhaitez Monsieur, je prendrai le marquis de Soprani, et le vice-consul d'Ajaccio. Je suis aussi en état de vous donner une description de tous les différents villages qui composent les pièves de là des monts, et même de toute l'île, mais il me faudrait quelques jours pour rédiger mes observations et mémoires que j'ai vérifiés dans le tour de l'île que je viens de faire.

Je passe présentement aux ordres dont vous m'avez honoré au sujet de la formation de compagnies corses au service de la France. Mme Colonna Rossi, à laquelle vous m'avez recommandé de m'ouvrir plus particulièrement sur ce projet, est plus jeune et plus aimable qu'on ne vous l'a dépeinte ; je doute que les Français qui l'ont pratiquée aient pu juger sainement de son caractère et de son esprit ; elle ne sait pas le français et m'a assuré qu'aucun d'eux n'a pu lui parler italien ; elle a le maintien réservé et poli avec dignité ; elle parle peu et assez bien ; l'air insinuant et de franchise corse, contre lequel on doit toujours être en garde ; avançant des faits ou des oui-dire pour vous entraîner ; elle ne déguise pas à ceux de qui elle ne croit pas devoir se défier son mépris et son antipathie contre les Génois ; elle témoigne le contraire pour les Français. Elle passe pour habile dans l'intrigue et accréditée parmi les Corses de là les monts ; elle y est respectée, mais je n'ai pas eu occasion d'être convaincu par des faits. Elle m'a lâché qu'après la publication du dernier règlement, les partis de Bastelica, Bocognano et d'Arbitreccio, contraires à la République, l'avaient consultée pour la remise des armes ; qu'elle leur avait fait dire d'attendre, tant pour savoir ce que feraient les autres (1) qui les molesteraient, si elles ne se soumettaient pas, que pour d'autres raisons qu'elle n'a pas voulu me dire, qui peuvent être de se conserver un parti qui la mette en état de se rendre nécessaire. On vous l'a caractérisée, Monsieur, pour une seconde duchesse de Chevreuse ; peut-être lui a-t-on fait trop d'honneur. Je ne sais si on a fait à un prêtre, singe du cardinal de

---

(1) Mot laissé en blanc.

Retz, tout celui qu'il m'a paru mériter. C'est un homme de 55 à 60 ans, nommé Michelangelo, dit Zicavo, nom du lieu de sa naissance ; il est recteur du Séminaire d'Ajaccio ; il ne quitte pas Mme Colonna, il est son Argus et conseil ; cet homme a un maintien sage et prudent, parle avec beaucoup d'aisance et en termes propres à se faire entendre ; passionné contre la République, approuvant la rébellion et blâmant la conduite des rebelles ; prévoyant, délié, je le crois très capable de conduire une intrigue avec prudence. Mme Colonna dont il se sert, le couvre et le rend plus insinuant.

Le projet des compagnies corses m'a paru fort de leur goût, etc.

Je suis très persuadé que Madame Colonna et le recteur feront tout ce qui dépendra d'eux pour être utiles et exécuter ce que les Français en exigeront. La dame a du crédit dans les pièves d'Istria, de Celavo et de Cauro ; le recteur conduit celle de Talavo. Le prévôt de Zicavo, chef important dans la seule paroisse duquel il y a mille hommes d'armes, est son proche parent et a grande confiance en lui. Je joindrai à cette lettre copie de celle que la dame a écrite à son frère et le recteur au prévôt de Zicavo, pour disposer la levée des compagnies; ils prétendent avec raison qu'il faut faire naître en un Corse le désir de ce qu'on souhaite de lui, même par des difficultés, afin de l'échauffer davantage.

Ils observent que l'autre côté des monts ne secourra point cette partie, que tout au plus 150 bandits pourront courir aux endroits où ils imagineront pouvoir piller.

Ils croient qu'il serait à propos d'envoyer 4 à 500 hommes à Ajaccio, tant pour faire connaître que la France, qu'ils ne peuvent se persuader prêter sérieusement du secours à la République, s'y intéresse réellement, que pour couvrir les foins que l'on fera à Campo de l'Oro que les rebelles voudraient insulter et ravager ; ils pensent que quelques hussards seraient aussi nécessaires.

Ils m'ont assuré, ainsi que beaucoup d'autres, que si les armes étaient demandées au nom et par des officiers de France, on ne trouverait pas de difficulté à la remise, en ayant attention cependant aux inimitiés; c'est-à-dire de commencer le désarmement par les parties offensées.

J'ai vu aussi Arrighi, en conformité de vos ordres, Monsieur; sans vous ennuyer du détail de notre longue conversation à Sagone, voilà ce que j'ai appris de cet homme par lui-même et par d'autres.

Ignatio Arrighi, dit Casanova, etc. (Le reste manque).

L'effet de cette entrevue et la défiance républicaine me dégoutèrent de voir Durazzo que le vice-consul me pressait d'entretenir en passant au golfe de Valinco. J'avais précédemment pris des informations à son sujet ; je crois qu'il est à propos, Monsieur, que j'aie l'honneur de vous les communiquer.

Michel Fossano, dit Durazzo (du nom du parrain de son père, de la maison Durazzo de Gênes), se déclara le 13 avril 1736 principal chef des rebelles de la province de la Rocca dont Sartene est le chef-lieu ; il créa des colonels, capitaines etc., pour soutenir son parti ou plutôt celui de Théodore, car c'est positivement dans le temps de son arrivée dans l'île, ce qui prouve qu'elle était entendue et concertée. Durazzo s'érigea en vice-roi, rendait la justice au peuple, châtiait par des incendies, meurtres, etc, ceux qui ne voulaient pas suivre son parti. Joseph Marie Canioni, piévan de Sartene, m'a dit que Durazzo avait fait ses efforts pour le faire écrire en faveur de la rébellion et rétracter l'ouvrage qu'il avait fait contre en 1733, du commencement du trouble dans lequel Durazzo ne trempait pas alors ; qu'il exigea qu'il assistât à tous ses conseils, en qualité de théologien, favorisât ses manœuvres, usant avec lui des mêmes cérémonies dues aux commissaires généraux, comme l'encens, l'eau bénite etc ; que lui, piévan, bon et fidèle sujet de la République, ne voulant rien faire contre son devoir, prit le parti de s'échapper de nuit, que Durazzo pilla tout ce qui était dans sa maison.

Par des informations que j'ai prises d'ailleurs, il m'a été dit que la retraite de ce piévan était une ruse concertée, afin d'avoir quelqu'un à Ajaccio qui, par une telle manœuvre, eût la confiance des ministres de la République et pût servir efficacement le parti de Théodore et donner des avis sûrs ; que le rusé piévan a obtenu des grâces de la République pour cette action, et que néanmoins il a reçu ses revenus et dîmes, ainsi que ses effets, à l'exception de quelques livres et mauvais meubles, que Durazzo avait fait brûler pour donner plus d'éclat à cette fourberie. Dans le vrai, lorsque le piévan m'a parlé, malgré ses écrits pour la République dont il m'a donné des copies, il n'a pu s'empêcher de me lâcher des traits contre le mauvais gouvernement des ministres de Gênes, et il m'a paru avoir de l'attachement pour Durazzo. Si les mauvais traitements qu'il prétend avoir reçus de ce chef avaient été sérieux, en aurait-il reçu des lettres pareilles dont j'ai gardé deux copies ?

Les affaires de Théodore allant mal dans l'île, le parti de Durazzo s'affaiblit. Ils furent contraints l'un et l'autre de s'échapper et de passer en terre ferme. Théodore resta quelque temps à Livourne ; Durazzo fut à Naples où il a demeuré environ une année, dans l'espérance d'y obtenir quelque emploi. N'ayant pu réussir, il est revenu en Corse environ 6 mois avant que les troupes de France y arrivassent. Il apporta au chanoine Orticoni des lettres de la Cour de Naples, qui demandait au chanoine un certificat sur la naissance du dit Durazzo qui s'était dit gentilhomme pour obtenir le brevet de Colonel et l'agrément de lever un régiment Corse. Ce certificat fut accordé, mais la Cour de Naples, mieux informée d'ailleurs apparemment, est restée muette.

Quelque temps après l'arrivée de feu M. le comte de Boissieux, Durazzo lui a offert ses services, a tâché de se rendre nécessaire et s'est fort intrigué, mais sans prouver par des faits ses belles protestations.

Durazzo crut devoir tenter la voie du commissaire général d'Ajaccio (car son principal but est la restitution et réparation de ce qui lui a été pris et brûlé). Il écrivit à la fin de 1738 une lettre de soumission au marquis de Soprani, qui chargea le piévan de répondre qu'il conservât et prouvât son repentir etc. Il écrivit aussi au piévan ainsi que beaucoup d'autres de Sartene pour lui faire instance qu'il retournât les conduire. Ce piévan assure qu'ils sont dans de fort bonnes dispositions ; il se fait fort de leur faire exécuter tout ce qui sera prescrit au nom de la France. Il convient cependant que Jean Félix Panzani, du lieu d'Altagene, pièvc de Tallà, persiste dans la rebellion avec une vingtaine de ses parents et pâtres, mais qu'il ne tiendra pas contre ce que fera le reste de la province. Cependant depuis 5 mois que le piévan est pressé par sa paroisse de retourner et que M. de Soprani le lui dit, il reste toujours à Ajaccio. Je l'ai exhorté moi-même à cette démarche etc.

La crainte que j'ai, Monsieur, d'omettre quelque chose qui puisse être essentiel rend ce détail très ennuyeux, ce qui me fait supprimer beaucoup d'autres circonstances ; mais la connaissance de ceux avec qui on peut avoir affaire est si importante que j'ai cru devoir m'y attacher. J'aurai l'honneur de vous remettre incessamment les pièces citées dans ce mémoire et ne perdrai pas un instant pour les mettre en ordre.

Je suis etc.

M. G. — Registre 2889.

Amelot à Maillebois.

Versailles, le 26 mai 1739.

J'ai reçu, M., la lettre que vous m'avez fait l'honneur de m'écrire le 25 avril avec la copie de celles de Théodore aux chefs des rebelles qui ont été interceptées. J'ai peine à ajouter foi au rétablissement du consul de Hollande. A l'égard des teneurs de livres, qu'on dit avoir été emprisonnés à Amsterdam, je ne vois point à quoi cela pourrait avoir rapport, et je crois qu'il sera difficile de rien avoir d'assuré sur ce point.

M. D'Angervilliers m'a communiqué une lettre de M. de Villemur par laquelle il lui marque qu'il s'est emparé du poste de Corbara, qui gêne beaucoup les mécontents. J'espère qu'ayant pris connaissance des lieux, vos opérations pourront être plus efficaces que celles qui ont précédé.

(M. A. E. — Corse, Vol. II).

Proclamation du Marquis de Maillebois.

Jean Baptiste François, marquis de Maillebois et Blevy, Baron de Châteauneuf en Thimerais, Marquis d'Alegre, seigneur du Coudray, Feuilleuse, Neuville, Chatincourt, Auterives, Saint Mesme et autres lieux; chevalier des ordres du Roi, lieutenant général de ses armées, Maître de sa Garderobe, lieutenant général de la Province de Languedoc, gouverneur des ville et château de Douay, commandant en chef les troupes de Sa Majesté Très Chrétienne dans l'isle de Corse.

In conseguenza dell'autorità a noi transmissa dal Re Cristianissimo, e ancora per far conoscere a tutti li popoli della questa Isola l'infinita clemenza del questo monarca, noi habiamo judicato che prima d'agire per il rigore e crudeltà della guerra contra li suddetti popoli, fusse più conveniente per loro di pubblicare il questo aviso infra scritto della parte del suddetto Re.

Sua Maestà Cristianissima essendo stata informata che alcuni abitanti dell'Isola scordandosi di quel che devono alla loro patria, cercano di perpetuare i tumulti e che per riuscire ne' loro perniciosi dissegni, hanno tentato tutti li modi possibili per ascondere ove alterare il regolamento fatto da Sua Maestà, col concerto dell'Imperatore per la pacificazione del paese, che hanno anche affettato di far correr la voce che la garanzia stipulata da Sua Maestà non era nè stabile nè reale, volè ben attribuire a questa seduzione la temerità che hanno avuto alcuni habitanti di commettere degli atti d'ostilità contro le sue truppe.

Ma perchè nel medesimo tempo non vuol confondere coi colpevoli le persone da bene che gemono sotto la tirannia di alcuni di quelli che si sono arrogati l'autorità, Sua Maestà ci ha ordinato noi di far conoscere per l'ultima volta che la felicità e tranquillità del paese è l'unica la sua mira e di dichiarare novamente che si fa formalmente garantia ed a suo nome dell'esecuzione di tutti gli articoli che sono stati o che saranno regolati da Sua Maestà per la pacificazione dell'Isola, e in conseguenza esortiamo tutti gli abitanti di prevenire con una pronta ubbidienza le disgrazie delle quali sono minacciati: Facendo sapere che nelli termini fissati dal suddetto generale da contarsi dalla data del presente avviso, riceveremo sotto la protezione del Re tutte le ville, pievi e comunità che verranno a sottomettersi all'equità e clemenza di Sua Maestà, ma che, passato quel tempo, agiremo colla forza e secondo i rigori della guerra contro quelli che persisteranno nella rivolta.

Fatto in campo S. Nicolao, 13 giugno 1739.

Le Marquis DE MAILLEBOIS.
Par Monseigneur, FARCONET.

(M. G. — Registre 2889).

Antonio Colonna, un des ôtages, au cardinal de Fleury pour le prier de faire remettre en liberté son père, emprisonné depuis 10 ans dans la tour de Gênes.

De la citadelle de Marseille, 3 juillet 1739.

(M. A. E. — Corse, Vol. II).

Extrait de la lettre de M. d'Angervilliers à M. le Marquis de Maillebois.

Compiègne, 26 juillet 1739.

Je crois de plus en plus que nous touchons au moment de la fin des affaires de Corse. Je vous ai supplié d'aviser à la forme de gouvernement civil que vous croiriez devoir être établi sur ces peuples. Je vous en demande autant pour le militaire. Le Roi a résolu d'y laisser des troupes en nombre suffisant pour se faire respecter. On imagine ici que six ou huit bataillons pourront suffire en les distribuant à Corte, Bastia, Calvi et Ajaccio, au moyen de quoi on retirerait le reste de l'infanterie et les hussards. Il serait juste que le pays fît un traitement à ces troupes de façon qu'il n'en coûtât au Roi que la simple solde. Il faut aussi choisir les sujets pour le commandement et la police. Je vous demande vos réflexions et votre avis sur tous ces points.

(Id.).

Mémoire sur la Corse
envoyé par M. le Marquis de Maillebois.

2 août 1739.

La Corse que l'on doit regarder dès à présent comme soumise, quoiqu'il y ait encore une piève qui résiste et qui sera désarmée aussi parfaitement qu'elle le peut être, ne saurait être contenue dans l'état de tranquillité durable que les peuples et les souverains doivent désirer, si l'on n'y établit pas une nouvelle forme d'administration politique qui puisse l'assurer solidement.

Cette forme d'administration ne peut y être suivie et soutenue sous l'autorité des anciens souverains ; ce principe est aisé à démontrer par l'examen des raisons qu'on détaillera ci-après.

Il faut donc que cette administration soit soutenue par l'autorité d'une puissance redoutable aux peuples auxquels elle sera prescrite, et qui en même temps impose assez aux Génois auxquels on suppose qu'on conservera la souveraineté de l'île, de manière qu'ils ne puissent faire un usage de ce droit de souveraineté reconnue qui puisse porter atteinte aux établissements faits pour le maintien de cette administration, et aux conventions sous lesquelles cette république aura consenti de recouvrer la souveraineté sur ses peuples, dont depuis 20 ans, elle n'a pu faire aucun libre exercice.

En conséquence, on divisera ce mémoire en trois parties. Dans la première on fera connaître l'impossibilité de contenir les peuples de la Corse dans la tranquillité désirable pour eux et pour leur souverain, sans y établir une nouvelle forme d'administration, du moins sur plusieurs parties du gouvernement. — Dans la seconde on fera voir l'impossibilité où sont les Génois de suivre et soutenir cette administration par leurs propres forces. — Dans la troisième, on fera voir la nécessité d'admettre l'autorité et la garantie d'une puissance redoutable aux peuples et qui puisse imposer aux Souverains auxquels on restituera cette île, de façon qu'ils ne puissent jamais s'écarter des conditions auxquelles ils se seront astreints pour le maintien des règlements qui auront été établis, et en conséquence d'admettre l'autorité de la France.

1re PARTIE.

(Pour démontrer l'impossibilité de contenir les Corses dans la tranquillité sans y établir une nouvelle forme de gouvernement de la part des Génois, il n'y a qu'à réfléchir un moment : 1º sur leur faiblesse ; 2º sur leur forme de gouvernement telle qu'elle est administrée dans toutes les parties ; 3º sur les connaissances que les Corses ont acquises sur tous ces points par lesquels ils ont connu les avantages qu'ils en pouvaient prendre sur leur souverain).

Première réflexion. — La faiblesse des Génois en général et celle de leurs troupes a été manifestée dans cette révolte, au point que dans toutes les occasions où elles se sont présentées contre les rebelles qui ne sont rien moins que redoutables, elles ont toujours eu du désavantage. Lorsque les rebelles assiégeaient ou pour mieux dire bloquaient leurs places, la terreur s'emparait des chefs ainsi que des troupes réglées ou des milices soudoyées au point qu'elles n'osaient faire la moindre sortie de leur fort, par lesquelles en attaquant les rebelles à l'arme blanche, elles auraient été assurées de les écarter et de les rebuter. De la mollesse de ces troupes on doit inférer que, puisqu'elles n'osaient hasarder des manœuvres aussi sûres, elles n'oseront jamais entreprendre de déposter la plus petite troupe de rebelles, lorsqu'ils seront établis dans les postes avantageux, où la situation de leur pays leur donne toute facilité de s'établir à chaque pas. Si l'on voulait s'étendre sur ce qui s'est passé à cet égard dans les sièges et blocus de Bastia, de S. Fiorenzo et d'Ajaccio, il faudrait un volume, et il serait superflu d'en faire ici le récit.

Seconde réflexion. — La forme du gouvernement génois est trop connue en général pour faire ici une longue digression sur cet article, et les allures et finesses et faussetés politiques qui en sont la base en présentent du reste tous les défauts. Les membres qui composent les différents conseils de cette République ne sont occupés que d'un vil intérêt et du soin d'acquérir *per fas et nefas,* pour être en état de soutenir la vanité ridicule qui est attachée au génie génois ; mais malgré cette vanité, il n'y a aucun membre, de quelque naissance qu'il soit, qui ne saisisse avec ardeur l'occasion de faire quelque gain dans toutes les espèces d'entreprises, mêmes aux dépens de ses compatriotes. Ce goût d'acquérir par toutes sortes de voies va jusqu'au point de travailler sans aucun scrupule à procurer la grâce des criminels les plus affreux, lorsque le criminel est en état de la payer d'une certaine somme. De là naît l'impunité du crime auquel les particuliers se livrent sans contrainte, même dans la partie de cette souveraineté qui est en terre ferme.

Cette impunité a été bien plus ouvertement admise en Corse ; les deux commissaires généraux de la République qui y résidaient et qui commandaient, l'un dans la partie d'en deçà les monts et l'autre dans la partie d'en delà, faisaient pour la plupart l'infâme commerce de ces grâces, et il ne serait pas difficile d'en citer plus de dix mille exemples pendant dix ans, pendant le cours desquels il y a eu vingt-huit mille meurtres commis dans cette île.

Les Corses, autorisés par cette impunité à satisfaire la passion de vengeance qui domine chez eux sur toutes les autres, allaient ouvertement chez les susdits commissaires négocier la sûreté de la grâce de l'assassinat qu'ils méditaient, et après en avoir conclu le marché, ils le commettaient impunément. C'était un des principaux revenus de quelques-uns de ces dits commissaires qu'il est inutile de citer, et ils en usaient de la même manière sur les procès que les particuliers avaient entre eux pour leurs possessions.

De cet exposé fidèle il résulte qu'on ne peut ni ne doit être surpris si les Corses, gouvernés sous de telles maximes, se sont livrés au goût du meurtre, et ont pris le parti de se faire justice eux-mêmes.

Troisième réflexion. — Ces maximes les ont confirmés dans le goût d'indépendance et d'égalité qui leur est naturel ; on n'a plus connu de supériorité dans cette île que celle qui y a été établie par le plus fort et par l'exercice fréquent du meurtre qui rendait le plus redoutable celui qui en avait commis le plus grand nombre. La crainte de l'autorité souveraine ne retenant plus les sujets, les particuliers des communautés les plus considérables qui avaient su se faire craindre par leur licence s'arrogeaient aussi le droit de disposer des offices principaux, comme Podestats et Pères des communes, et le peu de règle qui s'observait pour les répartitions desdites communautés ne pouvait avoir lieu que par leur consentement. De ces désordres s'est suivi la création des chefs qui, ayant imposé par leurs crimes à un certain point, se formaient des partis considérables qu'ils appellent ligues dans ces pièces ; ils y engageaient par préférence toute leur parenté et avec cette union ils faisaient la guerre non seulement à leur souverain, mais même se la faisaient entre eux sous prétexte d'être *inimico di sangue*, en conséquence de quelque meurtre commis en la personne d'un ou plusieurs particuliers de leur famille. Les peuples, accoutumés à cette autorité usurpée et jamais réprimée par le souverain, se sont crus d'autant plus fondés à mener ce genre de vie et à se soustraire de toute espèce de joug, qu'ils ont reconnu la faiblesse de leurs maîtres la timidité de leurs troupes pour soutenir leur autorité ; et le sentiment de haine, suite de l'indépendance et du défaut de discipline s'est emparé de leurs cœurs, et celui du mépris s'y est joint, qui a nourri parfaitement cette haine.

Indépendamment des mauvaises manœuvres des troupes, par lesquelles elles ont fait naître ce mépris, les officiers qui les commandaient y ont encore contribué par leur infâme commerce ; ils vendaient sous main aux rebelles les munitions et les souliers que la République fournissait pour leurs soldats.

De la lecture de ces détails, on peut donc juger aisément que les Corses ont pris des connaissances bien justes de tous les avantages que la mauvaise administration de leurs souverains et la mauvaise conduite de leurs troupes les mettaient en état de prendre sur eux, et l'on en doit conclure que la règle et la discipline ne peuvent être rétablies chez ces peuples sans leur assurer par une nouvelle forme d'administration la tranquillité qu'on veut leur procurer.

2ᵉ Partie.

(dans laquelle on fera voir l'impossibilité où sont les Génois de suivre et soutenir cette administration par leurs propres forces).

L'on croit avoir démontré assez clairement dans la première partie la nécessité d'établir dans l'île de Corse une forme d'administration sévère et suivie et avoir fait connaître bien sensiblement l'impuissance où sont les Génois d'en soutenir l'exécution par leurs propres forces, pour pouvoir persuader aisément la nécessité où ils sont aujourd'hui même pour leurs propres intérêts d'y admettre une puissance étrangère dont l'autorité impose aux peuples, et dont la protection et la garantie puisse leur faire sentir qu'on est déterminé à en suivre l'exécution avec la plus grande sévérité.

L'impuissance des Génois, quoique assez clairement prouvée, ne sera pas convenue de leur part, leur vanité s'y oppose, mais elle n'est pas moins réelle, et ceux qui, malgré cette vanité ridicule, se livrent à la bonne foi, ne refusent pas de convenir qu'ils n'ont pas les forces suffisantes. De ce sentiment, naît le goût de la destruction de ceux qui habitent l'île dans l'espérance de les contenir, lorsqu'ils seront en petit nombre, sans des efforts extraordinaires, sans des secours d'une puissance étrangère, et de satisfaire cette vanité par la jouissance du titre de royauté qui ne serait fondé alors que sur la possession des rochers de Corse.

La haine et le mépris des peuples qui les habitent et l'impuissance de leurs souverains les confirment encore plus dans cet esprit, et comme l'introduction d'une puissance étrangère leur ferait toujours craindre la perte de cette possession et de ce titre, il faut s'attendre qu'ils se prêteront difficilement aux mesures qui pourront leur être proposées par la puissance déclarée protectrice de l'ordre et de la discipline qu'on voudrait y établir.

A leur impuissance réelle se joignent encore plusieurs raisons qui la font sentir bien clairement ; leurs troupes, dont le secours pourrait maintenir l'autorité, sont peu nombreuses et si mal composées qu'ils n'y peuvent pas parvenir. L'esprit de cette république n'est point d'instruire aucun de ses sujets au service militaire, ni de l'envoyer pour cet effet s'y former dans les pays étrangers ; elle craint au contraire d'avoir des sujets qui s'y distinguent, de là vient la nécessité d'en chercher ailleurs ; la fortune qu'un officier peut faire au service de cette république ne saurait tenter infiniment ceux qui ont quelques talents, et par conséquent ils ne s'y engageront pas ; moyennant quoi elle ne peut avoir à son service que des sujets de rebut, d'extraction peu connue, de talents et de facultés très médiocres.

Il y a encore une circonstance dans leur administration militaire qui y autorise un esprit d'usure et d'avarice, lequel influe infiniment sur la mauvaise conduite de l'officier dans ses actions, La République lui remet tous les mois assez régulièrement la solde entière de sa compagnie, et pour que le prêt s'en fasse exactement tous les dix jours aux soldats, elle laisse la liberté à l'officier de retenir dix pour cent, afin de l'indemniser par cette usure de l'avance qu'il fait à sa compagnie.

Cette conduite fait juger à l'officier et au soldat que le souverain n'est pas en état de payer exactement, et par conséquent le décrédite dans l'esprit de cet officier; il voit de plus par sa propre expérience que, si la Corse est une fois soumise, la République n'entretiendra pas le même corps de troupes; qu'elle n'a fait dans ses places que des établissements en idée, et par la seule nécessité de les mettre à l'abri de quelques coups de main de la part des rebelles; moyennant quoi il se livre au service sans aucune émulation et dans la seule vue d'amasser quelque petite ressource pour l'avenir.

Les rebelles, qui connaissent cette mauvaise économie militaire et qui ont éprouvé la faiblesse de ces troupes, ne sont point effrayés de leurs menaces ni de leurs opérations, et disent publiquement que, si les Français sortent de l'île, ils n'ont pas besoin d'armes pour en chasser les Génois, que les bâtons seuls leur suffisent, que c'est pour cette raison qu'ils ont rendu leurs armes sans aucunes représentations, n'en ayant pas besoin même pour s'opposer aux exactions de la République.

Il faut cependant convenir que ce terme d'*exactions*, marque l'injustice des peuples; la République ne les charge point; l'imposition qu'elle repartit sur chaque feu est tout au plus médiocre, mais lorsque les peuples sont accoutumés à l'indépendance et à l'impunité et qu'ils sont aussi foncièrement paresseux que le sont les Corses, ils trouvent toujours qu'ils sont surchargés.

De cet exposé on peut conclure que les Génois sont dans l'impuissance de soutenir par leurs propres forces la bonne administration qu'on veut établir en Corse, et par conséquent qu'il la faut soutenir et faire exécuter par le secours d'une puissance étrangère.

3ᵉ Partie

(dans laquelle il est question de prouver la nécessité d'admettre l'autorité et la garantie d'une puissance redoutable aux peuples et qui puisse en imposer aux souverains auxquels on restituera cette île, de façon qu'ils ne puissent jamais s'écarter des conditions auxquelles ils seront astreints pour le maintien des règlements qui y auront été établis, et conséquemment d'admettre l'autorité de la France).

Le titre de cette partie fait sentir aisément de quelle importance il est de présenter dans le jour le plus clair la discussion de tous les points qu'elle embrasse, et l'on commencera par une question dont on supposera en même temps la réponse pour pouvoir les traiter relativement aux termes de *nécessité* et d'*utilité* qui sont la matière de la question et de la réponse supposée.

L'on demandera d'abord si le Roi a cru la conquête de la Corse utile à ses intérêts, et s'il a jugé qu'il y eût en conséquence nécessité de le faire pour empêcher une autre puissance considérable de s'y établir soit par accommodement avec les Génois, soit en l'usurpant sur eux et du consentement des peuples révoltés, ou s'il a voulu faire cette conquête à ses dépens et gratuitement pour les beaux yeux des Génois.

Comme il n'est pas permis de supposer que le Roi ait voulu prodiguer le sang de ses sujets et faire des dépenses aussi considérables que celles qu'il a faites à ce sujet, dans la seule vue de plaire aux Génois, qui par leur conduite ancienne et moderne n'ont jamais témoigné un attachement bien sincère pour sa couronne, on ne peut se refuser de conclure qu'il a jugé cette conquête utile à ses intérêts ou qu'il l'a faite par la force de ses armes pour empêcher une puissance considérable de s'y établir.

S'il a agi suivant ces deux suppositions, il doit prendre les mesures les plus justes et les plus sûres pour remplir celui de ces deux objets qu'il jugera le plus convenable, et même tous les deux, parce que l'un est une conséquence de l'autre ; il est d'autant plus fondé à suivre ces objets, 1º parce que s'il les abandonne, il court risque évidemment d'en éprouver de très grands inconvénients pour la liberté de son commerce dans la Méditerranée ; 2º parce qu'il a des moyens fort légitimes à employer pour prouver le droit qu'il a de les suivre, sans avoir à essuyer le reproche d'avoir profité des avantages que le plus fort a toujours sur le plus faible, et l'on espère de prouver dans la suite de ce mémoire que le Roi peut faire valoir ses droits sans être taxé d'injustice.

Ils deviendraient encore plus forts, s'il était permis de supposer que le Roi ait fait les frais de cette conquête uniquement pour plaire aux Génois, puisque dans ce cas il serait regardé comme un prince qui fait présent à un autre d'une conquête qui lui appartient, mais qui par conséquent en faisant ce don a pu se conserver la faculté d'en réserver la portion qui peut convenir à ses intérêts, et tel est certainement aujourd'hui l'état du Roi de France avec les Génois par rapport à l'île de Corse.

De cette dissertation, il s'ensuit 1º l'obligation de prouver dans le reste du mémoire encore plus fortement qu'on ne l'a fait ci-dessus, la justice des droits acquis par le roi dans cette île ; 2º l'utilité qu'il trouve de la conserver pour ses intérêts ; 3º la nécessité de sa possession pour empêcher une autre puissance considérable de s'y établir ; 4º de présenter des moyens honnêtes et admissibles de remplir toutes ces vues avec sûreté en conservant la souveraineté de l'île à leurs anciens maîtres, et pour la plus grande intelligence du mémoire, on divisera en quatre chapitres le reste de cette partie.

Chapitre Premier.

Sur la justice des titres en vertu desquels le roi peut s'approprier certaines parties de l'Ile.

Quoique le prétexte ci-dessus établi pour s'approprier une partie de l'île de Corse ne paraisse pas fondé sur les principes les plus austères du droit public, il faut cependant convenir qu'il est permis à un souverain, du moins autorisé par les exemples, de prendre contre son voisin les mesures les plus assurées pour que l'usage des possessions qui l'avoisinent ne porte point préjudice au commerce et au bien de son Etat, surtout quand le souverain voisin s'est lié les mains, ainsi que la République de Gênes l'a fait par des traités antérieurs avec la France sur l'étendue de son commerce, le nombre et la qualité des bâtiments de guerre qu'il peut y employer à le protéger.

De ce principe on peut tirer sans injustice le droit de prendre les mesures ci-dessus proposées et se mettre en état de prévenir par la possession qu'on jugera la plus utile de certaine partie de l'île de Corse, les préjudices que cette République pourrait porter au commerce de France, soit par une infraction formelle à ses anciens engagements ou augmentation de ses forces maritimes, soit par des accords secrets avec quelque puissance considérable à laquelle on pourrait céder les possessions qui lui seraient les plus utiles à son commerce et les plus nuisibles à celui de France.

Ce qui s'est passé dans les deux derniers mois de 1737 à cet égard, et dont il est inutile de rappeler toutes les circonstances qui n'ont été que trop connues du ministre et dont l'auteur du mémoire a encore en main une preuve plus particulière par la copie du projet de vente de la Corse dressé par le chanoine Orticoni, mais auquel la République prétend n'avoir aucune part, prouve sensiblement qu'il faut s'assurer le plus qu'il est possible contre toutes les opérations d'infidélité qui pourraient survenir.

Ces réflexions autorisent de reste à prendre des mesures pour l'avenir, et si les possessions de l'île occupées en conséquence présentent un objet qui tienne un peu trop du despotisme, il est au moins bien balancé par la nécessité d'éviter les inconvénients ou pourrait jeter la conduite que les Génois ont tenue en 1737.

Si le Roi est dans le cas dans lequel toutes les lois du droit public permettent de l'envisager ainsi que je l'ai dit ci-dessus, il doit être regardé aujourd'hui par les Génois comme donataire d'un grand domaine et par conséquent en droit de s'en réserver la portion qui convient à ses intérêts. Ils diront peut-être que ce n'est pas là les conditions sur lesquelles ils ont appelé la France à leur secours ; qu'ils sont convenus qu'en lui fournissant deux millions en espèces et en entretenant en outre à leurs dépens trois mille hommes de troupes réglées dans l'île, le Roi s'est chargé de leur soumettre la Corse ; qu'ainsi la soumission de l'île et le désarmement en étant fait, ils doivent entrer dans toute leur souveraineté.

A ces arrangements on pourrait répondre, 1º, par comparaison, que le traitement des troupes françaises a été fort différent de celui des troupes impériales qui y ont été admises au commencement de 1732, tant par la différence des commodités qui ont été fournies à ces dernières soit en voitures ou autres secours que par le dédommagement des pertes souffertes dans les actions, et on ajoutera que les opérations militaires faites dans cette île par les Impériaux n'ont abouti qu'à une soumission idéale et un désarmement fictif, et qu'au contraire par les opérations des troupes françaises, la soumission est bien réelle, et le désarmement bien complet, quoiqu'on puisse assurer avec vérité que les habitants de la Corse étaient dans ces temps bien plus déterminés à la révolte, plus aguerris, mieux armés et en plus grand nombre.

2º On peut répondre, sans insister, si l'on veut, sur cette différence, que les Génois ont manqué dans un point capital à leur engagement : c'était celui d'avoir 3,000 hommes de troupes réglées effectifs ; ils n'en ont jamais eu 2,500 ; ils avaient même été obligés pour compléter en apparence le nombre convenu, de lever un bataillon de milices corses ; il n'a subsisté que très peu de temps, ensuite a été licencié sans le consentement de la puissance médiatrice, et pour éviter le juste reproche que cette république mériterait à cet égard, elle a formé *ab hoc* et *ab hac* des compagnies de Corses fidèles et réfugiés chez eux, et auxquels, avant de les établir dans cette forme, elle fournissait le pain simplement. Ces sortes de compagnies n'ont pas servi plus utilement que le bataillon ; on ne pouvait se fier aux soldats, ni aux officiers qui les composaient, et on peut assurer avec vérité que dans les différentes actions on n'a tiré aucun service bien utile en général tant de ces compagnies que des troupes réglées ; le nombre n'en suffisait pas même pour les garnisons des places et des tours qui sont bâties autour de l'île pour protéger le pays contre les descentes des barbaresques, et de ces 3,000 hommes on n'en a jamais pu tirer 150 pour mettre en campagne, par la raison que dans le fort de Bastia, M. Mari en tenait pour sa garde ou celle du fort 800, dont il y en avait 600 de trop ; M. de Soprani en gardait encore davantage à Ajaccio, sans autre raison que la frayeur ou vanité ; 200 hommes suffisaient à Ajaccio.

3º En conséquence de cet exposé, on est fondé à répondre

aux arguments des Génois qu'ils ont manqué formellement à cet article de leur engagement ; que ce manquement a pu contribuer au retardement des opérations et que pour cette raison le séjour des troupes de France y a été plus long, le corps plus nombreux, puisque le général de ses troupes a été obligé avec l'agrément du Roi de former et soudoyer des compagnies de milices corses pour suppléer à ce déficit, de fournir en différentes occasions le pain aux 200 Calenzaniens fidèles, lorsqu'il en faisait marcher en campagne ; par conséquent ces différentes dépenses ont engagé le Roi à excéder de beaucoup les sommes fournies par la République, d'où il résulte qu'il est très fondé à entreprendre un dédommagement, quoiqu'il ne soit pas mentionné dans le traité. Les 3 escadrons de hussards et les miquelets qu'il a été obligé de joindre aux 16 bataillons demandés par les Génois, forment encore un article de dépenses qui autorise les répétitions qu'il peut faire, ainsi que l'établissement des chemins dont une grande partie a été faite aux frais du Roi.

4º Quoique les Génois se prêtent difficilement à l'aveu d'une vérité constante, qui est l'impossibilité de contenir les peuples de Corse par leurs seules forces, elle n'est pas moins réelle, et le Roi n'est pas moins en droit de la leur affirmer, et de cette vérité naît la nécessité et le droit d'y joindre son secours par des possessions.

Sans convenir de cette vérité, la République sent si parfaitement cette nécessité qu'elle n'a pas refusé, par un consentement tacite, de se prêter à la prolongation du séjour d'une partie des troupes françaises dans cette île ; elle y est si nécessaire que les Génois ne peuvent jamais se flatter d'y voir aucun établissement solide de justice, de police et de discipline, sans le concours de l'autorité du Roi et de ses forces ; elle y est seule respectée aujourd'hui et les commissaires généraux avouent tous les jours de bouche et par écrit au général français qu'on ne tient aucun compte de leurs ordres, s'il n'y joint les siens. La haine et le mépris que les peuples ont pour les Génois les éloignent de toute obéissance, et leurs troupes ne leur impriment aucune crainte.

Il faut donc rétablir parmi ces peuples l'esprit d'obéissance et de soumission ; cette opération ne se peut faire que successivement et il est démontré de reste qu'elle ne peut avoir de succès que par le secours de l'autorité du Roi, de sa protection et de ses forces ; d'où s'ensuit le séjour de ses troupes dans cette île ; le consentement qu'il donne de les maintenir à sa solde pour parvenir à la sûreté des établissements susdits forme un excédent de dépense à laquelle il n'était point engagé par le traité ; d'où il résulte qu'il s'acquiert un titre bien légitime d'en être indemnisé par la propriété des portions de l'île qui peuvent être utiles à la conservation et à l'avantage du commerce de son royaume.

Chapitre Second
Sur l'utilité dont peuvent être pour le Roi certaines possessions et celles qu'il doit désirer par préférence.

S'il est permis de se flatter que l'on ait prouvé assez clairement que le Roi ait acquis des titres bien légitimes de conserver des établissements dans l'île de Corse, on espère d'en démontrer l'utilité dans ce chapitre et pour y parvenir on propose, 1º de réfléchir sur la situation de cette île ; 2º sur celle de ses côtes et de ses ports ; 3º sur ses productions.

La situation de l'île de Corse présente des avantages trop marqués au commerce de la France avec le Levant pour qu'il soit nécessaire de s'étendre davantage sur ce point ; elle a été reconnue de tous les temps très propre à procurer un asile assuré aux bâtiments de la Méditerranée, lorsqu'ils essuyent des temps fâcheux dans la traverse qu'ils sont obligés de faire pour soutenir le commerce ; la sûreté de ses ports et de ses rades ou baies, ainsi que la bonté de ses différents mouillages a été si parfaitement examinée depuis le séjour que les bâtiments français ont fait autour de l'île dans différents parages, qu'on ne peut douter des avantages que les établissements présentent pour les différents relâches dont les bâtiments peuvent avoir besoin ; et comme il convient infiniment pour le service du Roi et l'utilité de son commerce du Levant, de trouver cet asile dans les meilleurs ports ou rades, et dans ceux qui se trouvent le plus à portée de leur chemin, on estime que les trois plus avantageux à occuper pour remplir cette vue, sont les ports de Calvi, d'Ajaccio et de S. Fiorenzo.

Ces ports ont des forts assez considérables ou citadelles essentielles à occuper, et que l'on peut rendre encore meilleurs qu'ils ne sont avec quelque dépense ; on en enverra des plans exacts ainsi que des ports ou rades, avec un état fidèle de tous les différents mouillages qu'on peut y pratiquer.

Le fort de Calvi est assez grand commodément pour contenir un bataillon et plus : le faubourg en contiendra facilement un demi ; il est susceptible d'augmentation. Il n'y a pas d'eau dans le fort, mais on peut y en faire venir sans une dépense extraordinaire ; il y en a beaucoup dans le faubourg.

Comme aujourd'hui cette place est la capitale de la Balagne, et qu'il convient de joindre aux établissements qu'on prendra quelques portions de domaines utiles, dont les productions puissent dédommager des frais à faire pour leur entretien et celui des troupes qu'il faut pour les garder, il convient infiniment aux intérêts du Roi de se l'approprier, et l'avantage en sera bien démontré dans l'article où l'on détaillera l'utilité des productions de l'île.

Ajaccio est la plus jolie ville de la Corse et la mieux située ; elle est petite, mais elle est peuplée et en très bon air. Le faubourg, qui est aussi grand pour le moins que la ville, n'est pas moins peuplé ; la place est fortifiée, mais très mal et au plus à l'abri d'un coup de main et ne peut être amélioré sans de grands frais. Avec le faubourg, elle peut, dans un besoin, tenir deux bataillons et la citadelle un demi. Elle a été commencée par le maréchal de Thermes ainsi que le port de Calvi ; elle est mauvaise et très petite, mais elle est susceptible d'amélioration sans des dépenses extraordinaires. Le port, ou pour mieux dire, la rade est très bonne ; les mouillages y sont sûrs et faciles, et les bâtiments à couvert des vents dangereux.

A douze ou quinze milles autour de cette place, le pays est ouvert et beau, le terrain admirable, et produit beaucoup avec le peu de culture qu'il éprouve ; il serait encore plus fertile s'il était mieux travaillé, et si les habitants savaient faire usage des eaux qui en sont à portée, et dont plusieurs parties manquent aujourd'hui, parce qu'ils ne veulent pas les distribuer, ou qu'ils ne veulent pas s'en donner la peine ; mais pour peu qu'ils s'intriguassent sur ce point, cette portion de pays serait abondante en tout, et il conviendrait infiniment d'en réunir la possession à celle d'Ajaccio ; elle contribuerait à une grande partie des dépenses que le Roi serait obligé de faire pour y maintenir un établissement.

S. Fiorenzo est la capitale du Nebbio, province de la Corse aussi abondante, aussi fertile et aussi peuplée que la Balagne ; mais cette ville a été quasi totalement détruite par les rebelles. De la place qui est dans une situation admirable et qui avait été bâtie en plusieurs parties, jusqu'au cordon [établi] par le maréchal de Thermes, il ne reste que les vestiges et partie des fondements des ouvrages avec un ancien donjon carré ou tour que les Génois occupent aujourd'hui ; le reste de la ville est fermé d'un mauvais mur crénelé. Il y a, à deux portées de fusil, la maison de l'évêque et son séminaire placé dans un village appelé Ste-Marie, totalement ruiné par les rebelles ; mais dans la maison du séminaire, on peut, en un besoin, caserner un bataillon. L'eau y est abondante et très bonne, et on peut sans grands frais raccommoder un canal qui la conduit à la ville.

L'air de ce lieu n'est pas bon pendant l'intempérie à cause du marais qui y a été formé par des extravasions de la mer mais qui se peut très aisément dessécher, et ce dessèchement y procurerait une très grande quantité du meilleur foin du monde.

Il conviendrait fort de joindre à la propriété de ce port, celle du reste de la province du Nebbio dont les productions en tout genre et particulièrement en huile, seraient quasi aussi abondantes et aussi utiles que celles de la Balagne. Il y a de S. Fiorenzo à Bastia 12 à 13 milles, faisant environ quatre grandes lieues de France, avec une très âpre montagne entre deux, appelée Montebello, où M. de Maillebois avait établi un très bon chemin.

Les productions de l'île de Corse sont de nature à être infiniment utiles pour les manufactures de savon en Provence, et de grande ressource pour les agrès nécessaires à la navigation. Il y a presque dans toutes les parties de l'île des huiles ; l'olivier y vient sans aucune culture et y est monstrueux ainsi que l'amandier, particulièrement dans la province de la Balagne et dans celle du Nebbio, qui elles seules en produisent autant que le reste de la Corse.

Les cires y font aussi un objet considérable ; les goudrons et les bois pour les mâtures y sont très abondants et de bonne qualité et l'extraction n'en serait pas fort coûteuse dans certaines parties. On y établirait sans dépense des forges qui produiraient du fer admirable, et dans le territoire voisin d'Ajaccio, il y a une abondance de vin considérable dont les marchands napolitains et romains paraissent fort envieux, ainsi que dans le Nebbio.

A toutes ces productions de l'île, on en ajoutera une troisième dont les peuples ne connaissent pas la bonté : c'est la laine de leurs moutons. A la vérité, ils sont tous noirs, mais elle est quasi aussi belle que celle d'Espagne, et si elle était bien apprêtée, elle formerait des draps de cette couleur qui n'auraient presque pas besoin d'autre teinture. Il y en a une abondance prodigieuse ainsi que des chèvres, et les peuples ne tirent autre avantage de ces laines que celui d'en faire, pour se vêtir, une espèce d'étoffe plus grossière que n'est le drap de Maurienne.

De tous ces détails on peut conclure qu'il est très utile pour les intérêts du Roi de posséder les parties de la Corse énoncées dans ce chapitre.

Chapitre Troisième.

Sur la nécessité de posséder les parties susdites de l'île de Corse pour empêcher une autre puissance de s'y établir.

La situation dans laquelle les princes qui partagent les principales souverainetés de l'Italie se trouvent aujourd'hui, engage, ce me semble, à des réflexions plus sérieuses sur la nécessité de ces possessions qu'on n'aurait peut-être fait dans un autre temps, et il paraît qu'elle mérite une attention assez particulière pour déterminer le Roi à ne pas négliger l'occasion présente. Le détail qui s'en suit en fera juger plus aisément.

Le Roi des Deux Siciles ne pensera peut-être plus à présent à occuper cette île par considération pour le Roi son cousin ; et attendu l'union qui règne aujourd'hui entre les deux branches de la maison de Bourbon, on ne peut présumer que le Roi d'Espagne donne à son fils les secours dont il aurait besoin pour faire cette conquête, s'il voulait l'entreprendre, et sans lesquels il n'y réussirait pas certainement ; mais comme personne ne peut répondre de l'avenir, il faut tâcher de tout prévoir, et quand on est une fois établi, on a plus beau jeu pour se maintenir.

Le Roi de Sardaigne ne sera peut-être pas si délicat ; l'île de Corse est fort à la bienséance de son triste royaume qui n'est pas parfaitement soumis, qui par son revenu ne le dédommage pas de la moitié des frais qu'il est obligé de faire pour soutenir le poids de cette royauté, et la Corse entre les mains d'un prince aussi habile vaudrait 3 ou 4 millions de revenu, charges déduites et un peu repeuplée. Les facultés présentes et l'état actuel de la France ne lui permettraient pas pour le présent d'y penser, si la France s'y opposait. Mais s'il recueillait un jour quelques-unes des successions qui le regardent, il serait peut-être bien tenté, et la prudence veut qu'on prévoie l'avenir autant qu'il est possible.

Si le Grand Duc venait à recueillir quelques-unes des successions qu'il lui est permis d'envisager, ou du moins une partie, il serait peut-être homme à penser à cette conquête et y aurait en ce cas plus de facilité qu'un autre par la possession d'une partie de l'île d'Elbe qui n'en est séparée que par un trajet de 15 lieues très aisé à faire presque en tout temps. Ces deux îles, réunies au même maître lui donneraient de grands avantages dans la Méditerranée pour la navigation et de grandes facilités pour y inquiéter ses voisins, s'il était en guerre avec eux.

Après avoir détaillé les raisons d'intérêt qui pourraient engager les plus puissants de l'Italie à former des projets pour la conquête de la Corse, il convient de discuter les craintes qu'on doit avoir de voir cette île passer en d'autres mains par les accords secrets que pourraient faire les Génois à cet égard, et d'y voir introduire un autre souverain par le choix des peuples révoltés, lesquels sûrement se soulèveront encore, s'ils ne sont contenus par une puissance supérieure, et conséquemment se choisiront un maître à leur fantaisie.

On ne rappellera pas ici les raisons qui donnent lieu à ces craintes ; on dira seulement qu'elles sont très bien fondées ; on ne répétera pas non plus ce qu'on a démontré sur l'impuissance où sont aujourd'hui les Génois de contenir les peuples de cette île par leurs seules forces ; mais sans faire la répétition de toutes ces observations, on conclura avec juste raison que, quand les Génois se trouveront au moment critique où ils seront forcés de reconnaître leur impuissance à ce sujet, ils ne balanceront pas à saisir les marchés les plus favorables qui leur seront offerts pour faire la cession de cette île, et qu'ils aimeront mieux la faire à tout autre qu'au Roi de France ; qu'ils lui ôteront même toute la connaissance du marché jusqu'à ce qu'il soit public nécessairement. Leur intérêt sera même de le faire promptement et secrètement, de peur que leurs peuples n'en fassent un autre de leur côté malgré eux.

De toutes ces réflexions, on peut conclure que le Roi est aujourd'hui dans la nécessité de conserver dans sa possession quelques parties principales de l'île de Corse, pour empêcher qu'elle ne passe entre les mains de quelque puissance plus considérable que n'est celle qui y règne à présent.

Chapitre Quatrième

dans lequel on représentera les moyens les plus honnêtes de remplir avec sûreté les vues détaillées dans cette dernière partie, même en conservant la souveraineté de l'île aux Génois.

Si le Roi est déterminé à garder en propriété les possessions ci-dessus proposées dans l'île de Corse, dont a démontré non seulement l'utilité, mais même la nécessité pour ses intérêts, je crois qu'on peut y parvenir par des moyens honnêtes et qui fassent connaître à toute l'Europe qu'il n'occupe ces possessions qu'à la réquisition des Génois, et pour leur assurer la solide et tranquille jouissance du reste de l'île et qu'on leur en conservera toujours la souveraineté.

Ce moyen doit être tiré de l'impuissance réelle où ils sont

d'y contenir des peuples dont les forces leur sont et seront toujours redoutables, et qui ont pour eux une haine et un mépris invincibles. On a déjà dit plus haut que les Génois feront difficilement cet aveu ; mais comme ils sentent intérieurement toute l'étendue de cette vérité, il y a lieu d'espérer qu'on pourra amener cette République à présenter au Roi une adresse réquisitoriale par laquelle elle suppliera d'établir à perpétuité un corps de ses troupes dans certaines parties de l'île, pour que de concert avec ses forces, et reconnaissant toujours la souveraineté génoise, il veuille bien concourir par son autorité à rétablir dans le royaume la discipline et la soumission qui y est due au légitime souverain.

Ou la République se prêtera à ce moyen, ou elle cherchera ceux qui pourraient éloigner le Roi d'une telle détermination ; si elle s'y prête, elle se portera par conséquent aux arrangements de police et de discipline dans lesquels le Roi sera obligé d'entrer pour y établir et maintenir la forme d'administration politique sans laquelle il ne se peut rien statuer solidement, comme juridictions, rétablissement de fiefs et de supériorités féodales, maréchaussées ou justice prévôtale, en un mot tout ce qui peut contribuer au bon ordre et à la justice.

Si la République ne veut pas présenter cette adresse à titre d'impuissance, et qu'elle se refuse à cet acte de sincérité, elle peut la présenter à titre de reconnaissance des bienfaits reçus de cette couronne dont elle a reconnu la domination souveraine sur ses états sous Charles VI et sous François I*er* ; et ajoutez encore a ce motif de reconnaissance celui d'un *debet* reconnu pour l'excédent des dépenses faites par cette couronne pour leur soumettre le royaume de Corse, lesquelles ont monté beaucoup plus haut que la somme fournie par eux pour cette opération.

Si les motifs d'impuissance et ceux de la reconnaissance

ne peuvent procurer de la part des Génois la réquisition proposée, l'on peut insister avec justice sur la raison du *debet* que l'on peut bien légitimement constater et sur l'utilité dont sera sûrement pour la République l'établissement des chemins qu'on y a faits avec dépense, ainsi que celui des postes qu'on y accommode et qu'on y accommodera encore par la suite.

L'on peut se flatter que si ces motifs sont bien traités ils pourront déterminer les Génois à faire ce qu'on exige, sinon volontairement, au moins forcément ; mais qu'importe ? La forme y sera au moins plus régulière et en conséquence, le Roi légitimement autorisé à mettre en bon état les établissements qu'il aura jugé convenable de prendre dans cette île, pour le bien de son service.

Et comme on a lieu d'espérer que cette négociation prendra la tournure que le Roi peut désirer, on finira le mémoire par le détail et la forme des parties d'administration qui seraient nécessaires à rétablir dans l'île pour y maintenir la tranquillité.

La première serait celle d'une juridiction supérieure à laquelle un membre principal du Sénat assisterait avec un certain nombre de juges tirés des principaux du pays, gradués s'il est possible, et bien instruits des lois. Il en faudrait six de cette espèce, deux hommes de lois tirés du Sénat de Gênes qui fussent fort instruits des ordonnances civiles et criminelles et qui auraient rang de conseillers, plus six des principales familles du pays, possédant ou reconnus capables par leurs facultés et naissance de posséder des fiefs que l'on reconnaîtrait pour nouveaux titres, après un examen fait de la légitime descendance.

Il y aurait en outre un magistrat tiré du corps des maîtres des requêtes de France ou autre juridiction, qui fût homme laborieux, mais ferme et d'un esprit liant. Il y aurait en outre le commandant français avec titre de maréchal de camp qui aurait sa place après le commissaire général de la République pour marquer la reconnaissance qu'on fait de la souveraineté. Le principal magistrat français serait assis après lui et aurait à sa suite quatre assesseurs français, tirés du corps des avocats de France, et qui auraient rang de conseillers après les six tirés du corps de la noblesse Corse ou ancienne ou nouvelle.

Moyennant cette disposition, la juridiction supérieure de l'île serait composée de quatorze conseillers, Corses ou Génois, quatre Français et trois personnes principales destinées à présider. Cette juridiction sera astreinte, sur les faits criminels, à suivre les ordonnances du royaume de France. C'est là l'article le plus essentiel à observer dans l'établissement de cette juridiction, attendu la nécessité de punir plus sévèrement le crime en ce pays que dans un autre pour y déraciner le goût qui y domine souverainement. Il faudrait même que la République s'astreignit à ne jamais donner de grâce sur le fait de l'homicide prémédité que quand le cas serait reconnu graciable unanimement par les juges français et que même dans le cas où il y aurait matière à un plus amplement informé, la révision du procès fût renvoyée aux seuls juges français pour prononcer définitivement et sans appel, avec engagement de la part des Génois de laisser exécuter le criminel à titre de souverain par les officiers exécuteurs de la justice, mais relativement au prononcé du juge français.

Quant aux causes civiles, les juges français seraient astreints aux ordonnances du pays sauf à y corriger ce qui parait abusif, et pour éviter toute partialité, il faudrait pour rendre le jugement valable que l'unanimité se trouvât dans l'opinion des juges français et qu'elle eût l'effet supérieur par conséquent sur la délibération des quatorze juges Génois.

Cette prééminence accordée au jugement des Français peut seule rassurer les Corses sur l'inquiétude qu'ils auront d'être jugés avec partialité par les juges Génois ; l'on ajoutera même qu'elle sera indispensable, si l'on veut établir la justice en ce pays.

Il paraît encore absolument nécessaire d'y établir la justice des fiefs et d'y former l'ordre de vassalité parmi ceux qui seront obligés d'y porter leurs procès en première instance. La justice du Seigneur sera composée du podestat du lieu où réside le fief principal, qui sera obligé d'être gradué, plus quatre pères des communes des lieux les plus voisins, et que le Seigneur dominant aura la faculté de nommer. Cette justice se tiendra dans le lieu où sera le fief dominant, au jour qui sera indiqué par le Seigneur, et tous les ans les vassaux dudit Seigneur reconnus, seront obligés de lui passer nouvelle reconnaissance pour rendre celle de son fief plus assurée et plus authentique. L'appel des causes jugées à la justice féodale sera porté une fois le mois aux anciennes justices supérieures de l'île qui étaient à Corte, à Aleria, à l'Algajola, à Istria, à Ajaccio et autres dans le ressort desquelles les fiefs seront enclavés et qui seront rétablis à cet effet. Ces justices rapporteraient ensuite à la justice souveraine ci-dessus proposée, et cette justice se tiendra pendant six mois à Corte qui est le centre de l'île.

L'éloignement que les Génois ont témoigné jusqu'à ce jour sur la reconnaissance de ces féodalités, n'est pas pardonnable et prouve leurs mauvais genre d'administration et leurs erreurs. L'égalité des habitants de l'île a fait un des premiers principes de leurs malheurs ; le véritable intérêt de la République est qu'il y ait dans le pays des gens plus qualifiés les uns que les autres, et qui en même temps aient des facultés au-dessus d'eux. Ceux qui sont dans cette situation ont un intérêt personnel à maintenir la tranquillité ; leur éducation et leurs biens les mettent à portée d'imposer aux misérables qui n'ont pas les mêmes avantages, et cette dernière espèce d'habitants est toujours plus à craindre dans un pays mal discipliné, parce que ceux qui n'ont rien à perdre n'ont rien à ménager. Cette vérité a été jusqu'à présent si mal reconnue des Génois que, loin de suivre ces maximes, ils ont usé de tous les moyens imaginables pour détruire le peu noblesse qu'il y avait dans ce pays et mettre l'égalité dans tous leurs peuples.

Pour la plus grande police de ces peuples, il serait encore nécessaire d'établir dans l'île, en quatre ou cinq endroits différents, des justices prévôtales pour la sûreté des chemins, pour la plus prompte punition des voleurs et des assassins ; cela ne serait pas impossible, et si l'on en peut croire la voix d'une partie des peuples, ils le désireraient fort, et il serait aisé d'établir les ordonnances françaises à ce sujet.

Le principal juge français pourrait veiller à leur exécution pendant un temps pour en autoriser l'établissement ; il serait aussi chargé des impositions à titre d'intendant, si le Roi conservait quelque portion en propriété ; et si le roi n'y établissait le séjour de ses troupes que le temps nécessaire pour y consolider les arrangements en question, il se chargerait du recouvrement de la répartition qu'il faudrait établir sur les peuples à titre de bien vivre, pour rendre la condition des troupes françaises un peu plus supportable pendant leur séjour dans l'île.

Telles sont les réflexions et les idées que l'auteur du mémoire a rassemblées des différentes connaissances qu'il a prises de la situation des affaires de Corse ; il travaillera ensuite aux articles du règlement dans lesquels il y en a plusieurs du premier mémoire qu'il sera indispensable d'y insérer.

Il en ajoutera encore une pour prouver la nécessité d'occuper au plus tôt les places, et qui doit paraître au moins aussi déterminante que les autres, 1° parce que dès à présent les Génois affectent d'insinuer aux Corses que l'île une fois soumise et désarmée, les Français l'évacueront entièrement, et que revenus sous l'autorité seule de leurs maîtres, ils leur feront payer chèrement leur mauvaise conduite passée ; 2° parce que le seul moyen d'arrêter et suspendre au moins les impressions fâcheuses que peuvent faire ces propos, est d'occuper plus tôt que plus tard les places et forts où l'on jugera convenable de laisser les troupes, soit à titre de propriété ou autrement, et d'assurer par cette disposition les peuples qu'on s'en est emparé pour être toujours en état de les faire jouir non seulement de la protection dont le roi les a assurés, mais même de la garantie qu'il leur a promise contre les injustes entreprises de leurs souverains, et par là les contenir eux-mêmes dans la nécessité d'observer les lois et les règlements que la France aura prescrits.

De ces réflexions, il résulte la nécessité d'occuper préalablement à tout les places dans lesquelles le roi voudra mettre des troupes et particulièrement avant de publier aucun règlement; il sera même nécessaire de mettre dans le préambule de cette pièce, le détail des mesures que le Roi prendra tant pour l'établissement de ses troupes que pour celui des juridictions qu'on jugera à propos de former, et dans lesquelles le commandant et les juges français auront une part principale. Il serait bien nécessaire aussi d'envoyer incessamment l'homme principal que le Roi veut mettre à la tête de la juridiction, la forme de ces établissements et des autres en conséquence, requérant un homme du métier, habile sur ces matières qui ne sont point assez connues par le général des troupes de France pour pouvoir rien juger en pareil cas.

Le Corse est très méfiant et très soupçonneux, et par cette raison il est fort important de détruire par ces dispositions les mauvaises impressions des discours mentionnés ci-dessus et des mauvaises finesses des Génois ; c'est le seul moyen de les rassurer et de leur faire connaître que le Roi a réellement dessein de les protéger et de les garantir contre l'injustice de leurs souverains.

(M. G. — Registre 2889).

Extrait d'une lettre écrite de Versailles.

Le 31 Août 1739.

Les peuples de Corse demandent de nouvelles lois surtout pour le rétablissement des fiefs et autres points de l'administration, mais c'est un ouvrage de longue haleine. Pour faire quelque chose de bon dans cette matière, il faut connaître parfaitement le pays, les mœurs, le génie et les usages des habitants ; c'est ce que nous ne sommes pas à portée de savoir ici. Vous même, Monsieur, avez eu trop d'affaires militaires depuis que vous avez mis le pied en Corse pour avoir pu mettre la dernière main aux idées qui vous sont venues là-dessus. Je crois que dans le moment présent il faut s'en tenir, 1º à déterminer les postes que les troupes du Roi garderont, et fixer le nombre de ces troupes ; 2º choisir le commandant militaire et un homme de plume et de loi pour le seconder. Vous me paraissez avoir jeté les yeux sur M. de Villemur, pour la première place ; je pense que le choix est très bon et M. le Cardinal paraît bien prévenu en sa faveur, mais l'autre sujet est bien difficile à trouver. Je ne crois pas qu'aucun maître des requêtes de ceux qui sont capables d'être employés, se chargeât volontiers d'une pareille commission. Si vous connaissez quelqu'un dans le parlement de Grenoble ou dans les autres compagnies qui en fût susceptible, vous me feriez plaisir de me l'indiquer.

Quant aux lois pour l'administration ou pour la justice, chaque pays a les siennes et il y en a en Corse comme ailleurs. Il faut d'abord les suivre, comme on fait dans toutes les provinces de domination nouvelle. Dans la suite ceux qui sont chargés des pouvoirs du Roi voient par eux-mêmes ce qui est à réformer, consultent les gens les plus sages sur les lieux et proposent successivement à leurs maîtres ce qu'ils croient être pour le mieux ; mais toutes ces opérations ne peuvent se faire qu'avec beaucoup de temps. Il y a cependant un mal auquel il est nécessaire de pourvoir sans retard, c'est sur la fréquence des meurtres et assassinats. Je crois que pour détruire un aussi grand mal, il faut un peu sortir de l'ordre judiciaire, et que pour cet effet le commandant pour le Roi fasse publier une ordonnance portant défense d'exercer aucune vengeance particulière, peine à de la roue contre les homicides et de faire brûler leurs maisons et détruire leurs possessions sur la simple notoriété.

Il faut en même temps établir un conseil supérieur pour les causes civiles et criminelles qui soit composé de deux hommes du Roi, du commissaire général de la République et de quelques assesseurs pris dans les gens du pays. Il me paraît assez difficile de mettre ce conseil ailleurs qu'à la Bastia qui est la capitale de l'île. Je conviens cependant que ce tribunal serait mieux placé à Corte par rapport à la conduite des peuples.

— En conséquence de cette lettre, M. le marquis de Maillebois proposa M. Jomaron, subdélégué de l'intendance du Dauphiné, et le Sr Chaix, aussi subdélégué de cette intendance à Valence.

(M. A. E. — Corse, Vol. II).

Mémoire sur les affaires présentes de Corse.

Marly, le 14 septembre 1739.

On ne laisse pas d'être inquiet ici sur ce qui se passe en Corse ; nos troupes se sont affaiblies par la maladie, la fatigue et la désertion. On estime que, déduction faite de ce qui doit rester nécessairement sur les derrières, M. le marquis de Maillebois peut à peine avoir sous les armes auprès de lui 3,000 hommes ; c'est avec ces forces qu'il doit attaquer 15 ou 1600 désespérés qui occupent un pays presque inabordable. On doit les attaquer par plusieurs côtés et par conséquent nos troupes seront divisées. Si par malheur il arrivait un échec, quelque léger qu'il fût, il est apparent que toute l'île se révolterait de nouveau. Les rebelles occuperaient les passages derrière nous ; les neiges viendraient à leur secours et nous manquerions bientôt de subsistances ; c'est alors que les Génois nous seraient le plus contraires.

On convient que les sages dispositions du général donnent lieu d'espérer un succès tout différent, mais cependant il faut tout prévoir ; il y a d'ailleurs un autre point de vue.

Les Anglais ont commencé les hostilités contre les Espagnols, et la guerre paraît instante et inévitable entre ces deux nations. Plusieurs gens croient que la France sera obligée de prendre le parti des Espagnols. Si cela arrive, est-il douteux que les Anglais ne cherchent à donner du secours aux rebelles de Corse ? Ils en auront la facilité par la proximité du Port Mahon ; que serait-ce, si les Génois, dont nous n'avons que trop lieu de nous méfier, introduisaient les Anglais dans les ports de l'île dont la République est encore en possession ?

Pour parer à cet inconvénient, il faut les prévenir ; il conviendrait donc d'envoyer ordre à M. de Maillebois pour qu'après l'affaire de Zicavo finie ou manquée, il distribuât ses troupes à portée de Bastia, Calvi, S. Fiorenzo et Ajaccio, de manières qu'en un jour il pût faire aller des détachements ou des corps de nos troupes qu'on suppose être déjà dans les places, s'en rendre totalement les maîtres, obligeant les Génois à désemparer et à envoyer leurs troupes en terre ferme. Cela fait, il y a lieu de croire que ces peuples se soumettront sans répugnance, surtout si on leur propose un serment de fidélité au Roi. Il y aura bien toujours quelques troubles dans l'intérieur du pays par les inimitiés particulières, mais peu à peu on y remédiera, et d'ailleurs peu nous importe, pourvu que nous soyons maîtres des ports ; ils nous seront d'une commodité infinie dans une guerre de mer, au lieu qu'étant entre les mains de nos ennemis, nous en ressentirions tous les jours le contre-coup. La conduite des Génois à notre égard, qui est si équivoque, nous autorise suffisamment à une pareille exécution ; on pourrait d'ailleurs faire entendre à la République que les vues du Roi pour occuper l'île n'ont pour objet que le temps de la guerre et qu'à la paix on avisera aux moyens de rendre justice à tout le monde. Il serait à propos de consulter avant tout le général français pour savoir ce qu'il pense du fond du projet et des moyens de l'exécuter.

(M. G. — Registre 2889).

Mémoire en réponse à celui envoyé avec la lettre du 14 septembre 1739.

Les lettres du général, de Zicavo, du 23 septembre, d'Ajaccio, du 30 du même mois, doivent rassurer sur les inquiétudes portées dans le mémoire envoyé avec la lettre de Marly du 14 dudit mois, tant sur la position des troupes qui sont dans l'île de Corse, que sur la maladie, la fatigue et la désertion des dites troupes. Il est vrai que le général n'avait pas plus de 2600 hommes effectifs pour attaquer les 15 ou 1600 désespérés en question, et placés dans des pays inabordables. Cependant il est venu à bout de les soumettre et de les désarmer en les attaquant de tous les côtés convenables et n'a point essuyé d'échec. Il fait voir dans ses lettres du 23 et du 30 septembre que ses derrières étaient en sûreté. Le passage de Bogognano où l'on communique de Corte à Ajaccio, et où on a établi un poste, est le seul de l'île qui se ferme quelquefois par les neiges, mais cela dure peu de jours, et on est en usage de prendre les précautions nécessaires pour le tenir libre, et on les observera encore plus soigneusement pendant l'hiver.

Il est certain que si le général avait essuyé un échec, la révolte aurait recommencé tout de plus belle, et que peut-être les Génois auraient profité de cette situation pour contrarier le succès des opérations par des voies souterraines qu'ils savent mieux conduire que personne ; aussi pour prévenir leurs mauvaises intentions, on a toujours eu l'attention d'employer par petits postes le peu de leurs troupes que l'on a employé aux manœuvres et dans les lieux où la subsistance aurait été la plus difficile à faire passer aux détachements des troupes françaises ; aussi les troupes génoises y ont-elles dépéri beaucoup.

Il y a toute apparence que, si la guerre s'allume avec une certaine vivacité entre le Roi d'Espagne et l'Angleterre, et que la France y prenne parti, les Anglais seront tentés de nuire à cette puissance par des établissements dans l'île de Corse. La possession de quelques rades et places dans cette île, leur donnerait de grands avantages pour leur navigation dans la Méditerranée, et incommoderait beaucoup celle de France, ainsi que le général l'a déjà observé dans son grand mémoire.

Il ajoute qu'il verrait sans surprise les Génois donner les mains à ces établissements, et on ne saurait disconvenir qu'il ne soit très prudent, non seulement de les prévenir sur ce point, mais même de prendre des mesures assurées pour les retenir sur un tel procédé, en disposant le Roi de Sardaigne à attaquer dans ce moment leurs Etats de terre ferme, dont le Roi ne serait plus tenu de soutenir la garantie.

En conséquence, on s'arrangerait suivant les ordres reçus pour occuper s'il est possible tous les ports ou rades, savoir la Bastia, le golfe de S. Florent, Calvi, Ajaccio, Portovecchio et même Bonifacio. La disposition des troupes que le général a déjà envoyées annonce qu'il en sera fort près. L'article délicat sera de pouvoir entrer dans toutes ces places dans le même jour, supposé qu'il faille en venir à ce point par force ou par ruse.

Il n'est pas douteux qu'après le succès de cette entreprise, on ne soit obligé préalablement à tout, de faire prêter serment de fidélité à tous les peuples, et on trouverait de leur part beaucoup de disposition. Outre cela l'embarras sera l'évacuation de ceux qui ne voudraient pas s'y prêter, et celui des troupes génoises qu'il faudra désarmer sur le champ et garder jusqu'à ce qu'elles passent en terre ferme. Quand elles seront sorties, les inimitiés particuliers seront plus aisées à concilier.

Le général français ne peut refuser approbation à ce projet ; il est conforme aux principes sur lesquels il a cru devoir travailler le mémoire qu'il a envoyé le 12 août.

Quant à l'exécution, il ne la croit pas impossible, mais très difficile. Il est un peu court par le nombre des troupes, et il la juge plus praticable par la surprise que par la force, supposé que les Génois s'y refusent de gré à gré. La disposition dans laquelle le général a mandé qu'il établissait les quartiers d'hiver de ses troupes, fait voir qu'il est très à portée de toutes les places, sans avoir à y faire marcher des corps de troupes considérables.

Il occupe la ville de la Bastia avec quatre bataillons, et s'il était question de s'emparer de Terra Nova, qui en fait l'idée de citadelle, mais qui ne vaut rien, il se flatte de la surprendre aisément ; elle n'a de débouché que par la ville. Il est bon de dire que le port de la Bastia ne peut servir qu'à des tartanes, galères ou bâtiments de cette espèce ; les plus petites frégates françaises n'y ont pas le fond suffisant pour y mouiller.

Le général a placé trois bataillons dans la Balagne, dont un dans la ville ou faubourg de Calvi, car ce n'est proprement qu'un faubourg, et la ville et le fort qui est bon, qui peut très facilement l'être davantage, est plus difficile à surprendre que l'autre. C'est sous son canon que les vaisseaux de 60 canons peuvent mouiller et se faire amarrer à terre avec un câble de 30 brasses seulement ; le reste du golfe ou baie qui forme un grand cercle, a 4 à 5 milles de diamètre, mais le sommet n'a pas de fond. Les deux autres bataillons de la Balagne sont à portée d'être en 5 heures de marche à Calvi où les Génois n'ont actuellement que 100 hommes.

Le général avait projeté de laisser seulement 2 bataillons à Ajaccio, mais il y en laissera 3 en attendant les réponses. Il est maître de la ville d'Ajaccio ; le commissaire général y loge avec les Français, ne pouvant loger dans la citadelle qui est petite, mais assez bonne, et tiendrait bien 500 hommes de garnison. Celui qui commandera à Ajaccio ne pourra trop aisément s'y introduire ; il y a deux bataillons français logés ensemble à 30 pas de la citadelle, l'un dans le séminaire, l'autre aux Jésuites. Les 250 Génois qui sont dans cette citadelle, feront, à ce qu'on croit, peu de résistance ; mais l'affaire est de s'y introduire. Par le côté de la ville, cela serait impraticable par un coup de main ; par le côté du port avec des échelles de 25 à 30 pieds, on peut escalader, si on a dessein de s'y introduire. On aura attention à faire détacher séparément dans différents postes par le commissaire général les troupes des Grisons qui valent mieux que les Génois.

Il est bon d'observer encore que le feu de cette citadelle n'empêcherait pas des vaisseaux de venir brûler ceux qui seraient au fond du golfe, où est aujourd'hui mouillé la frégate française. Ce golfe a 13 à 14 milles de profondeur sur 8 à 10 de large et un grand fond partout jusqu'à un mille de la plage, qui est au fond du golfe ; mais le mouillage n'est bien assuré que dans ce point.

On finira les réflexions ci-dessus détaillées sur le projet d'occuper les places de l'île de Corse par une proposition qui peut-être procurerait des moyens plus faciles pour s'emparer des trois dont on ne prévoit pas que l'on puisse se saisir autrement que par surprise, qui sont celles d'Ajaccio, de Calvi et de la Bastia. La proposition est d'arrêter les deux commissaires généraux qui résident à Bastia et à Ajaccio, le commissaire particulier de Calvi, en tenant et menaçant leurs personnes. L'on croit pouvoir se flatter qu'ils livreraient les portes des forts. Ce moyen peut avoir quelque succès et doit s'employer particulièrement pour Ajaccio et pour Calvi; pour la Bastia, on se flatte de pouvoir la surprendre plus aisément que les deux autres.

Le général a projeté de mettre un bataillon à S. Florent, dans le couvent de S. Maurice qui en est à une demi-portée de canon ; ainsi il est maître de cette idée de ville qui a été démantelée et dévastée par les rebelles. Il n'y a pour tout fort qu'une vieille tour carrée avec trois pièces de canon, et dans laquelle il ne peut tenir que 60 hommes ; et elle ne défend pas l'entrée du golfe qui a 6 milles de diamètre ; il est le maître de tenir ainsi quelques troupes en quartiers dans la ville.

Dans le mémoire on ne parle point des ports de Portovecchio et de Bonifacio ; ce sont cependant de vrais ports. A la vérité, dans celui de Bonifacio une frégate de 30 canons ne peut y entrer, quoi qu'il ait de fond ; d'ailleurs ce port touche presque la Sardaigne, c'est-à-dire la partie de ce royaume qui n'est pas soumise, et ne pourrait pas être de grande utilité aux Anglais à occuper ; mais sa possession pourrait en avoir beaucoup pour y débarquer des armes et des munitions aux rebelles de cette partie, qui, en dernier lieu, nous ont donné beaucoup de peine. Ce sera le plus difficile à occuper, car nous n'avons ni ne pouvons avoir aucunes troupes à portée.

Celui de Portovecchio est essentiel à occuper ; les vaisseaux de 60 canons y peuvent entrer et tenir. Il regarde l'île d'Elbe ; il est un des plus commodes et des plus avantageux pour les débarquements et pour être porté sur toute la côte d'Italie. Il est sur la route des bâtiments qui vont au levant. Il y a des inconvénients terribles en l'occupant : aucune habitation qu'une mauvaise tour qui tient vingt hommes, et les débris d'une vieille forteresse où l'on peut placer 100 hommes. On est obligé de relever de garnison tous les 15 jours, parce que l'air y est terriblement malsain. Cependant si l'on voulait occuper tous les ports de l'île, il paraît indispensable d'occuper celui-là ; on y tient toujours une des barques françaises armées, et comme les débarquements pour les rebelles se sont presque toujours faits de ce côté, on saisirait ce prétexte pour y tenir des soldats français.

Tels sont les éclaircissements qu'on peut donner sur le projet de se rendre maîtres des places de l'île de Corse qui sont sur les ports, sur lequel le ministre peut décider ce qu'il jugera de plus convenable, supposé que les Génois refusent de les évacuer de gré à gré.

On croit cependant qu'il y aurait des moyens d'y parvenir, et que peut-être à ce moment ils seraient moins attachés à la possession de l'île de Corse qu'ils ne peuvent réellement garder, et leurs commissaires généraux qui sont ici conviennent que si les troupes françaises partaient aujourd'hui, les rebelles viendraient dans le moment tirer dans leurs fenêtres. La haine et le mépris des derniers est insurmontable contre leurs maîtres, et quoiqu'ils soient désarmés à présent autant qu'il a été possible, ils trouveraient moyen de rassembler bien vite des armes.

La situation de la République aujourd'hui est très fâcheuse ; elle est cause, dit-on, de la banqueroute des Cambiaso, et la banque de S. Georges est décriée au point que les plus riches particuliers de la noblesse génoise en ont retiré la plus grande partie de leurs fonds pour les mettre sur celle d'Amsterdam ou de Venise, et depuis six mois une compagnie de particuliers français qui y avait deux millions qu'ils voulaient retirer, n'ont pu encore en rien toucher.

Dans cette situation, serait-il impossible de leur faire entendre que leur intérêt est de céder l'île de Corse au Roi, sauf à lui à les dédommager de cette possession et même du prêt qu'ils lui en feraient pendant la guerre, supposé qu'on l'ait avec les Anglais? L'île de Corse ne vaut au plus que 300.000 livres de revenu ; il n'y a qu'à leur assigner une rente de pareille somme sur quelque effet du roi.

On ajoutera à ces notes une réflexion sur les armes prises aux rebelles. Le nombre de celles de l'autre côté des monts qui sont en la possession des Français va à plus de 4,000 ; celui des armes retirées dans cette partie approchera de 3,000. Le général croit qu'il serait imprudent de s'en dessaisir sans de nouveaux ordres.

(M. G. — Reg. 2889).

Maillebois à Amelot.

Le 23 octobre 1739.

Monsieur,

J'ai reçu seulement par l'ordre arrivé mardi dernier celle que vous m'avez fait l'honneur de m'écrire de Paris le 4 du courant, par laquelle vous me marquez que le P. Chérubin vous a écrit de Rome que je ne trouverais aucun inconvénient à la tenue du chapitre des Capucins dans l'île de Corse, pourvu qu'on choisît pour commissaire un sujet du Roi et dont on connût la sagesse.

Si effectivement on emploie pour commissaire à ce chapitre un sujet tel qu'on vous le propose, je crois que non seulement il n'y a point d'inconvénient de l'assembler, mais que même, si ce commissaire fait ce qu'il doit pour le bien de son ordre et de la religion en général, ce chapitre peut avoir un succès très utile pour le rétablissement de la tranquillité de l'île.

Tel est mon sentiment, en conséquence duquel vous déciderez ce que vous jugez à propos. Je crois seulement qu'il faut faire observer à ce bon père qu'il faudrait avoir attention au lieu qu'on choisirait pour le convoquer.

J'ai l'honneur etc.

De Maillebois.

(M. A. E. — Corse, Vol. II).

LETTRES
DE M. DUCHATEL AU COMTE DE BELLE-ISLE
du 18 mars au 14 novembre 1739

(*Archives du Ministère de la guerre — Reg. 2889*)

A Toulon, ce 18 mars 1739.

Monsieur,

Je prends la liberté de vous écrire pour satisfaire à vos ordres, quoique je n'aie rien d'intéressant à vous mander. M. de Maillebois que j'ai quitté à Aix et devancé dans cette ville est attendu ce soir. Je crois, à vue du pays, qu'il n'y fera pas un long séjour, et que nous nous embarquerons vers le 20 ou le 21, si les vents nous le permettent.

Par les conférences particulières que j'ai eues avec M. de Maillebois, je l'ai jugé très bien disposé à mettre tout en usage pour réaliser et abréger le plus qu'il sera possible l'affaire dont il est chargé. Puisse-t-il persister dans ces sentiments qui me paraissent les seuls convenables au bien de la chose en général et à l'avantage de l'Etat ! De mon côté, je ne négligerai rien de tout ce qui pourra l'engager à préférer les voies de douceur et de conciliation, en tâchant de lui insinuer ce que me suggère un examen plus approfondi du caractère et des intérêts des peuples avec lesquels nous allons traiter et en tâchant de plus en plus de m'attirer son amitié et sa confiance. Il serait à souhaiter que ses propositions d'accommodement fussent à peu près conformes à celles dont je vous ai montré le projet, mais j'appréhende qu'il n'y ait encore rien d'arrêté de la part de la Cour sur un préalable si essentiel, et que les instructions de M. de M., si elles existent, ne soient très vagues et très indécises. Voilà par exemple ce qui ne saurait manquer de nous exposer à des longueurs très préjudiciables dans une nature d'affaires qu'il est de toute nécessité d'emporter promptement, attendu le caractère volage et les différents intérêts de nos adversaires.

Je vous supplie, Monsieur, de trouver bon que mes lettres ne soient dorénavant qu'un journal de nos opérations où je vous exposerai sincèrement les faits et mes réflexions, mais sans compliments et sans signature ; je vous demande en grâce aussi de ne me pas nommer pour être l'auteur de vos nouvelles et de vouloir bien garder mes lettres pour vous seul. Je les finirai tout court, après vous avoir instruit de ce qui mérite la peine de vous être communiqué. Vous ne pouvez douter de mon attachement inviolable pour votre personne aussi bien que de mon respect infini. Ce sont les sentiments avec lesquels je serai toute ma vie,

Monsieur, Votre très humble et très obéissant serviteur,
Duchatel.

M. de Maillebois est arrivé ; il part demain à trois heures après-midi ; ses équipages et les miens seront embarqués cette nuit. M. de Rousset de Giranton qui devait passer avec nous n'a pu se rendre ici ; il a écrit qu'il se transporterait à Antibes pour s'embarquer avec les troupes.

A Calvi, le 22 mars 1739.

M. le marquis de Maillebois s'est embarqué le 19 à Toulon et a abordé dans ce port le 21 après une navigation heureuse. Cette rade est bonne, à l'abri de tous vents, excepté du Nord-Est, qui n'y sont qu'incommodes ; il y peut entrer de gros vaisseaux. La forteresse est à l'entrée du port qu'elle défend ; les ouvrages en sont petits, mais passablement bons et bâtis dans le roc ; c'est un hexagone irrégulier. On pourrait, sans grande défense, rendre cette place absolument hors d'insulte en l'isolant de tous côtés par la mer ; on y peut loger au besoin un bataillon.

Nous n'avons point de troupes dans ce fort. C'est M. Galano, génois, qui y commande. Il a à ses ordres environ 5 à 600 hommes de troupes entretenues par la République, dont il retient 200 pour sa garnison ; le reste est disposé, à ce qu'il dit, dans différents postes, le long de la mer. Son commandement s'étend encore sur la piève de Calenzana, qui est un petit canton dont les habitants sont restés fidèles à la République, par leur haine immortelle contre les habitants de la montagne. Ces gens-là néanmoins obéissent encore plus volontiers au commandant français qu'au gouverneur de la République.

Nos troupes françaises dans cette partie de l'île sont composées de 4 bataillons qui sont Béarn, Flandres, Bassigny et Agénois, le tout aux ordres de M. de Villemur.

Le bataillon de Béarn en entier et 10 compagnies du régiment de Flandres tiennent le faubourg de Calvi. Ce faubourg est composé d'une quinzaine de maisons, situées le long de la rade, à la droite et au pied du fort, faisant face à l'Est et à l'île. On a détaché six compagnies du régiment de Bassigny dans un couvent de Capucins placé à un mille et demi de Calvi, en tirant toujours sur la droite. Ce couvent est à la chute d'une chaîne de montagnes dont une branche va se perdre dans la mer, et une autre enferme le port et le défend des vents d'Ouest. C'est à la pointe de cet isthme qu'est placé le fort de Calvi.

L'anse, ou la partie du port opposée à la rade de Calvi, est terminée par une chaîne de montagnes que d'autres toujours plus élevées couronnent successivement en amphithéâtre. On découvre sur une éminence liée à ces montagnes et dont une branche se précipite dans la plaine, le poste de Monte Maggiore, occupé par les rebelles. Ce bourg ne me paraît ni si bon ni si inaccessible qu'on me l'avait dit, non plus que les monts au-dessous desquels il est assis. M. de Villemur, ainsi que tous les gens du pays, prétend qu'on les peut partout aborder, franchir, tourner et y prendre tous les revers qu'on voudra.

A droite de Monte Maggiore, et environ à un mille, on voit, presque au pied des montagnes, Alziprato qui est un couvent de Récollets. Ce poste a été accommodé par les soins de M. de Villemur et est devenu hors d'insulte ; il y a détaché onze compagnies du régiment de Bassigny et trois piquets commandés par un lieutenant-colonel.

A gauche de Monte Maggiore, à une distance d'environ cinq milles, est le village de Lumio, tout à fait plaqué sur le revers des montagnes. M. le comte de Malause s'y est accommodé et il y commande avec son bataillon d'Agénois et sept compagnies du régiment de Flandres.

M. le marquis de Maillebois s'est déterminé à aborder à Calvi plutôt qu'à S. Florent où son premier projet devait le conduire, sur la nouvelle qu'on lui avait donnée à Toulon que M. de Villemur était sur le point d'attaquer Monte Maggiore. En effet, les dispositions pour l'attaque étaient faites, un mortier placé et les troupes instruites de leur manœuvre ; l'affaire paraissait sûre et aurait vraisemblablement réussi, mais le général a mieux aimé qu'on différât cette expédition et a, je crois, agi très sagement, quelques puissent être ses vues.

Le 23 mars, M. le marquis de Maillebois a été faire une tournée dans la piève de Calenzana, qui est composée de trois villages, à la tête desquels est Alziprato. Cette piève fidèle est armée par la République qui lui fournit de la poudre et des balles. On dit que les habitants en sont braves et ennemis déclarés des montagnards et de ceux qui occupent Monte Maggiore, dont les Calenzanais sont voisins.

Monte Maggiore est en effet un des villages les mieux situés de ces cantons par sa position avantageuse. Il est assis à l'extrémité d'une branche des montagnes qui dominent un bassin bordé par les villages de Lunghignano, Cassano et Ziglia. Ce poste étant à l'extrémité d'une côte toute de rochers, et escarpée par sa pointe et par ses côtés, se trouve presque inaccessible par la tête et par les flancs ; mais il se peut aborder par le haut de la montagne qui le domine et à laquelle il tient. Il est facile de tourner cette montagne et d'en gagner le sommet d'où on descend sans se précipiter sur Monte Maggiore, qui se trouve par ce côté-là absolument à découvert et dominé. Les rebelles ont à leur façon accommodé ce poste, c'est-à-dire qu'ils ont muré leurs portes et leurs fenêtres, et qu'ils ont fait des parapets sur les plates-formes qui couvrent leurs maisons, où ils ne reçoivent de jour que par quelques lucarnes ; d'ailleurs les avenues des rues en sont ouvertes et point fermées de fossés ni de palissades.

A supposer que cette opération parût encore difficile, et qu'on ne voulût pas y risquer des troupes du roi, on peut se contenter d'occuper les monts qui entourent Monte Maggiore, entrer sans difficulté s'établir dans la Balagne, et ainsi couper absolument la communication de Monte Maggiore avec cette province. Par cette opération facile, on force les rebelles à abandonner nécessairement leur poste, qu'il vaut mieux n'être pas dans la nécessité de ruiner, afin de le faire occuper par nos troupes, attendu que ce poste est bon et qu'il peut servir d'entrepôt, si l'on est obligé de faire la guerre et de pénétrer dans le pays.

Par les nouvelles d'hier 23, on a eu avis qu'il avait paru sur les côtes, dans la partie d'Ajaccio, une barque napolitaine qui avait abordé, qu'on avait tirée à terre et qui était gardée par 40 paysans, qu'il en était sorti un officier, Corse de nation, actuellement employé au service du roi des Deux Siciles ; que cet officier avait apporté de l'argent et s'était adressé aux chefs des rebelles pour leur demander la permission de lever un bataillon dans l'île. Les avis d'aujourd'hui, 24, portent qu'on a encore vu en mer un brigantin chargé de provisions et qu'on soupçonne porter de la poudre et des balles. Cet événement donne à penser et est de conséquence. M. de Maillebois a averti le capitaine de la frégate qui nous a conduits ici, pour qu'il eût à veiller sur ces endroits suspects et qu'il y envoyât croiser quelques brigantins que nous avons dans ce port, avec ordre de couler à fond le bâtiment qu'on soupçonne, si on est encore à temps et si on peut le joindre ; cela n'est pas aisé.

Le 25 au matin, M. de Maillebois a jugé à propos de donner une correction aux habitants de Zilia, qui sont des plus mutins et qui s'opposent le plus fortement à la soumission de la Balagne, laquelle depuis quelques jours, paraît dans la résolution de venir demander grâce. On a fait marcher des compagnies de grenadiers, quatre piquets et cent hommes commandés avec des haches pour abattre et couper les oliviers appartenant à ceux de Zilia, ce qui a été exécuté, et on a détruit 300 des plus beaux oliviers de ce canton. En représailles, ceux de Zilia ont mis le feu à 7 ou 8 maisons de Monte Maggiore appartenant à quelques réfugiés de ce village qui sont retirés à Calvi. En général, la terreur et la mésintelligence sont parmi ces peuples de la Balagne, et il y a apparence qu'ils prendront le parti de se soumettre avant même l'arrivée des troupes.

Il me paraît que le plan politique de M. le Mis de Maillebois est de paraître ne vouloir entrer dans aucune négociation avec les chefs des rebelles, de ne leur faire aucune proposition, de n'en point recevoir de leur part, de déclarer qu'il n'écoutera que le podestat et les Pères des communes et de répandre le bruit que, si on l'oblige à faire la guerre, il la poussera avec la dernière rigueur, et qu'il sera trop tard alors de venir lui demander grâce. Je sais néanmoins que ce n'est pas là son intention, mais il espère tirer un grand parti de la terreur qu'il inspire à ces peuples divisés et naturellement timides. Tous les avis secrets qu'on reçoit confirment de toute part la mésintelligence des chefs entre eux, et le dégoût que les habitants de l'intérieur de ce pays commencent à prendre de leur gouvernement. Cela doit bien faire augurer du parti qu'on a pris, d'autant plus qu'on ne se commet en rien et qu'on ne fait jusqu'à présent que jeter l'alarme dans le pays sans causer des maux qui irritent les esprits et les rendent irréconciliables. Cette conduite sera même avantageuse lorsqu'il s'agira d'entrer réellement en négociation, et elle aura disposé les mécontents à recevoir sans difficulté les propositions d'accommodement et peut-être les lois que l'on voudra leur imposer.

La nécessité où je me trouve de m'attirer la confiance de M. le Mis de Maillebois, et d'éviter tout ce qui pourrait lui causer de l'inquiétude fait que je n'écris point à M. d'Angervilliers. Ce détail n'est que pour vous seul, mais vous êtes néanmoins le maître de lui en faire part, si vous le jugez à propos, pourvu que mes lettres ne sortent pas de vos mains et que vous ayez la bonté de faire approuver mon silence à notre ministre de la guerre.

A Calvi, ce 2 avril 1739.

Il est à propos, Monsieur, de vous donner une connaissance plus précise de la constitution présente des affaires de ce pays, afin d'arrêter vos idées sur la manière de se comporter dans le maniement et la conduite des opérations que nous avons à faire.

Le caractère des habitants de l'île de Corse, leurs mœurs, leur genre de vie et la forme de leur gouvernement me ramènent malgré moi à l'opinion que la voie d'une négociation préliminaire ne saurait être qu'inutile et qu'elle peut devenir dangereuse ; les raisons principales qui appuient ce sentiment sont :

1º Le peu de bonne foi de la République de Gênes, tant à notre égard, qu'à l'égard de la Corse dont elle est souveraine.

2º L'inconstance naturelle des peuples qui habitent cette île, leur crainte bien fondée des Génois, et leur peu de confiance en nous, justifiée par la conduite des Allemands avec eux.

On voit en général que la mauvaise foi de la République de Gênes prend sa source dans la connaissance qu'elle a de son impuissance naturelle, et qu'elle est entretenue par l'ombrage que lui causent les souverains mêmes dont elle est obligée d'employer le secours et l'appui.

Cette jalousie est telle qu'on ne saurait douter ici que le sénat de Gênes n'entretienne par des émissaires secrets la rébellion qu'il voudrait étouffer et punir. On a soin d'inspirer sous main aux chefs des rebelles qu'ils n'ont à attendre que les derniers supplices, si l'on peut jamais devenir maîtres de leurs personnes par un traité qui ne sera jamais sincère avec eux ; qu'ainsi ils n'ont à prendre d'autre parti que de mourir les armes à la main, ou d'abandonner pour jamais leurs biens, leur famille et leur patrie en se condamnant volontairement à un exil perpétuel. La politique perfide de cette République en use ainsi : 1º pour satisfaire sa vengeance implacable contre les chefs d'un peuple révolté, sur la foi desquels elle ne pourrait jamais se fier ; 2º pour faire que la puissance contrainte dans ce cas à employer les voies de la rigueur, devienne odieuse à toute la Corse. Gênes ne veut que des ministres de sa haine, afin de faire au mieux tomber sur ceux qui la servent une partie de l'inimitié des peuples vaincus, et de s'assurer par là que personne n'en deviendra jamais maître paisible à son préjudice.

L'inconstance naturelle des habitants de l'île de Corse est entretenue par bien des raisons fondées dans leur caractère et dans leur mauvaise police.

Leur paresse naturelle, le peu dont ils se contentent pour vivre, la situation de leur pays rempli de bois, de défilés et de montagnes presque inaccesssibles soutiennent le goût qu'ils ont pour l'indépendance et influent beaucoup sur le vice de leur gouvernement. Ils détestent les Génois avec raison, mais ils ne souffriraient pas plus volontiers toute autre puissance qui entreprendrait de les assujettir à des lois sages et générales. Ils veulent la liberté, non pour se procurer les aisances et la douceur de la vie, mais pour fuir le travail, la subordination et la règle qui peuvent seuls policer une nation et la tirer de la barbarie.

Voilà les raisons principales de la révolte perpétuelle de ces peuples, et les causes naturelles de la difficulté qu'on a éprouvée de tout temps à les assujettir à aucune forme raisonnable de gouvernement. Non seulement chaque province, mais chaque canton et chaque village se croit indépendant l'un de l'autre ; l'usage est de créer des espèces de magistrats tant ecclésiastiques que séculiers, appelés podestats et Pères des communes, dont l'autorité n'est point reconnue par delà l'enceinte du petit département où ils sont resserrés.

Lorsque l'île n'est point révoltée, ce sont à la vérité les personnages les plus considérables par leurs biens et par l'étendue de leur famille qui sont ordinairement choisis pour podestats et Pères des communes.

Alors, il n'est peut-être pas difficile de s'assurer de la fidélité des peuples, pourvu que l'on puisse parvenir à gagner ces premiers magistrats par la crainte ou par l'espoir de récompenses ; mais dès que l'île est révoltée, cette ressource manque absolument.

Alors l'homme le plus entreprenant, le plus audacieux se déclare chef d'une faction ; il se fait reconnaître pour tel par la terreur et le fanatisme qu'il inspire ; il trouve bien dans les provinces voisines des partisans ou des concurrents prêts à suivre son exemple ; ceux-ci donnent à leur tour la loi à tout ce qui les environne et la révolte devient générale. Quand les choses sont dans cet état, la politique des nouveaux chefs est de s'assurer des pièves et des provinces les plus éloignées, et c'est pour y parvenir qu'ils associent au commandement ceux d'entre les podestats et les Pères des communes qui sont le plus accrédités ; et ces derniers ont grand soin de faire élire dans les places qu'ils abandonnent leurs créatures ou des hommes sans autorité et incapables de les traverser dans leurs entreprises. On doit donc sur cet exposé tirer les conséquences qui suivent :

1° Qu'il ne faut pas se fier à la République de Gênes, ni agir absolument de concert avec les commissaires qu'elle envoie dans l'île, ni leur faire part des mesures que la puissance médiatrice emploie pour ramener les esprits par la voie de la conciliation et de la paix, attendu qu'on se trouverait infailliblement traversé dans ces moyens par les raisons indiquées ci-dessus ;

2° Qu'il est inutile de s'adresser aux podestats et aux Pères des communes qui sont actuellement en place, par la raison que ce sont des gens sans crédit ou dévoués entièrement aux chefs ;

3° Qu'il est enfin dangereux d'agir auprès de ces chefs mêmes, parce que la plupart sont si chargés de crimes et de dettes qu'ils ne peuvent se soutenir qu'en maintenant leur révolution ; que d'ailleurs il serait indécent et injuste de négocier et de faire des grâces à des scélérats qui n'ont mérité que les derniers supplices.

Il reste à examiner s'il ne serait pas utile de chercher à gagner au moins ceux des chefs qui ne sont pas si engagés dans le crime, qui déplorent peut-être en secret les maux dont leur patrie est déchirée et menacée, et qui désireraient d'y ramener la paix par l'exemple de leur soumission.

Il serait à souhaiter qu'on eût à tenter cette voie ; mais cette ressource échappe encore lorsque l'on veut la mettre en œuvre ; on trouve que le nombre de ces chefs avec lesquels on pourrait essayer un accommodement est le plus petit sans comparaison, qu'ils sont les moins puissants, qu'ils sont les moins suivis, qu'ils tremblent sans cesse, et qu'ils n'oseraient prendre de parti dans la crainte où ils sont de leurs concurrents toujours prêts, au plus léger soupçon, à se porter aux extrémités les plus funestes ou en les assassinant ou en brûlant leurs maisons et leurs héritages.

Il faut donc conclure d'après cet exposé véritable que le seul moyen efficace de soumettre la Corse est d'en imposer à ses habitants par la force des armes et la présence d'une armée prête à les subjuguer ; qu'avant d'entamer aucune négociation, il est nécessaire de se porter en force dans le pays, et de faire précéder les expéditions militaires par une déclaration qui porte seulement que le général de l'armée promet de faire grâce à tous ceux qui viendront s'abandonner à sa miséricorde, mais qu'il emploiera les dernières rigueurs contre tous ceux qui ne chercheront pas à prévenir leur châtiment par leur soumission.

Il n'y a pas à douter que des exemples frappants de punition et de pardon ne produisent l'effet qu'on s'en propose sur l'esprit d'un peuple qui n'est ni si brave, ni si aguerri qu'on le croit ; qui de plus est paresseux, avare et attaché à ses maisons et à ses héritages. Le plus grand nombre soupire après son pardon et la paix. Toutes les vraisemblances sont que la nation n'attendra pas qu'on l'exécute pour venir demander grâce, ou que du moins le premier exemple d'un village brûlé entraînera infailliblement une. soumission universelle, ainsi que les généraux de l'empereur l'ont vu arriver, quand ils se sont trouvés assez en force pour agir de cette manière.

Ce qu'il y aura de plus long et de plus difficile, ce sera la forme qu'il faudra donner à la réduction de cette île pour prévenir tous les inconvénients indiqués dans ce mémoire, tant par rapport à la République de Gênes, que par rapport à la Corse même et au caractère de ses peuples.

Je vous supplie, Monsieur, de me communiquer vos réflexions sur ce mémoire où j'ai cherché à vous dire la vérité et mon sentiment en conséquence de l'examen des faits.

M. de M. était assez disposé à suivre la voie de la négociation, et je n'avais pas peu contribué à le confirmer dans cette résolution ; mais j'avoue qu'aujourd'hui je ne sais plus comment résister au changement des idées confirmées par l'avis universel des troupes et de tous les gens sensés qui on approfondi la matière.

Nous devons dans quelques jours nous porter du côté de S. Fiorenzo et de la Bastia ; j'y apporterai les mêmes attentions que j'ai eues de ce côté-ci afin de me mettre de plus en plus au fait. Il paraît que la conduite de notre général est approuvée ; on dit que son nom, sa réputation et son silence ont jeté la terreur dans les esprits. M. de Villemur qui est un officier entendu, appliqué et fort au fait de ce pays-ci, où il a commandé tout l'hiver dernier, prétend que M. de M. a pris le seul bon parti qu'il y eût à prendre, et le sentiment de cet officier mérite grande considération. En général, il semble que ces peuples sont assez disposés à la paix, mais que la terreur des chefs en retient la plus grande partie, et que le reste est entraîné par les prêtres et les moines qui ont l'art de leur faire un devoir de religion de la révolte et de la haine contre les Génois.

Le 31 du mois dernier, on a fait encore un petit abatis

d'oliviers dans la pièvε de Pino, sous Monte Maggiore. Cette expédition s'est faite avec précaution et avec beaucoup d'ordre. Cependant M. de Beaujan, capitaine du régiment de Flandres, ayant eu l'imprudence de s'avancer au-delà de son poste, a reçu un coup de fusil qui lui traversa le visage d'une joue à l'autre ; c'est un malheur, mais c'est sa faute ; on espère que cette blessure n'aura pas de suites fâcheuses, et il est aussi bien qu'il puisse l'être.

A Calvi, ce 8 avril 1739.

Si vous vous souvenez, Monsieur, de ma précédente lettre, vous devez sentir que le principal embarras de M. de Maillebois réside dans la difficulté de trouver à quoi se fixer pour procéder avec un ordre propre à diriger et à assurer ses opérations. Il n'a à choisir que parmi des conjectures incertaines et des projets qui n'ont aucune base assurée ; il faut qu'il aille la sonde à la main, toujours en tâtonnant et sans cesse dans la crainte de voir retarder ou renverser absolument ses projets pour la plus légère méprise.

Je vous ai dit que les commissaires de la République doivent être suspects, que les chefs des rebelles sont presque tous des scélérats qui n'ont rien à espérer que de leur révolte et tout à craindre de leur soumission, que les Corses en général sont si fanatiques de leur liberté, ou si volages qu'on ne saurait presque profiter des mouvements bizarres qui les poussent et les agitent sans cesse. S'il y avait quelque ombre de subordination parmi ce peuple ou qu'il reconnût une autorité principale dans la personne de quelqu'un de ses chefs, on verrait plus clair dans la conduite qu'on doit tenir et l'on aurait au moins quelque objet arrêté. Mais dans ce pays tout le monde est le maître et personne ne l'est en effet ; il y a autant de commandants qu'il y a de pièves ou de paroisses dans l'île, et tous ces hommes sont indépendants l'un de l'autre et divisés entre eux par des haines irréconciliables, quoique réunis sur le parti de la révolte.

Jugez, Monsieur, s'il est aisé de se déterminer dans des conjonctures si embarrassantes! Cependant jusqu'à ce que ce chaos-ci se débrouille, voici le plan que M. de Maillebois est résolu de suivre. Il fait agir sous main les moines, les prêtres et ceux qu'il sait les mieux intentionnés, quoiqu'ils aient conservé des liaisons avec les rebelles ; il leur permet d'aller dans les villages révoltés pour répandre parmi les peuples la terreur de nos armes, et les menacer des maux prêts à fondre sur leurs maisons, leurs familles et leurs héritages, s'ils ne se hâtent pas d'avoir recours à la clémence du roi ; il leur fait annoncer que ceux qui viendront demander grâce seront bien reçus et indemnisés aux dépens des rebelles de tous les dommages que ceux-ci pourraient leur faire encourir en vertu de leur soumission.

Ces bruits commencent à se répandre et semblent opérer l'effet qu'on s'en propose. Plusieurs promettent déjà de venir se rendre, si l'on veut les recevoir ; d'autres paraissent disposés à prendre ce parti dès que quelque événement les y autorisera, et enfin il y en a qui avouent que la crainte seule d'être assassinés ou brûlés par leurs chefs les retient. Néanmoins ce ne sont encore là que des discours, mais ils reviennent de toutes parts et donnent lieu d'espérer que, lorsqu'on entrera en force dans le pays, il se fera quelque diversion dont on pourra profiter avantageusement. M. de Maillebois, pour achever de semer la division, et pour détruire, s'il est nécessaire, ces malheureux les uns par les autres, a aussi la résolution de lever à la solde du roi des espèces de compagnies franches. Ces troupes seront composées, autant qu'il sera possible, de tous les rebelles qu'on pourra attirer dans notre parti, afin de les armer dès à présent contre les plus obstinés de ceux qui refuseront de se soumettre. Ces milices seront d'un grand secours, et s'il faut faire la guerre, elles en essuieront les dangers, et deviendront par là à jamais ennemies du parti qu'elles auront abandonné. Enfin ce sera avec ces troupes qu'on pourra dans la suite composer les bataillons qu'on a intention de former. Mais cette opération ne se peut consommer que lorsque la Corse sera entièrement réduite, afin d'être en état de trier ce qu'il y aura de meilleur parmi les soldats et parmi les officiers.

Il ne faut pourtant pas croire que l'exécution en soit si facile que l'on se l'imagine à notre cour. Les peuples de cette île ont un naturel trop opposé à toute espèce de discipline ; ils aiment l'indépendance, ils sont paresseux et par conséquent sans ambition ; ils vivent de rien, leur misère ne les inquiète pas, quoiqu'ils soient glorieux et avares, parce qu'ils ne connaissent d'autres biens dans le monde que leurs chèvres et leurs châtaignes ; ils sont presque tous mariés, attachés à leurs rochers et peu curieux d'en sortir. D'ailleurs il y a peu ou point de noblesse parmi eux, et les plus considérables ne sont que des paysans renforcés, sans mœurs, sans lettres et sans éducation. Vous pouvez juger d'après ce portrait si la levée de ces bataillons est une opération aussi prompte et aussi certaine que l'on se le persuade et si l'on doit se promettre de rassembler dans toute la Corse un corps d'officiers sur lequel on est en lieu de se fier et qu'on puisse regarder comme des otages propres à tranquilliser sur la fidélité d'une telle nation. Je pense donc qu'on a pris le parti le plus sage en ne cherchant à former d'abord que des compagnies séparées. On aura le temps de les essayer, et l'on pourra juger si ces troupes valent la peine d'être incorporées sur le pied de nos régiments. Je prévois qu'on sera obligé de leur donner quelques officiers majors français ou italiens pour les soumettre aux manœuvres et à la discipline.

M. de Maillebois est dans la résolution, avant de se transporter à la Bastia, d'aller faire une promenade du côté d'Algajola et sur la crête des hauteurs qui défendent et qui nous cachent l'entrée de la Balagne de ce côté-ci. Il est bon de voir par soi-même le revers de ces montagnes et d'examiner les chemins par où on y peut pénétrer. Cette promenade pourrait bien ne se pas terminer sans quelques coups de fusil, mais on prendra des précautions et nous ferons d'avance occuper la tête des défilés par les miquelets réfugiés à Calvi et par ceux du village de Calenzana qui sont fidèles et qui préviendront leurs adversaires dans les postes où ils ont coutume de s'embusquer et que ceux-ci connaissent. Je vous instruirai du détail de cette promenade et des lumières qu'elle nous aura données pour la connaissance du pays.

A Calvi ce 9 avril 1739.

Les chefs des rebelles de la Balagne ont, Monsieur, fait publier une ordonnance par laquelle, sous peine de la vie, il est défendu à tout sujet corse, de quelque condition qu'il puisse être, d'avoir commerce avec les réfugiés de Calvi qu'ils appellent transfuges, et nommément de mettre le pied sur les terres de la dépendance de la République, à moins qu'ils n'y soient conduits pour porter le ravage et s'en emparer à titre d'ennemis.

C'est par de tels actes qu'ils répondent aux espérances de pardon qu'on leur donne secrètement; il faut avouer que leur obstination est inconcevable; mais tout cela fait voir combien il serait imprudent de traiter ouvertement avec des hommes de ce caractère, et doit faire sentir l'abus qu'ils feraient des moindres avances qu'ils pourraient recevoir de notre part; ils ne manqueraient pas de s'en servir pour persuader à leur parti que la France ne veut ou n'ose entreprendre la guerre. Telle est en effet la manœuvre de leur politique pour retenir les peuples dans la révolte, et l'objet des harangues qu'ils font dans les assemblées politiques qu'ils convoquent souvent ; ceux qui les croient en deviennent plus furieux ; ceux qui ne les croient pas les craignent et n'osent se déclarer ; ils marchent d'ailleurs environnés toujours d'une troupe de gens armés, prêts au premier commandement à brûler ou à massacrer tous ceux qui leur sont suspects. Ainsi la révolte semble subsister dans toute sa vigueur et personne ne paraît souhaiter d'entamer avec nous aucune sorte de négociation.

On entend dire de temps en temps qu'ils reçoivent des secours et qu'il aborde particulièrement sur leurs côtes des barques chargées de poudre et de munitions de guerre ; ces bruits, quand même ils ne seraient pas fondés, méritent qu'on y fasse attention. Il me paraît nécessaire de faire au plus tôt partir la flotte destinée à croiser sur ces mers ; des brigantins armés seront surtout fort utiles, parce qu'ils peuvent sans risque approcher les côtes, y aborder et débarquer partout. Bien des spéculatifs pensent qu'il est impossible que les rebelles ne soient soutenus par quelque puissance en état de leur donner l'audace et la confiance qu'ils présentent. Pour moi, je ne l'attribue qu'au désespoir seul des chefs ; ils sentent que la soumission de la Corse entraînerait infailliblement leur perte, et que, dès qu'ils cesseront d'êtres redoutables, ils ne pourront manquer d'être les victimes ou du ressentiment de la République ou de la haine de leurs compatriotes ; ils ne se flattent pas de trouver en France un asile et une subsistance assurée, et ils ne peuvent se résoudre à abandonner leurs familles pour aller errer dans le monde et exposer partout leur misère et leur infortune. Ces réflexions les déterminent à tout mettre en usage pour maintenir le parti qu'ils ont pris, et ils aiment mieux se livrer à tous les maux qui doivent désoler leur patrie que de les prévenir par une soumission qu'ils pensent ne devoir être funeste qu'à eux seuls. Je suis néanmoins persuadé que le peuple, malgré tout leur artifice, viendra demander grâce aux premiers actes d'hostilité qui seront faits, pourvu qu'on ait attention de faire précéder la marche des troupes d'un manifeste conçu, s'il se peut, en forme d'édit et au nom seul du roi, pour annoncer que Sa Majesté accorde indistinctement le pardon à tous ceux qui viendront se soumettre, et cela sous une garantie inviolable et perpétuelle.

Il n'y a peut-être que ce moyen de guérir l'esprit des Corses sur la prévention inspirée par leurs chefs contre la garantie du roi. Ces peuples se sont laissé persuader qu'on cherchait à les tromper, et que les promesses de pardon, aussi bien que les articles du règlement n'étaient qu'un piège tendu à leur crédulité et un traité sans forme juridique, que la France était toujours en état de désavouer, puisqu'il n'était pas signé du roi. Quoique les chefs des rebelles sachent bien le contraire, ils ne laissent pas de le soutenir ainsi pour alarmer les peuples et les retenir sous leur obéissance. Ils disent publiquement que lorsque M. de Wirtemberg vint traiter de la soumission de la Corse, il parla au nom seul de l'empereur, ce que le général de l'armée de France refuse, selon eux, de faire au nom du roi son maître.

Les nouvelles troupes qu'on a intention de faire dans ce pays commencent à prendre quelque faveur ; il y a déjà deux compagnies qui seront de 70 hommes chacune en train de se former, et des offres faites par différents particuliers pour des escouades de 15, de 20 et de 30 fusiliers tirés le plus qu'il est possible parmi les rebelles. Je n'entre pas ici dans toutes les circonstances de la manière dont on exécute ce projet, parce que M. de Maillebois envoie à M. d'Angervilliers un ample mémoire que vous pourrez voir, où l'on expose les raisons qui ont fait prendre le parti de lever actuellement des compagnies et des escouades séparées et indépendantes les unes des autres par préférence à des bataillons, et où l'on entre dans le détail de la manière dont ces nouvelles troupes seront formées et composées, aussi bien que de l'usage qu'on en peut faire (1).

On a brûlé la nuit de mercredi à jeudi un moulin situé au pied du village de Cassano. Un de nos nouveaux officiers Corses a été chargé de cette expédition et l'a exécutée heureusement sans le secours de nos troupes et sans perte d'aucun des siens. M. de Maillebois a été bien aise, avant son départ pour Bastia, de donner encore cette correction aux habitants de Cassano ; il leur en veut, et il est résolu de ne leur faire aucun quartier depuis l'assassinat qu'ils ont exécuté sur deux de nos grenadiers qu'ils avaient surpris dans une embuscade, et qu'ils eurent l'inhumanité de faire périr de sang froid, quand ils les eurent conduits à leur village.

Nous avons fait le jeudi matin la promenade que je vous avais annoncée dans ma dernière lettre, et pour l'exécuter avec plus de sûreté et d'utilité, nous avons préféré de nous porter, en suivant le rivage de la mer, droit à Algajola. On avait eu d'avance la précaution de faire occuper par les milices du pays toutes les têtes des défilés qui pouvaient couvrir ou embarrasser notre marche. A la faveur de cette disposition, M. de Maillebois s'est porté tranquillement et sans risque à Algajola. Cette petite ville, située sur le rivage de la mer, était autrefois la capitale de la Balagne ; elle est aujourd'hui à moitié détruite, et il n'y reste qu'un mauvais fort occupé par les troupes de la République. D'Algajola on découvre très bien la pière d'Aregno qui présente à la vue un bassin assez ouvert, fertile, très peuplé et le plus riche de la Balagne. Ce bassin est couronné par une chaîne de hauteurs sur la crête et sur le penchant desquelles on voit plusieurs villages dont je ne vous fais pas la description,

---

(1) Ce mémoire, très long et rempli de détails techniques, n'ayant qu'un rapport très éloigné avec l'histoire de la Corse, nous n'avons pas jugé à propos de le rapporter.

parce que les cartes que vous avez ne vous en représenteraient pas la situation. Nous nous sommes, à la faveur de quelques postes, poussés en avant, mis en état de pouvoir à notre aise examiner la nature du pays et suivre avec les yeux les diverses croupes de montagnes qui vont toutes finir à la mer, et qui se réunissent en une espèce de noyau élevé où l'on peut arriver par tous les rayons que forment les différentes branches de ces hauteurs, et par lesquelles il est facile d'aborder à ce centre commun, où les troupes se porteront sans peine quand il sera question d'entrer en Balagne. Cette seule position aplanit toutes les difficultés et donne une entrée sûre et libre dans le milieu de cette province ; d'une part elle rend maîtres des montagnes qui dominent Monte Maggiore et la piève de Pino dont elle coupe la communication avec le reste du pays, et de l'autre elle fait prendre à revers tous les villages de la piève de Pino qui par là ne sont plus en état de résister et de se défendre. Cette position a encore un avantage qu'elle peut être à demeure, et que sans bouger de son camp, on peut faire par détachements la réduction de tous les environs ; être maître des hauteurs donne d'ailleurs la facilité d'assurer ses derrières et ses communications avec Calvi et Algajola, qui seront le lieu de nos entrepôts dans cette partie de l'île de Corse.

Je désirerais, Monsieur, d'être en état de vous envoyer un plan dessiné du pays dont je vous entretiens et dont vous ne pouvez vous former qu'une idée assez confuse sur la description que je vous en fais. Nous avons ici des ingénieurs très capables de bien remplir cet objet, mais il est malaisé de les faire travailler pour d'autres que pour leur général. En tout cas, vous trouverez chez M. d'Angervilliers toutes les pièces propres à satisfaire votre curiosité.

Je vous demande pardon des ratures que vous trouverez dans ce griffonnage. Je n'ai pas le temps ni la patience de recopier si *longues lettres.*

Ce dimanche 12 avril, à Calvi.

On ne doit pas, Monsieur, se flatter de soumettre la Corse qu'on n'ait préalablement réduit la Balagne. L'exemple de cette province entraînera le sort du reste de l'île et déterminera tous les habitants à accepter la paix ou à souffrir toutes les horreurs de la guerre. Voilà un axiome qui passe ici pour incontestable. Je juge donc comme vous qu'il est essentiel de s'assurer de cette Balagne par des voies moins rigoureuses que celles du fer et du feu. Mais voilà la grande difficulté : les chefs sont encore plus convaincus de l'importance qu'il y a pour eux de se conserver cette province ; ils ont apporté toutes leurs attentions à mettre les villages en état de défense et ils ne négligent rien pour entretenir parmi les habitants l'esprit de révolte qui les anime ; par bonheur, ils n'y réussissent pas autant qu'ils le voudraient. Nous continuons à faire agir sous main auprès des gens riches et des familles qui ont le plus à perdre par la guerre, le crédit des moines et des prêtres qui sont à notre dévotion ; nous n'avons pas lieu de nous plaindre de ces intrigues cachées, et malgré les insolentes déclarations du chef, il nous revient de toutes parts des preuves assez certaines de la bonne volonté des peuples. Cependant nous faisons ouvertement tous les préparatifs de la guerre et l'on ne néglige aucune des mesures nécessaires pour entrer en campagne du moment que les troupes seront arrivées. Il est également essentiel de convaincre les habitants de cette île de la résolution et de la possibilité où l'on est de les détruire, s'ils n'ont pas recours à la clémence du roi, et de frapper tous les esprits par la terreur des châtiments et par l'espoir du pardon.

Les arrangements sont faits à présent pour la subsistance de huit bataillons et d'un escadron de hussards qu'on a destinés à servir dans la Balagne. Nous avons marqué deux camps, l'un sous Alziprato et l'autre sous Algajola, où le régiment de Cambrésis a ordre de venir s'établir actuellement, en attendant le renfort des troupes qui doivent ces jours-ci s'embarquer à Antibes, et dont trois régiments et l'escadron d'Esthérazy sont avertis de venir aborder dans ce port. On a eu soin de conserver pour la subsistance des chevaux et des mulets toutes les pâtures qui sont assez abondantes en quelques endroits, et l'on continue à faire des approvisionnements de vivres et de munitions de toute espèce dans Calvi et dans Algajola, qui seront ici le lieu de nos entrepôts. Enfin l'on a envoyé le sieur de la Villeurnois, commissaire des guerres à Ajaccio, avec des instructions et des pouvoirs nécessaires pour la levée de quelques compagnies ou escouades dans cette partie de l'île et pour amasser de la paille et des fourrages qui y sont plus abondants qu'ailleurs, aussi bien que des bâtons de tentes, dont nous manquons ici absolument. On compte ainsi pouvoir dans les premiers jours du mois prochain se porter dans le centre de la Balagne et y agir offensivement avec un corps de 4,000 hommes au moins. J'ai l'honneur de vous envoyer ci-joint le nombre et la qualité des troupes qui seront employées à cette expédition avec le projet de notre disposition d'attaque et des mouvements que les troupes doivent faire pour jeter de toutes parts l'alarme et la consternation dans le pays.

M. de Maillebois part ce soir pour S. Fiorenzo et m'emmène avec lui. Nous laissons ici M. de Villemur avec les instructions suffisantes pour l'établissement des troupes et avec l'ordre de ne rien entreprendre jusqu'au retour du général ou de celui qu'il enverra à sa place, s'il ne juge pas à propos de se charger en personne de l'opération qu'on a préméditée de faire en Balagne. Je ne fermerai ma lettre qu'à Bastia pour être en état de vous rendre compte par cet ordinaire de ce que nous aurons vu et fait dans notre trajet par terre de S. Fiorenzo à Bastia, M. de Maillebois étant dans la résolution de parcourir en passant tout le Nebio et les environs de cette province.

Nous sommes arrivés le 30 à S. Fiorenzo. Cette ville n'est plus aujourd'hui qu'un mauvais village presque entièrement ruiné. Elle est située à l'extrémité d'un golfe de 5 à 6 milles de profondeur. Les gros vaisseaux y peuvent mouiller presque partout; ils y sont cependant assez battus de la mer quand le vent est au Sud-Ouest, et au Nord-Ouest. Il serait facile d'y pratiquer un port sûr, au pied de S. Fiorenzo. Il y a dans cet endroit une suite de rochers à fleur d'eau qui forment naturellement un bassin qu'on pourrait fermer sans grande dépense, en construisant un môle ou une jetée à la faveur de ces rochers, ce qui défendrait absolument ce bassin contre tous les coups de mer.

Il y avait autrefois à S. Fiorenzo une place construite sous les ordres du maréchal de Termes. Les fortifications en ont été ruinées par le fameux André Doria, il y a environ 135 ans. Cette place devait être très bonne par sa situation, qui est une des plus heureuses que j'aie encore vues dans ce pays. Il serait aisé de la rétablir, si on le jugeait à propos, en faisant des ouvrages de terre qu'on pourrait sans grands frais établir avec les ruines des anciennes fortifications, dont les fondements, presque tous creusés dans le roc, subsistent encore. Il y reste un château où la République entretient une garnison de deux ou trois cents hommes et une troupe de 12 à 15 cavaliers, fort mal montés.

Le faubourg est occupé par un détachement de 200 hommes de troupes tirés du poste de Fornali qui est à trois quarts de mille de S. Fiorenzo. Ce poste a été accommodé et mis en état de défense ; on peut y placer environ cinq à six cents hommes ; le régiment de Cambrésis l'a occupé depuis l'hiver dernier, mais il n'y aura plus dorénavant qu'un détachement tiré de la garnison de Bastia, commandé par un lieutenant-colonel et qui sera plus ou moins fort suivant les occurrences.

Le 14, nous avons été faire une assez longue promenade dans la piève de S. Fiorenzo, pour prendre connaissance de la partie de la province du Nebio qui avoisine à la Balagne. Les habitants en sont d'une fidélité très suspecte. Le pays, jusqu'au pied des montagnes, est assez ouvert dans un espace de huit à dix milles de plaines, coupées cependant par des coteaux, mais où des troupes de chevaux peuvent néanmoins pénétrer et trouver un peu de subsistance. Les montagnes qui bordent cette petite province ne m'ont point paru impraticables, et ne le sont pas toutes en effet, de l'aveu des gens du pays. Les Allemands y ont pénétré, et l'on assure qu'il est possible d'y prendre des postes pour communiquer, en s'étendant sur sa droite par le revers de la montagne de Tenda, Pietra Alba, Belgodere, avec la Balagne, se porter par le centre avec un corps plus considérable sur Lento, et s'étendre par sa gauche vers S. Pellegrino, en laissant le Golo derrière soi dans cette partie, et la piève de Casinca qu'on veut faire tomber d'elle-même par cette seule position. Ce n'est encore qu'un projet assez vague qui a besoin d'être plus amplement consulté et examiné ; c'est une des principales opérations que nous devons faire actuellement et dont je vous rendrai compte, s'il nous est permis d'acquérir les éclaircissements qui nous sont nécessaires.

Nous sommes enfin arrivés le 15 de S. Fiorenzo à la Bastia par un chemin des plus affreux que j'aie jamais vu de ma vie, quoiqu'il ne soit que de trois lieues et demie. Il est indispensable de s'établir une communication de S. Fiorenzo à Bastia autre que celle du sentier que nous avons parcouru et qu'on appelle *strada reale*. Les ingénieurs qui sont ici ont reçu ordre d'aller visiter cette traversée pour chercher quelque expédient pour la rendre praticable. S'ils trouvent la chose impossible, comme je le crains, ce sera un inconvénient des plus embarrassants, parce qu'on ne pourrait pas se porter en avant dans le pays ni y subsister sans la sûreté de cette communication qui peut seule établir celle de la Balagne soumise avec les corps qui agiront du côté de S. Pellegrino, de Bastia et de S. Fiorenzo.

Nous avons trouvé ici le marquis Mari qui est le commissaire général de la République. C'est un souverain à mourir de rire, pantalon au superlatif, italien et génois, c'est tout dire. M. de Maillebois le fait trembler, et il n'ose pas le regarder entre deux yeux. Mais il est bon de conserver cet avantage avec lui, et l'on n'aurait pas beau jeu à lutter de finesse avec Son Excellence.

Ce ne sera que lundi prochain que nous commencerons nos promenades. Ainsi, Monsieur, je n'ai plus rien à vous dire.

A Bastia, ce 18 avril 1739.

Etat des troupes destinées pour la Balagne.

Cambrésis, Senneterre, Aunis, Flandres, Béarn, Forez, Bassigny, Agenois — Destinés à sortir en campagne, les petites gardes pour les équipages laissées	3.400
Esthérazy, hussards	300
Troupes de la République sans y comprendre la garnison de Calvi	410
Réfugiés ou miquelets	50
Compagnie de Bonacorso	35
Compagnie de Giudicelli	30
Cap. Giuliani et autres	100
Calenzaniens	150
Gens de Lumio	60
	835

Sur quoi à diminuer :

Pour la garnison de Lumio	60
à Alziprato	80
à Algajola	30
à Isola Rossa	20
	190

Etat des effectifs à faire agir en Balagne 4.345 hommes.

Il paraît qu'avec ce nombre de troupes, il faut se porter avec les drapeaux dans la pièce d'Aregno par Algajola, marcher à Corbara, occuper ledit village d'Aregno pour descendre ensuite par les hauteurs sur S. Antonino.

Ledit couvent et Corbara une fois occupés, on peut n'y laisser que de petits détachements pour tout de suite tomber en force sur Aregno par la droite de ladite vallée, allongeant celle des troupes à portée du détachement qui entrera par la bouche de Bragaggio.

Il faudra joindre à cette infanterie les deux tiers des hussards, 50 Calenzanins, la compagnie de Giuliani et les réfugiés de Sta Reparata.

Ces trois corps, connaissant le pays, seront utiles pour empêcher que quelques paysans ne viennent inquiéter sur les ailes en marchant. Il serait à souhaiter que dès la veille on pût occuper tant Corbara que le couvent d'Aregno.

On fera marcher un détachement avant le jour, composé de 600 hommes d'infanterie française, 50 Calenzaniens, la compagnie de Giudicelli et les 60 paysans de Lumio pour passer pas les bouches de Bragaggio ; 300 hommes en seront employés à occuper les postes de S. Juan d'Avanti, les bouches de Salvi et la Scontra ; au moyen de quoi Lavatoggio se trouvera quasi embrassé. La tête de ce détachement gagnera le couvent de Marzasso et s'en emparera.

Il sera bon de joindre à ce détachement 50 Génois attendu

qu'ils sont commandés par un capitaine très au fait du pays, avec lesquels on fera marcher les 30 hussards pour nettoyer la petite plaine qui se trouve entre Lavatoggio et les bouches de Bragaggio.

Lavatoggio doit être occupé aussitôt que l'on sera posté. Comme les maisons sont bien crénelées, et qu'une entre autres est entourée d'un fossé, on fera conduire par ce côté deux petites pièces de canon ; c'est un des villages sur lequel il sera bon de faire un exemple en le brûlant.

On laissera au couvent d'Alziprato 190 hommes, 80 Génois, la compagnie de Bonacorso et 50 Calenzaniens qui, suivant les événements, pourraient être encore joints par 50 autres. Il faudra alors jeter le plus de bombes qu'on pourra soit dans Montemaggiore, soit dans Cassano, et suivant l'effet que cela produira, ce corps serait en état de sortir et de se porter à Montemaggiore, laissant seulement 30 Génois et la compagnie de Bonacorso audit couvent.

Il sera convenu de signaux, afin que dudit couvent on puisse informer le corps qui sera au-dessus de Lavatoggio de ce qui se passera.

On commandera pour marcher à Isola Rossa 200 hommes de la République qui se porteront sur Sta Reparata et s'en saisiront ; ce qui doit être facile, n'y ayant que 30 hommes armés.

Il faudra y brûler les maisons d'un ou deux chefs qui seront nommés ; l'on pourra aussitôt armer quelques habitants fidèles dudit village, ainsi que d'Occiglioni, qui seront pareillement nommés, ayant soin de prendre pour otages ceux qui seront encore indiqués.

Si le couvent des Capucins n'est point occupé, il faudra envoyer s'en emparer la nuit par une trentaine d'hommes ; on pourra joindre pareil nombre de réfugiés volontaires de Sta Reparata, qui seront armés à cet effet. M. Galeano fera porter à Isola Rossa la quantité d'armes nécessaires tant pour armer les volontaires que les habitants fidèles de Sta Reparata et d'Occiglioni.

On conviendra des signaux de canon que fera la tour de l'Isola Rossa pour avertir quand on sera maître tant du couvent des Capucins que de Sta Reparata.

Il faudra 6 capriens ou autres petits bâtiments à Algajola, afin de pouvoir, si on le jugeait à propos, envoyer quelque détachement du côté du Fiume Regino.

Il sera nécessaire d'établir entre S. Jouan d'Avanti et Algajola sur le revers de la montagne, du côté d'Aregno, un poste qu'on mettra à couvert dans une espèce de redoute qu'on fera en pierre sèche.

La réduction de la Balagne devant être une affaire de dix jours au plus, si les 60 miquelets placés à S. Fiorenzo, joints à 100 paysans du Nebio, se présentaient sur le chemin de S. Fiorenzo en Balagne, cette diversion pourrait être très utile, joignant à ce corps 150 Français et 50 hussards.

On croit qu'il serait nécessaire que tout le reste des troupes (à la réserve du poste de S. Pellegrino mis à 800 hommes et à 50 hussards) se portât dans la plaine au-dessus de Borgo, où il paraît qu'il serait aisé de prendre un bon camp, ayant un poste à Biguglia pour assurer la communication avec Bastia.

Etat des hommes propres à porter les armes et de la quantité de fusils ci-après dénommés :

Piéves	Hommes d'armes	Fusils
Mariana	100	45
Costera	300	100
Caccia	100	150
Giovellina	200	200
Niolo	600	300
Casinca	400	280

Pièves	Hommes d'armes	Fusils
Casacconi	500	200
Rostino	700	250
Corte Talcini	560	200
Tavagna	400	300
Ampugnani	1000	900
Orezza	1000	400
Moriani	450	300
Campoloro	450	200
Verde	200	200
Serra	260	180
Bozio	380	130
Alezzani	450	200
Fiumorbo	250	160
Rogna	270	150
Castello	300	120
Venaco	200	130

Il n'est point question dans cet état des pièves qui sont en delà des monts, du côté d'Ajaccio, ni de celles que la République regarde comme fidèles et qu'elle a armées.

A Bastia, le 25 avril 1739.

Le Consul de Fiumorbo a, Monsieur, fait arrêter un paysan chargé de plusieurs paquets de Théodore cachetés de son sceau, écrits de sa main et adressés à différents chefs d'en delà les monts. On ne doute pas qu'il n'y ait des duplicata de ces lettres pour les chefs d'en deçà, mais le porteur n'a pas été découvert. Le tout a été remis à notre général ; on a jugé convenable d'en faire une copie et une traduction pour l'envoyer à la Cour. Voici, en attendant que vous ayez communication de ces dépêches, ce qu'elles contiennent en substance.

Théodore annonce son arrivée dans le courant du mois de mai, pour réparer par son autorité les abus introduits pendant son absence. Il a ordonné qu'on punisse de mort les traîtres à la patrie et tous ceux qui par circonstance ou par crainte entretiennent des liaisons avec les Génois.

Il exhorte les peuples à l'union entre eux et à la fidélité qu'ils lui doivent ; il tâche de les encourager à faire un dernier effort pour achever de détruire leurs ennemis communs et les chasser entièrement du royaume de Corse.

Il parle d'un vaisseau qui a, dit-il, été obligé de relâcher au mois de janvier dernier sur les côtes de Naples ; il assure que ce bâtiment lui a été restitué avec sa charge, et qu'il le renvoie rempli d'armes et de munitions de guerre.

Il annonce l'arrivée du baron de Neorf son parent et son précurseur, porteur de ses ordres et de ses instructions ; il demande qu'on lui choisisse des chevaux qu'il promet de payer à son arrivée.

Il enjoint aux chefs et à la nation de mettre tout en usage pour s'emparer de Portovecchio et de quelque autre port de mer, voulant avoir sur la marine des places de sûreté et d'entrepôts pour les secours qu'il promet.

Il commande à son général d'en delà les monts, le comte d'Ornano, d'aller avec les troupes qui sont à ses ordres bloquer le fort d'Ajaccio, afin que la garnison génoise, enfermée dans cette place, ne puisse tirer sa subsistance que par mer ; il propose d'y renouveler les Vêpres Siciliennes pour y égorger tous les partisans de la République par l'entremise des Grecs, avec lesquels il entretient des intelligences. Ces Grecs sont au nombre de 300 à la solde de la République.

Il fait espérer de grands secours de Tunis, d'Alger et du Port Mahon, des Anglais, et particulièrement des Hollandais dont il dit attendre un bâtiment où l'on trouvera une caisse remplie de pièces d'or brutes qu'il veut faire marquer à son coin. Pour garantie de ces avances, il doit livrer à ces derniers le port d'Ajaccio, et abandonner en propriété aux Juifs d'Amsterdam plusieurs parties de terre incultes le long des côtes.

Enfin, il parle d'un traité qu'il prétend que la République de Gênes fait avec la France pour lui engager les places maritimes qui sont à notre bienséance ; ce que, selon lui, l'Angleterre ni la Hollande ne souffriront jamais.

Voilà, Monsieur, à peu près le contenu des déclarations du roi Théodore à ses fidèles sujets. En conséquence, on a eu avis que le 19 de ce mois, une felouque était débarquée sur ces côtes et qu'elle avait été tirée à terre à la tour d'Alistro, près de la Padulella, à l'embouchure d'une petite rivière qui se jette dans la mer en cet endroit. On sait par les lettres interceptées de Théodore que ce bâtiment était chargé de 100 barils de poudre et de 16,000 livres de plomb qui ont été embarqués à Livourne. Cette même felouque a mis à terre le baron de Neorf, porteur des paquets en question, et dans l'un desquels se trouve le détail que j'ai l'honneur de vous faire. L'adresse est à un prêtre rebelle nommé Jean-Baptiste Théodorine, et voici comme cette subscription est conçue : *all'illustrissimo e reverendissimo N⁰ P⁰ chapelain et auditeur, il conte Jean Maria Balisone Théodorine.*

Les autres lettres contiennent à peu près les mêmes choses (1) à la réserve d'une seule où il commande à ses fidèles sujets et amis de se méfier d'Hiacinto Paoli, de le regarder comme un traître et de le faire périr, s'il est possible. On prétend que la cause du mécontentement de Théodore vient de ce qu'il a découvert un complot tramé entre le chanoine Orticoni et cet Hiacinto Paoli pour livrer l'île de Corse au roi de Naples.

On ne trouve nulle part dans aucune de ces lettres le lieu d'où elles partent ni d'où elles ont été écrites ; leur date est du 14 mars dernier.

M. de Maillebois, après la lecture de ces lettres, a aussitôt

---

(1) Toutes ces lettres ont été écrites du 3 au 16 mars 1739 ; nous les avons rapportées plus haut à leur date respective.

envoyé chercher M. de Saurin, capitaine de la frégate *Le Zéphyr*, restée dans le golfe de S. Fiorenzo et lui a ordonné d'aller, dès que le vent le lui permettra, mouiller dans le port d'Ajaccio pour veiller à sa sûreté, en conséquence des instructions particulières qui lui ont été données à ce sujet. Cependant le marquis Mari, commissaire général de la République, s'est chargé en son propre et privé nom d'envoyer un détachement des troupes génoises relever et remplacer les Grecs qui sont suspects et qu'on compte transporter ailleurs.

Les ordres ont été aussi expédiés à M. de Touri, commandant la barque *La Sibille* restée dans le port de Calvi, pour venir sans tarder croiser sur les côtes d'Aleria et de Portovecchio. Cette barque est un assez gros bâtiment ; elle est armée de 20 pièces de canon, et le sieur de Touri qui la monte passe pour un officier hardi et intelligent. Je souhaite que ces précautions puissent suffire jusqu'à l'arrivée des galères et des autres vaisseaux que nous attendons de France.

Nos troupes du premier embarquement ne sont point encore arrivées ; il fait des vents si violents, la mer est si orageuse dans cette saison que je crains toujours quelque accident, ou un long retardement. Il serait pourtant bien nécessaire de se hâter, dans ces circonstances, de frapper quelque coup décisif ; les esprits sont en mouvement et partagés entre la crainte et l'espérance. Les chefs des rebelles sont consternés et divisés. Si on leur donne le temps de se rassurer, ou de recevoir des secours, il y a tout lieu d'appréhender que cette affaire ne devienne très sérieuse et très longue. *Bisogna pigliar pazienza, ma rabiando.*

Nous avons fait le 22 de ce mois une promenade le long de la mer dans la seule plaine qui peut être regardée comme telle dans ce pays-ci. Cette plaine commence à environ un mille de Bastia et continue presque jusqu'à Portovecchio, en longeant le pied des montagnes et les rivages de la mer, dans une largeur plus ou moins grande, mais qui ne va jamais à une lieue. Nous nous sommes avancés assez près du Golo, à la faveur de quelques détachements mêlés avec des paysans fidèles qu'on avait portés en avant et sur les flancs, ce qui nous a mis à portée de reconnaître le pays et le chemin qu'on a dessein de prendre par terre pour assurer une communication libre avec S. Pellegrino où nous avons un poste. Nous avons reconnu dans cette plaine de très excellentes pâtures et dont l'usage sera praticable et sûr, moyennant de légères précautions. Enfin il nous a paru qu'on pouvait assez aisément soumettre les villages de Biguglia, d'Ortale, de Borgo et de Lucciana, en faisant passer un corps d'infanterie par la crête des montagnes qui dominent toutes ces pentes qui ne sont pas fort redoutables, dès qu'on les prendra à revers et par la hauteur. Moyennant cette petite opération, on s'assurera de toute la plaine depuis Bastia jusqu'à l'embouchure du Golo, ce qui sera d'une grande utilité tant pour les subsistances que pour les autres objets qu'on a en vue.

A Bastia, ce 30 avril 1739.

Je vous ai rendu compte, monsieur, de la promenade que nous avons faite le 22 de ce mois dans la plaine de Biguglia. Le 27, M. de Maillebois ordonna un détachement de 5 compagnies de grenadiers, de 3 piquets et de quelques troupes de la République commandées par M. d'Auroy et un lieutenant-colonel, pour occuper les villages de Furiani, de Biguglia, d'Ortale et quelques autres postes le long des montagnes où les rebelles n'osent se tenir pendant le jour. L'objet de cette disposition était de couvrir les travailleurs qu'on avait commandés pour couper les broussailles qui embarrassent la plaine, et pour ouvrir le chemin qu'on y veut faire dans la vue d'y établir une communication assurée le long du rivage de la mer. M. de Maillebois alla visiter ce travail qu'on doit continuer, jusqu'à ce que cette plaine soit nettoyée, en delà et en deçà du Golo pour y marcher en escadron de Bastia à S. Pellegrino. Cette tournée nous a mis en état de reconnaître encore plus parfaitement le pays ; nous avons jugé que le passage du Golo à son embouchure ne souffrait point de difficultés et que la seule opération un peu plus sérieuse qu'il y aurait à faire serait de se rendre maîtres des villages de Vescovato et de Venzolasca. Ces postes, ainsi que la plupart de ceux que j'ai vus dans l'île de Corse ne sont point soutenables devant des troupes réglées et bien conduites ; ils sont presque tous dominés et dès qu'on veut les tourner et les prendre par les hauteurs, on peut s'en emparer très aisément. Une imprudence bien grossière, et dans laquelle sont tombés les Allemands, serait de les attaquer par les fonds ; il est sûr que l'entreprise alors devient très dangereuse à cause du feu qu'il faut essuyer de toutes les maisons dont les toits sont terrassés, entourés de parapets crénelés et rangés en amphithéâtre par leur position naturelle sur les coupes des revers où ils sont assis. Le projet est donc de se rendre maître des villages de Vescovato et de Venzolasca, de placer des postes dans Biguglia et sur deux hauteurs qui masquent une gorge par où on peut entrer dans les montagnes, un peu au-dessus de ce dernier village ; vous sentez qu'avec ces précautions, la communication sera passablement bien assurée par terre entre Bastia et S. Pellegrino, surtout quand il y aura des hussards campés dans la plaine.

Je vous ai parlé, Monsieur, dans ma dernière lettre du neveu de Théodore qui a passé dans l'île, et j'ai différé de vous rendre compte d'une particularité de son arrivée que je ne pouvais croire, tant elle me paraissait extraordinaire ; cependant la nouvelle s'en confirme si constamment et elle nous revient de tant de côtés qu'il est difficile de n'y pas ajouter foi. Voici le fait, il servira à vous donner une idée du caractère des Corses.

Le baron de Neorf, premier prince du sang de Théodore,

est reçu avec acclamation dans le royaume ; il est invité le lendemain de son arrivée à une chasse de sanglier par les comtes, les marquis et les seigneurs du pays ; il sort bien accompagné, on le suit au rendez-vous, et au moment de commencer la chasse, on lui amène un de nos déserteurs du régiment de Nivernais. Cet homme est questionné, on s'informe du général français. Il répond qu'il est à Bastia ; on lui demande s'il est vrai qu'il attend encore des troupes, et il assure qu'il doit arriver 50,000 hommes tant à Calvi qu'à S. Fiorenzo et à Bastia. Sur ce propos, la plupart des paysans déjà postés pour battre le bois où devait se faire la chasse, s'éclipsent les uns d'un côté, les autres de l'autre ; S. A. Royale manque la bête et retourne chez elle, où pour surcroît de mésaventure, elle trouve son palais forcé, son porte-manteau éventré et volé, de façon que le pauvre prince est actuellement sans chemises, et qui pis est, sans une bourse de 8 ou 9 cents sequins qu'il avait apportés pour subvenir aux frais de la guerre. Les notables du royaume ont fait jusqu'à présent de vains efforts pour faire restituer les effets du prince ; tout ce qu'ils ont pu gagner est qu'on lui rendît quelques chemises ; mais pour l'argent, il n'en est pas question. Voilà ce qui s'appelle d'honnêtes gens et de fidèles sujets de Théodore.

Ce que je vais vous raconter encore n'est pas plaisant ; c'est une aventure très tragique. La nuit du 27 au 28, à 10 heures du soir, on vient avertir M. de Maillebois que le major du régiment d'Auvergne, retournant chez lui accompagné d'un garçon-major nommé Tuesche, et voulant entrer dans sa chambre, est arrêté au haut de son escalier par deux hommes, dont l'un lui tire un coup de pistolet qui tue raide le sieur de Tuesche. Les deux voleurs alors se jettent sur le major, le renversent et sont prêts de l'écharper ; mais au bruit du coup, des valets et quelques soldats étant accourus, on court sur les assassins, on en saisit un ; le second, poursuivi et atteint trouve le moyen de se défendre du soldat qui le tenait, à la faveur de la nuit et d'un coup de stilet qu'il lui porte au visage. Le prisonnier attaché et fouillé, on trouve sur lui 9 à 10 mille livres en or et en argent appartenant au régiment d'Auvergne. M. de Maillebois envoie sur le champ avertir le marquis Mari pour lui demander justice, mais il reconnaît que par les lois de Gênes les procédures sont d'une longueur infinie et qu'elles se terminent souvent par l'impunité du crime. Cela embarrasse M. de Maillebois qui veut un exemple prompt et frappant ; il n'y a pas moyen de laisser le coupable entre les mains des juges du pays, et il faut cependant ménager la souveraineté de la République. L'expédient qu'on a trouvé a été de demander le criminel au marquis Mari pour être puni selon la rigueur de nos lois, sur le prétexte que le meurtre a été exécuté sur la personne d'un officier français, et dans un cantonnement de nos troupes, où celles de la République n'ont point de postes, étant toutes employées à la garde du château où réside le commissaire général de la République. Cette tournure a été approuvée par M. le marquis Mari, le criminel a été livré à notre prévôt; on lui fait actuellement son procès, et il sera condamné au dernier supplice.

Le 28 au soir, on reçut ici la nouvelle que la tête du convoi de nos troupes paraissait à l'entrée du golfe de S. Fiorenzo, et en effet, la nuit du 28 au 29, plusieurs tartanes vinrent aborder dans le port et débarquèrent 9 compagnies de Royal-Roussillon, 8 de Montmorency et 3 de l'Ile de France, avec 7 compagnies du régiment de Forez destiné pour Calvi. Le lendemain 29, parurent deux tartanes, dont l'une débarqua l'artillerie et les bombardiers, et l'autre dix-huit mulets pour les vivres. Les patrons de ces tartanes dirent qu'ils avaient été séparés la veille du reste du convoi par un coup de vent violent à la pointe du Gourjean, qu'ils avaient été portés au large, et qu'ils ne doutaient pas que les autres bâtiments n'eussent relâché sur les côtes de Provence et d'Italie. Le 29, on reçut un exprès de Calvi qui apporta la nouvelle de l'arrivée de plusieurs tartanes dans le port, chargées de 4 compagnies du régiment de Senneterre et de la compagnie colonelle du régiment d'Esthérazy hussard. Enfin aujourd'hui 30 au soir, on a appris par les troupes arrivées de S. Fiorenzo que le reste du convoi qu'on attendait, paraissait et qu'on avait compté jusqu'à 40 bâtiments qui faisaient route vers l'embouchure du golfe. Il n'y a pas lieu de douter que nous n'apprenions dans le cours de la journée de demain l'heureuse arrivée de toutes nos troupes dans les lieux de leur destination.

On vient de remettre encore à M. de Maillebois deux nouvelles lettres interceptées de Théodore, écrites à Luca Ornano et à un autre chef rebelle dont j'ai oublié le nom. Ces lettres annoncent toujours son arrivée pour le 15 du mois de mai et sont pleines de promesses qu'il fait d'un secours considérable qu'il doit amener d'Afrique ; il recommande beaucoup son cousin le baron de Neorf, et ce n'est pas sans raison, puisqu'il court tous les jours risque de la vie depuis qu'il est en Corse. Nous avons appris de Calvi qu'il s'était tenu une grande conférence des chefs en Balagne où il avait été question de se défaire de la personne du baron et qu'on avait conclu à l'assassiner au cas que Théodore ne tînt pas sa parole et ne vînt pas lui-même dans le courant du mois de mai leur apporter les grands secours qu'il leur faisait espérer depuis si longtemps. On fait actuellement traduire les lettres de Théodore pour les envoyer à la cour ; s'il s'y trouve quelques particularités qui méritent votre curiosité, j'aurai soin de les ajouter à ma lettre que je ne ferme point à cet effet.

Il n'y a rien de nouveau dans les lettres de Théodore qui ne soit dans celles qu'on a déjà envoyées à la cour. Le convoi est entièrement et heureusement arrivé.

Me serait-il permis, Monsieur, d'assurer Madame la comtesse de mon profond respect et de mon inviolable attachement ? Oserais-je vous demander des nouvelles de sa santé ?

A Bastia, ce 9 mai 1739.

Je vais vous rendre compte, Monsieur, du projet où M. de Maillebois paraît vouloir se fixer pour les dispositions de l'ouverture de sa campagne, quant à la partie de l'île de Corse où il s'est transporté depuis son départ de la Balagne.

Son premier dessein était d'attaquer la montagne en se portant sur le Golo par la plaine de Biguglia ; maintenant il semble déterminé à porter à la tête du Nebio ses principales forces ; aussi le dépôt le plus considérable de ses vivres serait dans cette supposition à S. Fiorenzo plutôt qu'à Bastia. L'un et l'autre projet a ses avantages et ses inconvénients. Voici les raisons qui militent en faveur de ce dernier parti.

1º La grande distance et la difficulté de la jonction entre le corps de troupes qui aurait agi aux environs de la rivière du Golo, et celui qu'on aurait employé en Balagne.

2º La juste inquiétude où l'on est sur la fidélité de la province du Nebio, dont la révolte serait d'autant plus préjudiciable qu'elle romprait les communications entre les deux parties de l'île.

3º La facilité de recevoir plus aisément à S. Fiorenzo qu'à Bastia les secours qui viennent de France, à cause du Cap-Corse toujours très difficile à doubler.

4º La communication par terre de S. Fiorenzo à Bastia qui subsiste mal aisée, nonobstant le soin qu'on a pris d'accommoder les chemins dans la montagne.

5º Enfin l'utilité que l'on doit attendre d'un camp placé à la tête du Nebio, ce corps se trouvant à peu près dans le centre et également à portée de prêter la main aux troupes de la Balagne et à celles de S. Pellegrino ; d'ailleurs la communication n'est pas moins dans ce pays sûre et facile à établir de S. Fiorenzo jusqu'au lieu où l'on a dessein de faire camper les troupes, puisque le pays est assez ouvert et très praticable du bord de la mer au pied des montagnes.

M. de Maillebois, sur ces raisons, s'est déterminé le 4 de ce mois à faire une visite le long des frontières du Nebio, afin d'examiner avec détail la position des villages, celle des montagnes et la qualité des passages par lesquels on peut avoir accès dans l'intérieur du pays. On a jugé qu'un corps d'armée, placé sur la hauteur de S. Nicolao, satisferait à tous les objets qu'on pourrait avoir dans le cours des opérations de la campagne, soit qu'on voulût s'étendre par la droite et percer en Balagne, soit qu'on eût dessein de se porter en avant et de marcher à Corte, soit qu'il fût nécessaire de s'allonger par la gauche pour favoriser le corps de San Pellegrino.

Le poste de S. Nicolao est très bon en lui-même et à portée de plusieurs gros villages sur ses flancs et sur ses derrières ; les habitants du Nebio, contenus par la présence des troupes, serviront à ouvrir ou à faire des chemins dans tous les endroits où l'on aura dessein de pénétrer, précaution préalable et indispensable et sans laquelle il n'y aurait point de sûreté dans aucune des entreprises qu'on voudrait tenter dans un pays tel que celui-ci ; les chemins peuvent seuls produire et assurer à jamais la soumission de la Corse.

Notre général s'est fait accompagner dans sa tournée par M. du Rousset, afin de le mettre au fait de la besogne dont il veut le charger. Ce sera M. de Larnage, brigadier et lieutenant-colonel du régiment de Montmorency, qui commandera à S. Pellegrino un détachement de 8 ou 900 hommes, partie de nos troupes, partie de celles de la République.

Quant à moi, quelque flatteur qu'il soit de se voir chargé du commandement en chef d'une partie des troupes, j'ai été le premier à désirer pour le bien du service qu'on en confiât l'honneur à M. du Rousset; mais j'espère que je ne serai pas inutile aux succès de notre entreprise, en prenant le parti de suivre le général dans les plus importantes opérations que nous ayons à faire et dont il ne veut laisser l'exécution qu'à lui seul, les commandants des corps destinés pour le Nebio et pour S. Pellegrino ayant un ordre positif de ne rien entreprendre et de se contenter de tenir en respect, chacun de leur côté, les montagnes, afin de les empêcher de donner des secours à la Balagne qu'on veut, à quelque prix que ce soit, soumettre la première.

Le détachement qui nous a protégés dans la promenade que nous avons faite deux jours de suite dans le Nebio, était composé de 6 compagnies de grenadiers, de 6 piquets, de 50 hussards, d'une troupe de milices du pays qu'on nomme courtinets (Cortinais ?), et de 30 de nos soldats volontaires vêtus à la Corse et servant à la manière des miquelets. M. de Lussans commandait le tout. Il avait été chargé de faire occuper d'avance les villages d'Oletta, d'Olmeta, de la Pieve, et tous les postes les plus importants sur la crête des hauteurs le long desquelles nous avons passé. M. de Maillebois a marché avec une compagnie de grenadiers, de miquelets et les hussards.

L'arrivée de nos troupes en Balagne, et surtout des hussards, a déjà produit un très bon effet par la terreur qu'ils ont répandue à tout le pays. Les lettres de M. de Villemur, datées du 3 de l'Algajola, portent qu'il est actuellement maître de Corbara ; qu'il y a marché la nuit du 1er au 2 avec deux bataillons et une de nos compagnies franches de nouvelle levée, commandée par le capitaine Giudicelli, sur l'invitation des habitants même de Corbara qui étaient d'intelligence avec lui et qui ont aidé à en chasser les rebelles. M. de Villemur a habilement profité de l'occasion pour s'établir dans ce poste qui est très important par sa situation avantageuse et par la facilité qu'il donnera à se rendre maître de S. Antonino et de la pièce entière d'Aregno, ce qui décidera, selon toute apparence, de la conquête de la Balagne. Ainsi nous avons actuellement 2 bataillons dans Corbara, 2 à l'Algajola avec le régiment d'Esthérazy, 3 à Lumio et aux bouches de Bragagio, et un à Calvi qui fournit à Alziprato un détachement de 150 hommes, auquel on a joint 50 Calenzaniens.

Le 6, les chefs des mécontents se sont tenus assemblés pendant deux jours de suite à Venzolasca pour y tenir un conseil sur l'état des affaires présentes de l'île, où le neveu de Théodore a assisté. La matière y a été débattue avec beaucoup d'aigreur et un grand partage d'opinions. L'avis le plus général était d'abord d'envoyer des députés à M. de Maillebois pour demander grâce et se soumettre à sa discrétion ; mais après bien des contestations, le neveu de Théodore, aidé par les plus mutins, a fait prévaloir l'avis contraire en promettant sur sa tête que son oncle allait arriver avec des secours considérables de troupes, d'argent et de munitions fournies par toutes les puissances maritimes de l'Europe, sans en excepter l'Espagne ; que leur roi se mettrait lui-même en personne à leur tête pour exterminer tous les Génois et leurs adhérents. Ces promesses magnifiques ont été à la fin écoutées et reçues avec applaudissement, et ce conseil si tumultueux s'est terminé par des acclamations de : Vive le Roi Théodore ! et par des serments de lui être à jamais fidèle. Cependant la division et les hostilités continuent parmi eux plus vives que jamais. Nous avons vu encore hier dans les villages qu'ils occupent la fumée des maisons où ils avaient mis le feu, en représailles d'autres violences précédemment exécutées par un parti contraire.

M. de Maillebois continue toujours secrètement à entretenir la désunion entre eux par les promesses qu'il fait donner à ceux qui paraissent disposés à se soumettre, de les faire récupérer du double, aux dépens des rebelles, des dommages qu'ils auraient pu souffrir pour cause de leur bonne volonté ; il tâche de suivre à la lettre cette maxime : *Divide ut regnes.*

Il me semble en effet que le parti des mécontents se désunit tous les jours de plus en plus, et il y a lieu d'espérer que la fin de ce mois n'arrivera pas sans quelque révolution qui nous sera avantageuse. Je crois qu'on y peut compter, si Théodore n'arrive pas comme il l'a promis vers le 15 où nous touchons ; mais quand même il arriverait, s'il n'apporte point les secours dont il les flatte depuis si longtemps, ses affaires n'en iront pas mieux, et il risquera lui-même d'être abandonné et peut-être exterminé par ceux sur lesquels il compte le plus, et qui espèreront acheter leur grâce en le trahissant.

J'ai reçu la lettre que vous m'avez fait l'honneur de m'écrire de Bisy du 19 du mois passé. Je vois que vous êtes au moment de votre départ pour la frontière. Je souhaite que vous y soyez chargé d'une besogne plus importante au bien de l'Etat et plus glorieuse que celle que nous avons à exécuter dans ce pays. Je vous adresse cette lettre à Metz et je continuerai à vous y donner exactement des nouvelles de notre sort, si vous continuez à avoir quelque curiosité de le savoir.

A Bastia, ce 15 mai 1739.

Je n'aurai rien de bien intéressant à vous dire, Monsieur, par cet ordinaire-ci. Nous continuons à faire nos arrangements pour entrer en campagne incessamment et nous nous flattons que la position de nos camps et la présence de nos troupes détermineront sincèrement nos adversaires à avoir recours à la clémence du roi ; leur mésintelligence et leur désunion entre eux augmentent à proportion que le temps approche où ils sentent qu'il faudra essuyer toutes les horreurs de la guerre, s'ils ne se hâtent pas de les prévenir par une prompte soumission. Nous avons des avis sûrs que plusieurs de leurs conférences sur leurs affaires présentes ont fini par se tirer des coups de fusil ; enfin plusieurs pièves de celles qui sont les plus menacées ont député secrètement à notre général pour venir lui demander grâce avec promesse de se rendre dès que nous marcherons sur leurs frontières, et offrent pour sûreté de leur parole de donner leurs enfants en otages, ce qui a été accepté. On pourrait donc conclure, s'il était permis de compter sur les apparences avec un peuple aussi volage que le Corse, que l'opération de la soumission de toute cette île ne sera pas longue et qu'elle est très prochaine. Mais ce n'est point ici le cas de prédire, il faut de toute nécessité attendre les événements ; nous y touchons et j'espère que l'ordinaire prochain, je serai en état de vous parler plus affirmativement.

Je vous envoie ci-joint l'extrait d'une lettre écrite au marquis Mari par le Consul de Gênes dont vous pourrez voir le détail. M. de Maillebois a reçu un duplicata de cette nouvelle par le même consul, et comme il a appris que les vents contraires retenaient dans le port de Livourne la tartane dont il est parlé dans les lettres d'avis et qu'on soupçonne appartenir à Théodore, il a envoyé à Livourne M. de la Vilarselle, commandant la barque *La Légère*, avec ordre de joindre ce bâtiment dans le port même de Livourne, de le suivre quand il mettra à la voile pour en sortir, de l'attaquer dans sa route s'il refusait de venir à l'obéissance et de l'amener dans le port de Bastia, afin qu'on y fît à loisir la visite de son équipage et de son chargement.

On a commandé pour aujourd'hui, vendredi après-midi, 6 compagnies de grenadiers, 6 piquets, 200 hussards, avec 200 hommes destinés à renforcer le poste de S. Pellegrino, qui va être fixe à l'avenir et qui sera, ainsi que j'ai eu l'honneur de vous le mander, aux ordres de M. de Larnage, brigadier, et de M. Gondoin, lieutenant-colonel de Nivernais. Ces troupes ont ordre d'aller camper cette nuit au bord du Golo, vis-à-vis d'une église ruinée qu'on appelle la Canonica ; de protéger la construction d'un pont de bateaux qu'on doit jeter sur cette rivière pendant la nuit de vendredi à samedi, et de la passer à la pointe du jour. Les 6 compagnies de grenadiers, les 6 piquets et les 100 hussards sont destinés à couvrir la marche du détachement des 200 hommes et à s'opposer à toutes les entreprises que pourraient tenter les mécontents dans la traversée du Golo à S. Pellegrino, qui est de 6 milles et dans un pays assez embarrassé de bois et de broussailles. Notre général doit se trouver en personne à cette expédition où je l'accompagnerai. Il compte ramener samedi au soir les grenadiers, les piquets et les hussards, après que M. de Larnage sera entré dans S. Pellegrino avec son détachement. Je vous informerai de l'événement de cette tentative par le premier ordinaire.

Le poste fixe de S. Pellegrino sera composé de 450 hommes de nos troupes, de 30 hussards et de 200 hommes de la République. Il y aura dans la Padulella un capitaine de Nivernais avec 90 hommes de nos troupes et 250 paysans nouvellement levés ; le tout aux ordres de M. de Larnage.

Les milices du pays ont été formées de paysans mêmes des pièves de Casinca, Ampugnani et Campoloro, qui ont la plupart de leurs maisons brûlées par les chefs des rebelles pour raison du parti qu'ils ont pris de se soumettre. On peut compter sur ces hommes et en tirer un grand parti, attendu la vengeance qu'ils veulent prendre du tort qu'on leur a fait.

Extrait de la lettre du Consul de Gênes, dont il est question dans la lettre précédente.

« Le Consul de Gênes à Livourne donne avis au marquis Mari par sa lettre datée du 5 et du 8 mai, que le 23 d'avril il était arrivé dans le port de Livourne une tartane portant pavillon romain ; que cette tartane dont le patron s'appelle Francesco Sanni, était chargée de quelques esclaves turcs pour le service du grand Duc de Toscane ; qu'il y avait quarante jours qu'elle était partie de Rome, 33 de Syracuse, 22 de Gaëte, 19 du port d'Anzo, 12 de Civitavecchia et un de Portoferraio ; qu'après avoir débarqué les effets dont elle était chargée, on l'avait regarnie et armée de pierriers et de deux pièces de canon. Le Consul génois mande qu'on lui a assuré que le capitaine Gio : Carlo Lusinchi avait fait embarquer sur cette tartane des provisions de guerre, s'y était aussi embarqué avec plusieurs autres Corses pour le porter dans le royaume de Corse, y débarquer ses effets et ramener en échange des recrues pour le nouveau régiment corse que lève le colonel Fabiani. Sur ces avis, le Consul génois a pris le parti de faire partir le patron Lamberti, quoique son bâtiment ne fût pas encore tout à fait prêt, sous promesse que le marquis Mari lui paierait 30 livres de Gênes, à condition qu'il exécuterait ponctuellement ce dont il était chargé. Il avertit de plus que l'on a changé le patron de cette tartane, que l'on a expédiée sous le nom de la tartane de la Madonna di Consolazione e San Giuseppe ; le patron qui la conduit s'appelle Filippo Lautiero de Gaeta, ayant à son bord 14 hommes d'équipage pour la Sardaigne, mais qu'il se confirme de plus en plus que cette tartane est destinée pour passer en Corse ; qu'il a cru devoir pour le bien du service communiquer cette nouvelle au Consul de France, qui lui a dit qu'il en ferait aussi part à M. de Maillebois par le susdit patron Lamberti, qu'il dépêchait exprès à Bastia ; qu'il se sert de cette même occasion pour lui envoyer d'autres choses qui n'ont point rapport à la nouvelle dont il lui fait part. — Il continue après et mande que depuis ce qu'il a d'abord écrit, le patron Paduano Lamberti n'a pu partir à cause du vent contraire, non plus que la susdite tartane sur laquelle sont le capitaine Lusinchi, Carlo Mariani de Corbara et autres passagers au nombre de 14. Il ajoute que la même nuit du 5, jour du commencement de sa lettre, la susdite gondole du patron Lamberti qu'il expédiait et la tartane en question avaient mis à la voile, mais que l'une et l'autre avaient été obligées le 6 au matin de rentrer dans le port à cause des vents contraires ; qu'il a appris de plus que la plus grande partie des marins qui composent l'équipage de cette tartane sont de ceux qui étaient sur la felouque qui se perdit à l'île de Gorgone, et qui était chargée des recrues du colonel Fabiani ; que le capitaine Lusinchi a nolisé sa tartane sur le pied de 200 livres par mois. Il ajoute que quelques-uns des passagers Corses et des matelots avaient dit à leurs amis qu'avant d'arriver en Corse, ils devaient toucher à Longone, où ils devaient prendre des provisions et embarquer deux autres passagers, ce dont il ne manquera pas de donner avis au Consul Brignole, qui réside à Portoferrajo, afin qu'il les fasse épier dans Portolongone ; il mande aussi que ladite tartane n'a qu'un mât sur lequel il y a une aiguille avec une petite banderole ; que l'extrémité d'en haut de la tartane sur laquelle l'on appuie les rames a été peinte en rouge ; que cette tartane a deux petits canons montés et six pierriers, et que l'on lui a dit qu'il se répandait le bruit que ledit capitaine Lusinchi et autres passagers ont été avertis que lui, Consul génois, était informé de leur nolis ; mais que malgré cela, ils n'attendent que le vent favorable pour partir.

» Il ajoute avoir reçu une lettre du sieur Brignole, Consul de Gênes à Portoferrajo, en date du 30 d'avril, qui lui marque que le 29 dudit, il arriva à Longone une felouque ayant pour patron le nommé Domenico Todella Romano qui, revenant de Sardaigne, a touché à l'Isola Rossa en Corse ; que cette felouque était chargée de 27 hommes de recrues, tous déserteurs de différentes nations, et que le Consul suppose être déserteurs de la République, lesquels ont pris parti dans le régiment de Royal Italien qui est en garnison en cette place ; qu'il y avait aussi un neveu de Giafferi ; qu'il y avait des gens qui disaient que cet homme était parti de Corse dans la crainte qu'il avait des rebelles, qu'il allait trouver Théodore, et qu'il avait traité à Longone avec le colonel Fabiani. Cette lettre porte aussi que le patron de la felouque avait dit que le colonel Fabiani, après avoir resté en Corse, et y avoir fait environ 60 hommes de recrues, parmi lesquelles il y avait des paysans corses, les chefs rebelles avaient fait publier sous peines rigoureuses, une défense de sortir du royaume et d'y recruter. Après avoir mandé le contenu de cette lettre, le Consul de Livourne ajoute qu'il lui a été rapporté que cette felouque est la même qui partit de Rome, commandée par le patron Minichelli, comme l'avait mandé le sieur Bernato, laquelle, disait-on, avait débarqué le neveu de Théodore en Corse, et qu'à présent on lui a dit que la même felouque avait embarqué un fils ou neveu de Giafferi avec deux autres Corses et environ 25 déserteurs qui ont été achetés par Fabiani, à raison de 3 sequins par homme ; que ledit Giafferi avec les deux autres Corses ont été députés par les rebelles à Rome pour parlementer avec Théodore ; qu'ils sont partis de Longone depuis plusieurs jours et ont pris la route de Rome, ce dont il ne manquera pas d'informer leur agent en cette ville pour qu'il fasse observer leur démarche. Il dit envoyer au marquis Mari une lettre de cet agent, par laquelle il lui marque lui envoyer une copie du manifeste publié par les rebelles contre le dernier règlement, et qu'on lui a dit qu'on a depuis peu réimprimé le livre intitulé : *Il Disinganno*, auquel on a fait des augmentations, lequel livre il enverra, s'il en peut avoir un exemplaire.

» Il mande de plus que des personnes de confiance l'ont assuré que le chanoine Orticoni venait d'avoir nouvellement du roi de Naples une pension de deux cents ducats par an avec le titre d'aumônier du roi.

» Le reste de la lettre est pour commissions qui n'ont point de rapport à la chose dont il fait part.

» La seconde lettre du Consul de Gênes à Livourne, en

date du 9 mai, porte que la poste de France ayant retardé à cause du vent contraire, il profite de ce retard pour lui confirmer ce qu'il lui mande par la lettre du 8, ajoutant seulement que cette tartane était partie le 9 au matin avec le capitaine Lusinchi et les autres Corses ; que le patron Lamberti était parti avant celle-là qui ne paraît pas avoir le vent favorable, et qu'il croit qu'elle n'avancera pas beaucoup ; que ladite tartane, au lieu d'un caique, a pris avec elle un autre petit bâtiment qu'il dénomme *bastardella*, dont ils supposent qu'ils veulent se servir pour leur débarquement, et et qu'il n'a d'autre nouvelle à lui mander. »

Bastia, ce 22 mai 1739.

J'ai lu, Monsieur, avec attention celle dont vous m'avez honoré le 24 avril. Je ne suis point du tout surpris des sentiments actuels de nos ministres par rapport à la guerre de Corse, je connais l'esprit de notre gouvernement. Je prendrai pourtant la liberté de vous dire que c'est une assez mauvaise maxime en politique de chercher à temporiser, alors qu'il faut exécuter ; la bonne conduite dans les affaires dépend de la justesse du coup d'œil et des mesures prises en conséquence ; le succès est ordinairement dû à la promptitude qu'on y sait apporter. Vous n'ignorez pas combien une économie poussée au delà de ses justes bornes, rend incertains les projets les mieux concertés ; elle fait souvent manquer ce moment qui est presque toujours décisif et qu'il est si important de savoir saisir à propos. Il arrive que les affaires languissent et, qui pis est, finissent par mal tourner. Je souhaite que nous n'ajoutions pas une nouvelle preuve à cette vérité, et que nous puissions mettre à fin cette aventure avec les petits moyens qui nous sont accordés.

Heureusement, Monsieur, la division, l'incertitude et la mauvaise conduite de ceux que nous avons à réduire nous donnent de très grands avantages sur eux; il me paraît qu'on en a profité jusqu'à présent avec assez d'adresse, peut-être réussira-t-on, si l'on continue à ne pas faire des fautes. Il ne faut pas croire qu'on méprise ici la négociation, au point de la rejeter lorsqu'on trouve jour à la tenter, sans se commettre ; peut-être serons-nous bientôt en état de prouver que nous ne sommes pas si maladroits dans ce genre que bien des gens pourraient se l'imaginer. Je dis toujours, peut-être, car en effet on ne peut compter sur rien avec un peuple aussi capricieux et aussi volage que celui-ci.

On continue de faire les chemins dans toutes les parties où on a intention de porter les troupes. Celui qui traverse le pays depuis S. Fiorenzo jusqu'à l'entrée des montagnes où se termine la plaine du Nebio, sera achevé et parfait incessamment. On a fortifié un poste presque à la tête de cette route dans un endroit qu'on appelle la Piève ; c'est un assez gros village qui servira à assurer la communication avec S. Fiorenzo. On doit établir incessamment en avant de ce poste, sur une hauteur où est la chapelle de S. Nicolao un camp de huit bataillons ; les troupes y seront en sûreté et trouveront dans les derrières et sur leurs ailes tous les secours qu'on peut tirer du pays. On a fait faire à la Piève des fours ; on y transportera des farines et des munitions de guerre et de bouche ; on y a accommodé des maisons pour un hôpital, et cet établissement est à peu près en état. Ces préparatifs déconcertent les mécontents qui nous voient dans la résolution de les environner de nos troupes ; la position de S. Nicolao leur donne surtout beaucoup de jalousie, parce qu'elle nous rend maîtres de l'entrée des gorges qui pénètrent en Balagne dans les pièves de Lento et de Rostino, et dans la plaine où va se jeter le Golo en deçà de S. Pellegrino.

La crainte où sont les habitants du pays qui se voient à portée de nos troupes, a déterminé les chefs à faire encore un effort pour ranimer la confiance des peuples en cherchant à se prévaloir de quelques avantages sur nos troupes. Le 18, à l'entrée de la nuit, le capitaine commandé pendant le jour au pont de la petite rivière de Bevinco qui sort des montagnes au-dessus de Biguglia, fit avertir M. de Maillebois, que, lors de sa retraite pour s'aller placer à 200 pas environ du ruisseau, dans la redoute de la maison voûtée qu'on a fait accommoder à cette fin, les mécontents avaient paru au nombre de sept à huit cents hommes, qu'ils avaient aussitôt occupé le pont et qu'après l'avoir passé et fait mine de vouloir marcher à lui, ils avaient tout à coup pris le parti d'investir la hauteur qui ferme l'entrée de la gorge de Biguglia, où est un ermitage que nous avons aussi fortifié et où nous tenons 50 hommes ; qu'ils s'étaient mis aussitôt en devoir d'attaquer ce poste et que le feu de leur part était assez vif. J'étais de jour alors ; je pris seulement avec moi deux compagnies de grenadiers, deux piquets, une troupe de nos volontaires et 50 hussards; j'y marchai, et ces gens-là se retirèrent avec beaucoup de précipitation à mon approche, repassèrent le pont et regagnèrent leurs montagnes. Je fis entrer 50 hommes de plus dans l'ermitage, et j'attendis le jour, bien sûr qu'ils ne feraient pas d'autres tentatives. En effet, je fis le lendemain battre inutilement les taillis de la plaine jusqu'à portée du Golo, où l'on ne trouva personne.

La nuit du 19 au 20, on reçut encore nouvelle que les mécontents s'étaient portés à notre poste de la Piève dans le Nebio, et qu'on y entendait tirer beaucoup de coups de fusil ; que le capitaine commandant à S. Fiorenzo y avait marché avec 150 hommes et 30 hussards. Le 20 au matin, M. de Berançon, lieutenant-colonel et commandant à la Piève, donna avis au général de l'attaque qu'il avait essuyée pendant toute la nuit, que les rebelles s'étaient assez approchés de son poste et qu'ils étaient entrés dans le village; qu'au jour ils s'étaient éloignés de lui et que le feu avait beaucoup diminué, quoiqu'ils continuassent à l'entourer. Cet avis détermina

M. de Maillebois à commander M. de Contades avec M. de Larsane pour marcher à ce poste à la tête de 4 compagnies de grenadiers, de 8 piquets de nos volontaires et de cinquante hussards. Le soir du même jour, nous apprîmes par les nouvelles de M. de Contades que les rebelles avaient cessé d'investir le poste et qu'ils s'étaient éloignés sur la montagne de S. Nicolao. Je ne doute pas qu'ils n'aient pris le parti de se retirer absolument, et certainement ils n'attendront pas que nos troupes les viennent attaquer.

Je ne serais pas fort étonné que ces tentatives fussent les dernières que nous aurons à essuyer de la part des chefs rebelles. Il y a lieu de croire qu'ils ont voulu donner ces actes de vigueur afin de rassurer leur parti étonné de la marche de nos troupes au travers de leur pays, lorsque nous allâmes passer le Golo pour conduire à S. Pellegrino le détachement que nous y avons établi. Leur projet est peut-être aussi de contenir les pièves de Le Costere, de Giovellina, de Caccia et du Canale, qui paraissent dans l'intention de se soumettre, dès que nous serons à portée de les protéger. On les a fait secrètement assurer de leur pardon et de la protection du roi, s'ils mettent leur bonne volonté à exécution. L'on fera très bien en ce cas de les traiter plus favorablement à cause de l'exemple et des avantages que nous en pourrons retirer, qui sont de nous porter, sans coup férir, à Lento, de nous rendre maîtres du Golo dans le centre du pays, et d'avoir par notre droite une communication libre et non disputée avec la Balagne, ce qui est notre principal objet. Enfin, Monsieur, nous sommes dans ce moment critique qui peut déterminer tout d'un coup la guerre et peut-être la prévenir, ou bien dans le cas d'avoir à entreprendre une besogne fort longue et fort difficile. Cela dépend de l'impression que nos premières démarches feront sur l'esprit des peuples. Il est malaisé de prédire au juste ce qui arrivera ; j'en serais bien sûr, si nous avions plus de troupes.

Nous avons été visiter, aujourd'hui 21, nos chemins du Nebio et notre poste de la Piève ; nous avons tout trouvé en bon état et les rebelles se sont retirés absolument.

Instruction particulière pour M. Du Châtel.

M. du Châtel partira le 27 du courant pour se rendre en Balagne, et dès qu'il y sera arrivé, il prendra, de concert avec M. de Villemur, les mesures les plus justes pour l'exécution du projet auquel M. le marquis de Maillebois avait travaillé avec lui à Calvi. Si ledit projet a le succès qu'on en peut espérer, M. du Châtel observera pendant quelques jours, dans la position avantageuse qu'il aura prise, l'effet qu'elle produira sur les esprits, et si elle opère celui de recourir en la clémence du roi, il saisira ce moment pour faire publier sûrement et autant qu'il se pourra au même jour, dans toutes les pièves de la Balagne, l'avertissement dont les copies lui ont été remises le même jour 27 mai avec le projet.

Si cette publication opère l'effet qu'on a lieu d'espérer, il fera venir auprès de lui les Pères des Communes, Podestats et principaux des lieux qui offriront de se soumettre à la volonté du roi ; il parlera toujours en son nom et assurera qu'il a pris toutes les mesures nécessaires pour maintenir à perpétuité la garantie des conditions auxquelles il prend les Corses sous sa protection.

S'il y a représentation sur la condition du désarmement, il répondra que le roi veut être obéi aveuglément sur les conditions du règlement ; mais comme il ne veut point, en soumettant les Corses, les assujettir à un joug trop dur et trop injuste, il apportera par la suite aux conditions du règlement toutes les modifications qu'il trouvera convenables, pour faire sentir aux Corses les effets de sa protection et pour maintenir parmi eux la tranquillité qu'il désire.

Fait à Bastia, ce 26 mai 1739.

État des troupes qui sont en Balagne et des quartiers qu'elles occupent.

Régiments	Quartiers	Total
Chaillou		
Flandres	Lumio	
Aunis		
Béarn	l'Algajola	8 bataillons
Bassigny	Corbara	
Agenois		
Cambresis	Calvi	
Forez	Santa-Restituta	
	Calenzana	

Compagnies corses.

Giuliani	30	hommes
Silvestri	30	»
Giudicelli	30	»
Miquelets de Calvi.	30	»
Troupes de la République	290	»
Calenzaniens	170	»
Corbayens	150	»
Hussards Algajola	100	»

Projet sur les opérations que M. du Châtel sera chargé de faire en Balagne en attendant l'arrivée de M. le Marquis de Maillebois.

La connaissance qui a été prise d'une partie du pays donnant lieu d'espérer qu'on y peut prendre un établissement solide et y maintenir des communications avec Corbara, l'Algajola et Calvi, il paraît convenable de pénétrer dans cette province par trois côtés avec trois corps différents qui agissant dans le même jour et avec le même concert, pourraient se réunir au même point.

On propose de former ces trois corps des huit bataillons, des troupes réglées de la République, des autres compagnies et des hussards qui sont en Balagne, dont M. de Villemur en commandera un de trois bataillons, savoir : celui de Chaillou, celui de Cambresis et celui de Forez, qui pour cet effet s'assembleront deux heures avant la nuit à portée de Lumio et marcheront à la pointe du jour pour se rendre au-dessus de Lavatoggio sur le poste de S. Joan d'Avanti, passant par le chemin qui est au-dessus d'Occi et par les bouches de Bragaggio.

Le second corps composé des bataillons de Flandres, de Béarn et d'Aunis, partira de l'Algaiola à la pointe du jour, où l'on fera arriver pendant la nuit les régiments de Flandres et d'Aunis. Ces corps se joindront aux hussards, marcheront par la plaine de l'Algaiola droit sur Aregno, aux ordres de M. du Châtel. L'infanterie sera dans le centre, les hussards se partageront en deux pour garnir les ailes, et la droite de ce corps s'approchera le plus qu'elle pourra de Lavatoggio, observant de mettre l'infanterie à deux de hauteur seulement pour faire un plus grand front.

Le 3ᵉ corps composé des deux bataillons de Bassigny et d'Agenois, aux ordres de M. de Malauze, partira à la même heure de Corbara que les autres corps, et tiendra, autant qu'il lui sera possible, les crêtes et hauteurs qui vont à S. Antonino, laissant le couvent d'Aregno sur sa droite. Quand il sera sur la hauteur de S. Antonino, il se placera de façon à pouvoir communiquer par sa droite avec le corps qui aura dû marcher dans la plaine de l'Algaiola ; il agira de concert avec les troupes et relativement au succès des opérations qui seront faites sur la droite du côté de Lavatoggio par le corps que commandera M. de Villemur.

Comme les troupes des trois corps ci-dessus distribuées se mettront en marche à la pointe du jour, et que, si elles ne trouvent point d'obstacles dans leur marche, elles peuvent envelopper les villages de Lavatoggio, d'Aregno et le couvent de Cassano, en ce cas il paraît très possible que les trois corps se réunissent en force à Cattari, qui ne manquerait pas de se soumettre, ainsi que S. Antonino et Aregno.

Si cette disposition opère cet effet, la communication avec l'Algaiola et Corbara demeure bien assurée et il faut avoir une attention principale à la maintenir avec ces deux postes ainsi qu'avec celui de Calvi.

Si elle n'opère pas cet effet et que les villages ci-dessus nommés veulent faire résistance, en ce cas il paraîtrait fort convenable de faire les dispositions nécessaires pour les emporter, si l'entreprise est jugée praticable, et avant de commencer l'attaque les sommer, leur présenter d'un côté le fer et le feu, de l'autre la sûreté d'éprouver la clémence du roi, s'ils se soumettent sur le champ à sa volonté, aux conditions qu'il jugera à propos.

Pour faire toute la manœuvre projetée avec le succès qu'il est permis d'espérer, il paraît convenable de prendre plusieurs précautions ci-dessous détaillées.

La première est de faire agir du côté de l'Isola Rossa un corps de 100 ou 150 hommes qui se portant vers Sta Reparata et Monticello, en occupant le mont S. Angelo, ce qui se peut faire aisément, pourrait par là tenir en respect les rebelles qui les occupent et même s'en emparer, si l'on trouvait jour à s'en occuper.

La seconde précaution qui paraît nécessaire pour aller en avant et pour maintenir la communication avec Calvi, serait d'établir un poste sur les hauteurs d'Occi pour contenir les habitants de Lumio dont on aura attention de tirer tous les gens armés pour les employer ailleurs et pour s'opposer aux courses que voudraient faire les habitants de Montemaggiore.

Le troisième serait de tenir en respect les habitants de ce poste par quelques troupes tirées du quartier d'Alziprato qui se porteraient dans un lieu également distant de Cassano et de Montemaggiore, pour faire craindre à tous les deux postes quelques attaques qui les empêcheraient d'aller au secours des autres parties attaquées.

La quatrième précaution serait d'occuper les bouches de Salvi, et s'il était possible celle de Muro, pour pouvoir contenir le reste de la piève de Pino.

La cinquième serait de laisser 50 Français et 50 Génois dans Corbara, une cinquantaine d'hommes dans le village de Lumio qui, n'étant plus armés, paraîtraient suffisants ; autant de Français dans Calvi avec 50 Génois tirés du château, et quelques Calenzaniens avec quelques soldats de Forez dans Sta Restituta.

La sixième précaution serait de marcher avec les 6 petites pièces de canon pour effrayer Aregno et Lavatoggio ; on pourrait même essayer d'embarquer jusqu'à l'Algaiola deux grosses pièces tirées de Calvi ; il y a 16 mulets de tirage destinés et harnachés pour cet usage qui les y conduiraient fort bien, s'il y a des avant-trains pour les affûts de ces pièces.

Toutes ces précautions prises avec justesse et avec secret peuvent assurer l'entreprise projetée. Si elle réussit, M. du Châtel peut établir son camp sur les hauteurs de Cattari avec pleine sûreté et communication facile, surtout si les villages de Lavatoggio, d'Aregno et de S. Antonino se trouvent aussi faciles à occuper et en conséquence à désarmer sur le champ, qu'il y a lieu de l'espérer par la disposition ci-dessus projetée. C'est dans ce camp, s'il parvient à l'occuper, qu'il doit observer pendant quelques jours l'effet qu'aura produit sur l'esprit des rebelles le succès de ces opérations et faire en conséquence ce qui est porté par son instruction particulière.

Fait à Bastia, ce 27 mai 1739.

A Bastia, le 27 mai 1739.

M. de Maillebois, Monsieur, était déterminé à passer en Balagne au commencement de cette semaine ; mais la situation des affaires exigeant sa présence ici pendant quelques jours encore, il a jugé à propos de m'envoyer d'avance joindre M. de Villemur. Je compte m'embarquer à S. Fiorenzo mercredi au soir, pour me rendre jeudi de bonne heure à Algaiola, où je dois assembler les troupes et former un camp.

Les rebelles sont en grand mouvement et en grand nombre dans cette partie du pays ; ils sont animés par les parents de Théodore et par leurs chefs qui ont senti toute l'importance des desseins de M. de Maillebois, et qui paraissent résolus à ne rien négliger afin d'en empêcher l'exécution. Les mesures qu'on leur voit prendre sont de se fortifier dans Lento, et dans tous les postes que nous pourrions avoir envie d'occuper, d'inonder par leur multitude les frontières du Nebio, et de nous présenter partout des têtes pour nous faire croire qu'ils veulent sans cesse nous attaquer. Cette conduite dans des gens de cette espèce n'est pas déraisonnable ; ils nous donnent en effet de l'occupation, ils nous forcent à faire de fréquents détachements et nous tiennent dans un mouvement continuel et pénible à cause de l'âpreté des marches dans un pays si difficile. Il est à craindre que ce travail prématuré ne fatigue trop nos troupes et n'occasionne des maladies avant qu'il soit question d'agir efficacement.

L'opération dont M. de Maillebois est chargé ne laisse pas de souffrir bien des difficultés par la diversité des objets qui se présentent à la fois, qui se nuisent les uns aux autres, et qu'il faut pourtant concilier. Il est nécessaire d'imprimer de la terreur à nos adversaires, il est à craindre de les mettre au désespoir en leur faisant trop de mal. Voilà le temps de leurs moissons qui approche ; rien ne serait si aisé que de les en priver, et rien ne serait peut être plus dangereux dans les vues qu'on a de leur faire goûter le joug qu'on veut leur imposer ; l'espérance de faire leur récolte est le seul motif qui engage la plupart des esprits à se soumettre. Si cependant on s'abstient par cette considération de leur faire certains maux, on court le risque en ce cas que l'impunité n'augmente leur audace, qu'elle ne les accoutume à la vue de nos troupes, et qu'elle leur fasse imaginer que c'est notre faiblesse seule qui nous empêche de rien entreprendre.

On ne sait d'ailleurs ici à qui se fier ; on se trouve environné de gens suspects dont les protestations d'union et d'amitié sont autant de mensonges, dont tous les conseils sont des trahisons et les avis des pièges faits pour vous précipiter dans quelque entreprise téméraire et funeste. On est enfin ici livré à la nécessité d'opérer dans une province dont le peuple, soumis en apparence, est révolté en effet, et qui pis est, armé ; on n'ose dans la circonstance présente prendre le parti de lui ôter ses armes par la crainte où l'on est qu'il ne les tourne contre nous. Cependant on se voit environné d'espions qui observent toutes nos démarches, qui vont d'abord en informer les partisans de la révolte, et qui n'attendent que la première occasion pour se déclarer ennemis.

Vous conviendrez, Monsieur, si vous daignez faire attention à cet exposé, que notre besogne n'est pas des plus aisées et qu'il y aura quelque mérite à s'en bien tirer. Quoi qu'il en soit, je crois que nous touchons au moment qui va faire tourner la chance ou pour ou contre nous. Si la Balagne se donnait à nos premiers efforts, et si nous pouvons faire la jonction de nos troupes à Lento conformément au plan projeté, il est à croire que cet événement entraînera assez promptement la réduction de toute la Corse. Si au contraire la Balagne résiste, et s'il faut aller pié à pié pour conquérir cette province, il est sûr que l'état des choses changera absolument de nature, et qu'il faudra pour voir la fin de cette entreprise et bien du temps et bien du monde. Il est dans cette affaire-ci, comme dans toutes les affaires de la vie, un certain point délicat qui est au-delà de la prévoyance humaine, le hasard seul en dispose ; tout ce qu'on peut faire, c'est de préparer autant qu'il est possible, les événements avec sagesse, et s'ils sont heureux enfin, ne pas manquer d'en remercier la fortune. Il est sûr que M. de Maillebois ne perd pas son objet de vue, et qu'il y apporte toutes les précautions qui peuvent dépendre de son expérience et de son attention. Le poste de la Piève est très bien en état actuellement ; ce village dont on a retranché les avenues et crénelé les maisons, est encore couvert par deux ouvrages placés sur les hauteurs qui le dominent, avec de bonnes communications pour lier toutes ces défenses entre elles. On y tient 400 hommes commandés par un lieutenant-colonel ; on y a établi deux fours, des farines, des outils et des munitions. Le chemin de S. Fiorenzo à ce poste, et de ce poste au haut de la montagne de S. Nicolao est achevé ; on travaille actuellement à en accommoder un autre qui coupera le pays par une diagonale depuis Bastia jusqu'à la Piève, en passant par Furiani et le haut de la montagne de Biguglia. Cette route ne sera que de cinq lieues, et moyennant cette nouvelle communication, on pourra par les deux côtés du triangle se porter également à S. Nicolao, soit qu'on parte de Bastia, soit qu'on vienne de S. Fiorenzo.

Comme je vais partir pour me rendre en Balagne, j'y serai avec le bataillon de Flandres et en état d'y attendre M. le chevalier de Montmorency, qui doit venir commander ce régiment. Vous savez, Monsieur, combien tous les ordres qui me viennent de votre part me sont recommandables ; j'aurai pour M. de Montmorency toute l'attention que vous pouvez désirer de moi ; je ne le perdrai pas de vue, et j'irai avec zèle au-devant de tout ce qui pourrait convenir, tant pour les avis que je prendrai la liberté de lui donner avec amitié, si cela est nécessaire, que pour toutes les autres choses qui pourront lui êtres utiles dans ce pays par rapport à sa santé et à ses affaires.

Je ne doute pas que vous n'ayez pris vos arrangements et donné vos ordres pour que vos lettres vous fussent remises sûrement dans la tournée que vous allez faire. Je serais bien fâché que les miennes s'égarassent et tombassent en d'autres mains que les vôtres. Je vous les adresse à Metz, ne doutant pas que ce ne soit la voie la plus sûre pour les faire parvenir jusqu'à vous.

Je finis toujours, Monsieur, sans compliments. Vous n'ignorez pas le respect infini et l'attachement inviolable que j'ai pour votre personne. J'espère que vous voudrez bien vous-même faire quelquefois ma cour à Madame la comtesse de Belle-isle et me donner des nouvelles de sa santé.

Je viens encore d'apprendre que les rebelles avaient fait une nouvelle tentative sur les plages de la mer à un poste que nous avons par delà S. Pellegrino, à la Padulella ; ils en ont été repoussés, comme partout ailleurs ; je souhaite qu'ils se le tiennent pour dit.

A Cattari, ce 4 juin 1739.

La Balagne doit être actuellement, Monsieur, regardée comme soumise ; la plupart des villages de cette province sont venus à l'obéissance, apporter leurs armes, et donner des otages en garantie de leur soumission et de leur fidélité. Les pièves d'Aregno, de St-Andrea et de Pino ont été les premières réduites et désarmées ; nous avons sûreté que la pièvc de Toani suivra avant deux jours le même exemple. Ainsi cette partie de l'isle de Corse passera sous l'obéissance du roi.

Cet événement est dû à la marche que nous avons faite, M. de Villemur et moi, le 2 de ce mois. Nous avons attaqué la pièvc d'Aregno avec deux corps de 4 bataillons chacun que nous avons augmentés de tout ce que nous avons pu rassembler des troupes de la République et des paysans fidèles. Nos deux points de partance étaient Corbara et Lumio, notre rendez-vous général S. Antonino, parce que ce poste réunit deux branches de montagne dans le fond desquelles est la pièvc d'Aregno. Je conduisais l'attaque de la gauche, M. de Villemur celle de la droite. Notre marche s'est trouvée compassée de façon que je me suis rendu maître du sommet des montagnes de S. Angelo et de Corbino dans le même temps que M. de Villemur s'emparait du haut des cols de Bragaggio. Par cette seule opération, nous nous sommes trouvés l'un et l'autre maîtres des montagnes, et en état de fondre avec avantage sur tous les villages que nous dominions, M. de Villemur sur Lavatoggio, le couvent de Marcasso et Cattari, moi sur le village d'Occiglione et dépendances et sur les couvents de Sta Reparata et d'Aregno qui sont l'un et l'autre situés sur les deux revers du mont S. Angelo.

M. de Villemur n'a pas trouvé grande résistance ; tous les lieux où il s'est présenté se sont soumis aux seules sommations qu'il a faites ; la besogne n'a pas été tout à fait si aisée de mon côté ; ce n'a été qu'à la faveur des coups de fusil que je me suis rendu maître du haut des montagnes. Le seul couvent d'Aregno m'a tenu un jour et une nuit tout entière ; et le petit canon que j'avais pu transporter en haut de ces rochers ne faisant presque aucun effet sur des murs solides et épais, je crois que j'y serais encore sans le succès du corps de ma droite qui a fait prendre l'épouvante à 50 coquins de montagnards qui étaient renfermés dans ce poste avec le docteur Paoli, ce fameux chef de la Balagne. La capture de ce personnage m'a été très utile ; je l'ai forcé à venir avec moi à la tête des troupes quand je me mis en marche alors pour m'approcher de S. Antonino, et peut-être sa présence a-t-elle été cause que ce village, très avantageusement situé, s'est soumis sans la moindre résistance.

J'ai eu à mon expédition une trentaine d'hommes de tués ou de blessés, tant à l'attaque des montagnes qu'à celle du couvent. Cela est fâcheux, mais la Balagne est soumise ou va l'être, et l'on ne pouvait compter sur rien sans la réduction de cette province. J'ose même me flatter à présent que toute la Corse pourrait bien tomber aussi. Le même événement est arrivé à M. de Wirtemberg ; la Corse se soumit alors que la Balagne le fut. Nous avons grande attention à désarmer tant les amis que les ennemis, afin de ne rien laisser derrière nous qui puisse nous donner de l'ombrage. Cette précaution est indispensable avec un peuple aussi peu sincère et aussi volage que celui-ci. Voilà, Monsieur, un grand événement pour les exilés dans l'île de Corse ; je souhaite que la suite réponde à cet heureux début et je commence à l'espérer.

Je ne puis pour le présent vous faire d'autres détails, parce que n'étant plus avec le général, je ne suis plus informé du courant des affaires dont il a seul le maniement. Mais je crois qu'il aborde actuellement à Calvi, car on m'assure qu'on a entendu tirer le canon de ces côtés-là, ce qui ne peut annoncer que son arrivée.

Au couvent de Tuani, ce 10 juin 1739.

La Balagne est actuellement, Monsieur, entièrement soumise et désarmée. Il me paraît même que la discipline qui a été observée dans les troupes depuis cet événement fait que les peuples sont très contents du parti qu'ils ont pris ; il y a lieu d'espérer qu'ils resteront fidèles et soumis à la France, mais il ne faut pas leur parler encore de la République de Gênes. J'ai eu une entrevue le 7 avec M. de Maillebois à Petralba, où nous sommes convenus que je le joindrais le 15 du courant avec la plus grande partie des troupes qui sont ici. On laisse en Balagne M. de Villemur avec deux bataillons seulement, ce qui est suffisant pour tenir cette province en respect, surtout pendant le temps que M. de Villemur y commandera. On peut s'en reposer absolument sur cet officier qui a tous les talents naturels et les dispositions les plus propres au commandement, et à faire un homme supérieur dans notre métier ; c'est à lui principalement qu'on est redevable du succès de nos opérations en Balagne ; il avait habilement, par ses émissaires secrets, disposé depuis longtemps les peuples au parti qu'on leur a vu prendre ; quand nous nous sommes présentés à la tête des troupes, la révolution est arrivée avec cette promptitude qui a surpris tout le monde, malgré les chefs qui travaillaient vainement à s'y opposer.

J'emporte avec moi la plus grande partie des farines, tout le biscuit, et presque toutes les munitions de guerre que nous avons ici ; pour cela j'ai fait commander tous les mulets et les bêtes de charge du pays, ce qui, joint à 150 mulets de nos vivres et de notre artillerie que j'emmène aussi, composera un convoi immense et très difficile à conduire dans les montagnes et dans les mauvais chemins qu'il faut traverser ; je ne sais comment j'en pourrai venir à bout ayant trois marches à faire pour joindre suivant mes ordres M. de Maillebois, à Canavaggia, sur le Golo, où je dois pousser des détachements au-dessous de Lento jusqu'au Pontenovo. Il me paraît que M. de Maillebois veut arranger la position de ses troupes de manière qu'il occupera le Golo par ces différents camps, depuis Pontenovo qui sera sa droite, jusqu'à Lucciana, au-dessous de Borgo, où il portera sa gauche. Par cette disposition, il sera presque également à portée des corps de S. Pellegrino et de Corte, et il sera en état de marcher par sa droite ou par sa gauche, suivant l'exigence des cas. Je commence à espérer beaucoup que l'exemple de la Balagne déterminera tout le reste de la Corse à se soumettre incessamment. M. de Maillebois doit s'en flatter d'autant plus qu'il peut juger de l'avenir par l'expérience qu'il en a faite dans son attaque du col de S. Giacomo et de Lento, où il n'a presque point trouvé de résistance. Les pièves de Lento, de Petralba, de Caccia et de Jussani sont venues lui apporter leurs armes et se soumettre à discrétion à la première sommation qui leur en a été faite ; cela lui a acquis dans un seul jour tout le pays qu'on appelle les Costere et le Canale, ce qui ouvre la porte aux troupes de la Balagne pour le venir joindre sans avoir à livrer bien des combats, qu'il vaut beaucoup mieux n'avoir pas à essuyer. (La lettre, jusqu'ici, n'est pas écrite de la main de M. du Châtel).

Je prends la liberté de vous écrire d'une main étrangère parce que je n'ai que des nouvelles publiques à vous apprendre et que je ne pourrai être instruit des choses secrètes et particulières tant que je resterai séparé du général.

A la Piève, ce 16 juin 1739.

Vous avez dû juger, Monsieur, par le succès de nos opérations en Balagne et dans le Nebio, des avantages de la disposition de M. de Maillebois par rapport à la distribution de ses troupes et à leur position. Toute cette moitié de l'île de Corse qu'on appelle ici la partie d'en deçà les Monts s'est trouvée en même temps embrassée et attaquée de tous côtés, et cela dans le moment de la récolte. Les peuples, jaloux de leurs moissons, n'ont pu se résoudre à quitter leurs campagnes pour se porter en force dans aucun des endroits menacés ;

leur dispersion a causé partout leur faiblesse et partout la supériorité de nos forces. Les mouvements concertés dans la Balagne, dans le Nebio et à S. Pellegrino se sont favorisés mutuellement et ont contribué au succès de toutes nos différentes manœuvres. La modération dont on a usé envers ceux qui se sont soumis, la discipline qu'on a fait observer aux troupes, le nom respectable du roi dont on s'est servi uniquement dans les sommations qu'on a jugé à propos de faire, ont déterminé la révolution qui vient d'arriver et qui selon toute apparence entraînera bientôt le reste de la Corse ; les pièves de Casinca, d'Ampugnani, de Campoloro, d'Orezza, de Talcini et le Niolo même, c'est à dire tout le pays depuis l'embouchure du Golo jusqu'à Corte, ont envoyé des députés pour demander leur pardon au roi et offrir leurs armes et des otages, seulement quelques bandits attachés à la fortune des chefs balancent faiblement encore la résolution que les peuples ont prise de se rendre ; mais il est à croire que les menaces et la résistance de ces malheureux n'auront point l'effet qu'ils s'en proposent, attendu que les chefs eux-mêmes et le sieur Giacinto Paoli, leur généralissime, perdent l'espérance de pouvoir plus longtemps se soutenir. Ils demandent des passe-ports qu'on leur a accordés pour sortir de l'île, n'osant plus ni rentrer sous la domination de la République, ni se fier à des peuples qui les abandonnent et qui les regardent avec raison comme les auteurs de tous les maux que la guerre leur a fait éprouver depuis le temps que dure leur révolte.

Depuis la jonction des troupes de la Balagne qui s'est faite le 14 de ce mois, nous avons actuellement ici 14 bataillons campés à S. Nicolao. Toutes ces troupes vont marcher par les cols de Bigorno et de Lento ; on relève les postes de S. Giacomo ; on rase tous les ouvrages qu'on avait faits sur la montagne de Tenda ; l'armée va reprendre ainsi une nouvelle position en marchant en avant, et voici pour le moment présent quelle sera la disposition des troupes.

Aujourd'hui 16, la brigade de Royal-Roussillon, composée de trois bataillons, part pour aller camper sous Lento aux ordres de M. d'Ossonville qui demain, à la pointe du jour, détachera des trois compagnies de grenadiers nos miquelets, nos volontaires et une troupe du pays appelée *Courtinais* pour aller occuper le Pontenovo sur le Golo.

Après demain 17, les brigades d'Auvergne et de la Sarre partent à la pointe du jour du camp de S. Nicolao avec 60 hussards tirés des régiments de Ratzky et d'Esthérazy, et passant par Lento et Pontenovo, vont camper à Pastoreccia, village de Rostino. Je suis chargé de conduire cette colonne.

La brigade d'Auroy avec le régiment de Ratzky et d'Esthérazy marchent le même jour pour aller aux ordres de M. du Rousset camper à Lucciana sous Borgo.

Les brigades d'Auvergne et de la Sarre doivent détacher 4 compagnies de grenadiers et 4 piquets à Pontenovo où seront les 60 hussards, les volontaires et les Courtinais; M. de Contades est chargé de prendre toutes ces troupes avec les campements pour aller marquer le camp de Pastoreccia.

M. de Maillebois ne gardera cette position que le temps nécessaire pour recueillir les armes des pièves de Rostino, de la Casinca et de Moriani qui doivent venir les remettre quand les troupes seront en présence; il compte aussitôt après cette expédition, qui ne sera pas longue, aller s'établir à Corte, qui est prêt aussi à se soumettre. C'est de là qu'il travaillera tout de suite à la réduction de la partie d'en delà les Monts, ce qui ne sera pas difficile ni de longue durée, si le même bonheur l'accompagne.

Il faut avouer que l'étoile de M. de Maillebois est des plus propices. Il est vrai qu'il a sagement et habilement tiré tout le parti qu'il pouvait attendre du temps, des circonstances et du peu de troupes qu'il avait à ses ordres; mais en tout cela il y a un bonheur inconcevable à ce qui lui arrive et je n'en reviens pas d'étonnement. Nous verrons si la même étoile influera sur ce qui lui reste à faire. Je suppose la Corse soumise ou prête à l'être ; il faudra tout de suite mettre sur le tapis l'affaire du règlement, remettre la Corse sous la domination de la République de Gênes, ne plus présenter le roi comme agissant en maître qui veut, qui menace et qui pardonne en son nom seul, et ne l'offrir que sous le titre de modérateur et de pacificateur qui ne veut point accepter pour ses sujets des peuples qui ne se sont soumis qu'à lui et qui diront n'avoir rendu leurs armes que dans l'espérance seule de l'avoir pour leur souverain et d'être à jamais délivrés du joug insupportable des Génois. Je crois cette besogne pour le moins aussi difficile que la première, et je voudrais bien n'être pas ici quand il en sera question.

J'ai eu l'honneur de vous accuser la réception de la lettre que vous aviez bien voulu prendre la peine d'écrire de votre main à votre départ de Paris ; ainsi n'en soyez plus inquiet.

Brigades ainsi qu'elles doivent être formées suivant l'ancienneté des régiments.

1re brigade	Auvergne	2 bataillons	
M. le Marquis	Chaillou	1 id.	4
de Contades	Béarn	1 id.	
2e brigade	D'Auroy	1 bataillon	
M. le Comte de	Flandres	1 id.	4
Montmorency	Forez	1 id.	
	Montmorency	1 id.	
3e brigade	La Sarre	1 bataillon	
M. le Comte de	Nivernais	1 id.	3
Lussan	l'Isle de France	1 id.	
4e brigade	Royal Roussillon	1 bataillon	
M. le Marquis	Cambresis	1 id.	3
d'Ossonville	Aulnis	1 id.	

TOTAL des bataillons 14

Hussards

Ratzky. . . . 2 escadrons ⎫
Esthérazy. . . 1 id.   ⎬ 3 escadrons

Les arquebusiers.
Les volontaires.
Les courtinais.

A Corte, ce 27 juin 1739.

Nous voilà, Monsieur, à Corte, c'est à dire que nous voilà proprement dans la capitale de cette île. Cette capitale n'est qu'un village presque détruit et à demi-brûlé, mais situé dans un vallon assez agréable et fertile ; il y a des coteaux remplis de vignes et de froment, de bonnes eaux et en abondance et cependant point de fourrage. Corte est au pied de cette chaîne de montagnes qui partagent l'île en deux parties qu'on appelle cisalpines et transalpines ; celle d'en deçà n'a presque aucune communication, ni aucun commerce avec celle d'en delà, et ce sont deux peuples différents dont les mœurs et les usages n'ont presque rien de commun. Il y avait autrefois à Corte un fort qui est détruit aujourd'hui ; la situation en est très forte ; il y reste un château qui tombe en ruine et qu'on ferait très bien de raccommoder en y ajoutant quelques ouvrages de terre, si l'on voulait garder un établissement solide dans le pays.

Notre plus grande difficulté aujourd'hui est celle du désarmement, et elle est très nécessaire pour rendre notre opération utile et durable : il est néanmoins impossible d'en venir à bout aussi promptement qu'on le désirerait, mais c'est beaucoup de l'avoir commencé ; la patience et le temps fera le reste, attendu que ceux qui ont rendu de bonne foi leurs armes ont grand intérêt de découvrir et de déclarer ceux qui les ont gardées et cachées.

Nous avons de grandes espérances que la partie d'en delà les monts viendra bientôt à l'obéissance, M. de Maillebois compte ne rester ici que le temps nécessaire pour entamer cette affaire et juger de la tournure qu'elle prendra ; après quoi il établira ses troupes en quartier de rafraîchissement sur deux lignes qui se réuniront en une seule a Morosaglia, et dont la tête sera portée jusqu'à Corte. La première ligne en partant de Morosaglia passera à S. Antonino, suivra l'ancien chemin des Allemands, ira à Loreto pour tomber à Venzolasca et se terminer dans la plaine de S. Pellegrino. La seconde partant aussi du pont de Morosaglia passera par Pontenovo, Lento et suivra le cours du Golo jusqu'à Lucciana au-dessous de Borgo. Moyennant cette disposition, tout le pays du Rostino et de la Casinca se trouvera renfermé et bridé par nos postes. J'aurai l'honneur de vous envoyer l'état des différents quartiers quand ils seront déterminés et pris à demeure.

Quant à moi, je resterai à Corte pour achever la soumission de la partie d'en delà les monts, tandis que M. de Maillebois ira à Venzolasca, pour être à portée du marquis Mari et d'y arranger avec lui les affaires d'Etat pour ce qui regarde la politique et les conventions réciproques entre le roi, la République de Gênes et l'île de Corse. A vous parler naturellement, je crains fort l'événement de cette négociation, si le roi ne veut pas y parler en maître, et faire, comme dit la fable, le partage du lion. Tous les peuples de ce pays ne se sont réellement soumis qu'au roi et à la France ; ils disent publiquement et sans que nous puissions l'empêcher qu'ils sont bien résolus de recommencer la guerre et la révolte, si le roi vient à retirer toutes ses troupes et qu'il paraisse vouloir les remettre sous la domination des Génois. Je ne sais dans quelle résolution notre cour est présentement, mais je ne vois qu'un seul moyen pour n'avoir pas le démenti de cette affaire, c'est de laisser six bataillons dans l'île de Corse, dont il y en aurait deux à Corte, un à Ajaccio, deux en Balagne pour établir la communication de Corte à Calvi et un enfin à S. Fiorenzo. En prenant ce parti, le roi pourrait justifier sa garantie dans l'esprit d'un peuple aussi méfiant que celui-ci, et assurer les possessions qu'il lui est très important de se conserver le long de la marine ; autrement vous pouvez compter que la France aura fait la plus sotte et la plus inutile équipée qu'elle pourra jamais faire. Il ne tiendrait qu'à moi de faire sur cela un mémoire raisonné dont j'ai déjà tous les matériaux prêts ; peut-être en retirerait-on quelque lumière tant pour la police générale de ce pays que pour les avantages et les ressources que la France en pourrait recevoir. Mais il ne faut pas vouloir se mêler de ce dont on n'est point chargé, ni s'ingérer de faire la besogne d'autrui. D'ailleurs je serais au désespoir qu'on me laissât dans cette île quand les troupes s'embarqueront pour retourner en France ; toutes mes vues ne tendent plus qu'à me débarrasser de tout ceci au plus tôt, n'ayant d'autre ambition, Monsieur, que de vous faire ma cour et de servir sous vos ordres quand la guerre se rallumera. Je n'ai point oublié que vous êtes mon maître et mon protecteur, que je vous dois tout ce que je suis, et que je ne veux devoir qu'à vous seul la fortune qui me reste à faire.

A Corte, ce 4 juillet 1739.

Les nouvelles de ce pays vont devenir, Monsieur, de jour en jour moins intéressantes. Je crois qu'on peut à présent regarder cette affaire comme finie ; toutes les apparences sont que la partie d'en delà les monts ne saurait tarder à se soumettre. Un nommé Arrighi, fort accrédité dans ce pays-là, est venu ici exprès nous en assurer lui-même. M. de Maillebois est si persuadé de cette vérité qu'il a chargé cet homme des instructions et des pouvoirs nécessaires pour annoncer aux peuples la volonté et la clémence du roi. Cet Arrighi doit revenir dans quelques jours informer M. de Maillebois du succès de ses négociations et lui apporter le vœu des peuples à la paix. En conséquence, on envoie M. de Comeiras, major du régiment de Bassigny, qui est un officier entendu, à Ajaccio avec un détachement de 200 hommes seulement que notre général croit suffisant pour recueillir les armes de toute cette partie de la Corse. Cette troupe, et celui qui la commande, doit s'embarquer demain à Calvi, et si les vents sont favorables, faire voile à Ajaccio.

On continue ici à désarmer les pièves et les villages dont nous sommes actuellement les maîtres ; cette opération s'exécute avec plus de bonne foi de la part des peuples et plus de promptitude qu'on aurait dû naturellement l'espérer de gens qui ne voient d'autre bien et d'autre bonheur dans le monde que de porter un fusil et un poignard. La province du Niolo, qui ne s'était jamais voulu soumettre et que les Allemands n'avaient pu désarmer ni même entamer, est venue rendre les armes et donner des otages. On a lieu d'espérer en général que le désarmement sera aussi complet qu'il est possible de le faire. Les vengeances et les inimitiés particulières mettent ces peuples dans la nécessité pour leur propre sûreté de ne souffrir des armes à personne ; les familles qui ont obéi sont les plus intéressées à découvrir celles qui ne l'ont pas fait exactement ; elles se dénoncent les unes les autres, et ces divers avis dont on ne néglige aucun sont cause que les plus mal intentionnés, dans la crainte de la punition, cèdent malgré eux à la loi qui leur est imposée.

Rien de plus heureux ne pouvait nous arriver dans la circonstance où nous nous trouvons ; la Corse ne se soumet réellement qu'au roi ; la République de Gênes est plus en horreur que jamais dans toute cette île ; l'antipathie des deux peuples est telle qu'elle passe toute expression et l'idée même qu'on peut s'en former. Il est sûr que le règlement, malgré la garantie du roi, aura toutes les peines du monde à passer et que l'impuissance seule de résister aujourd'hui engagera les Corses à l'accepter, mais ce ne sera qu'en apparence. Si par hasard toutes nos troupes évacuaient ce pays-ci d'abord après cette paix simulée, ce serait une affaire à recommencer, et ces peuples désespérés ne manqueraient pas de protecteurs qui leur fourniraient secrètement de nouvelles armes.

Cependant, dans la nécessité de rendre la Corse aux Génois, je pense que le parti le plus sûr qu'il y aurait à prendre pour n'être pas la dupe des peines qu'on a prises et des dépenses qu'on a faites, serait que le roi demandât et exigeât que la Balagne lui fût cédée en propriété. Une fois maître de cette province, on l'est quand on le veut, de l'île entière. C'est une vérité que notre expérience et celle des Allemands prouve évidemment. Je ne doute même pas que si la Balagne demeurait au roi, les Corses n'acceptassent le règlement plus volontiers dans l'espoir de se voir tous un jour sous la domination de la France. Nous avons reçu aujourd'hui des réponses de la cour sur les succès de nos dernières opérations. Il me paraît qu'on est très content de M. de Maillebois et je trouve qu'on a grande raison ; ses bonnes dispositions, le moment juste qu'il a su saisir pour entrer en exécution, la promptitude avec laquelle il a profité de ses avantages et de l'étourdissement de ses adversaires, enfin son bonheur méritent beaucoup de louanges. On doit tenir compte aux bons joueurs des faveurs du hasard ; ils en ont rendu leur jeu susceptible par l'art avec lequel ils l'ont su disposer, ils en tirent tout le parti qu'il est possible d'en tirer. Cela n'arrive point aux maladroits qui méritent presque toujours d'être malheureux. La Providence n'a point tort, le bonheur est une justice de sa sagesse impénétrable.

A Corte, ce 10 juillet 1739.

Ce n'est à présent, Monsieur, que pour obéir à vos ordres et pour satisfaire à ma promesse d'entretenir avec vous une correspondance non interrompue que je continue à vous envoyer de mes lettres ; elles ne méritent plus aucune attention de votre part ; mais c'est à vous à m'avertir quand vous en serez las.

M. de Maillebois n'a pas pris encore le parti d'envoyer les troupes dans leurs quartiers de rafraîchissement ; elles resteront campées dans tous les lieux dont j'ai eu l'honneur de vous envoyer l'état, jusqu'à ce que la partie de cette île qui est en delà les monts ait pris une résolution fixe et bien déterminée de se soumettre, et qu'on en soit bien assuré par la reddition des armes. Il est vrai que les principaux habitants de toutes ces pièves ont écrit au nom des peuples qu'ils étaient prêts à obéir aux ordres du roi et de son général, mais néanmoins ces promesses ne doivent avoir leur effet qu'à l'arrivée des troupes dans ce pays, les Corses ne voulant pas absolument rendre leurs armes aux Génois, ni à aucun des représentants pour la République. Nous n'avons pas encore de nouvelles du passage de M. de Comeiras, ni de son détachement à Ajaccio ; je ne fais cependant aucun doute que tout le monde ne vienne à l'obéissance dès que les troupes du roi paraîtront ; les peuples sont avertis de leur mouvement et sont sommés d'avance de se rendre ; ainsi l'on peut compter que cette affaire ne saurait traîner en longueur, du moment que M. de Comeiras aura spécifié son arrivée et sa mission.

Il serait fort à souhaiter que notre cour se décidât d'une manière claire et précise sur la forme qu'elle veut donner au gouvernement de ce pays, et surtout sur la manière dont elle veut traiter avec la République de Gênes. Je n'entrevois qu'un seul moyen qui puisse réussir sûrement et promptement, c'est que le roi parle en maître aux Génois et aux Corses en imposant aux uns comme aux autres les lois raisonnables qu'il est à propos de leur faire accepter pour le bon ordre, la justice et la tranquillité publique. Je commencerais par demander la Balagne en propriété. Sans cela nous serons la dupe de la République ; nous serons abusés dans l'objet essentiel qui nous a fait entreprendre cette guerre, et nous en serons pour les frais et toutes les peines que cette désagréable expédition à causés à tout le monde. Je ne vous parle pas encore de l'ennui et du temps perdu, chose qui me touche au cœur pour le moins autant que la politique qui n'est point mon affaire.

A Corte, le 17 juillet 1739.

La partie d'en delà les monts commençait, Monsieur, à nous donner un peu d'inquiétude, et il paraissait que quelques pièces du parti du sieur d'Ornano et de la faction du prévôt de Zicavo voulaient persister dans la révolte. M. de Maillebois se préparait, malgré la difficulté du chemin, à y marcher lui-même ou à m'y envoyer avec un gros détachement de grenadiers et de piquets ; mais heureusement nous venons d'apprendre dans le moment qu'Ornano et le prévôt de Zicavo sont venus à l'obéissance et ont été à Ajaccio remettre leurs armes et promettre entre les mains de M. de Comeiras, qui y commande un détachement de nos troupes, d'être entièrement et fidèlement soumis à la volonté du roi dont ils implorent la protection pour eux et pour leur parti. Cet événement, selon toute apparence, déterminera toute cette moitié de la Corse à se soumettre, ce qui est le plus grand bonheur du monde pour tous tant que nous sommes. Nous ne connaissions point ce pays-là qu'on dit plus affreux et plus inaccessible encore que celui que nous avons parcouru; les subsistances y sont encore plus rares et les moyens pour y en porter plus difficiles. Tout cela formait une entreprise des plus sérieuses ; j'avoue que je ne m'en serais pas chargé sans beaucoup d'inquiétude. Je commence à connaître un peu à présent ce que c'est que la guerre des montagnes, les difficultés qu'on y rencontre à chaque pas, et l'impossibilité de les surpasser sans une connaissance parfaite du pays. J'espère, Dieu merci, que l'on ne nous mettra pas davantage à cette épreuve. M. de Maillebois fait accommoder actuellement le chemin de Corte à Bocognano, qui est un village sur la route et à moitié chemin d'Ajaccio : il est toujours dans la résolution d'aller faire une tournée dans cette partie de l'île pour voir par lui-même la place et le port d'Ajaccio et montrer Héraclius au peuple qui l'attend. Il ne juge pas à propos que j'aie l'honneur de l'accompagner, et je resterai ici à l'attendre, où il compte même me laisser tout le temps qu'il emploiera à négocier et à arranger les affaires. Je reviens toujours à dire qu'il serait bien à souhaiter que notre cour se décidât sur ce qu'elle veut de ce pays-ci. Il me semble que ce n'est point le cas de temporiser ; tout retardement ne peut être que préjudiciable aujourd'hui, tant pour les dépenses extraordinaires qu'il occasionne que parce qu'il prive l'État d'une partie de ses troupes. Un Corse (car il y en a qui ont beaucoup d'esprit) me fit dernièrement cette question : « Monsieur, me dit-il, votre cour a-t-elle bien connaissance de ce qu'elle cherche ? Si elle le sait, qui l'empêche de le demander ou de le prendre ? Tout cela revient au même. »

Vous savez, Monsieur, quel est mon respect et mon attachement infini pour votre personne. Je finis toujours sans compliment ; vous me l'avez ordonné.

A Corte, ce 24 juillet 1739.

Je vous avoue, Monsieur, que la connaissance que j'ai de votre exactitude me rend très inquiet de ne pas recevoir de vos nouvelles ; voilà près d'un mois que je suis privé de cet honneur ; je crains qu'il ne soit arrivé quelque dérangement à votre santé ; vous devez être trop convaincu de mon fidèle attachement pour pouvoir douter de l'intérêt sensible que j'y prends, et de la peine réelle que ce simple soupçon me cause. Je vous demande pardon de vous parler avec tant de familiarité ; le sentiment qui me fait agir doit me servir d'excuse auprès de vous, si vous daignez être sensible à l'amitié.

Nos affaires vont toujours très bien dans ce pays-ci ; il y a déjà six pièves considérables d'en delà les monts qui sont venues à l'obéissance, qui ont donné des otages, et qui apportent actuellement leurs armes à Ajaccio. Une des principales est celle d'Ornano. Le Signor de ce nom, qui n'a pourtant l'air que d'un paysan assez renforcé, est encore à Corte ; il est venu assurer notre général de sa déférence à ses ordres, et offrir au roi ses biens, sa personne et ses enfants, pour lesquels il demande de l'emploi dans le nouveau régiment qu'on forme actuellement. Cette opération commence à aller un peu plus vite, depuis que la Corse parait être dans la résolution de se rendre ; mais quelque soin qu'on se donne, je ne pense pas qu'on puisse en tirer plus de quatre bataillons, et ce sera encore beaucoup. Ce qui s'y oppose, c'est leur paresse invincible, et surtout l'aversion qu'ils ont pour tout ce qui peut les assujettir à l'ordre et à la discipline.

Il ne reste à réduire en delà des monts qu'un seul canton qui mérite une attention un peu sérieuse ; les habitants de ces montagnes sont des espèces de sauvages encore plus farouches et plus rustres que le reste des Corses ; ils n'ont pas voulu jusqu'à présent répondre aux sommations qui leur ont été faites ; ils ont à leur tête un prêtre connu sous le titre de prévôt de Zicavo, qui est le lieu principal de cette petite province. Ce prêtre est une espèce de fanatique, dont la folie ou les inimitiés particulières lui donnent apparemment du goût pour la révolte et pour exercer mille désordres à la tête de 5 ou 600 hommes, coquins de paysans encore plus brigands que lui. Je vous avais, je crois, mandé dans ma dernière lettre qu'il s'était soumis, mais c'était sur un faux avis que nous avions reçu ; on a néanmoins grande espérance de le réduire ou par persuasion ou par force. S'il faut en venir à des extrémités contre lui, on en chargera ses ennemis mêmes qui offrent de lui faire la guerre, si on leur en donne la permission, et de nous le livrer mort ou vif. Vous voyez que nous pourrions détruire Rome par Rome.

M. de Maillebois se disposait à aller faire une tournée dans cette partie de l'île qui lui est inconnue, mais la goutte est survenue, et lui a fait contremander 14 compagnies de grenadiers et 100 hussards qu'il faisait assembler pour l'accompagner dans son voyage ; il espère que l'accident qui l'arrête aujourd'hui n'aura pas de suite, et qu'il pourra dans quelques jours exécuter son projet. Je le souhaite de tout mon cœur pour l'amour de lui et pour l'amour de la chose ; la présence du général ne peut que produire un très bon effet dans un pays nouvellement soumis, sur l'esprit d'un peuple soupçonneux et qui craint toujours qu'on ne le livre à la République de Gênes, au lieu de le donner à la France, à laquelle seule il consent d'obéir. Ce qu'il y a de détestable, et ce dont nous ne pouvons cependant presque point douter, c'est que les Génois eux-mêmes font secrètement répandre le bruit parmi ces mécontents que nous ne les voulons soumettre et désarmer que pour les livrer aux supplices et aux châtiments que leur révolte a mérités. Et tous ces discours ne sont semés qu'afin de retarder le succès de nos opérations. Que pensez-vous, Monsieur, de cette indigne politique ? Je dis pour moi que notre gouvernement, qui en peut être informé, ne doit avoir aucun ménagement pour des fourbes de cette espèce, et que dans les arrangements qu'il faudra faire avec eux, on ne doit consulter que nos intérêts et non les leurs, puisqu'on ne saurait douter qu'ils en usassent ainsi, s'ils étaient les plus forts.

Je n'ai pas voulu fermer ma lettre, Monsieur, sans être informé des nouvelles que nous attendions d'Ajaccio. Ces nouvelles portent que la piève de Talavo, dont dispose le prévôt de Zicavo, persiste dans la révolte ; que ce prêtre avec les neveux de Théodore ont fait jurer sur l'Evangile à tous leurs adhérents, qui sont, à ce qu'on assure, au nombre de 11 à 1200 hommes armés, de se défendre jusqu'à l'extrémité et de mourir jusqu'au dernier plutôt que de manquer à la fidélité qu'ils prétendent devoir à leur fantôme de roi, et qu'ils ont enfin menacé tous leurs voisins de venir les brûler, s'ils exécutent le dessein où ils sont de se soumettre ; ces menaces ont répandu la terreur parmi les peuples qui n'osent plus apporter leurs armes dans la crainte d'être les victimes de ces furieux. Voilà, Monsieur, les nouvelles que nous venons de recevoir ; les objets ne sont peut-être pas aussi noirs qu'elles l'annoncent et je m'en flatte ; mais cette affaire, telle qu'elle puisse être, ne laissera pas d'être sérieuse, s'il faut prendre la résolution d'aller chercher ces mutins pour les punir. Il faudra en ce cas y porter un corps considérable de troupes, essuyer l'inconvénient de marches très laborieuses dans un pays inconnu, très reculé, presque inaccessible, où il n'y a point de chemins, et où par conséquent les subsistances deviendront d'une difficulté extrême, d'autant plus que nous n'y avons ni magasins, ni entrepôts, ni fonds, et que les 300 mauvais mulets des vivres qui suivent cette armée sont presque hors d'état de faire le service. M. de Maillebois se trouve heureusement quitte de son léger accès de goutte ; il sera en état de marcher à Ajaccio, dimanche 26, avec son détachement de 14 compagnies de grenadiers et de 100 hussards. Indépendamment de ces troupes, il compte faire avancer à Bocognano un corps de 4 ou 500 hommes, et tout disposer pour y placer en cas de besoin une brigade entière, afin de porter, en partant de ce lieu, des troupes où il sera nécessaire. Ce sera à Ajaccio où il achèvera de digérer cette expédition, qui mérite peut-être qu'on y pense plus d'une fois avant de l'entreprendre. Comme je serai du voyage, j'aurai l'honneur de vous informer avec détail de ce qui sera déterminé à ce sujet.

A Ajaccio, ce 30 juillet 1739.

Vous m'avez appris, Monsieur, la perte que vous avez faite d'un fils qui ne devait pas vous être moins cher que son aîné par ses grâces et son heureux naturel. Je ne m'étendrai point sur la perte que cette triste nouvelle m'a causée, je vous supplie de croire qu'elle est proportionnée à mon tendre et sincère attachement pour vous et à la connaissance que j'ai de votre amour pour messieurs vos enfants. Vous n'avez pas, Monsieur, à vous défendre de ces sentiments ; ils mettent dans ma façon de penser le comble à votre éloge ; ils achèvent de vous donner un droit assuré sur tous nos cœurs ; on aime à reconnaître les penchants de la nature dans ceux qui semblent au-dessus d'elle par leurs perfections et leurs vertus.

Je n'ose dans cette occasion prendre la liberté d'écrire à Madame la comtesse de Belle-Isle ; j'appréhende de lui rappeler trop vivement l'idée de sa douleur. Daignez, Monsieur, si cela se peut sans risque, lui témoigner vous-même la part sensible que je prends à ses peines, dont je sens plus que personne quelle doit être l'amertume.

Nous voilà arrivés à Ajaccio avec 14 compagnies de grenadiers et 100 hussards, au moment peut-être de recommencer la guerre contre une seule piève qui, malgré la soumission de tout le reste de la Corse, semble s'obstiner à nous résister. Le projet de M. de Maillebois est de pousser cette affaire aussi vite qu'il le pourra et d'attaquer la piève de Talavo par différents côtés en même temps. Il a déjà, dans sa route de Corte ici, détaché M. d'Ossonville avec un corps de 500 hommes indépendant des grenadiers, et il l'a envoyé avec des farines et des munitions de guerre s'établir à Bastelica, qui n'est qu'à trois lieues de distance des rebelles, mais qui est un village soumis. Je ne sais encore comment M. d'Ossonville aura fait pour conduire ses troupes et son convoi au travers de ce pays affreux qu'il aura eu à parcourir. Demain ou après-demain, on compte faire encore un détachement d'une partie des grenadiers pour Sta Maria qui est à la tête de la piève d'Ornano et voisine aussi de celle de Talavo. Enfin on a dessein de faire en même temps une descente par mer du côté de Bonifacio dans un pays qu'on nomme les Casati, situé sur des plages très fertiles, et dont ceux de Talavo tirent toute leur subsistance, attendu qu'ils manquent absolument de blés et de grains dans les montagnes arides qu'ils habitent où ils ne trouvent d'autre ressource que celle d'y faire pâturer leurs troupeaux.

M. de Maillebois espère par ces manœuvres imposer à ces peuples indociles, et je crois en effet son projet bon et praticable pour la partie de la marine ; quant aux autres attaques, je trouve qu'elles souffrent les plus grandes difficultés, et Dieu nous garde d'avoir à les surmonter. Je regarde comme la moindre chose d'avoir à faire à des hommes de cette espèce ; il s'agit de vaincre la nature tant du côté des subsistances qui manquent absolument dans ces déserts, et qu'on ne peut moralement y faire porter, que du côté du pays qui est plus affreux et plus inaccessible par l'âpreté et la hauteur des montagnes qu'aucun de ceux qui sont en Corse.

Les parents de Théodore se sont retirés dans le village de Zicavo qui est le lieu principal de la piève de Talavo. On assure qu'ils sont les moteurs de la mutinerie de ces montagnards, et qu'ils ont trouvé dans le prévôt de Zicavo un fanatique très propre à servir leur désespoir et à l'inspirer au peuple. Néanmoins on m'assure que la partie n'est pas si bien ameutée qu'il n'y ait parmi ces gens-là beaucoup de mécontents qui murmurent du péril où on les expose, et l'on se flatte qu'ils se déclareront pour nous dès qu'ils verront les troupes s'approcher de leurs frontières. Cela n'est pas hors de vraisemblance, et il y a lieu de penser que ce sera le dénouement de cette aventure, s'il est vrai que les habitants de ce pays soient du caractère des autres Corses, que la crainte a fait soumettre malgré la résistance de leurs chefs.

Quoi qu'il en soit, je crois que notre général ne serait pas dans cet embarras, s'il avait bien voulu accorder aux neveux de Théodore les passeports qu'ils lui demandaient pour s'embarquer. C'était mon avis que cette grâce ne leur fût pas refusée ; mais M. de Maillebois a craint de commettre la dignité du roi en paraissant traiter avec de tels personnages. Tout ce que j'ai pu gagner, c'est qu'il fermât les yeux sur leurs démarches, en cas qu'ils voulussent sortir de l'île. Ceux-ci ne s'en sont pas contentés dans la crainte de tomber entre les mains des Génois ; ils ont exigé un passeport qui fît mention d'eux nommément et qui fût signé du général de l'armée de France. Il m'a été impossible d'y résoudre M. de Maillebois, et voilà peut-être la principale cause de la chicane que nous éprouvons aujourd'hui, tant il est vrai que dans les affaires les plus petites circonstances ne sont point à négliger.

Je vous informerai, Monsieur, l'ordinaire prochain, de l'événement de cette tracasserie ; je souhaite que tout se tourne pacifiquement et que nous ne soyons pas dans l'obligation de vaincre *encore*.

A Algajola, ce 6 août 1739.

La soumission de la piève de Talavo n'est point encore terminée, Monsieur ; on est seulement en pourparlers avec les chefs de plusieurs villages de ce pays ; mais le lieu principal, qui est Zicavo, n'a encore fait aucune démonstration de vouloir obéir. Il faudra peut-être se porter contre ces gens-là à des violences qui ne produiront rien de bien avantageux et qui ne les soumettront point. Ces montagnards, quoique nombreux, n'habitent pas dans leurs bourgs ni dans leurs hameaux ; ils vivent errants dans leurs montagnes inaccessibles avec leurs troupeaux ; ils ne descendent que bien rarement dans leurs villages pour y entendre quelquefois la messe les jours de grandes fêtes. Leurs maisons ne sont que de mauvaises cahutes de terre ou de pierres sèches couvertes de branches de châtaigniers ; ils n'y ont point de meubles ni d'effets ; ainsi peu leur importe qu'on les vienne brûler. Ces espèces de sauvages, dispersés et retirés dans leurs montagnes, ne craignent point qu'on les aille chercher et attaquer ; ce serait une tentative bien inutile et fort dangereuse, parce qu'ils sont toujours les maîtres d'échapper à ceux qui entreprendraient de venir leur y donner la chasse, sans compter que cette opération pour nos troupes est extrêmement difficile, si elle n'est pas impossible. Ils sentent ces avantages et je crains bien qu'ils n'en veuillent profiter pour demeurer indépendants. Ce qu'il y a de fâcheux, c'est qu'on ne peut désarmer les pays qui les avoisinent et qui représentent avec justice que, si on les laisse désarmés, on les livre à la merci de ces bandits qui viendront impunément les voler et les brûler. Il faut donc de toute nécessité ou leur laisser leurs armes, ce qui est très dangereux, ou employer à les couvrir et à les défendre des troupes dont a besoin ailleurs, si l'on prend le parti de leur ôter leurs fusils. M. d'Ossonville, un de nos colonels qu'on a détaché dans la piève d'Istria avec 3 ou 400 hommes, a eu une rencontre avec ceux de Zicavo, qui n'a abouti qu'à lui faire tuer ou blesser 5 ou 6 soldats et qui n'a décidé de rien. On y a envoyé M. de Larnage avec un renfort de 4 compagnies de grenadiers, et le régiment de Chaillou y doit arriver aujourd'hui. Un capitaine d'Auvergne commande un autre détachement de 200 hommes à un lieu qu'on appelle Ghisoni, et enfin M. de Lussan a marché à Sta Maria d'Ornano avec 7 compagnies de grenadiers et une partie de nos arquebusiers miquelets. Par cette disposition, on pourra les attaquer par plusieurs côtés ; mais tout cela, comme j'ai eu l'honneur de vous le dire, n'aboutira qu'à une correction fort légère pour ceux qu'on veut punir et qui ne remplira point l'objet essentiel, qui est la soumission de cette partie de l'île. Cependant il n'y a point encore à perdre l'espérance que ces gens-là ne viennent à l'obéissance ; ils sont divisés entre eux comme tous les Corses et cette division pourrait produire l'effet que nous cherchons. On a demandé pour eux cette semaine entière ; je diffère à fermer ma lettre jusqu'au moment du départ du courrier pour que, s'il arrive quelque changement, je puisse vous en informer.

Je prends la liberté, Monsieur, de joindre à cette lettre les vues générales qui m'ont passé par la tête pour la pacification de cette île. Je les ai communiquées à M. de Maillebois qui les a goûtées ; nous en avons raisonné fort amplement ensemble, et cela l'a déterminé à faire un mémoire fort ample et fort détaillé qu'il envoie à la cour. Ce que j'ai l'honneur de vous adresser n'est qu'une brochure fort succincte de nos projets, mais qui suffira peut-être pour vous faire entrevoir le parti que la France doit prendre dans cette occasion.

Je me prosterne à vos pieds, Monsieur, vous connaissez mon respect et mon attachement pour vous.

A Ajaccio, ce 13 août 1739.

Nous allons, Monsieur, recommencer la guerre dans ce pays-ci ; les mutins de cette piève de Talavo veulent persister dans la révolte ; les pourparlers qu'ils avaient demandés n'étaient que pour gagner du temps et se préparer à se défendre. Ils nous mettent enfin dans l'obligation de les châtier, ce qui est une affaire difficile, par les mesures brusques qu'il faut prendre et par l'embarras des subsistances. M. de Maillebois a cependant déjà pris à peu près tous ses arrangements pour cette opération ; il fait venir 6 bataillons indépendamment des 14 compagnies de grenadiers et des détachements qu'il a amenés avec lui et qu'il a déjà portés en avant sur ces gens-là.

Il compte les attaquer par plusieurs côtés et les envelopper autant qu'il se pourra par nos troupes. Il est déterminé à présenter des têtes à Ghisoni, à Bastelica, à Sta Maria d'Ornano et dans les pièves d'Istria et de Sartene. Comme les cartes sont toutes très infidèles, vous pourrez malaisément juger de cette disposition. Ce sera M. de Larnage qui conduira le corps de Bastelica et qui règlera les mouvements de celui de Ghisoni ; je serai au centre, à Sta Maria d'Ornano, pour compasser mes manœuvres avec celles de ma gauche et de ma droite. Ce sera M. d'Avaray qui commandera dans la partie d'Istria et de Sartene. Nous aurons un préalable à faire bien indispensable, mais qui souffrira peut-être assez de difficultés, ce sera de désarmer tous nos derrières. Malgré les otages donnés, ces peuples sont d'une fidélité très suspecte, et j'appréhende que la proposition du désarmement ne soit pas reçue incontestablement. En ce cas, il faudra les y contraindre par la force, puisque leur refus décèlerait leur mauvaise volonté.

On travaille actuellement à faire des chemins, à construire des fours et à porter de tous côtés des farines, du blé et des approvisionnements. Vous pouvez juger de l'embarras où toutes ces attentions nous jettent dans un pays où il n'y a nulle ressource et où nous manquons de tous les secours les plus indispensables pour ce qui regarde surtout les voitures et les transports. On s'imagine notre besogne fort aisée, parce qu'elle a été, Dieu merci, jusqu'à présent très heureuse et très rapide ; cependant toutes ces immenses difficultés nous ont sans cesse contredits et accompagnés. J'espère que nous nous en tirerons bien et que nous en viendrons heureusement à bout à notre honneur et à la gloire de nos armes ; mais je vous assure que ce ne sera pas sans peine.

Je joins, Monsieur, à cette lettre un supplément de mémoire que j'ai donné à M. de Maillebois pour l'insérer à titre de réflexion dans son grand mémoire. Je suis sans cesse occupé dans mes temps de loisir à lui suggérer toutes les idées qui me passent par la tête et que je crois propres à favoriser le travail qu'il fait de son côté dans l'objet de mettre notre cour bien au fait des mesures qu'il y a à prendre pour assurer à l'avenir la soumission et la tranquillité de cette île. Moyennant que M. de Maillebois ne perde pas de vue ces objets politiques, les difficultés qui surviennent du côté des opérations militaires ne retarderont point celle de la négociation, si nos ministres veulent suivre le plan qu'on leur propose.

Réflexions sur les affaires présentes de la Corse.

Le mémoire politique et économique sur l'île de Corse que M. le marquis de Maillebois a envoyé à la cour, est le fruit de son travail et de ses réflexions depuis son arrivée dans cette île, pour y commander l'armée du roi destinée à en faire la conquête.

M. de Maillebois a développé dans cet ouvrage les mesures qu'il est raisonnable de prendre tant pour la pacification du pays que pour y établir une forme solide de gouvernement ; il s'y est suffisament étendu sur les moyens propres à assujettir un peuple aussi indocile que le Corse, à la discipline et à la subordination.

Il est juste de s'en rapporter aux lumières et aux avis d'un homme d'Etat tel que M. de Maillebois, lorsqu'il affirme son sentiment sur une matière qu'il a eu le temps d'examiner, et dont il peut seul avoir une connaissance parfaite. Mais l'exécution des moyens qu'il propose demande beaucoup de patience, d'assiduité et de flegme dans la personne qui en doit être chargé.

En effet le détail d'une opération aussi compliquée que celle dont il est question aujourd'hui exige une suite de travail dont le produit avantageux ne peut se développer qu'avec le temps ; et cet objet important a nécessairement besoin d'un homme tout entier et qui veuille bien y consacrer plusieurs années de sa vie.

On ne peut attendre ce sacrifice de M. de Maillebois, destiné par ses emplois et ses talents à servir la patrie dans d'autres circonstances. La suite de cette administration requiert, indépendamment des vues générales de politique, une connaissance exacte des lois qui ne se peut rencontrer que dans ceux dont c'est la profession particulière ; il faut de plus trouver des hommes de ce genre qui aient encore été exercés dans la partie du gouvernement qui regarde la police et l'économie intérieure des provinces et de l'Etat.

Pour peu qu'on réfléchisse sur ces considérations, on se convaincra aisément de la nécessité où l'on est d'envoyer au plus tôt en Corse un sujet qui ait les qualités qu'on demande et qui ait des pouvoirs suffisants pour traiter également les affaires civiles. En voici les raisons principales :

1º Ce magistrat doit-être mis au fait par M. de Maillebois des connaissances et des remarques qu'il a faites tant sur le pays que sur le caractère des Génois et des Corses. C'est à M. de Maillebois à donner les instructions toutes digérées et à régler le plan général de la conduite qu'il faudra tenir ; mais c'est à ce législateur à se charger de l'exécution, en conséquence des vues et des lumières qui lui auront été communiquées.

2º Du moment qu'il s'agira d'entamer une négociation avec la République de Gênes, ou de publier le règlement dans l'île de Corse, M. de Maillebois aura besoin d'être aidé par les soins et par l'intelligence de celui que la Cour aura choisi, soit qu'il faille traiter avec les commissaires de la République, soit qu'il faille se transporter à Gênes pour annoncer au Sénat les volontés secrètes du roi.

3º La méfiance des peuples de la Corse, leur crainte d'être abandonnés par la France, à laquelle seule ils ont consenti à se soumettre, est portée à un tel excès qu'on ne saurait trop se hâter d'y rémédier. Il en pourrait résulter des effets très dangereux ; les difficultés qu'on a éprouvées de leur part en dernier lieu en sont peut-être une preuve bien sensible.

Le moyen le plus efficace de rassurer ces peuples est de les rendre témoins des mesures que prend Sa Majesté pour affermir à jamais leur repos et leur sûreté ; il n'y a pas à douter que la présence du ministre chargé de pacifier le pays et d'y faire régner l'ordre et la police ne produise ce bon effet.

Les peuples redoutent toujours un conquérant et n'osent se fier à la main qui les a domptés ; ils aiment un législateur qui vient les gouverner et leur apporter des lois à l'ombre desquelles ils espèrent vivre plus heureux et plus tranquilles.

A Ajaccio, ce 20 août 1739.

Voilà, Monsieur, nos arrangements pris pour la subsistance du corps d'armée que M. de Maillebois a fait passer dans ce pays-ci, et pour l'approvisionnement de tous les différents endroits où les troupes seront distribuées. Je vais me rendre de ma personne à Sta Maria d'Ornano, où nous avons 4 bataillons qui y campent actuellement et 7 compagnies de grenadiers. Ma première opération sera le désarmement des pièves d'Ornano et d'Istria, qui ont à la vérité donné des otages, mais qui ont gardé leurs armes. M. d'Avaray est détaché dans la piève de la Rocca pour y remplir le même objet; on a pris le parti de l'y envoyer par mer avec un corps de 600 hommes. Les armes recueillies, nous nous tournerons enfin contre les rebelles de la piève de Talavo. M. de Valence, qui commande à Ghisoni un corps de 500 hommes, marchera sur Palnega, M. de Larnage avec 900 hommes sur Tasso, et moi sur Guiterra avec les 4 bataillons qui seront à mes ordres. Ces trois villages dépendent de la piève de Talavo et embrassent le pays de Zicavo où sont les principales forces de ces gens-là. Quand les troupes seront arrivées, on pourra concerter les manœuvres réciproques qu'on aura à faire pour frapper de toutes parts plus efficacement. Je prévois que la plus grande difficulté sera de parvenir à ces points de réunion. Les rebelles, guidés par un ingénieur de la bande de Théodore, ont embarrassé les chemins et toutes les avenues par lesquelles on peut les aborder, ce qui, joint à la difficulté naturelle du pays, rendra l'opération de la marche d'un détail assez difficile. Si avec cela, ils étaient gens à défendre vigoureusement des postes, ce serait une besogne sérieuse. Mais on ne doit point craindre une pareille résistance de leur part; nous avons éprouvé en dernier lieu combien ils sont peu redoutables à l'occasion de l'attaque d'une montagne fort raide et couverte de broussailles, où ils s'étaient postés afin d'empêcher les secours que M. de Fontbrune, capitaine au régiment d'Auvergne, était chargé de donner au couvent de Ghisoni qu'ils avaient investi. Cet officier, avec 300 hommes seulement, a passé sur le ventre à leur multitude, et entré dans le couvent sans avoir eu que 3 soldats de tués et 5 ou 6 de blessés.

En général, je ne reviens point d'étonnement du parti que ces malheureux ont pris ; il est plus que vraisemblable que les Génois y ont beaucoup de part, et nous avons des indices très clairs de leur perfidie à cet égard. Ils leur ont fait dire par des officiers qui ont déserté chez eux qu'ils seraient tous exterminés, s'ils tombaient jamais en notre puissance. Vous sentez bien, Monsieur, l'effet que de pareils discours ont pu produire sur la tête de ces hommes déjà fanatiques et incapables de raison ; ils ont juré de se défendre jusqu'à la dernière extrémité et de mourir les armes à la main ; ils espèrent d'être secourus par les pièves voisines de leur pays qui ne sont pas désarmées. Mais nous leur ôterons cette ressource en exigeant la restitution des armes de tous ceux qui sont venus à l'obéissance, et qui n'oseront pas les refuser quand ils nous verront assez en force pour les y contraindre. J'espère que cette exécution refroidira le fanatisme des mutins et les portera à prendre un parti plus sûr et plus raisonnable, ce qui est toujours à souhaiter dans une guerre de cette nature. Quant à moi, je ferai certainement de mon mieux pour remplir l'un ou l'autre objet, en cas que M. de Maillebois se détermine à me charger de la besogne, ce qui n'est pas encore décidé. Je continuerai cependant à vous informer régulièrement du sort d'une entreprise qui sera selon toute apparence la dernière que nous ayons à tenter dans ce pays et qui décidera du séjour que les troupes auront à y faire.

Je suis avec un respect infini etc.

A Sta Maria d'Ornano, ce 30 août 1739.

Les pièves d'Ornano et d'Istria sont désarmées, Monsieur, comme j'ai eu l'honneur de vous l'apprendre dans ma dernière lettre. Le seul village d'Olmeto, dépendant d'Istria, a fait résistance et a cependant, après bien des coups de fusil de tirés, apporté aussi ses armes. M. de Maillebois est arrivé ici depuis 3 jours ; il me fait marcher demain avec un détachement de 5 à 600 hommes pour aller pendant quelques jours m'établir à Sartene et y déterminer le désarmement de la province de la Rocca. Si je suis assez heureux pour en venir à bout de la même manière que j'y suis parvenu dans le pays d'Ornano et d'Istria, toute cette partie de la Corse pourra enfin être regardée comme véritablement soumise, à la réserve du territoire de Zicavo qui, se trouvant abandonné et réduit à ses seules forces, sera contraint de venir à l'obéissance ou de subir toutes les rigueurs de la guerre. Il y a grande apparence que, si je réussis, comme je l'espère, tout sera heureusement fini dans cette île pour les opérations militaires.

Après quoi, je ne vous cache point, Monsieur, que je demanderai mon rappel, attendu que je serai alors absolument inutile dans ce pays-ci. J'y ai servi de mon mieux, et j'ai fait part à M. de Maillebois de toutes les réflexions qui pouvaient favoriser ses vues politiques, tant pour la forme du gouvernement qu'il est à propos de donner à cette île, que pour les arrangements à prendre entre la cour de France et la République de Gênes, dans l'objet de ne laisser à la République qu'un médiocre profit utile, et le vain titre de souveraineté, et de conserver réellement à la France la possession entière de sa conquête. Je n'ai plus rien à ajouter dans ce genre et l'exécution ne m'en regarde point. Il est juste que, dans le temps que les affaires de l'Europe semblent se brouiller et nous annoncer des événements où la France ne peut s'empêcher de prendre part, je retourne dans ma patrie et je me mette à portée de faire une guerre plus honnête en elle-même et plus utile à ma fortune. Vous savez d'ailleurs la force des liens qui m'attachent ; ils sont peut-être encore plus sensibles sur mon cœur que sur tout autre. Vous êtes trop généreux et trop sensible vous-même, Monsieur, pour ne pas entendre ce que je veux vous dire ; aussi je vous supplie de m'aider de votre crédit auprès de M. le Cardinal et de M. d'Angervilliers pour m'aider à obtenir la grâce que je demande et qui est la seule récompense que j'exige de toutes les peines que je me suis données depuis que je suis arrivé en Corse. Mes affaires d'ailleurs sont dans un grand dérangement depuis la mort de mon père ; elles exigent absolument ma présence ; mais c'est la moindre de toutes mes raisons, quoiqu'elle ne laisse pas d'être assez intéressante. Je compte donc, Monsieur, dans cette occasion sur votre secours et sur vos bontés, dont j'ai déjà si souvent éprouvé les effets et dont je mérite la continuation par le respect et l'attachement inviolable que je vous ai voués pour tout le reste de ma vie.

A Sartene, le 6 septembre 1739.

Me voilà, présentement, Monsieur, dans le centre de la province de la Rocca et chargé avec un détachement de 600 hommes seulement d'une opération assez difficile, qui est le désarmement de ce pays-ci. J'y suis arrivé par une espèce de miracle sans coup férir ; ces gens-là n'ont pas été instruits de ma marche et ils n'ont pas eu le temps de prendre des mesures pour s'y opposer. S'ils l'avaient fait, je n'aurais jamais pu passer dans les défilés et les endroits affreux qu'il m'a fallu traverser, quand j'aurais eu trois fois plus de monde que je n'en avais. Enfin me voilà à Sartene, dont ils ne me chasseront pas, s'il plaît à Dieu. Je m'y suis accommodé et j'y ai des vivres pour plus de quinze jours. J'ai même commencé à désarmer mes derrières et j'espère qu'avec de la patience et le bénéfice du temps tout ira bien. Ce qu'il y a d'étonnant, c'est que la plus grande résistance que j'éprouve ne vient pas des rebelles déclarés, mais d'un homme au service de la République, à ses gages, qui a un parti très considérable et qui empêche ouvertement la réduction de ce pays à la France. Il est vrai que les Génois le désavouent, mais il leur est attaché par les liens que je viens de vous dire.

M. de Maillebois s'est porté en personne au camp qu'il m'avait ordonné de former au-dessus de Sta Maria d'Ornano ; les choses vont assez bien de son côté ; une grande partie de la piève de Talavo est venue se soumettre, ce qui lui ouvre les passages dans les villages de Palnega et de Ciammanacce, et facilitera la jonction des corps de Ghisoni et de Bastelica, quand il jugera à propos de marcher en avant. Par notre position actuelle nous tenons en bride tout ce pays-ci ; la grande difficulté était celle des subsistances et on y a sagement et heureusement pourvu ; ainsi il n'y a plus qu'à prendre patience et laisser à nos adversaires le temps de faire des réflexions et de changer d'avis.

Vous connaissez, Monsieur, tous les sentiments de respect et d'attachement qui m'attachent à vous pour jamais.

Sartene, ce 19 septembre 1739.

Il m'a été impossible, Monsieur, d'avoir l'honneur de vous écrire l'ordinaire dernier. On m'a envoyé ici dans un poste fort éloigné ; les rebelles qui me savaient peu en forces s'étaient imaginé pouvoir m'attaquer. Ils se sont approchés de moi dans ce dessein, et ils ont trouvé apparemment l'opération un peu trop hasardeuse pour eux, ce qui leur a fait tourner leur projet d'attaque en une espèce de blocus. Effectivement, ils avaient coupé ma communication, ce à quoi les défilés et l'éloignement de mon poste leur avait fait trouver beaucoup de facilité. Mais je les ai si fort tourmentés par les détachements que j'avais sans cesse sur eux en campagne, par la prise de leurs troupeaux et de ceux qui les gardaient, par les menaces que je leur faisais de faire pendre les prisonniers que j'avais entre mes mains, qu'ils ont enfin abandonné la partie. Et comme l'inconstance naturelle de ces peuples les fait toujours passer d'une extrémité à l'autre et que la crainte de perdre leurs bestiaux leur fait surtout beaucoup d'impression, ils ont abandonné le parti de me résister pour prendre celui de se soumettre. Je jouis du plaisir de les voir venir à l'obéissance, et je suis actuellement occupé à recevoir leurs armes. Voilà de ces vérités qu'on ne comprend pas et qui ne laissent pas d'exister, quoique hors de toute vraisemblance. Il était pourtant sage et nécessaire de risquer un détachement dans ce pays perdu, parce que tous les effets les plus précieux et les troupeaux des révoltés de la pièye de Talavo sont répandus dans le voisinage de Sartene. La crainte de les perdre a fait qu'ils ont porté ici leurs principales forces pour les défendre. M. de Maillebois en a profité et cette diversion l'a mis en état de se porter sans difficulté à Guiterra où il a réuni les corps qu'il avait à Bastelica et à Ghisoni, ce qui le porte avec des forces supérieures sur Zicavo, qui n'est point actuellement en état de lui résister. J'ai appris par les nouvelles que je reçus de lui hier que ces gens-là commençaient à parlementer. Ainsi je ne doute presque plus que tout le pays ne soit actuellement soumis de gré ou de force ; d'autant plus que je me compte aujourd'hui maître de la province de la Rocca par les armes que je me suis fait rendre et que l'on continue à m'apporter. Il nous est encore arrivé ici une chose heureuse, c'est que nous avons trouvé le secret de gagner et d'attirer dans notre parti l'agent caché de la République, et dont elle se servait pour soulever tout ce pays-ci contre nous. Il se nomme Giacomo Peretti, dit Manco, capitaine au service de la République. Cet homme est un Corse perfide et adroit qui a fait semblant d'abandonner le parti des Génois pour se jeter dans celui des mécontents, dont il entretenait la révolte par des discours artificieux et par les secours de poudre et de balles qu'il lui était fort aisé de leur donner dans la circonstance où il se trouvait. Vous sentez bien de quelle importance il est de disposer de cet homme par les lumières qu'on tirera de lui et dont notre gouvernement pourra profiter, s'il le juge à propos. J'attendrai à fermer ma lettre que j'aie reçu des nouvelles de notre général, dont j'attends la confirmation de la réduction entière de toute cette île.

Je vous rends mille très humbles grâces de l'attention et de la bonté que vous avez de me faire part de vos nouvelles de Hongrie qui sont bien intéressantes dans la conjoncture où nous sommes. Je vous supplie de me continuer l'honneur de votre amitié, de vous souvenir dans les occasions que mon premier désir est et sera toujours de servir sous vos ordres, et que vous n'avez point de serviteur qui vous soit plus respectueusement et plus inviolablement attaché.

Voilà le moment où vous pouvez sans risque employer votre crédit pour me faire rappeler. Je n'ai plus rien à dire à M. de Maillebois, ni à faire dans ce pays-ci quand la guerre sera terminée ; par conséquent, il vaut mieux de toute manière pour moi que j'aie la liberté de vous faire ma cour et de me préparer à aller servir dans un pays plus heureux, si nous sommes obligés de prendre part aux événements qui vont partager l'Europe.

Les nouvelles de M. de Maillebois que je viens de recevoir portent que toute la piève de Talavo est soumise et désarmée, à la réserve du territoire et du bourg de Zicavo. Le fanatisme et l'obstination de ces mutins est incompréhensible ; le reste de leur pays soumis, ils ne sont pas 300 en état de porter les armes et de se défendre. Je ne saurais croire qu'ils n'entendent raison d'ici à demain 20 de ce mois, que M. de Maillebois est résolu de les attaquer et de les brûler.

A Sartene, ce 27 septembre 1739.

M. de Maillebois est entré, Monsieur, le 22 de ce mois dans Zicavo avec toutes ses troupes, mais il lui est arrivé ce que j'avais prévu qu'il lui arriverait, de n'y trouver personne. Tous les paysans, les femmes, les enfants avec le prévôt ou le curé et le neveu de Théodore, avaient gagné la montagne voisine qu'on appelle Cossony (Coscione) quelques heures avant sa marche, et ils ont eu le temps d'y retirer leurs effets les plus précieux. Leur opiniâtreté est inconcevable, et jusqu'à présent invincible ; M. de Maillebois se flatte de pouvoir les bloquer dans cette montagne et de les avoir par la faim. C'est pour cela qu'il s'est abstenu de brûler leurs maisons et de dévaster le pays. Il prend le parti de retourner de sa personne à Ajaccio pour attendre l'événement et laisser à Zicavo M. de Larnage avec 4 bataillons, qu'il charge de la réduction de ces misérables dont les forces ne sont pourtant pas fort considérables, puisqu'ils n'ont pas réellement 300 hommes en état de porter les armes. Leurs plus grandes forces consistent dans les pasteurs qui sont actuellement répandus sur les plages avec leurs troupeaux. C'est à ces gens-là que je fais la guerre ici, aussi bien qu'aux Génois que je suis persuadé qui maintiennent la révolte de la province de la Rocca. J'ai à agir dans un pays extrêmement difficile et assez étendu, avec des peuples qui ne sont d'accord entre eux que pour ne pas se soumettre, qui d'ailleurs sont ennemis les uns des autres, ce qui rend le désarmement plus difficile, et enfin j'ai à me garantir des intrigues secrètes des Génois qui vraisemblablement excitent sous main et fomentent tous les troubles. Cependant j'espère que j'en viendrai à bout s'il plaît à Dieu, quoique, pour favoriser l'opération de M. de Maillebois, j'aie été obligé d'employer une partie du peu de troupes qu'il m'a donné pour pousser des détachements en avant, et qui fussent à portée de prêter la main aux manœuvres qu'il y aura à faire contre la partie des rebelles retirée dans les montagnes du Coscione. Je suis venu à bout, à force de mouvement et de présenter de tous côtés des partis à la guerre, d'imposer de la terreur à mes adversaires et de les obliger de m'apporter leurs armes, dont je suis maître actuellement de plus de la moitié. Je ne désespère pas d'avoir le reste et d'être assez heureux pour soumettre entièrement cette province. Je dis que je n'en désespère pas, car les conjectures sont toujours très incertaines dans ce pays-ci, attendu le caractère des peuples et les traverses inattendues qui peuvent survenir.

Je continue à vous rendre, Monsieur, mes très humbles ractions de grâces de la bonté que vous avez de me faire pat régulièrement de vos nouvelles de Hongrie. Je vois l'Empereur dans la plus triste des situations ; nous avons bien beau jeu à tout cela, si nous en savons profiter. Mais notre talent dans ce siècle-ci n'est pas de tirer parti des circonstances. On ne dira plus, ou du moins on aurait tort de le dire, que les Français sont avantageux ; cela est fort beau moralement, mais politiquement etc.

Je suis, Monsieur, avec l'attachement le plus respectueux,
Votre très humble et très obéissant serviteur.

Au couvent de Tallà, le 3 octobre 1739.

Voilà enfin, Monsieur, notre guerre de Corse qui, Dieu merci, tire à sa fin. Je suis venu à bout de soumettre et de désarmer cette province. Cet événement a influé sur les rebelles de Zicavo retirés dans les montagnes du Coscione ; ils commencent à venir à l'obéissance, et l'on espère que dans peu il n'y aura plus de rebelles en Corse que quelques bandits que la misère chassera de cette île et forcera à aller chercher fortune ailleurs. Le neveu de Théodore et le prévôt de Zicavo seront du nombre.

Tout cela ira fort bien jusqu'à ce que le secret de notre cour sur le parti qu'elle prendra pour ce pays-ci vienne à éclater. S'il est question de remettre les Corses sous la domination des Génois, je vous prédis que cette île se révoltera sur nouveaux frais et que, si le roi veut encore la soumettre il aura toutes les peines du monde à en venir à bout avec 50 bataillons. Nous leur avons appris à se retrancher et à faire la guerre, et ils nous ont bien assurés que, si nous les trompions, ce serait la dernière fois qu'ils s'exposeraient à être la dupe des grandes puissances.

Tout ce que je prévois me confirme dans l'impatience où je suis de tirer, comme on dit, mon épingle du jeu et de me débarrasser d'une affaire qui ne me doit plus regarder, puisque la guerre est finie, et que mon métier n'est pas de faire de la politique, surtout s'il est question d'un tempérament qui ne peut être goûté d'aucune des parties, et dont par conséquent l'événement ne peut être que malheureux. J'ai fait tout ce qui a été en moi pour bien servir, je me flatte qu'on n'a rien à me reprocher, et de plus je ne demande rien que mon congé à présent que tout est fini pour les opérations militaires. Je ne crois pas qu'on doive en conscience me refuser cette grâce. Vous sentez assez la force de mes raisons pour ne pas les désapprouver ; je vous supplie encore de les faire valoir quand vous serez retourné à la cour et de me mettre à portée de vous renouveler de vive voix toutes les assurances de mon respect et de mon inviolable attachement pour votre personne.

A Ajaccio, ce 15 octobre 1739.

Voilà, Monsieur, au moins pour le moment présent, la guerre finie dans ce pays ci ; les peuples sont soumis et les armes nous ont été rendues. Les Génois sont confondus, quoiqu'ils applaudissent en apparence à nos succès. Le prévôt de Zicavo, quoique je n'aie pas fait directement la guerre contre lui, n'a voulu se rendre qu'à moi et est venu exprès me trouver sur ma route au retour de mon expédition de la province de la Rocca. Il m'a amené son parti et a demandé pardon aux pieds de nos drapeaux du crime d'avoir osé résister aux armes du roi. Enfin tous les Corses se croient aujourd'hui sujets de la France ; je souhaite, s'ils sont dans l'erreur, qu'on ne les détrompe point, du moins de si tôt, et cela me paraît de la plus grande conséquence dans la circonstance où nous sommes d'une guerre prochaine avec les Anglais. Vous devinerez aisément sans que je m'explique davantage, ce que je veux vous dire. Vous savez la haine implacable que les Corses ont contre la République de Gênes et à quelles extrémités ils seraient capables de se porter plutôt que de rentrer sous sa domination. La chose m'a parue d'assez grande conséquence pour en dire mon avis à M. le Cardinal, ce que j'ai fait dans un mémoire que j'ai pris la liberté de lui envoyer. Je souhaite qu'il daigne y faire attention, et en vérité il le devrait. M. de Maillebois a dû en envoyer une copie à M. d'Angervilliers ; ainsi tous nos ministres sont en état de voir la vérité, s'ils veulent l'envisager.

Je vous avoue que je meurs de peur qu'on ne me charge des suites de cette affaire-ci, et d'une négociation à laquelle je n'entrevois qu'une fin très pitoyable, si notre cour reste dans son indécision ordinaire. J'ai demandé mon congé et j'ai de bonnes raisons pour exiger qu'on me l'accorde : 1º j'ai des procès à suivre de la plus grande importance pour moi et pour ma famille, et dont l'événement peut décider de la plus grande partie de mon bien ; 2º je ne me suis engagé que pour faire la guerre dans ce pays-ci, et à présent que la Corse est réduite, ma tâche est remplie ; 3º enfin (mais cette raison n'est que pour vous et pour moi) je suis prêt à tout sacrifier aux ordres du roi, hors la douleur et la honte de le mal servir, ce à quoi je ne veux pas m'exposer pour rien au monde. Ainsi je demande et j'exige absolument mon congé, c'est bien la moindre chose qu'on puisse accorder à quelqu'un qui ne demande que cette grâce ; d'ailleurs, Monsieur, dans le cas où nous sommes d'une guerre qui est peut-être imminente, je serais au désespoir de me voir arrêter ici et de n'y avoir point de part. J'espère par la connaissance que j'ai des bontés dont vous m'honorez que vous daignerez entrer dans mes raisons et que vous les appuierez de tout votre pouvoir. Je n'ai servi dans ce pays-ci que pour me tenir en haleine et me rendre plus digne d'être employé sous vos ordres ; ç'a toujours été l'objet de mon ambition ; mon attachement, mon respect et mon admiration pour vous m'en sollicitent encore plus que l'intérêt de ma fortune, parce qu'en vérité, je suis encore plus sensible à l'amitié qu'aux honneurs et même à la gloire.

Vous m'ordonnez de vous rendre compte de la manière dont M. le chevalier de Montmorency a réussi ; je ne suis pas trop en état de vous satisfaire, n'ayant presque point vécu avec lui depuis qu'il est arrivé dans ce pays-ci ; il n'a joint son régiment qu'après les premières opérations de notre campagne, et lorsque nous avons été obligés de passer dans cette partie, son bataillon n'a pas été du nombre de ceux qui nous y ont suivis. Ainsi je ne l'ai presque pas vu ; j'ai ouï dire seulement qu'il se comportait très bien dans son régiment et qu'il y était fort aimé. On a écrit en dernier lieu à M. de Maillebois qu'il avait eu quelques accès de fièvre tierce qu'on espérait qui n'auraient point de suite. Comme nous nous disposons à nous en retourner à Bastia où son régiment doit passer l'hiver, j'aurai l'honneur de le voir et je pourrai vous donner plus exactement de ses nouvelles.

A Corte, ce 24 octobre 1739.

Nous voici, enfin, Monsieur, de retour à Corte. La Corse dans le moment présent est soumise ; elle est autant désarmée qu'elle le peut être ; le neveu de Théodore est errant dans les déserts de cette île ; on dit qu'il cherche à s'embarquer avec 7 ou 8 bandits de sa suite. M. de Maillebois fait ce qu'il peut pour le priver de cette ressource ; je ne conçois pas en cela sa politique. Le prévôt de Zicavo est venu se rendre à moi, comme j'ai eu l'honneur de vous le mander ; on l'a traité, malgré moi, avec toute la rigueur qu'il mérite ; on l'a conduit attaché jusqu'au lieu où l'on doit l'embarquer. Un peu de ménagement pour ce misérable aurait peut-être déterminé le neveu de Théodore à se soumettre aussi ; on me l'avait fait espérer, je suis fâché qu'on m'ait fait perdre l'occasion d'en délivrer la Corse.

Nous sommes à la vérité maîtres de cette île, mais je ne voudrais pas répondre des événements qui pourraient arriver. L'inquiétude et la méfiance des peuples sur la destinée qui les attend augmente de jour en jour ; ils sont attentifs aux affaires de l'Europe ; ils disent qu'il est temps que le roi prenne enfin un parti ; les bruits commencent même à se répandre que l'Angleterre les secourra, si la France les trahit ou les abandonne, et les Anglais, dans la circonstance présente, sont bien gens à servir également le ressentiment des Corses et les mauvaises intentions des Génois. Vous sentez, Monsieur, qu'au milieu de tout cela, nous ne laissons pas d'être dans une position assez critique ; nos principaux établissements sont dans les faubourgs des châteaux et des forteresses dont les Génois sont les maîtres et où ils entretiennent des garnisons. Ces faubourgs sont soumis au canon de ces places et nous n'en avons point pour leur répondre. Imaginez-vous ce qui arriverait si les Anglais, par trahison ou autrement, devenaient maîtres des places en question ; nos troupes se trouveraient alors entre elles et un pays qui ne cherche peut-être qu'une occasion de se révolter encore. Quel parti prendre alors ? Comment vivre dans cette île, quand nous ne serions plus maîtres des ports ni des plages ? Il me semble que ces réflexions méritent quelque considération.

Quoique je n'aie point écrit directement à M. le Cardinal pendant le cours de notre campagne, j'ai cru le devoir faire à cette occasion. J'ai pris la liberté de lui envoyer un mémoire que j'ai cru propre à faire sentir ce qu'on a à espérer et ce qu'on a à craindre. M. d'Angervilliers a dû aussi en recevoir un pareil, que M. de Maillebois a bien voulu se charger de lui adresser. M. de Lussans, qui doit être actuellement à Fontainebleau, s'est chargé de plus de parler en conséquence. Ainsi nos ministres ne peuvent ignorer la vérité, c'est à eux à prendre leur parti ; je crois leur avoir proposé le seul raisonnable.

Tout cela me fait désirer de plus en plus de sortir de ce pays-ci où je n'entrevois qu'une issue très désagréable pour un homme d'honneur et pour un citoyen qui se trouverait malheureureusement chargé du commandement dans les conjonctures qui pourraient arriver. J'avoue qu'un tel avenir étonne mon courage, et que je ne me sens pas assez de vertu pour vouloir me charger d'une besogne que je saurais ne pouvoir réussir avec les partis intermédiaires et indécis qui font l'objet de notre politique. Je conçois en même temps qu'on n'a rien à appréhender du moment qu'on se décidera à agir avec fermeté, et alors on peut être sûr de l'événement, quelque puisse être celui qu'on en charge ; mais dans les deux cas, je ne veux pas absolument me proposer ; ainsi je persiste à demander mon congé et à vous supplier de vouloir bien me favoriser de tout votre crédit pour l'obtenir.

Je prends la liberté de vous adresser cette lettre à Paris, parce que j'espère qu'elle vous y trouvera, si vous avez suivi les arrangements dont vous m'avez fait l'honneur de m'informer. C'est à vous à me procurer les moyens de vous faire bientôt ma cour. Vous connaissez, Monsieur, mon respect et mon attachement inviolable pour votre personne.

A Bastia, ce 31 octobre 1739.

Les dernières lettres que j'ai eu l'honneur, Monsieur, de vous écrire, ont dû vous informer de la manière dont notre campagne s'est terminée.

M. de Maillebois a mis ses troupes en quartier d'hiver, et voici sa position. M. de Larnage commande de l'autre côté des monts et fait sa résidence à Ajaccio ; il a sous ses ordres les régiments de Chaillou, de Royal Roussillon et de Nivernais ; ces trois bataillons fournissent 100 hommes dans la piève de la Rocca, savoir, 50 à Olmeto et 50 à Sartene, avec 50 Grisons soudoyés par la République, qui sont partagés dans les deux postes ; il y a de plus 30 volontaires français à Sartene. La garnison d'Ajaccio donne encore 50 Français et 50 Grisons au poste de Bocognano qui est retranché, et 40 soldats génois pour la communication d'Ajaccio à Bocognano. La garnison de ces postes se relève tous les 15 jours, mais les commandants sont à demeure.

M. de Contades a le commandement de la partie d'en deçà les monts, depuis Vivario jusqu'au Campoloro ; il a sous ses ordres cinq bataillons, savoir : celui d'Auroy à Corte, et ce bataillon fournit 50 hommes à Vivario pour la communication avec Bocognano.

A Olmeta, le second bataillon d'Auvergne dont a détaché 50 hommes pour la communication avec Morosaglia.

A Morosaglia, 9 compagnies du 1er bataillon d'Auvergne, les 7 autres avec la compagnie de grenadiers à Venzolasca ; il y a pareillement 50 hommes dans la communication de l'un à l'autre poste, de manière que depuis Bocognano, il y a de cinq milles en cinq milles des troupes retranchées, mais en petite quantité.

A Vescovato, le régiment de Béarn qui fournit 50 hommes à Lento. Les postes de Venzolasca et de Vescovato fournissent de plus 50 hommes à S. Pellegrino et 50 aux environs de la Padulella dans une maison retranchée au pied des montagnes.

A Cervione, piève de Campoloro, le régiment d'Aunis qui détache 50 hommes dans la piève de Verde ; de là jusqu'à Portovecchio où les Génois entretiennent garnison, il n'y a point de troupes ; le Fiumorbo et les plages d'Aleria ne sont pas occupées, ce qui fait un vide de près de 10 lieues.

A Bastia, cinq bataillons composés des régiments de la Sarre, de Flandres, de l'Isle de France, de Forez et de Montmorency. Cette garnison fournit 200 hommes à S. Fiorenzo et environ autant pour la communication de Bastia au Ponte Golo.

En Balagne, trois régiments, Cambresis, Bassigny et Agenois, qui sont en garnison dans le faubourg de Calvi et qui fournissent des postes à Montemaggiore, à Algajola et à Belgodere. M. de Villemur commande dans cette partie.

Je trouve cette disposition de quartiers très sensée à cela près que je crois qu'il aurait fallu mettre plus de troupes dans la communication de Corte au Golo, et qu'il aurait été prudent de placer au moins un bataillon à l'extrémité de la piève de Verde, pour assurer le pays entre Portovecchio et Campoloro et empêcher les débarquements qui se sont toujours faits sur ces plages ; cela était d'autant plus aisé que 3 bataillons auraient été suffisants pour la garnison de Bastia.

A Bastia, ce 7 novembre 1739.

Voilà, Monsieur, notre histoire finie avec notre campagne ; je n'ai plus rien d'intéressant à vous mander et je souhaite de tout mon cœur qu'il n'arrive plus d'événements dans ce pays-ci qui puisse piquer votre curiosité. Il faut présentement tâcher de travailler sur un plus vaste théâtre où j'aurai le plaisir de servir sous vos ordres et de vous voir remplir les premiers rôles ; c'est l'objet unique de mon ambition ; j'en remets l'accomplissement aux bontés dont vous m'honorez ; mais pour cela il faut commencer à me faire sortir de ce malheureux pays-ci et me mettre à portée de vous faire ma cour et de vous renouveler les assurances de mon inviolable attachement et du profond respect avec lequel je serai toute ma vie, Monsieur,

Votre très humble et très obéissant serviteur,

DUCHATEL.

A Bastia, ce 14 novembre 1739.

J'ai du regret, Monsieur, à employer votre temps précieux à vous entretenir de bagatelles qui ne méritent plus d'occuper votre loisir ; mais vous me l'ordonnez et c'est avec plaisir que je vous obéis, parce qu'enfin je suis touché et flatté de l'honneur que vous me faites.

M. de Maillebois est ici d'autant plus impatient qu'il ne sait quel parti prendre ni avec les Corses ni avec les Génois ; les premiers demandent avec instance et peu s'en faut, avec hardiesse, que la France détermine enfin leur sort ; les autres au contraire semblent en apparence indifférents et tranquilles sur cet événement ; ils attendent que nous entrions en matière avec eux, bien préparés qu'ils sont à nous égarer alors dans tous les détours de leur politique artificieuse. Cependant notre général reçoit régulièrement tous les ordinaires de longues et amples dépêches de la cour qui sont autant de chefs-d'œuvre d'obscurité, et autant d'énigmes qui n'ont point de mot à ce que je crois. M. de Maillebois est excellent à voir avec des lunettes sur le nez, jurant comme un païen de ce qu'il n'entend rien à ce qu'il lit, et s'en prenant à moi de ce que je ne puis lui expliquer ce que je ne comprends point. Ces scènes me font quelquefois rire, mais dans le vrai, elles m'affligent profondément à cause des suites et des conséquences que j'en prévois. On s'imagine que les affaires de Corse doivent s'acheminer avec la gravité et la lenteur en usage dans les autres pays où tout est accroché à des intérêts puissants et opposés qui respectivement embarrassent la chaîne des événements. Ici c'est tout le contraire ; personne ne voit, ni n'entend, ni ne sait ses véritables intérêts. Le caprice seul décide de tout en souverain, et le même hasard amène les résolutions et les révolutions, car c'est tout un dans ce pays de licence où l'on ne connaît ni règles ni principes. J'estime donc qu'il n'y a rien de si peu stable que tout ce que nous avons fait jusqu'aujourd'hui, et cela d'autant plus qu'il ne me paraît pas qu'on goûte aucun des moyens qui pourraient donner de la réalité à notre conquête. Le plus efficace de ces moyens serait de nous l'approprier tout à l'heure, sauf à y renoncer un jour, si nous ne nous en accommodions pas, ou à chercher des voies honnêtes pour nous y maintenir, si nous y trouvions notre compte. Faute de prendre ce parti, nous risquons de n'avoir pas même satisfaction sur les désirs modérés dont nous nous piquons et de devenir dupes à force de discrétion. Je ne sais dans ce cas si l'honneur de la conquête réparerait la honte de nous en voir privés. Voilà, à vous dire le vrai, une des raisons principales qui me fait désirer de sortir de ce pays-ci au plus tôt. M. de Maillebois, qui ne saurait se dissimuler entièrement l'incertitude de l'avenir, voudrait bien qu'une autre s'en chargeât à ses risques et fortunes. Mais me le conseilleriez-vous ? Non, sans doute ; c'est donc à vous, Monsieur, c'est à la bonté et à l'amitié dont vous m'honorez, à me tirer de ce mauvais pas. Il y a certains passages glissant dans les affaires où il ne convient point à un homme sage et modéré d'oser mettre le pied ; je ne suis plus assez jeune pour avoir cette témérité, et quand bien même le succès la justifierait aux yeux du monde, je ne regarderais pas moins mon audace comme une folie dont je ne pourrais jamais m'approuver entièrement ; ainsi il faut fuir ce danger pour l'éviter, et rentrer avec sagesse dans l'oubli dont j'ai tâché peut-être indiscrètement de sortir. Faites-moi donc la grâce d'obtenir mon congé à quelque prix que ce soit, quand ce serait l'unique récompense qu'on réserverait à toutes les peines que je me suis données. Vous connaissez, Monsieur, le respect et l'inviolable attachement que j'ai pour vous ; je vous jure que cela me suffit.

Amelot à Maillebois.

Fontainebleau, le 17 novembre 1739.

J'ai reçu, Monsieur la lettre que vous m'avez fait l'honneur de m'écrire le 23 du mois passé. J'y vois en même temps que bien loin de trouver de l'inconvénient dans la tenue du chapitre des Capucins en Corse, vous croiriez qu'on pourrait en tirer quelque avantage. Vous insistez néamoins sur l'attention à avoir au choix du lieu pour le convoquer. Personne n'étant plus en état que vous de déterminer le choix, M. le Cardinal aurait fort désiré que vous eussiez pris sur vous de le faire d'abord. Vous voudrez donc bien mettre son Eminence en état de décider là-dessus.

(M. A. E. — Corse, Vol. II).

Geoffroy fils à Amelot.

Toulon, le 3 décembre 1739.

Monseigneur,

J'ai l'honneur de vous donner avis que les deux escadrons d'hussards du régiment de Ratzky hussard et six compagnies de soldats du régiment Royal-Corse viennent d'arriver à l'instant dans la rade de cette ville pour y débarquer, escortés par une barque du Roi, et on rapporte que tout y est tranquille dans cette île.

J'ai l'honneur etc.   GEOFFROY fils.

(Id.)

Maillebois à Amelot.

Bastia, le 4 décembre 1739.

Monsieur,

J'ai reçu la lettre que vous m'avez fait l'honneur de m'écrire de Fontainebleau le 17 du mois passé, par laquelle vous me paraissez désirer que j'indique le lieu où il serait le plus convenable de convoquer le chapitre des Capucins.

Je crois que le parti le plus sage sera de le tenir à Bastia ; il sera sous nos yeux et on pourra examiner de près la conduite de ces moines dans laquelle nous pourrons faire vraisemblablement des découvertes de leurs manœuvres par le passé, et cela pourrait être très utile pour l'avenir.

Je rends compte par l'ordinaire de ce jour à M. le Cardinal des détails des conversations que j'ai eues avec M. Mari, dont il fera l'usage qu'il croira convenir à l'état présent des affaires de cette île.

J'ai l'honneur etc.

DE MAILLEBOIS.

(M, A. E — Corse, Vol. II).

Maillebois à Amelot.

Bastia, le 17 décembre 1739.

Monsieur,

Vous m'avez mandé qu'il devait y avoir incessamment un chapitre convoqué pour le corps des Capucins de cette île, et j'ai eu l'honneur de vous marquer que le lieu le plus convenable pour l'assembler était Bastia. Mais comme les Capucins ne sont pas seuls moines de cette île qui se soient mal conduits, et que les Observantins, les Cordeliers et les Servites ont contribué beaucoup plus que ces premiers aux désordres de cette île et qu'il n'y a aucunes mesures prises pour les réprimer ainsi que le reste de la prêtraille qui est nombreuse et mal intentionnée dans ce pays, je crois qu'il serait convenable de prendre du côté de la cour de Rome les mesures nécessaires pour les contenir et même en diminuer le nombre. La cour de Rome pourrait employer un moyen qui me paraît bien nécessaire et bien aisé, qui serait d'envoyer ici un évêque avec le titre de visiteur apostolique pour mettre un peu la réforme parmi ces brigands.

Et comme cet arrangement ne saurait se faire trop promptement pour la tranquillité du pays, je crois que le S. P. ne pourrait mieux faire que de donner cette commission au sieur Camille Mari, évêque d'Aleria, lequel est le seul qui se trouve aujourd'hui en Corse.

La raison de sa présence n'est pas la seule qui me déterminerait le plus en sa faveur, mais plutôt son caractère de fermeté et son bon esprit ; c'est le Génois que j'ai encore vu penser le plus sagement sur tout ceci. Il part demain pour aller faire des visites dans les parties de son diocèse où il pourra pénétrer dans cette saison. Cela ne peut que faire un bon effet dans le moment présent. Le Corse est superstitieux, et l'autorité épiscopale ne laisse pas que d'imposer.

Si vous approuvez cette idée, vous pourrez en écrire un mot au cardinal de Tencin, afin qu'il lui fasse expédier ce bref au plus tôt.

J'ai l'honneur etc.

DE MAILLEBOIS.

(M. A. E. — Corse, Vol. II).

Copie

de la réponse que la République de Gênes a faite au mémoire qui lui a été présenté par M. de Joinville, laquelle a été renvoyée à M. le marquis de Maillebois par M. Amelot dans sa lettre du 21 décembre 1739.

1º La République, voyant que, dans l'état où se trouve aujourd'hui la Corse réduite, Sa Majesté Très Chrétienne veut bien apporter ses soins à assurer la tranquillité dans l'île et rétablir le gouvernement pacifique, ne saurait mieux lui exprimer son obligation qu'en déclarant que la singularité du bienfait peut elle seule montrer quelle est sa reconnaissance.

2º La République ne peut mieux répondre à de si grandes démonstrations de bienveillance qu'en ayant l'honneur de se conformer aux réflexions de Sa Majesté. Elle se croit même obligée d'y ajouter que les mal intentionnés qui sont toujours à la *macchia* et la hardiesse que les habitants de Vallerustie ont eue dernièrement de résister et faire feu sur un détachement de vingt-cinq grenadiers français, lui donnent lieu de craindre avec fondement que ni les armes ne soient pas toutes rendues ni la rebellion entièrement éteinte.

3º Pour obtenir le succès désiré, la République, secondant les respectables intentions de Sa Majesté, fit sur la fin de l'année 1738 un règlement par le contenu duquel on peut bien voir avec quel amour et quelle modération elle a regardé ses sujets, auxquels, quelque indignes qu'ils se soient rendus des grâces à eux accordées, elle sera prompte à les leur accorder non seulement de nouveau, mais encore elle est disposée à accorder toutes les augmentations ou changements qui furent crus nécessaires, soit pour une plus exacte administration de la justice, soit pour le soulagement des subsides indispensables à la manutention du Royaume.

4º Quand même, pour dissiper quelques nouveaux troubles qui pourraient naître pour troubler la Corse, Sa Majesté trouverait encore nécessaire la résidence dans l'île de quelque nombre de ses troupes, ensuite de son intention déclarée à la fin de l'année dernière, la République reconnaîtra par la continuation d'une si généreuse démonstration l'époque fortunée de son repos.

(M. A. E. — Corse, Vol. II).

Observations

de M. le marquis de Maillebois sur la réponse précédente envoyées à M. Amelot dans sa lettre de Bastia du 14 janvier 1740.

L'article 1 étant un pur compliment n'exige aucune observation.

A l'article 2, la République ne peut mieux faire que de s'en rapporter en tout à ce que le Roi Très Chrétien règlera pour maintenir, autant qu'il sera possible, la soumission qu'il a rétablie dans l'île de Corse par la force de ses armes, et en même temps la République ne saurait concourir trop religieusement à l'exécution des moyens proposés pour parvenir à cet objet, ainsi qu'à l'observation scrupuleuse et concertée sur tous les faits convenus à cet égard entre le Roi et la Sérénissime République.

Si la République connaissait bien l'île de Corse et les retraites infinies, grottes ou rochers dans lesquels les gens malvivants et qu'il faut différencier des gens mal intentionnés peuvent recéler des armes, elle se persuaderait plus aisément qu'elle ne le paraît être, qu'un pays de cette nature ne peut être radicalement désarmé en si peu de temps.

Le point essentiel a été de soumettre le gros de l'île, et il l'est effectivement. Les peuples qui l'habitent ont conçu une frayeur sans pareille de la manœuvre des troupes françaises ; ils les craignent infiniment. Les exemples réitérés de pendaison qui ont été faits en la personne de ceux que l'on trouve saisis d'armes, y ont inspiré une terreur peu commune, de façon que depuis ce temps, les confesseurs, curés et moines, ont rapporté secrètement aux commandants des différents postes plus de 200 armes. Le grand objet a donc été rempli par la soumission rétablie en général et par l'extraction de plus de 10,000 armes retirées des mains des rebelles. Pour la soutenir, on a eu attention à faire sortir de l'île non seulement les chefs les plus accrédités et les plus opiniâtres, mais encore ceux que l'on connaissait mal intentionnés et dangereux. Cette dernière espèce de gens doit être différenciée de celle des malvivants. Les malvivants, suivant les Corses, sont les brigands qui tiennent la *macchia* et qui se sont livrés au meurtre, et ceux-là ne formeront jamais de révolte, parce qu'ils sont également odieux aux Corses qui se conduisent sensément, et même aux mal intentionnés qui ont quelque chose à perdre, et qui n'ont d'autre crime foncièrement qu'un goût très enraciné pour l'indépendance et pour l'égalité de tous états. C'est l'article qui mérite l'attention la plus sérieuse de la part de la République qui a nourri cette égalité d'état par la destruction des féodalités, et par conséquent de ceux qui auraient pu imposer par leur état et par leur crédit.

Ce qui est arrivé dans le Vallerustie aux grenadiers d'Auvergne qui ont été au village de Tribio pour y faire la recherche de quelques armes qu'on savait cachées et y arrêter le prêtre Joanni qu'on savait y fomenter des troubles, n'est pas un événement qui puisse faire regarder la Corse comme non soumise en général ; il peut tout au plus faire juger qu'il y avait encore des fanatiques dans certains cantons, ou des malvivants tenant la *macchia,* ainsi qu'il a été dit ci-dessus.

L'exemple qu'on a fait de faire pendre le susdit prêtre a

fait un très grand effet ; on a arrêté tous ceux qui avaient tiré sur lesdits grenadiers ; on en a pendu et on a envoyé les autres dans le régiment Royal-Corse.

Un détachement du régiment de Béarn a essuyé la même aventure à Canavaggia en conduisant un prisonnier. On y renvoya sur le champ arrêter les coupables : on en trouva un saisi d'armes qui fut pendu le lendemain ; les autres sont sortis de l'île de la même façon, d'où l'on peut conclure qu'il ne reste d'autre opération pour l'entière tranquillité à faire, que celle de rechercher ces malvivants et les châtier ; mais elle ne peut être conduite à sa perfection que par succession de temps.

L'on conclura aisément par ce détail que les événements mentionnés ci-dessus ne doivent pas empêcher de regarder aujourd'hui la Corse comme soumise et désarmée en général.

A l'article 3. La République paraît par cet article disposée à consentir aux modifications qui seront jugées nécessaires sur le projet de règlement fait à la fin de 1738. Si cela est exécuté littéralement et si les commissaires généraux ont les mains liées sur certains points, on peut se flatter que le règlement sera reçu avec soumission et tranquillité, mais en même temps, il ne faut pas compter que l'éloignement invincible que les Corses ont pour la domination génoise puisse tout à coup se changer en une soumission humble, aveugle et un goût décidé pour cette souveraineté ; on ne peut l'espérer que du bénéfice du temps et de la droiture de l'administration qui suivra le règlement.

Il est extrêmement important de ne point parler du règlement en question que quand le séjour perpétuel des troupes du Roi dans l'île sera bien connu des peuples qui l'habitent, et quand leurs établissements y auront été faits solidement dans les forteresses de l'île. Ces insulaires n'ont pu jusqu'à ce jour se persuader que cet arrangement peut avoir lieu ; ils sont nés méfiants, mais très sensibles au châtiment, parce qu'ils sont fort glorieux.

L'établissement des troupes du Roi, fait comme il est dit ci-dessus, leur persuadera cette vérité dont ils ont voulu douter, leur prouvera que le Roi ne les a point trompés en leur annonçant dans les avertissements publiés au commencement de la campagne, sa protection et sa garantie perpétuelle. Le séjour de ses troupes leur en donne l'assurance et celle de pouvoir y recourir utilement dans le cas d'oppression injuste de la part du Souverain, et le nom seul du Roi et la présence du moindre corps de ses troupes maintiendra plus sûrement la soumission de ces peuples qu'un corps de 15.000 Génois.

A l'article 4. Cet article prouve assez décisivement que la République consent encore à la résidence d'un corps de troupes du Roi dans l'île de Corse, et ce consentement entraîne certainement celui de les y établir sûrement et tranquillement.

De cette conséquence il s'ensuit une autre qui est que, comme le Roi ne peut ni ne doit faire les frais de laisser un gros corps dont la dépense lui serait fort à charge, il faut nécessairement que le nombre médiocre qu'il en laissera puisse être solidement établi dans les forts et citadelles de l'île que Sa Majesté jugera convenables à cet effet.

Sans ces établissements la République ne pourrait se flatter de tirer de ce corps de troupes les secours dont elle aurait besoin dans les occasions où cela deviendrait nécessaire, tant pour calmer les nouveaux troubles qui pourraient se réveiller, que pour imposer aux partis de l'île qui refuseraient le paiement des impositions convenues, d'où il résulte que la République a un intérêt sensible non seulement de tenir ce corps de troupes dans les lieux commodes, sûrs et tranquilles, mais même de renouveler les instances les plus vives auprès du Roi pour qu'il veuille bien l'y établir à demeure.

L'on peut assurer hardiment qu'au moment que les troupes

de France prendront établissement dans les forts, l'aversion insurmontable que les Corses ont pour la domination génoise diminuera, parce que cet établissement les persuadera que les Génois sont déterminés à observer de bonne foi les engagements qu'ils auront pris avec le Roi pour le maintien de la tranquillité et du bonheur du pays.

(M. A. E. — Corse, Vol. II).

Amelot à Maillebois.

Paris, le 5 janvier 1740.

J'ai lu, Monsieur, à M. le Cardinal la lettre que vous m'avez fait l'honneur de m'écrire le 17 du mois passé. Son Eminence entrant entièrement dans vos vues pour parvenir à réprimer et à contenir les différents ordres religieux dont vous vous plaignez, elle m'a chargé d'écrire en conséquence à M. le Cardinal de Tencin, et je le fais dès aujourd'hui. A l'égard du chapitre à convoquer pour les Capucins, leur général doit être déjà prévenu des conditions sous lesquelles le Roi voulait bien le permettre, et qui sont les mêmes que vous avez suggérées.

(Id.).

Maillebois à Amelot.

Bastia, le 14 janvier 1740.

J'ai reçu, Monsieur, par l'ordinaire arrivé ici dimanche 10 du courant celle dont vous m'avez honoré de votre main de Paris le 29 décembre, par laquelle vous m'envoyez la copie de la réponse que la République a faite au mémoire présenté par M. de Joinville (1) et que vous me marquez avoir trouvé fort vague.

Permettez-moi de vous représenter qu'elle ne me paraît pas telle absolument ; je ne m'attendais pas même par la lecture du mémoire qu'on avait remis et dans lequel il n'y avait aucune demande précise qu'elle fît une réponse dont les conséquences fussent aussi décisives qu'elles sont de celle-ci.

Je crois entendre assez d'italien pour faire sentir la force des termes qui la composent et que j'ai soulignés dans la copie. Il m'y paraît un consentement clairement énoncé sur la volonté que le Roi témoignera d'y laisser une portion des troupes pour maintenir la soumission établie en Corse aujourd'hui. Ce consentement entraîne nécessairement l'établissement des troupes du Roi dans des lieux sûrs et tranquilles, par conséquent dans les forteresses de l'île.

Je ne sais pas à la vérité jusqu'à quel point le Roi porte ses vues sur l'établissement de ses troupes, et si son intention est aujourd'hui d'avoir toute la Corse en propriété ; je ne cherche pas même à pénétrer son secret et ne le dois pas ; mais si son intention est de s'en tenir à la possession de quelques places ou forteresses pour garantir l'île de quelque incursion d'ennemis extérieurs, ainsi que cela m'a été prescrit par quatre lettres différentes et notamment celle du 30 septembre dernier apportée par un courrier, il me paraît que le Roi est autorisé par la réponse de la République à demander que les troupes qu'il a dessein de laisser dans l'île pour y maintenir la tranquillité soient établies au plus tôt dans les forteresses qui paraîtront convenables à occuper pour le bien de son service.

En cas que Son Eminence n'ait pas encore fait de démar-

---

(1) Plus bas, lettre du 2 février 1740, Amelot l'appelle Jonville.

che pour le parti que vous me marquez qu'elle doit prendre incessamment, je crois que les observations que j'ai faites à tout hasard sur la réponse en question et que je prends la liberté de vous communiquer pourront être de quelque utilité, que même elles feront sentir l'avantage qu'il y aurait de saisir sur le champ l'offre faite par le dernier article pour demander la possession des forts qui conviendraient au Roi.

Je crois pouvoir assurer encore que la conjoncture est favorable dans ce moment. L'arrivée de la dépêche du marquis Mari dans laquelle il détaille notre conversation du mois de décembre et qui a été lue dans le petit Conseil de Gênes le 2 du même mois, a fait impression sur les esprits et les a disposés encore plus favorablement pour admettre les demandes qu'on pourra faire sur le consentement offert dans la réponse.

Si l'on suit le système proposé dans la lettre qu'on m'a envoyée le 30 septembre, la possession demandée sera prise aussitôt, et l'arrangement qu'il y aura à prendre pour les autres parties de l'administration de l'île dans lesquelles le Roi voudrait entrer, sera réglé très promptement et beaucoup plus facilement lorsque lesdites places seront occupées; c'est ce que j'espère de montrer dans les observations que vous trouverez ci-jointes.

Je profite de cette occasion pour vous remercier des souhaits obligeants que vous voulez bien faire pour moi ; je vous demande avec instance la continuation de vos bontés en vous assurant de l'attention la plus sincère à les mériter et du respectueux attachement avec lequel j'ai l'honneur d'être, Monsieur, etc.

DE MAILLEBOIS.

(M. A. E. — Corse, Vol. II).

Le cardinal de Tencin à Maillebois.

Rome, le 22 janvier 1740.

Quoique cet ordinaire ne m'ait rien apporté de votre part, Monsieur, je vous veux rendre compte des ordres que j'ai reçus de la cour au sujet de votre île et de ce que j'ai fait pour les exécuter.

Vous savez ce que vous avez écrit en cour sur vos moines ; on a cru qu'un des moyens qu'on pourrait employer pour les contenir et les réformer serait de leur envoyer un visiteur apostolique et on a proposé pour cette commission l'évêque d'Aleria qui se trouve sur les lieux. Comme le mal presse, j'ai fait toute la diligence possible. Le courrier n'arriva qu'avant-hier, et je fus hier à l'audience du pape ; ni lui ni ses ministres ne m'ont fait aucune difficulté, si ce n'est par rapport à la personne du commissaire désiré par Sa Majesté. Comme il est Génois, ils craignent qu'il ne le soit trop et qu'il ne s'acquittât de sa mission dans les principes trop durs de la République ; il est certain que tout ce qui pourrait le rendre odieux ou moins agréable le rendrait moins utile. J'insisterai cependant pour un évêque, d'autant plus que si on envoie un étranger, l'affaire traînera en longueur et que d'ailleurs cela emporterait une dépense à laquelle je ne sais pas qui devrait pourvoir. Sitôt que j'aurai obtenu le bref qui établira le visiteur demandé, je vous l'enverrai en droiture, mais il n'en faudra faire usage que lorsque vous aurez reçu les ordres de la cour, et pour qu'ils vous parviennent plus promptement, j'enverrai en même temps une copie du bref à M. Amelot.

Quant au chapitre provincial des Capucins, leur général a dû être instruit par M. le duc de S. Aignan des intentions du Roi à cet égard. Je lui parlerai aussi de mon côté.

J'ai l'honneur, etc.

(M. A E. — Corse, Vol. II).

Maillebois à Amelot.

Bastia, le 27 janvier 1740.

Monsieur, la poste qui devait arriver le 17 n'est arrivée que le dimanche 24 du courant, et m'a apporté celle dont vous m'avez honoré de Paris le 5 de ce mois, par laquelle je vois que Son Eminence a approuvé une proposition pour contenir les ordres religieux de cette île, et qu'en conséquence vous en avez écrit à M. le Cardinal de Tencin. Je crois pouvoir vous assurer que, si la cour de Rome se prête comme il convient à cet arrangement, il opérera un grand effet pour la tranquillité de cette île, surtout s'il est administré par des bons sujets et qu'on veuille traiter avec la rigueur convenable l'ordre des Observantins qui est plus nombreux que les autres dans cette île, et dans lequel il y a infiniment plus de bandits que dans les autres.

Quant au chapitre projeté par le général des Capucins, je ne vois pas que l'on se presse trop, et le nouveau provincial qui m'est venu voir il y a huit jours et qui entre nous est un assez pauvre homme, sans cependant être mal intentionné, trouve beaucoup de difficultés à tenir ce chapitre canoniquement et suivant leurs règles.

Il prétend qu'il ne pourra pas se tenir dans les formalités requises par leurs constitutions, 1º par l'absence de plusieurs religieux qui sont dehors de l'île, soit sans permission de leurs supérieurs, soit par celle du général pour des affaires particulières, soit par leur bannissement ou évasion à cause de leur mauvaise conduite. 2º Il allègue l'impossibilité d'y admettre un nombre de religieux qui sont encore dans l'île et qui sont excommuniés. Il faut, dit-il pour les relever de cette excommunication la présence d'un définiteur français qu'on attend depuis trois mois avec les pouvoirs nécessaires et qui n'est point encore arrivé.

Cependant par la lettre de son général que ce religieux m'a présentée, écrite de Rome le 5 décembre dernier, il paraît qu'il désire que ledit chapitre de Corse soit tenu et terminé quelque temps avant le chapitre général qu'il doit tenir à Rome dans le mois de juin prochain. Je doute que cela quisse être, si ce définiteur n'arrive pas bientôt, et s'il n'applanit pas toutes les difficultés que font ces moines pour la tenue régulière de ce chapitre.

Dès que le susdit définiteur aura paru, je vous en rendrai compte et informerai en même temps M. le Cardinal de Tencin.

En attendant j'ai l'honneur etc.

De Maillebois.

(M. A. E. — Corse, Vol. II).

Copie de la lettre de M. le cardinal de Tencin.

Rome, le 29 janvier 1740.

L'évêque d'Aleria que l'on demandait pour visiteur est suspect comme Génois. On voulait vous donner un Corse pour lequel on traite actuellement de l'évêché d'Ajaccio. Je crois que vous pourrez bien avoir un gentilhomme avignonnais, appelé Fonseca, évêque d'Iézy.

(Id.).

Amelot à Maillebois.

Le 2 février 1740.

Je ne puis mieux répondre, Monsieur à la lettre que vous m'avez fait l'honneur de m'écrire le 14 du mois dernier qu'en vous envoyant la copie de ma dépêche à M. de Jonville, du 12 du même mois, avec le même avis qui l'accompagne. Vous verrez que M. le Cardinal en adoptant vos vues a été encore plus loin. J'attends la réponse de M. de Jonville l'ordinaire prochain, et les observations que vous faites sur la déclaration qui a été fournie par la République de Gênes donneront de grandes lumières à Son Eminence pour se déterminer suivant le parti que la République aura pris de consentir ou de rejeter les propositions qui lui ont été faites. Je suis très parfaitement, Monsieur, etc.

P. S. Le général des Capucins à qui M. le duc de Saint Aignan a fait connaître les intentions du Roi par rapport au chapitre provincial qui doit se tenir en Corse, a donné le pouvoir de commissaire et de visiteur général dans cette île au gardien du couvent de Pont Saint-Esprit, qui passe pour un très bon sujet. Je lui envoie la patente du général avec un passeport.

(Id.).

Amelot au R. P. Gardien du couvent des Capucins de Pont Saint-Esprit.

Le 22 février 1740.

Vous trouverez ci-joint, mon Révérend Père, une patente que le général de votre ordre a remise à M. le duc de S. Aignan, ambassadeur du Roi à Rome, pour vous la faire passer, et par laquelle il vous donne les pouvoirs de commissaire et de visiteur général dans le chapitre provincial à tenir en Corse. Non seulement M. le Cardinal de Fleury agréera que vous acceptiez cette commission, mais encore Son Eminence, qui est persuadée qu'elle ne pouvait être confiée à un sujet plus digne que vous, vous exhorte à vous mettre au plus tôt en état de l'aller remplir. Je crois au reste devoir vous dire que vous éprouverez de la part de M. de Maillebois, qui continue de commander pour le Roi en Corse, tout ce que vous pouvez vous promettre des témoignages qui vous ont été rendus ici. Je suis véritablement, mon Révérend Père, entièrement à vous.

P. S. Je vous envoie le passeport qui vous sera nécessaire pour votre voyage.

(M. A. E. — Corse, Vol. II).

TABLE CHRONOLOGIQUE

DES DOCUMENTS CONTENUS DANS CE VOLUME

1er mai 1732. Déclaration du prince de Wirtemberg . . Pag. 16
Id. Requêtes des Corses rédigées sur l'invitation du prince de Wirtemberg et présentées plus tard au cardinal de Fleury . . . 19
23 janvier 1733. Concessioni graziose della Serenissima Repubblica ai popoli del Regno di Corsica 27
28 janvier 1733. Nuovi ordini e decreti della Serenissima Repubblica. 38
16 mars 1733. Garanties de l'empereur Charles VI, jointes aux *Concessioni graziose*. 32
Id. Remarques faites par les Corses sur les *Concessioni graziose* . 34
6 août 1736. Pouvoirs accordés à Salvini par les chefs du royaume de Corse 1

1737

12 juillet. Déclaration au nom du roi et de l'empereur 2
5 août. Déclaration dont la copie a été remise à M. de Sorba . . 3
23 septembre. Les chefs et peuples de la Corse au roi 4
12 octobre. Les gouverneurs du royaume de Corse au cardinal de Fleury 6
30 octobre. Extrait d'une lettre d'Antibes (sans signature) . . . 52

3 novembre. Gregorio Salvini au roi . . . . Pag. 53
3 novembre. Gregorio Salvini au cardinal de Fleury. . . . 55
3 novembre. Motivi che adducono i Corsi per giustificare le loro intraprese contro la Serenissima Repubblica di Genova. . . . 57
9 novembre. Tommaso Boerio au cardinal de Fleury 60
10 novembre. Convention entre la République et la Cour de Rome. 61
13 novembre. Instructions pour le sieur Pignon 65
13 novembre. Autres instructions pour le sieur Pignon. . . . 66
15 novembre. Domenico Rivarola au cardinal de Fleury. . . . 69
19 novembre. Instructions à M. de La Tour. 71
2 décembre. Pignon à Amelot. 73
8 décembre. Instructions pour le comte de Boissieux 73
16 décembre. Estratto d'una lettera di Bastia 76
Id. Pignon à Amelot 77
23 décembre. Pignon à Amelot 85
30 décembre. Pignon à Amelot 88
Id. Lettre sans date ni signature 89

1738

7 janvier. Pignon à Amelot 91
13 janvier. Pignon à Amelot 95
14 janvier. Amelot à Pignon 100
15 janvier. Boissieux à X...... (d'Antibes) 100
20 janvier. Pignon à Amelot 101
24 janvier. Gregorio Salvini au cardinal de Fleury 104
24 janvier. Pignon à Amelot 105
25 janvier. Gian Tommaso Boerio au cardinal de Fleury . . . 107
27 janvier. Pignon à Amelot 109
31 janvier. Pignon à Amelot 111
3 février. Pignon à Amelot 113
7 février. Pignon à Amelot 113
10 février. Pignon à Amelot 114
11 février. Amelot à Pignon 117
11 février. Amelot à Pignon 118
12 février. Le marquis de Mari à Pignon. 119
15 février. Rapport du comte de Boissieux 127
17 février. Pignon à Amelot 130

TABLE CHRONOLOGIQUE 545

19 février. Orticoni à Salvini . . . . Pag.	130
20 février. Pignon à Amelot	135
25 février. Amelot à Pignon	136
25 février. Pignon à Amelot	137
28 février. Pignon à Amelot	140
28 février. Boissieux à Amelot	141
4 mars. Pignon à Amelot.	142
7 mars. Pignon à Amelot.	142
14 mars. Pignon à Amelot.	144
18 mars. Amelot à Pignon.	145
25 mars. Amelot à Pignon	146
26 mars. Pignon à Amelot.	146
26 mars. Pignon à Amelot.	147
30 mars. Pignon à Amelot.	148
6 avril. Pignon à Amelot.	150
12 avril. Pignon à Amelot.	151
15 avril. Amelot à Boissieux	153
15 avril. Amelot à Pignon.	153
19 avril. Pignon à Amelot.	155
22 avril. Amelot à Pignon	157
26 avril. Pignon à Amelot.	158
— Lettre de Lucio Lucioni, jointe à la lettre de Pignon, du 26 avril .	164
— Biglietto de Lucio Lucioni, joint à la lettre etc.	166
— Lettre des chefs Hyacinthe Paoli et Giafferri à M. de Boissieux, jointe etc.	166
— Lettre sans signature, jointe etc.	168
— Lettre sans signature, jointe etc.	169
30 avril. Pignon à Amelot.	170
3 mai. Pignon à Amelot	171
4 mai. Pignon à Amelot	173
4 mai. Boissieux à Amelot	176
5 mai Lettre des Corses au roi	178
5 mai. Gregorio Salvini au cardinal de Fleury	191
7 mai. Pignon à Amelot	193
— Lettre d'Ignace Arrighi Casanova, jointe à la lettre de Pignon, du 10 mai	195
10 mai. Pignon à Amelot	196
11 mai. Pignon à Amelot	197
13 mai. Amelot à Pignon	200
13 mai. Pignon à Amelot	201

14 mai. Pignon à Amelot . . . . Pag. 203
14 mai. Pignon à Amelot . . . . — 204
15 mai. Les députés corses au cardinal de Fleury 204
18 mai. Pignon à Amelot 206
18 mai. Pignon à Amelot 208
— Demandes des Corses avec apostilles de M. de Boissieux. . . 210
— Griefs des Corses 225
25 mai. Pignon à Amelot 261
26 mai. Pignon à Amelot 262
30 mai. Pignon à Amelot 263
6 juin. Le cardinal de Fleury aux SS. Orticoni et Gafforj . . . 264
— Traduction française de la lettre précédente 290
9 juillet. Le prêtre Francesco Taddei à un de ses cousins. . . 267
— Notizia circa il resultato del congresso tenuto in Corte . . . 268
12 août. Le clergé corse au roi 269
6 octobre. Résultat de la conférence tenue sur les affaires de Corse. 270
18 octobre. Garantie de l'empereur et du roi de France . . . 271
18 octobre. Article séparé. 281
31 octobre. Déclaration du comte de Boissieux 281
7 novembre. Déclaration faite au consulat d'Alicante par le nommé
   François Vastel 283
26 novembre. Confirmation de l'acte de garantie du 18 octobre par
   le roi de France. 286
— Rapport du commissaire provincial des guerres La Villeheurnois . 287
— Mémoire contenant ce qui s'est passé en 1738, après l'envoi de
   l'édit concernant les Corses. 293
— Estratto delle domande de' Corsi e risposte della Serenissima
   Repubblica di Genova. 297
— Manifesto di Giacinto de Paoli e Don Luigi Giafferri 321
— Précis de l'extrait du journal du nommé Riesenberg . . . 334

1739

24 janvier. Les otages corses au cardinal de Fleury 346
30 janvier. Les mêmes otages au cardinal de Fleury 347
14 février. Envoi d'instructions pour Maillebois 351
14 février. Instruction pour Maillebois 353
2 mars. Théodore au comte Zenobio Peretti 356

11 mars. Maillebois à Amelot . . . . Pag. 357
11 mars. Théodore au comte Paolo Francesco d'Ornano . . . 358
14 mars. Théodore à son chapelain Maria Balizone Teodorini . . 359
16 mars. Théodore au comte Balizone Teodorini 364
21 mars. Geoffroy à Amelot 365
24 mars. Amelot à Maillebois 365
12 avril. Supplique des Corses au roi Louis XV 366
16 avril. Domenico Rivarola au roi Louis XV 366
17 avril. Pleins pouvoirs accordés à Salvini par les Gouverneurs de la Balagne 367
25 avril. Maillebois à Amelot 367
10 mai. Orticoni au cardinal de Fleury 368
13 mai. Extrait d'une lettre de M. S. L. V. à Maillebois . . . 372
26 mai. Amelot à Maillebois 381
13 juin. Proclamation de Maillebois 381
26 juillet. Extrait d'une lettre de M. d'Angervilliers à Maillebois . 383
12 août. Mémoire sur la Corse envoyé par Maillebois 384
31 août. Extrait d'une lettre écrite de Versailles. 410
14 septembre. Mémoire sur les affaires présentes de Corse. . . 411
— Mémoire en réponse au précédent 413
23 octobre. Maillebois à Amelot 419

Lettres de M. Duchâtel au comte de Belle-Isle du 18 mars au 14 novembre 1739 . . . . 421 à 526

17 novembre. Amelot à Maillebois 527
3 décembre. Geoffroy, fils, à Amelot. 527
4 décembre. Maillebois à Amelot 526
17 décembre. Maillebois à Amelot 528
— Copie de la réponse que la République de Gênes a faite au mémoire qui lui a été présenté par M. de Joinville, laquelle a été renvoyée à M. le marquis de Maillebois par M. Amelot dans sa lettre du 21 décembre 1739. 530

1740

— Observations de M. le marquis de Maillebois sur la réponse précédente, envoyées à M. Amelot dans sa lettre de Bastia du 14 janvier 1740. 531

5 janvier. Amelot à Maillebois . . . . Pag. 535
14 janvier. Maillebois à Amelot 535
22 janvier. Le cardinal de Tencin à Maillebois 538
27 janvier. Maillebois à Amelot 539
29 janvier. Copie de la lettre de M. le cardinal de Tencin . . . 540
2 février. Amelot à Maillebois 541
22 février. Amelot au R. P. Gardien du couvent des Capucins de Pont Saint-Esprit. 541

Publications de la Société :

Bulletin de a Société des Sciences Historiques et Naturelles de la Corse, années 1881-1882, 1883-1884, 1885-1886 et 1887-1890, 4 vol., 724, 663, 596 et 606 pp.

Mémoires de Rostini, texte italien avec traduction française, par M. l'abbé LETTERON, 2 vol., 482 et 588 pp.

Memorie del Padre Bonfiglio Guelfucci, dal 1729 al 1764, 1 vol., 236 pp.

Dialogo nominato Corsica del R^{mo} Monsignor Agostino Justiniano, vescovo di Nebbio, texte revu par M. DE CARAFFA, conseiller a la cour d'appel, 1 vol., 120 pp.

Voyage géologique et minéralogique en Corse, par M. Emile Gueymard, ingénieur des mines, (1820-1821), publie par M. J.-M. BONAVITA, 1 vol , 160 pp.

Pietro Cirneo, texte latin, traduction de M. l'abbe LETTERON, 1 vol., 414 pp.

Histoire des Corses, par Gregorovius, trad. de M. P. LUCCIANA, 1 vol., 168 pp.

Corsica, par Gregorovius, traduction de M. P. LUCCIANA, 2 vol , 262 et 360 pp.

(Ces trois derniers volumes font partie du même ouvrage).

Pratica delli Capi Ribelli Corsi giustiziati nel Palazzo Criminale (7 Maggio 1746). Documents extraits des archives de Gênes. Texte revu et annote par M. DE CARAFFA, conseiller, et MM. LUCCIANA freres, professeurs, 1 vol., 420 pp.

Pratica Manuale del dottor Pietro Morati di Muro. Texte revu par M. V. DE CARAFFA, deux vol., 354 et 516 pp.

La Corse, Cosme Ier de Médicis et Philippe II, par M. A. DE MORATI, ancien conseiller, 1 vol., 160 pp.

La Guerre de Corse, texte latin d'Antonio Roccatagliata, revu et annote par M. DE CASTELLI, traduit en français par M. l'abbé LETTRON, 1 vol., 250 pp.

Annales de Banchero, ancien Podestat de Ba tia, manuscrit inedit, texte italien, publié par M. l'abbe LETTERON, 1 vol., 220 pp.

Histoire de la Corse, (dite de Filippini), traduction de M. l'abbé LETTERON, 1er vol., XLVII-504 pp. — 2e vol., XVI-332 pp. — 3e vol., XX-412 pp.

Deux Documents inedits sur l'Affaire des Corses à Rome, publiés par MM. L. et P LUCCIANA, 1 vol., 442 pages.

Deux visites pastorales, publiées par MM. PHILIPPE et VINCENT DE CARAFFA, conseiller, 1 vol., 240 pp.

Pièces et documents divers pour servir à l'Histoire de la Corse pendant la Révolution Française, recueillis et publiés par M. l'abbe LETTERON, 2 vol., 428 et 464 pp.

Procès-verbaux des séances du Parlement Anglo-Corse, du 7 février au 16 mai 1795, publiés par M. l'abbe LETTERON, 1 vol , 739 pp.

Sampiero et Vannina d'Ornano, (1434-1563), par M. A. DE MORATI, 1 vol , 83 pp.

Correspondance de Sir Gilbert Elliot, Vice-Roi de Corse, avec le Gouvernement Anglais. Traduction de M. SÉBASTIEN DE CARAFFA, avocat, 1 vol , VIII-553 pp.

Mémoires Historiques sur la Corse, par un Officier du régiment de Picardie (1774-1777), publiés par M. V. DE CARAFFA, 1 vol., 266 pp.

Mémoires du Colonel Gio. Lorenzo de Petriconi (1730-1784), publiés par M. l'abbé LETTERON, 1 vol., 245 pp.

Lettres de Pascal Paoli, publiées par M. le docteur PERELLI, 3 vol., 600, 752 et 400 pp.

BULLETIN

DE LA

SOCIÉTÉ DES SCIENCES HISTORIQUES ET NATURELLES DE LA CORSE

PRIX DU BULLETIN :

Pour les membres de la Société, un an . . . **10** fr.

ABONNEMENTS :

Pour la Corse et la France, un an . . . . . **12** fr.

Pour les pays étrangers compris dans l'union postale, un an. . . . . **13** fr.

Pour les pays étrangers non compris dans l'union postale, un an . . . . **15** fr.

NOTA. — Tout abonnement est payable d'avance, et se prend à l'année, du mois de janvier au mois de décembre.

S'adresser pour les abonnements à M. CAMPOCASSO, Trésorier de la Société, ou à la librairie OLLAGNIER, à Bastia.

Prix du fascicule : **3** francs